U0001913

作者

威廉‧亞伯
William L. Yarber
金賽性別與生殖研究所資深研究員

芭芭拉‧薩雅德
Barbara W. Sayad
加州州立大學蒙特利灣分校教授

譯者

林哲安

審定

陳鈺萍 醫師
黃國洋 醫師

Human Sexuality:
Diversity in Contemporary America,

Vol. **3**

性的解析

美國大學性教育講義 3

懷孕、生產、性的醫療與健康

【導讀】

有完整的性教育，才會有完美的生產

陳鈺萍（協和婦女醫院婦產科醫師、好孕工作室負責人）

今年，由於大選綁公投的緣故，性別平等教育的議題有了被熱烈討論的機會。公投辯論會中，第十四案與第十五案反方代表們的論點讓人瞠目結舌，真想送給他們每人一套《性的解析——美國大學性教育講義》，讓他們好好研讀。在這裡我們看到了，學歷的高低跟性知識的豐富與否沒有一定的關係，並凸顯台灣過往性教育的貧乏。而公投的結果不盡如人意，更讓我們看到，我們的社會關於性教育、性別教育與情感教育的理解和對話仍然非常不足，我們還有很大的努力與進步空間。

一九七〇年代出生的我，成長於戒嚴時期的台灣，小學階段的性教育，來自少女內衣以及衛生棉公司的廠商。他們把高年級的女孩們集中到禮堂，講述女性青春期生理變化之後，順便推銷其產品。男孩們總是好奇，「妳們到底去聽了什麼？為什麼那麼神秘。」隔離與隱晦，讓男孩們無法理解女孩們的生理變化，在那樣的年代，女孩如果在國小時就開始發育，或是月經來潮，必須忍受男孩們的捉弄。他們總能從女孩的抽屜搜出衛生棉，像拿到戰利品般的宣示。「好朋友、大姨媽」是月經的代名詞，各種與性、性別有關的器官、事件、生理變化，不能明講，都有代名詞。上了中學，《健康教育》課本中講述青春期身體變化的章節，老師要不含糊帶過，要不乾脆不講，男孩們對於女孩們與性別有關的嘲弄更不曾少過。當時許多學校是男女分班或是男女分校，讓老師與家長們少掉許多麻煩，似乎每個少男少女度過青春期之後，「自然而然」就會明白這些大人們隱晦不提的事。至於同志議題，那就更不用說了，喜歡同性是不見容於這個社會的事情，是不能說的。

進入一九八〇年代之後，台灣社會因解嚴而向民主國家邁進，社會風氣開始轉變，性教育不再是禁忌、不可說的話題，如果以十年為一個世代，一代比一代的想法更自由、更開放。千禧年後出生的兩個兒子，成長於性別主流化的年代，因為《性別平等教育法》的施行，他們在小學就有性別相關的課程與討論，聽兒子們說起對於性別刻板印象的看法、同志議題的探索、男女生理差異的理解，我感受到，他們是非常具有性別意識的一代。有一次帶小兒子坐計程車，年近七旬的計程車司機問我有幾個小孩，知道我有兩個男孩後說：「妳以後好命啊啦！會『趁』兩個媳婦轉來！」我說：「我攏叫伊兩個毋免結婚啦，結婚對查某囡仔無啥好處，好好啊鬥陣，欲生無愛生攏無要緊，有伴就好啊。我無想欲『趁』兩個媳婦啦，而且囡仔佮意是查甫抑是查某抑不知咧！」司機先生氣到一路都不願意再跟我說話，世代間的溝通，真是件不容易的事情。

《性的解析》第三冊主要討論懷孕、生產以及性感染疾病等相關主題，內容十分詳盡紮實。其實婦產科門診就是檢視性教育成果的地方。我曾在國立大學附近的婦產科診所看診一段時間，我都

說那是「阿萍阿姨性教育門診」，很多大學生們開始有性生活之後，充滿恐懼與不安，因為他們／她們在大學之前所接受的性教育並不充足，而且過往對於性行為與避孕知識的傳遞，經常是恐嚇、威脅式的，讓他們／她們無法「享受」性生活，同時照顧自身的安全。對於性病只有恐懼，缺乏預防的完整概念，對於避孕方法也是一知半解。一旦意外懷孕，在診間囁囁嚅嚅地不知如何是好，眼淚總是少不了。若大學的通識課程，都能好好講述《性的解析》的內容，相信會讓整個社會往更平權、更健康的方向發展。雖然這本書在美國是大學生性教育的教科書，但我覺得成長於台灣《性別平等教育法》尚未實施年代的大人們，也都需要補足這些重要的知識。

我這幾年專注於「溫柔生產」的發展，在生產現場有許多觀察與心得。溫柔生產強調女性生育的自主權，產前討論生產方式時，最大的阻力通常來自於家人的擔心，尤其是伴侶。父權式的西方醫學很容易與台灣社會尚未完全拆解的父權結構結盟，對女性在生產場所與方式的選擇上形成雙重壓迫。這樣的壓迫情況，隨著一九九○年代出生的世代漸漸成為生育的主力，情況開始好轉；這也與社會風氣愈來愈強調平權，新世代的女性愈來愈了解自己，懂得爭取自己的權益非常相關。

「生產，是做愛的極致。」推動溫柔生產以來，我們累積了一個又一個共同高潮。在那個催產素充滿的場域，母親全然發揮，靠著自己的力量與腹中的寶寶一起努力，伴侶全心投入與協助，一同生下孩子，費洛蒙的擴散，讓參與的每一個人都處於高潮的欣快感中。這樣回歸女力的生產自主，生產場所與方式的自由選擇，需要建立在從小到大充分的性別平等教育之上，從與伴侶交往、結婚、備孕、懷孕、生產而至之後的養育，都需要充分的了解。而我內心更深的盼望，是一個更平權的社會，即使是單身、任何性別認同的孕婦，都可以安心懷孕，微笑生產！

目次

227　第五章　性感染疾病

279　第六章　人類免疫缺乏病毒與愛滋病

避孕、節育與墮胎

Contraception, Birth Control, and Abortion

本章重點

風險與責任

避孕與節育方法

墮胎

相關研究課題

學生們怎麼說

我和我父母原本從來沒談過性，直到我上了高中，不得不拿課堂上的問題問他們。他們對這個話題感到非常興奮。我猜他們只是在等我開口問而已。我記得我媽在我床上扔了一包保險套。她說：「以防萬一！」我們都笑了。

——二十歲，男性

我媽給了我一個重要的觀念：我的身體是我的，是我的責任，由我自己掌控。每當討論到性時，總會提到避孕，但每回討論時，都會被視為笑話。這代表只要你有擔當，不要讓自己或任何其他人懷孕，性就可以是很神奇的事情。在當時沒有人討論性感染疾病，所以我只知道避孕藥或子宮帽，我的兄弟們只知道保險套。

——二十六歲，女性

我升大二前的夏天，事情開始有了改變。我父親第一次走進我的房間。這次是「父子對談：續篇」，他問我知不知道什麼是保險套，告訴我有關禁慾的事。我告訴他，我暫時沒有發生性行為的打算，但我在說謊，我當時滿腦子想的都是性。我覺得很難堪、很尷尬。不過他表達了他的看法，而且離開之前，他說：「我愛你。」

——二十歲，男性

時至今日，我們比以往任何時候，都更了解生育對自己的人生與世界的影響。生育一度被認為只是個人的事，但現在已是能引起公開辯論與政治行動的議題。然而，無論大眾的意見為何，我們都必須在個人層面上面對生育。在掌管生育能力的同時，我們必須了解避孕的方法與效果，以及保護我們免於性感染疾病（sexually transmitted infections）† 的方法。不過資訊只是掌控全局的一部分。我們還需要了解自己的個人需求、價值觀、習慣等，選擇能夠持續使用的方法時，從而將風險最小化。

本章首先將檢視風險承擔的心理學，以及個人責任在避孕中的作用。接下來，我們將詳細描述今日使用的多種避孕裝置與技術，包括使用方法、效率、優點和可能的問題等。最後，我們將探討墮胎、其對個人與社會的影響，以及相關的研究課題等。

† 即一般所稱之性病。
——審定註

那個時候政府當局頒布了「生養眾多」的命令，當時的世界人口由兩個人組成。

威廉・英格（Dean Inge, 1860-1954）

風險與責任

一位想要兩個孩子的典型美國女性，大約會以五年時間懷孕、處於產後或準備懷孕的狀態，其後的三十年則會試圖避免懷孕。[1] 這段時間裡，她的避孕需求將會改變；然而，影響她選擇避孕方法最重要的因素，往往在於其成效。

美國每年有近半數的懷孕屬於意外懷孕，且約有四成會墮胎。[2] 雖然平均而言，女性在沒有避孕的性交過程中，只有約百分之二至四的懷孕機會，但年齡與時機能影響其機率。舉例而言，如果在排卵期間發生性交，受孕的機會約為百分之二十五。以一年為期來看，不採取避孕措施、有性生活的伴侶有百分之九十的受孕機會。

由於具有性生活、正值生育年齡的伴侶，其懷孕可能性如此之高，有性生活的伴侶利用避孕措施避免意外懷孕似乎甚為合理。可惜的是，情況經常並非如此：在美國六千二百萬正值生育年齡的女性（十五至四十四歲）中，其中有百分之三十八的人不需要避孕，因為她們不是不孕、懷孕中、正值產後階段、餵養母乳中，就是正試圖懷孕或正在禁慾。[3] 其餘有意外懷

圖 1.1　年齡十五歲至四十四歲女性使用各種避孕法的百分比（美國，2006-2008）

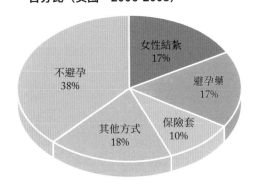

資料來源：Mosher, W. D., & Jones, J. (2010). Use of contraception in the United States: 1982-2008. National Center for Health Statistics. *Vital Health Statistics*, 23(29)。

圖 1.2　意外懷孕

意外懷孕多半歸因於未使用避孕措施，對其副作用感到矛盾、恐懼，使用方式不當或沒有持續使用等。

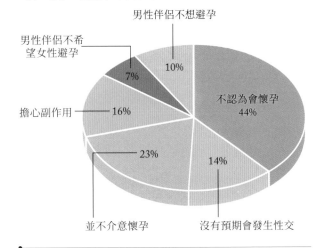

資料來源：Mosher, W. D., & Jones, J. (2010). Use of contraception in the United States: 1982-2008. National Center for Health Statistics. *Vital Health Statistics*, 23(29)。

孕風險的女性，則會使用某些避孕方法（見圖 1.1）。毫無意外，意外懷孕案例中，不使用避孕措施的人約占一半，已使用避孕措施而懷孕的人則表示，懷孕原因在於避孕措施失敗或使用方式不正確，或是並未持續使用（見圖 1.2）。

許多研究表明，最能夠持續使用避孕措施者，是明確溝通過此問題的男性與女性。不避孕、風險最高的人，則為處於隨意約會關係中的人，以及不常與伴侶或他人討論避孕的人。

■　**女性、男性與避孕：誰該負責？**

如果有男性口服避孕藥可使用，有多少女性願意信任伴侶，認為他們會使用？由於女性要懷胎，並且要擔負大半的養育責任，因此往往比其伴侶更在意避孕。此外，一個月一次，令一顆卵子不要受精，一般而言會比每次性交期間阻止數以百萬計的精子更容易。由於種種原因，避孕在傳統上被視為女性的責任，但此一態度和做法正在發生變化：情侶、夫婦受的教育愈高，愈有可能討論與進行家庭計畫。教育程度似乎使伴侶雙方都充滿信心，討論未來的家庭規模與避孕方法。無論動機或教育程度如何，社會上已不再認為只有女性要擔負避孕的責任。反之，大部分男性（以及女性）認為性生活方面的決定必須性別平等，且兩性在避孕方面

危險交易：伴侶們為何不避孕

曾發生性交的人多半都知道，如果不使用避孕措施，便有機會懷孕。但是，如果某個人冒險進行無避孕性交的頻率愈來愈高，卻沒有因此懷孕，他／她便愈有可能再度為之。最後，女性或其伴侶將神奇地感覺幾乎不可能懷孕。每次幸運躲過時，他們／她們便會更勇於承擔風險。

意外懷孕的後果——經濟困難、收養或墮胎，可能壓得人喘不過氣。那麼，為什麼有人一開始就要冒險？原因部分在於錯誤的知識：人往往低估懷孕的容易程度，或是可能不知道如何正確使用避孕方法。此外，討論或使用某些類型的避孕方法可能很麻煩，還會打斷性交時發自內心的反應。但是意外懷孕可能也一樣。（見圖 1.2，了解不使用避孕措施的原因。）

避孕計劃的感知成本

人避免採取預防懷孕措施的其中一個原因，在於不想承認自己的性慾。承認自己的性慾不一定容易，因為可能伴隨著內疚、衝突、恥辱的感受。年紀愈輕或經驗愈少時，愈難以承認自己的性慾。

要規劃避孕，我們不僅需要承認自己的性慾，亦要承認自己打算擁有性生活。如不打算承認，男女便只能假裝他們的性交是「碰巧發生」（產生激情、喝酒或滿月時），即使可能常常發生。

不使用避孕措施的另一個原因是難以取得。對於缺乏性經驗的人而言，要他們出現在自己會被認定為有性需求的環境中，往往會令其感到尷尬。避孕措施的成本對某些人而言也是一個問題。雖然免費或廉價的避孕措施可透過家庭計畫診所或其他機構取得，但仍有交通或工作上的考量會使人卻步。

由於女性是懷孕的人，男性可能不會察覺自己的責任，或會淡化自己在女性懷孕時擔負的角色，儘管隨著保險套的普及，責任分配可能變得更加平均（尤其如果女性堅持）。然而男性往往缺乏支持避孕規劃的意識，青少年尤其如此。

許多人，尤其使用避孕藥物的女性，於一段持續關係中會自始至終、有效實行避孕措施，但若關係破裂，則可能會放棄避孕。她們只有在交往關係的情境下，才

會定義自己具有性慾。男性或女性剛開始新關係時，可能不會使用避孕措施，因為關係還未穩定下來。他們並不期待會發生性交或經常性交，所以他們願意冒險。

使用保險套或殺精劑等避孕措施，可能破壞性行為時發自內心的反應。對於以戀愛衝動合理化自身性行為的人而言，使用避孕裝置似乎冷酷又呆板。

懷孕可預期的好處

關於懷孕的矛盾態度是不使用避孕措施的強大動機。對於許多人而言，懷孕能證明女性在最根本的生物學層面上確實是女人。男性讓女性懷孕，則提供了類似於男子氣概的證明。

懷孕也能證明一個人無庸置疑地具有生育能力。許多男女對於是否要孩子始終懷有疑慮，長期使用避孕藥的伴侶雙方尤其有此疑慮，對於時常冒險不避孕的人而言同樣也是如此。

懷孕的另一個可預期的好處在於，伴侶雙方必須藉此界定他們的關係，以及對彼此承諾的程度。懷孕是一種測試，雖然經常是無心的。許多男女無意識地期待自己的伴侶為懷孕而高興，但對方不見得會如此回應。

最後，懷孕不只是伴侶雙方的事，也可能牽涉到家長（尤其女方家長）。懷孕可能迫使年輕人的雙親以成年人的身分注意、處理他／她的事情。懷孕在親子關係方面可能具有多種意義：叛逆的跡象、對於雙親不付出關愛的一種懲罰、請求幫助與理解，或是對於獨立、自主、長大成人的堅持。

批 判 性 思 考

01 如果你／妳有性生活，你／妳是否敢於冒險，不保護自己或伴侶免於懷孕？如果是，你／妳會冒什麼樣的險？為什麼？

02 你／妳認為人何時會傾向於冒險？

03 如果性伴侶因為不喜歡戴套的感覺，而對使用保險套心存猶豫，你／妳會跟他／她說什麼？

的決策也要擔負平等責任。男性避孕法約占可逆避孕法使用的四分之一。[4]
事實上，美國以外的世界所有工業化國家中，男性避孕方法（如保險套、
性交中斷法等）是年齡二十五歲至三十九歲的男性中常用的避孕法。性交
中斷法（withdrawal）為世界上多數國家普遍採用的方法，雖然這並非可靠
的避孕法；保險套只要持續、正確使用，尤其與殺精劑合併使用時，在避
孕上則頗為有效。

除了使用保險套外，男性還可透過以下措施避孕：（1）探索無性交的
性行為方式；（2）協助支付看診或診療費用，並分擔避孕藥物、注射針劑
或其他避孕方法的費用；（3）檢查藥物用品存量，幫助追蹤伴侶的月經週
期，在伴侶進行避孕的例行事務時給予協助；（4）長期關係中，如果沒有
（或不再有）生育的計畫，則進行輸精管切開術（vasectomy）。

■　家庭計畫診所

美國的生育健康照護（reproductive healthcare）反映了對家庭支持的
深刻投入，並且對社會蓬勃發展所需的人力基礎建設有顯著貢獻。由於美
國有超過一千七百多萬女性無法負擔生育健康照護，因此低收入女性比起
其他女性，較有可能利用公營的家庭計畫診所，而非尋求私人診所。「第

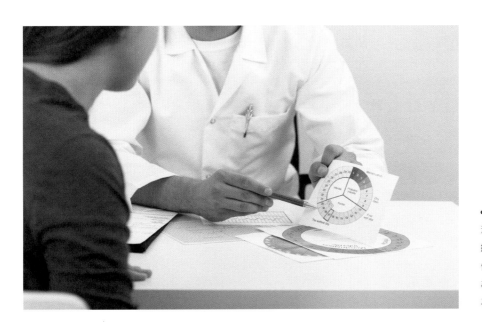

規劃避孕，我們需要先接
納自己的性。負責任的伴
侶一起前往家庭計畫診所
尋求諮詢，可減少意外懷
孕的風險。

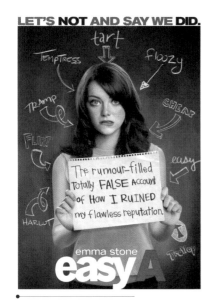

喜劇電影《破處女王》
（*Easy A*）受小說《紅字》
（*The Scarlet Letter*）的啟
發，描繪一群試圖探索性
慾的青少年。

十條法案」（Title X）是美國唯一致力於為有需要的人提供計
畫生育服務的聯邦計畫，每年約提供七百萬女性避孕服務的資
助。據估計，公營的家庭計畫診所因此可每年節省五十一億美
金的公營資金。[5] 換言之，每投入一美金用於家庭計畫，即可
省下三點七四美金的醫療補助計畫（Medicaid）支出。

貧窮族群當中的年輕人，可能缺乏保險保障，或是害怕向
父母求助，以獲得預防性診療或避孕機會。過去三十年來，美
國某些州已體認到此現象存在，並透過法律，擴大未成年人自
身醫療保健的同意能力範圍，包括家庭計畫相關服務。此行動
反映了許多未成年人將繼續其性生活，但如果必須事先知會父
母，則不會尋求醫療服務。各學區正研議是否提供學生避孕用
品與保險套。然而，醫療服務提供者與決策者仍需要制定創新的策略，並
產生廣泛的基礎變革，始能改善女性取得與使用避孕方法的情形，尤其是
條件較為不利的女性族群。[6]

｜ 青少年與避孕

保險套是有性生活的青少年的避孕首選。目前已知年齡十五歲至十九
歲的青少年中，首次性交會使用保險套的女性比例為百分之六十八，男性
為百分之八十二。[7] 有一點必須牢記：不採取避孕措施、具有性生活的青少
年，一年內懷孕的機會達百分之九十。[8]

避 孕 與 節 育 方 法

我們用來預防懷孕或阻止懷孕進展的方式包羅萬象。因此，最佳的避
孕方式是能持續、正確使用的方法，且希望是便於使用的方法，與個人偏
好、恐懼、期望亦能達成一致。

■ 節育與避孕：有何區別？

雖然「節育」（birth control）與「避孕」（contraception）兩詞通常

可交互使用，但含意上實有微妙差異。**節育**指防止懷孕發生的任何方式。因此，阻止受精卵進入子宮壁著床（如子宮內避孕器〔IUD〕、某些情況下使用的緊急避孕藥）的方法，以及從子宮去除胚體（conceptus，指受精卵、胚胎或胎兒）的方法（如非手術和手術墮胎），皆屬於節育的形式。然而，這些並非真正的避孕方法。**避孕**（預防受孕）是防止精子和卵子結合的節育方式。避孕可透過多種方式完成，包括：（1）屏蔽避孕法（barrier method），如保險套與子宮帽，可在精子和卵子之間產生物理性的障礙；（2）殺精劑，可於精子抵達卵子所在位置前將其殺死；（3）荷爾蒙避孕法，如避孕藥、針劑、貼片、皮下植入避孕器、陰道環等，可抑制排卵；（4）子宮內避孕裝置，可防止卵子受精。

■　選擇一種方法

為完全擔負使用節育方法的責任，人們必須知道有哪些選擇、這些方法的可靠程度，以及各種方式的優缺點（包括可能的副作用）。因此，注意個人健康問題與方法本身的特性相當重要。

大多數目前沒有使用避孕方法的女性，都會到醫療院所了解她們想採用何種方法。然而，上述女性中有許多人並不知道其他可供選擇的方案。某些情況下，她們認為自己想要的方法可能在醫學上並不適合，或是其使用方式可能無法持續及正確使用。了解這些方法的現實面，能為做出決定提供堅實基礎，一旦做出決定也會更加感到安心。

為了有助於做出明智的決定，選出在醫學上合用，且每次皆能使用的節育方法，請考慮以下問題：[9]

- 你／妳是否有與避孕相關的特定偏好或偏見？
- 你／妳是否知道每種避孕方法的優點與缺點？
- 使用此種方法的方便與容易程度如何？
- 如果你／妳或你／妳的伴侶面臨風險，此種方法是否能防止性感染疾病，包括 HIV 病毒？
- 此種方法對月經有何影響？

■　與你／妳的伴侶協議並決定方法是否重要？

■　有何其他影響因素（例如宗教、隱私、過去經歷、朋友的建議、性交頻率等）可能影響你／妳的決定？

■　你／妳是否曾與你／妳的健康照顧者討論可能的方法？

　　以下對節育方法有效程度的討論中，「理想使用」（perfect use）指女性於第一年使用期間，使用方式正確且持續使用時，出現懷孕情形的百分比。「一般使用」（typical use）指女性於第一年使用期間出現懷孕情形的百分比；此數據包括使用方式正確且持續使用的伴侶，以及沒有正常使用的伴侶（見表 1.1）。因此，「一般使用」是考慮避孕方法時重要性較高的參考數字。儘管有非常有效的避孕方式可供選擇，但如前所述，美國有約半數的懷孕為意外懷孕。

■　**禁慾**

　　開始討論防止受孕的裝置與技術之前，必須先提及最古老、最可靠的避孕方法——**禁慾**（abstinence）。關於性活動的構成要素，其觀點各有不同。然而，從家庭計畫的角度視之，禁慾指的是避免可能導致懷孕的生殖器接觸（即陰莖插入陰道）。「守貞」（celibacy）一詞有時會與「禁慾」一詞交互使用。此處我們較傾向於使用「禁慾」一詞，因為「守貞」往往意味避免一切形式的性活動，以及經常指涉不婚或維持無性生活的宗教承諾。

　　選擇不進行性交的人們，仍然能自由以各種方式表達情感（且如有性愉悅方面的慾望，亦可給予與獲得之），包括說話、擁抱、按摩、親吻、撫摸、以手部與口部刺激生殖器等。選擇以禁慾、不從事性交作為節育方法的人們，需要將此想法明確傳達給約會或交往對象，亦應該了解其他形式的避孕措施。此外，若碰上任何一方改變主意的狀況，不妨先將保險套準備好。禁慾有一項優點：在新的交往關係中避免性交，得以令雙方於體驗更親密的關係之前，先更加認識、信任彼此，且此方法在預防懷孕方面有近乎百分之百的效果。

表 1.1　第一年使用避孕措施期間的失敗率

方法	第一年使用遭遇意外懷孕的女性百分比（%）		繼續使用一年的女性百分比（%）
	一般使用 (%)[a]	理想使用 (%)[b]	
無方法	85	85	
殺精劑	28	18	42
受孕覺察避孕法	24	12	47
性交中斷法	22	4	46
避孕海綿			
經產女性（曾經生育）	24	20	36
未經產女性（未曾生育）	12	9	-
保險套			
女用	21	5	41
男用	18	2	43
子宮帽	12	6	57
複合口服避孕藥與單純黃體素避孕藥	9	0.3	67
以芙避孕貼	9	0.3	67
NuvaRing 陰道環	9	0.3	67
狄波─普維拉避孕針	6	0.2	56
子宮內避孕器			
ParaGard（銅 T）	0.8	0.6	78
蜜蕊娜	0.2	0.2	80
易貝儂皮下植入避孕器	0.05	0.05	84
女性結紮	0.5	0.5	100
男性結紮	0.15	0.10	100

a 使用該方法一年內懷孕的一般使用者百分比。
b 每次皆理想使用該方法，一年內懷孕的女性百分比。

資料來源：改寫自 Hatcher, R. A., Trussell, J., Nelson, A. L., Cates, W., Kowal, D., & Policar, M. S (2011). *Contraceptive technology* (20th rev. ed.). New York: Ardent Media。

■　荷爾蒙避孕法

　　除了已證實有效的避孕藥之外，還有幾種不同的荷爾蒙避孕法可供使用，包括：抑制月經的藥物、節育針劑、貼片、陰道環、皮下植入避孕器等。

｜　避孕藥

　　口服避孕藥（oral contraceptives），俗稱「避孕藥」（the pill），是美國最受歡迎的可逆式避孕法，占所有避孕法使用比例的百分之十七。[10] 避孕藥事實上是一系列包含人工合成雌激素與／或黃體素的藥丸（一包內各種數量皆有），可調節卵子產生與月經週期。口服避孕藥用於節育時，可達成以下的部分或全部效果：

- 抑制排卵（百分之九十至九十五的時間）。
- 增加子宮頸黏液濃稠度（防止精子進入女性上生殖道）。
- 使子宮內膜變薄，以防止受精卵著床。
- 減緩卵子運輸速度。
- 破壞卵子的運輸。
- 抑制精子鑽進卵子（capacitation of the sperm），可限制精子使卵子受精的能力。

　　避孕藥基本上會在女體中產生與懷孕狀態相同的化學環境。

　　類型與用途　口服避孕藥必須由醫生或家庭計畫診所開立處方。有超過九十五種避孕藥組合可使用，內有含量不等的荷爾蒙。最常開立的是複合口服避孕藥（combination pills），內有標準含量的雌激素（通常約三十五微克）與根據藥丸類型而定的不同劑量黃體素。三相型避孕藥物（triphasic pill）中，黃體素的量可在月經週期中調整，據稱可近似於正常的荷爾蒙模式。還有一種「迷你避孕丸」（minipill），只含有黃體素，但一般只適用於不可服用雌激素的女性，如哺乳中的女性與老年女性。此種避孕藥的效果較複合式避孕藥稍低，並且必須以精確、不中斷的方式規律服用才能起效。單純黃體素避孕藥（progestin-only pills）有時稱為「迷你避孕丸」，

含有黃體素荷爾蒙。每天同一時間服用，日日皆不中斷，迷你避孕丸可提供替代方案給無法服用雌激素的人，包括哺乳中、罹患高血壓或鐮刀型紅血球疾病（sickle cell disease）的女性。由於口服避孕藥的大部分藥效與其黃體素成分相關，迷你避孕丸可成為某些女性的安全、有效避孕替代方案。

雖然口服避孕藥能有效預防懷孕，但無法提供對性感染疾病的防護，包括HIV病毒感染。

女性只要尚未懷孕，無緊急避孕需求，即可於處方開立的同一天開始服用口服避孕藥。女性可能會優先使用此種「快速開始法」（quick start），因為如採用其他方法，處方開立與開始服用藥物之間一般會產生時間差。如果一名女性於經期開始五天內即服用避孕藥，將能立即受到避孕保護。

避孕藥如能正確使用，一般公認是最有效的避孕方法（結紮除外）。但避孕藥如沒有按時服用，效果則不佳。每天皆必須服藥，且時間上要盡可能接近。如果少吃一次藥，記起來時應立即服用，下一次則按時服藥。如果少吃兩次，則不可再仰賴該避孕方法，該月經週期的其餘時間應追加另一種形式的避孕方法。

避孕法朝向長期使用口服避孕藥的轉變，顯現一個鮮為人知的事實：女性不需要有月經。週期型的長期口服避孕藥提供女性安全、可接受、有效的避孕方式。[11] 這些方案提供女性更多的選擇，幾乎肯定可提高荷爾蒙避孕法的接受度與療效。

由於荷爾蒙避孕法皆無法預防性感染疾病，因此服藥的女性應考慮同時使用保險套。

效果　如果使用正確，口服避孕藥的有效率超過百分之九十九點七。在一般使用時的有效率則為百分之九十一。

優點　荷爾蒙避孕法的益處，遠遠超過任何重大的負面影響。避孕藥容易服用、效果可靠，性交前或過程中不需要特別增加其他避孕方法或中

斷。事實上，數以百萬計使用中的女性，滿意度皆達到中高程度。對於許多女性而言，若個人健康或家族史沒有禁忌症，避孕藥既有效又安全。有些女性會經歷令她們感到高興的副作用，如月經更規律或流量減少、月經痙攣減少、乳房增大或粉刺減少。避孕藥可能防止骨質疏鬆症與子宮內膜癌的發生，並且降低良性乳房疾病的風險。此外，新證據顯示服用避孕藥物的女性，甚至在停止服用幾十年後，仍可免受卵巢癌的侵襲。

可能問題　避孕藥有許多可能的副作用。最為常見的副作用為點狀出血（spotting）、乳房疼痛、噁心、嘔吐，或是體重發生增減。其他副作用可能包括：皮膚暗斑、緊張與眩暈、毛髮脫落、頭痛，以及食慾、性慾、情緒變化。避孕藥中的荷爾蒙可能提高或降低女性的性慾，視各人狀況而定。

上述副作用有時可透過改變處方予以消除，但並不盡然有效。某些女性因現有健康因素或對女性雌激素有格外敏感性，會對藥物產生不適反應。女性如有某些遺傳性血液凝固疾患、高血壓、糖尿病、膽囊疾病或鐮刀型紅血球疾病，或是需要長時間睡眠休息、有吸菸或容易偏頭痛，通常不適合選用避孕藥物。女性肥胖時，血栓風險較高。某些藥物治療可能產生與避孕藥不同，抑或不利其作用的藥效反應，其治療效果會降低或干擾口服避孕藥的藥效。因此，如果要服用避孕藥，請務必於開立任何新處方前與醫師溝通。

避孕藥也會產生一定的健康風險，但其程度仍有爭議。雖然避孕藥已受到廣泛研究並且非常安全，但極少數情況下，荷爾蒙避孕法可能導致嚴重問題。某些需要注意的警兆，其英語可拼為「ACHES」一詞。如果產生任何一種警兆，需盡快與臨床醫師聯繫：

- （嚴重）腹痛（abdominal pain）
- 胸痛（chest pain）
- （嚴重）頭痛（headaches）
- 眼睛問題（eye problems，包括視力模糊、斑點或角膜變形）

> 文學多半與性有關，與懷胎生子不甚相關；而人生則恰恰相反。
>
> 大衛·洛奇（David Lodge, 1921-2003）

■　嚴重腿部疼痛（severe leg pain）

如服藥後產生嚴重的情緒波動或憂鬱症，黃疸症狀（皮膚呈現黃色），兩次月經未來，抑或出現懷孕跡象，亦應諮詢臨床醫生。

近年來因美國食品藥物管理局（Food and Drug Administration）發出安全警戒而引起大眾關注的一種避孕藥為優悅（Yaz），已證實此種藥物會稍微增加血栓與其他血管疾病的風險。[12] 與較舊型的口服避孕藥相比，此種藥物中較新型的黃體素，可能使腿部與肺部出現危險血栓的風險提升。因此，正考慮口服避孕藥的女性可能會想選擇舊一代的避孕藥物。

荷爾蒙藥物的類型與使用時的人生階段，可能使其一方面有所助益，另一方面卻有害。年輕人服用避孕藥的健康風險很低，但風險會隨年齡增長而增加。吸菸者、超過三十五歲的女性、有某些其他健康疾病的人皆屬高風險族群。目前關於避孕藥的文獻尤其重視其對吸菸女性的風險。由於香菸與口服避孕藥成分的協同作用，產生心血管併發症與各種形式癌症的風險確實存在。此一警訊不應與避孕藥可能導致乳癌的主張一視同仁。最新的文獻表明，避孕藥對乳癌產生風險的影響極低，或幾乎沒有影響。[13]

判斷是否適合服用口服避孕藥時，可能還需要考慮某些其他因素。由於懷孕或分娩後不久可能再次懷孕，因此需要考慮節育。女性可於陰道產三週後開始服用複合型避孕藥，若哺餵母乳或為血栓高危險群，則應於產後六週才開始服用。雖然母乳將含有少量的荷爾蒙，但不至於對嬰兒產生影響，若服用單純的黃體素避孕藥將完全不會影響母乳。[14]

一旦女性停止服用避孕藥，其月經週期通常會於二個月內恢復，雖然可能需要幾個月才能恢復規律。如果有女性想要懷孕，建議於停止服用避孕藥、開始嘗試受孕後，再改用另一種避孕方法二至三個月。

｜　避孕針（狄波—普維拉）

避孕針（birth control shot）以生產此產品的品牌，狄波—普維拉（Depo-Provera，簡稱 DMPA）而知名，為用於預防懷孕的黃體素荷爾蒙

注射針劑，效果達十二週。黃體素的作用在於阻止排卵、增加子宮頸黏液濃稠度，以及使子宮內膜變薄，可防止受精卵附著於子宮。[15] 女性應於在月經開始後七天內注射首劑 DMPA。此針劑藥物立即生效。女性多半可安全使用避孕針，然而其風險與副作用與避孕藥類似。不規則出血（irregular bleeding）是最常見的副作用，尤其好發於注射後的頭六個月至十二個月間。此外，注射一年後，有半數使用者的月經將會完全停止。月經消失為很常見的副作用，可能導致部分女性擔心是否懷孕。避孕針如正確使用，其效果非常好。狄波—普維拉避孕針的副作用無法阻止，注射後可能持續十二到十四週。由於最後一次注射避孕針後，可能需要九個月至一年的時間才能懷孕，因此狄波—普維拉避孕針對於渴望立即懷孕的人而言，並非理想的節育方法。若有女性於用針期間發生懷孕的罕見情形，較有可能為子宮外孕，將會危及生命。（參見本冊第二章，了解有關子宮外孕的更多資訊。）

　　效果　理想使用時，成效為百分之九十九點八，一般使用時，成效略低於百分之九十四。

　　優點　由於 DMPA 避孕針不含雌激素，應不致引起與雌激素有關的罕見但潛在嚴重問題。此外，DMPA 避孕針於注射三個月內效果極高，可導致女性月經輕微減少或消失（因不同女性的反應而異）、月經症狀減少、子宮內膜異位的疼痛減少等。

　　缺點　月經週期可能發生紊亂，包括不可預測或時間延長的出血或點狀出血情形、體重增加、骨質密度暫時性、可逆性的下降等。

　　嚴重的健康問題很少與 DMPA 避孕針的使用有關，然而，如果女性出現非常痛苦的頭痛、大量出血、嚴重憂鬱、嚴重下腹痛（可能為懷孕跡象），或是注射部位生膿或疼痛，應向醫師求診。因為狄波—普維拉避孕針會降低雌激素濃度，可能導致女性失去骨骼中的鈣。使用避孕針的女性也可能出現暫時性的骨骼變薄現象，一旦停止使用針劑便會改善。

┃ 避孕貼（以芙避孕貼）

避孕貼（birth control patch），其品牌名稱為「以芙」（Ortho Evra），為一種薄型、米色、塑膠質貼片，係經由皮膚作用的可逆式避孕法，可釋放人工合成雌激素與黃體素以防止懷孕，效果達一個月[16]。用法為連續三週使用，每週將一片貼在下腹部、臀部、上臂或上軀幹（避開乳房）的貼片撕除，並貼上一片新的。接下來一週則不使用貼片，期間月經會出現。避孕貼中的複合荷爾蒙效果與口服避孕藥相同。避孕貼如能於每週同一日更換，並持續三週，其效果最好。如使用貼片時用法有誤，尤其鬆脫超過二十四小時或脫落，或是同一片貼片使用超過一週，即可能懷孕。

如避孕貼部分或完全脫落不超過二十四小時，女性應嘗試重新貼好。如無法順利黏貼妥當，則應予更換。有兩個女性族群可能需要針對避孕貼的使用另行諮詢醫師：青少年女性與超過理想體重百分之一百三十的女性。上述超重的女性應注意：由於血液中荷爾蒙濃度較低，她們的懷孕風險略高。

二〇〇八年，美國食品藥物管理局要求避孕貼的包裝標籤上應警告使用者，告知使用此產品會增加嚴重血栓發生的風險。[17] 使用中或考慮使用該產品的女性應與健康照顧者合作，在服用雌激素而增加相關的潛在風險與懷孕的風險之間取得平衡。避孕貼如同其他荷爾蒙避孕法，需要開立處方。

效能　總體而言，避孕貼的避孕功效與口服避孕藥相似。理想使用情形下，避孕貼的有效率超過百分之九十九。一般使用情形下的避孕成功率則達百分之九十一。

優點　使用避孕貼的女性提出的好處，與使用口服避孕藥的女性相同，包括更規律、更少量出血、歷時更短的月經。此外，女性一旦停止使用避孕貼，其懷孕能力也會迅速恢復。以芙避孕貼安全、使用簡單、方便，且不干擾性行為。除此之外，女性不必每天都要記得貼避孕貼。

缺點　避孕貼使用者提出的最常見副作用，包括輕度皮膚反應、乳房疼痛（主要於第一週與第二週）、頭痛、噁心等。其導致中風或心臟病發

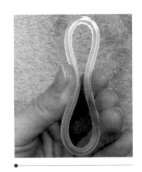

陰道環如同衛生棉條，可置於陰道內不會造成不適的地方，沒有特別適合的位置，亦毋須檢查的放置。如果陰道環造成壓力，使用者只要將其更往內推入陰道即可。

† 在台灣上市的產品名為「舞悠陰道避孕環」。——審定註

作的風險，與複合口服避孕藥相同。

｜ 陰道環

陰道環（vaginal ring），通常指 NuvaRing 陰道環 †，為一種可逆式荷爾蒙避孕法。[18] 陰道環為一小巧、有彈性的環，每二十八天需置入陰道上部一次，於體內靜置二十一天後取出，並休息七天，以利經血排出。避孕環會釋放人工合成雌激素與黃體素以防止排卵，其作用方式與其他複合荷爾蒙避孕藥類似。陰道環需由醫生開立處方使用。

效果　陰道環與其他荷爾蒙避孕法相同，於理想使用時，其成效超過百分之九十九。典型使用時，避孕成功率達百分之九十一。

優點　避孕環可防止懷孕一個月，且使用方便。許多使用避孕環的女性有更規律、更輕微、歷時更短的月經。女性可以隨時停止使用 NuvaRing 陰道環，比其他荷爾蒙避孕法更能有效控制其避孕措施。陰道環提供穩定的荷爾蒙釋放，通常不會使體重增加，並且可取出三小時，不損其效果。

缺點　陰道環的副作用與口服避孕藥相同。此外，可能因去氧孕烯（desogestrel）荷爾蒙而導致血栓風險增加。亦可能發生陰道濕潤、異物感、排斥感、頭痛等情形。骨盆底肌力弱的女性不應使用陰道環。另外，對於體重超過九十公斤的女性可能較不有效。

｜ 皮下植入避孕器

易貝儂（Implanon），一種**皮下植入避孕器**（implant），是一種薄而有彈性的塑膠棒，其尺寸相當於火柴棒，適合植入上臂的皮膚下方以防止懷孕，效用達三年。[19] 易貝儂植入避孕器如同其他數種含有黃體素的節育法，可防止卵巢釋放卵子，並能增加子宮頸黏液濃稠度以阻斷精子。

皮下植入避孕器是可使用的避孕法中最有效者，其成效與子宮內避孕器（IUD）及結紮相同。[20] 目前，皮下植入避孕器與其他單純黃體素避孕法，在增加血栓風險方面並無區別。易貝儂皮下植入避孕器需要由醫師植入與移除，且需要局部麻醉。如果女性於植入後三年內想要懷孕，則可將

其移除。

優點　此種裝置高度有效、易於植入、可獨立使用、不妨礙性行為亦不需維護、無與雌激素相關的副作用、效果容易逆轉，並可緩解由於子宮內膜異位或其他原因引起的骨盆腔疼痛。

缺點　如同所有單純黃體素避孕法，皮下植入避孕器可能導致不可預測的出血與體重增加，可能產生置入併發症，且可能增加血栓風險。皮下植入避孕器也需仰賴臨床醫生裝設，因此一旦植入，女性幾乎無法控制其避孕措施選擇。

■ 屏蔽避孕法

屏蔽避孕法（barrier methods）旨在防範精子與卵子的結合。男性使用的屏蔽避孕裝置為保險套（condom）。女性可使用的屏蔽避孕法包括子宮帽（diaphragm）、宮頸帽（cervical cap）、女用保險套（female condom）、避孕海綿（contraceptive sponge）、FemCap 宮頸帽、Lea's Shield 子宮帽等。這些避孕方法已逐漸受到歡迎，因為除防止受孕外，還可降低性感染疾病的風險。所有屏蔽避孕法的效果皆可透過使用殺精劑（spermicide）增加，此點將稍後於本章討論。

｜ 保險套

保險套（或稱男用保險套）為薄而柔軟、有彈性的薄膜套，以乳膠、聚氨酯或加工動物組織製成，適於套入勃起的陰莖，有助於防止精液傳播。保險套透過阻斷性感染疾病病原體的出入門戶，藉此預防感染。

保險套是美國第三常用的避孕方式（在結紮與避孕藥之後）。自

男用保險套有各種尺寸、顏色、紋路，有些經過潤滑，多款保險套尖端還有儲精袋的設計，可用於收集精液。

有效使用保險套的技巧

保險套如正確使用，是非常有效的避孕裝置。保險套亦能預防包括 HIV 病毒在內的性感染疾病。以下為保險套的使用技巧：

01. 每次性交時都要使用保險套，此為避孕與疾病預防的成功關鍵。

02. 檢查包裝上的有效日期，並加以按壓以確認是否維持真空狀態。

03. 小心打開保險套包裝，使用牙齒或指甲可能撕破保險套。

04. 如果未接受過包皮環割手術，請於戴上保險套前向後褪開包皮。

05. 陰道或肛門性交時不可使用以壬苯醇醚 -9（N-9）潤滑的保險套。以 N-9 潤滑的保險套與未以 N-9 潤滑的保險套相較，價格較高，保質期更短，且相較起來並無好處。

06. 保險套要於接觸到伴侶身體任何部位前戴上。

07. 如果不小心將保險套戴反，須將其丟棄並使用另一個。

08. 保險套尖端需留約半吋（約 1 公分）空間，並將保險套沿著勃起的陰莖向下捲動至基部。所有氣泡都要推出。

09. 射精後不久即撤出陰莖。確認陰莖撤出時，要緊握住保險套的基部，使其緊貼住陰莖。

10. 使用後，檢查保險套是否出現可能的破裂情形。如發現破裂或破洞，考慮使用緊急避孕法（參閱本章後半部「緊急避孕法」一節）。如果保險套持續於使用後出現破裂問題，可使用水性潤滑液，如 KY 膠。

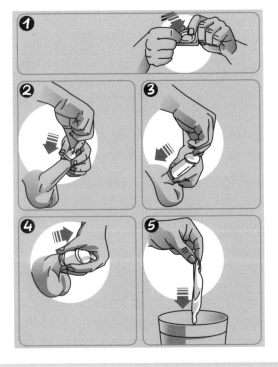

❶ 將捲起的保險套置於勃起的陰莖上，在尖端留下約一公分空間（首先要將空氣擠出保險套尖端）。

❷ 將保險套向下捲動，有氣泡就擠出來。

❸ 將保險套捲動至陰莖基部。

❹ 射精後，撤出陰莖時緊握住保險套的基部。

❺ 將用過的保險套丟入垃圾桶。

11. 保險套不可重複使用。

12. 將保險套存放於陰涼、乾燥、方便取用處。

13. 為預防 HIV 病毒和其他性感染疾病，應使用乳膠橡膠或聚氨酯保險套，不可使用動物組織製成的保險套。

14. 不要忘記以帶有情慾的方式為陰莖戴上保險套。

正確使用保險套自我效能量表[21]

此量表旨在衡量個人對於正確應用及使用男用保險套的難易度看法。此表要求受訪者回答對於各種正確使用保險套方式的感覺。

使用方法

請圈出數字，代表各題所做事情的難易程度。由 1 到 5 代表「非常困難」到「非常簡單」。

01. 找到適合你的保險套，簡單或困難程度如何？⸺⸺⸺⸺⸺ 1　2　　3　4　5

02. 正確使用保險套，對你而言的簡單或困難程度如何？⸺⸺⸺ 1　2　　3　4　5

03. 性行為過程中使保險套不致乾掉，對你而言的簡單或困難程度如何？⸺⸺⸺⸺⸺⸺⸺⸺⸺⸺⸺⸺⸺⸺⸺⸺⸺⸺⸺ 1　2　　3　4　5

04. 性行為過程中使保險套不致破裂，對你而言的簡單或困難程度如何？⸺⸺⸺⸺⸺⸺⸺⸺⸺⸺⸺⸺⸺⸺⸺⸺⸺⸺⸺ 1　2　　3　4　5

05. 使用保險套時保持勃起，對你而言的簡單或困難程度如何？⸺ 1　2　　3　4　5

06. 性行為後撤出陰莖時保險套不脫落，對你而言的簡單或困難程度如何？⸺⸺⸺⸺⸺⸺⸺⸺⸺⸺⸺⸺⸺⸺⸺⸺⸺⸺⸺⸺ 1　2　　3　4　5

07. 與伴侶發生性行為時自始至終皆戴上保險套，對你而言的簡單或困難程度如何？⸺⸺⸺⸺⸺⸺⸺⸺⸺⸺⸺⸺⸺⸺⸺⸺ 1　2　　3　4　5

計分

分數愈高，表示正確使用男用保險套的自我效能愈高。

一九八〇年代後期以來，保險套的使用顯著增加，原因主要在於正確使用時，能有效防止包括 HIV 病毒在內的性感染疾病的散播。（有關使用保險套的進一步討論，參見本冊第五章。）保險套有多種形狀、尺寸、顏色可供使用。某些保險套會以少量殺精劑（壬苯醇醚 -9，N-9）加以潤滑。

有一小部分的保險套由聚氨酯和其他人工合成材料製成。此種保險套比乳膠保險套更能耐受惡化，具有更長的保質期，且如對乳膠過敏，可作為替代方案。人工合成材料製成的保險套與乳膠保險套不同，可搭配油性潤滑液使用。此種保險套是否能預防性感染疾病，目前尚未證實，但一般認為能提供類似於乳膠保險套的保護。[22]

保險套多半非常薄（但也強韌），導熱性好，於使用時仍能體驗相當多的快感。挑選保險套雖可能是有趣的體驗，但如果需要保護，務必閱讀標籤說明，以了解是否已獲美國食品藥物管理局批准，可用於防止意外懷孕與性感染疾病。乳膠保險套應與水性潤滑液（如 KY 膠，K-Y Jelly）或甘油搭配使用，因為凡士林之類的油性潤滑液可能弱化橡膠。如果保險套破裂、滑脫或精液外洩，有些處理方式可供參考（參閱本章後段「緊急避孕法」一節）。

｜　女性與保險套使用

時至今日，有近一半的男用保險套係由女性購買，保險套廣告與包裝亦逐漸反映出此一趨勢。女性與保險套使用的議題方面，有幾個關鍵要點：

- 相較於男性，性感染疾病會對女性的健康產生更嚴重後果，例如可能永久不孕。持續、正確地使用保險套是有效的保護方式。
- 男女性交時，女性得到性感染疾病的可能性高於男性，因此自己使用或要求伴侶使用保險套，對女性最為有利。
- 保險套有助於女性防止意外懷孕、子宮外孕、陰道炎與骨盆腔炎（pelvic inflammatory disease，簡稱 PID）等細菌感染、疱疹與 HIV 病毒等病毒感染、子宮頸癌，以及分娩期間可能傷害胎兒或嬰兒的感染等。
- 女性可透過堅持使用保險套來保護自己。即使規律使用另一種形式的避

孕方法，例如避孕藥或子宮內避孕法（intrauterine contraceptive，簡稱 IUC），女性也許會希望得到保險套提供的附加防護。

效果　理想使用保險套時，預防受孕方面有百分之九十八的成效，但一般使用時的成效約為百分之八十八。避孕失敗有時來自於不當使用保險套，但通常導因於少量精液已洩漏至陰道後方才戴上，或是沒完全戴上。男用保險套用於肛交時，如不使用足夠的潤滑液，比用於陰道性行為更容易破裂與滑脫。

優點　保險套易於取得，不會造成有害副作用；容易攜帶，價格低廉甚至可免費取得。乳膠保險套有助於預防性感染疾病，包括 HIV 病毒感染。有些男性喜歡使用保險套時略為下降的敏感度，因有助於延長性交時間。

可能問題　保險套可減少性感染疾病風險，但不能完全避免，也不能百分之百預防懷孕。保險套的主要缺點在於：應於陰莖勃起後、插入陰道前戴上。此處產生的中斷，即為使用者常略過戴保險套的主要原因。部分男女抱怨快感消失，且曾出現（相當罕見）對橡膠過敏的案例。使用某種類型的保險套，卻喪失極大快感的伴侶，則建議嘗試其他類型的保險套。

｜ 女用保險套

目前女性有一款女用保險套可使用。此種保險套名為 Reality，為柔軟、寬鬆的拋棄式聚氨酯囊袋，兩端皆有形似子宮帽的環形構造。女用保險套可用於在陰道內壁覆以一薄層，防止精子進入。如果正確、持續地使用，女用保險套可降低包括 HIV 病毒在內的許多性感染疾病風險。女用保險套一側的密封環形構造位於保險套內側，用於將保險套置入並固定於子宮頸上。較大的外環留在陰道外，作為屏障，阻隔陰戶與陰莖的基部（見圖 1.3）。此種保險套也可以置入直腸，以於肛交過程中提供保護。囊袋內外部皆以非殺精型潤滑液加以潤滑，為一次性用品。女用與男用保險套不可一起使用，因為可能彼此黏附，導致一方或雙方滑脫。

效果　女用保險套於理想使用時的避孕成效為百分之九十五，與其他

> 我們現在亟須找到一種方法，將保險套變成年輕人的邪典崇拜物品。
>
> 吉曼・基爾（Germaine Greer, 1939-）

圖 1.3　女用保險套

圖為置入定位的女用保險套。女用保險套為軟質聚氨酯製成的護套，以具有彈性的環狀構造
（很類似子宮帽）固定於子宮頸周圍。較大的環將保險套固定於陰道外，亦有助於保護外陰。

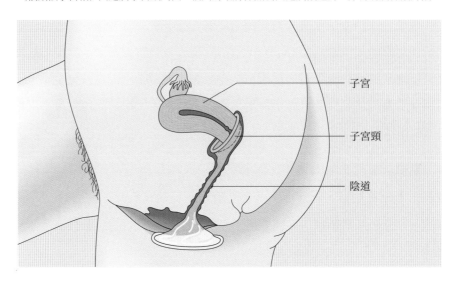

屏蔽避孕法相同。而一般使用時的成效為百分之七十九。

　　優點　女用保險套優於男用保險套的一點，在於不僅可保護陰道與子宮頸，免遭精子與微生物侵入，還可加以設計，使開口端覆蓋女性的外生殖器與其伴侶陰莖的基部，從而提供雙方極佳的感染防護。因為聚氨酯的強度高於乳膠，女用保險套比男用乳膠保險套更不易破裂，且水性與油性潤滑液皆可與其搭配使用。女用保險套有利於伴侶不願使用男用保險套的女性，部分原因在於女用保險套不會像男用乳膠保險套那般束緊陰莖。此種保險套亦提供女性節育的附加方式，不需要處方，且能導熱。

　　可能問題　女用保險套相對而言較無問題。主要問題在於美觀程度：有些女姓不喜歡女用保險套完全覆蓋其生殖器（健康方面的其中一項主要優點），因此不想使用。有的時候，女用保險套可能在性交過程中滑入陰道或肛門。性交時產生的噪音則可能分散注意力，但額外使用潤滑液可降低音量。

｜　子宮帽

　　子宮帽是一種邊緣柔軟的橡膠杯，可置於陰道深處，阻隔子宮頸，以

防止精子進入子宮與輸卵管。子宮帽本身即有一定效果，如與具殺精效果的乳液或凝膠搭配使用，避孕效果甚高。（子宮帽搭配殺精乳液及凝膠使用，其效果一般認為比搭配避孕噴霧更佳。）

　　一經置入，子宮帽可提供六小時的有效避孕防護。性交後，應留在原處至少六個小時。使用子宮帽的女性，不應於可取出之前將其強行取出或沖洗乾淨。如於六小時內重複性交，子宮帽應置放於原處，並以塗抹器塗上更多殺精劑。為取出子宮帽，使用的女性可將手指插入陰道，置於子宮帽緣的正前方之下，然後輕輕將其拉出。子宮帽應於溫和的肥皂水中洗滌，並拍打乾燥，接著再放入其收納盒內。子宮帽僅能透過開立處方取得，且約一年應更換一次。

　　效果　關於子宮帽的效果的研究結果各異。雖然理想使用時的成效高達百分之九十四，但一般使用時的效果卻大幅下降至百分之八十四。正確、持續地使用，對於實現最大的成效至關重要。

　　優點　子宮帽安全、價格相對便宜、副作用有限，且能獨力使用。

　　可能問題　有些女性不喜歡子宮帽置入的過程，或是與其搭配使用的殺精劑所產生的混亂或氣味。有些男性抱怨子宮帽會引起摩擦或其他不適。部分女性會對橡膠過敏。某些女性的尿道重複感染風險會略微上升（見本冊第五章）。由於使用子宮帽有引發毒性休克症候群（toxic stroke syndrome，簡稱 TSS）的少量風險（見第一冊第三章），女性不應將子宮帽留在陰道內超過二十四小時。

｜ 避孕海綿

　　一九九四年遭到市場淘汰後，避孕海綿也稱「今日海綿」（Today Sponge），又回到市場上。此種發泡塑膠材質的圓形護罩，直徑約二英寸（約五公分），中心則為子宮頸大小。避孕海綿充滿殺精劑──壬苯醇醚 -9（N-9）。由於 N-9 無法降低 HIV 病毒感染的風險，女性應保持使用乳膠保險套，與使用其他避孕方法時相同。置入與取出避孕海綿的方式與子宮帽類似，且僅需一點練習，實行容易。避孕海綿的優點在於可將其留置原

處最多二十四小時，無需重新置入或塗抹更多殺精劑。避孕海綿於理想使用時的效果，取決於女性是否曾經生產，但一般使用時的成效平均為百分之七十八。成效降低的原因，可能在於避孕海綿僅有一種尺寸可用，或許無法充分覆蓋分娩後的子宮頸。避孕海綿的保質期有限。

┃ FemCap 宮頸帽與 Lea's Shield 子宮帽

FemCap 宮頸帽與 Lea's Shield 子宮帽皆為陰道式屏蔽避孕器具，可以類似於子宮帽的方式防止懷孕。FemCap 宮頸帽由矽膠製成，狀似水手帽，共有三種尺寸，可穿戴長達四十八小時，為類似避孕裝置建議時間的兩倍。Lea's Shield 子宮帽為一種單一尺寸的杯狀矽膠裝置，其中心進氣孔可令子宮頸分泌物與空氣通過。此兩種裝置透過吸引力固定其位置，必須與殺精劑一起使用，且必須透過保健產品廠商獲得。兩種產品於理想使用時與一般使用時的成效，皆與子宮帽類似。

優點　對某些女性而言，宮頸帽可能比子宮帽更為舒適和方便。宮頸帽的殺精劑用量較子宮帽少許多，且如果重複性交，不需要重新塗抹殺精劑。宮頸帽可於性交前幾小時插置入，且可穿戴長達四十八小時，不會干擾身體運作或荷爾蒙作用。

可能問題　宮頸帽的橡膠與陰道分泌物或殺精劑產生交互作用，產生的氣味會令某些使用者感到困擾。有些人擔心宮頸帽可能致使子宮頸產生糜爛（erosion）。如果伴侶的陰莖碰到宮頸帽邊緣，可能導致其於性交過程中發生移位情形。理論上，使用宮頸帽與使用子宮帽，存在相同的毒性休克症候群風險。（另見與子宮帽相關的可能問題）

■ 殺精劑

殺精劑是一種對精子具有毒性的物質。美國最常使用的殺精劑產品為化學物質──壬苯醇醚 -9（N-9）。N-9 最初的開發用途為清潔劑，作為快速殺死精子細胞的陰道用乳液，已使用近五十年。關於 N-9 的注意事項已經提出數年，目前已知經常使用殺精劑可能會導致生殖器潰瘍與刺激，

> 既然各個部位如果呈現平滑，懷孕便會受阻，含有香柏油，或鉛膏，或乳香膏，混合著橄欖油的種子掉落，種子掉落其上的那部分子宮，便會塗抹上些許油膏。
>
> 亞里斯多德（Aristotle，西元前384-322）

從而促使包括 HIV 病毒在內的性感染疾病之散播。[23] 殺精劑能以各種形式使用：噴霧、藥膜，乳液、凝膠、栓劑等，且與屏蔽避孕法搭配使用時，一般認為效果最佳。殺精劑以管裝、袋裝或其他容器出售，可塗抹十二至二十次。殺精劑在理想使用時的成效為百分之八十二，一般使用時的成效則為百分之七十二。

避孕噴霧

避孕噴霧為一種化學殺精劑，裝在噴霧罐內販售。這是一種與保險套搭配使用的實用殺精劑形式，應用方式因品牌而異，但噴霧通常直接由容器或塗抹器向陰道深處塗抹噴灑。避孕噴霧會於子宮形成一道物理屏障，其中的化學物質會於陰道內殺死精子。如於性交前半小時內使用，效果最佳。使用避孕噴霧先將容器搖一搖，可增加起泡程度，使其擴散得更廣。大約半小時後，噴霧的泡沫會開始破滅。如有重複性交情形，必須重新使用噴霧。

有些女性不喜歡使用避孕噴霧，抱怨其髒亂、滲漏、氣味或刺痛感。偶爾可能會有女性或男性對避孕噴霧產生過敏反應。由於無法得知噴霧容器內尚有多少殘留，始終留有備用品才是明智之舉。

避孕藥膜

避孕藥膜，亦稱陰道避孕膜（vaginal contraceptive film，VCF），為一種含有壬苯醇醚 -9、如紙一般薄的藥膜，置入陰道時會溶解為具黏性的凝膠。避孕藥膜需至少於性交前十五分鐘直接置於子宮頸上，使藥膜有時間溶解、發散。避孕藥膜如同其他殺精劑，與男用保險套搭配使用尤可發揮效果。

許多女性認為避孕藥膜很容易使用。避孕藥膜可由藥局處購得，並可置於皮包、錢包、口袋中隨身攜帶。然而有些女性可能不喜歡將避孕藥膜置入陰道中，也有些女性可能對其過敏。部分女性表示，使用藥膜會導致陰道分泌物增加、暫時性皮膚刺激等問題。

｜ 避孕乳液、凝膠與陰道栓劑

具殺精效果的乳液與凝膠皆為管裝產品，以塗抹器施用，抑或置於子宮帽或宮頸帽內。此種化學殺精劑無需處方即可於大多數藥局買到。避孕乳液與凝膠的作用方式類似於避孕噴霧，但單獨使用時效果較差。

陰道栓劑係性交前置入陰道的化學殺精劑。身體的熱量與體液會溶解其中成分，殺死陰道內的精子。陰道栓劑必須及早置入，方能於性交前完全溶解。

避孕乳液、凝膠與陰道栓劑皆使用簡便、容易取得。這些產品有機會減少罹患盆腔炎的危險（見本冊第三章）。使用殺精劑並不影響未來任何懷孕的可能。

有些人對殺精劑會產生過敏反應。有些女性不喜歡其產生的混亂或氣味，抑或必須碰觸自己的生殖器。有些人則會出現刺激或發炎情形，尤其如果頻繁使用任何化學產品。少數女性的陰道不夠潤滑，無法於理想時間內溶解栓劑。亦有一些女性對這些方法於性交過程中的效果表示憂慮。

■ 子宮內避孕法（Intrauterine Contraceptives，簡稱 IUCs）

子宮內避孕法（IUC），亦可指子宮內避孕器（Intrauterine device，簡稱 IUD），為長效的可逆式避孕法，包含將具有彈性的小型塑膠裝置放置於子宮內，以防止卵子受精（見圖 1.4）。置入的裝置類型決定了其留置原處的時間長短，其範圍為五年至二十年。

目前在美國可取得的兩種子宮內避孕器，一種為銅 T-380A（TCu380A），以 ParaGard 之名銷售，另一種則為釋放荷爾蒙的子宮內避孕系統，以蜜蕊娜（Mirena）之名在市場流通。ParaGard 子宮內避孕器以聚乙烯製成，其 T 字形狀的柄部以細銅線包裹。銅 T 可留置體內十年，然而此種裝置曾於體內安置長達二十年。蜜蕊娜由聚合物塑膠製成，其柄部為中空，內含一種黃體素──左炔諾孕酮（levonorgestrel），會不斷釋放而出。此裝置的有效期為五年，儘管數據表明其效期可長達七年。子宮內避

圖 1.4 子宮內避孕器

圖為擺放定位的一組子宮內避孕器，子宮內避孕器一經置入，附接其上的絲線會透過子宮頸開口延伸至陰道中。

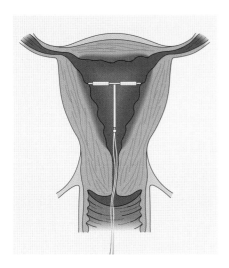
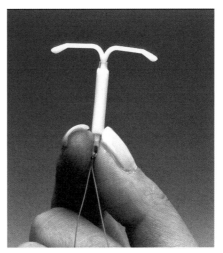

孕器移除後，可將新的再行置入。子宮內避孕器是最便宜的長期、可逆的避孕形式，必須由受過訓練的醫療從業人員置入與移除。

目前的證據普遍不支持子宮內避孕器是一種墮胎藥具（abortifacient，造成墮胎的儀器或藥物）。反之，子宮內避孕器係主要透過預防受精以防止懷孕。兩種類型的子宮內避孕器皆會導致子宮內膜產生變化。此外，蜜蕊娜子宮內避孕器中的黃體素可防止排卵並增加子宮頸黏液的濃稠度。

子宮內避孕器於理想使用時的成效達百分之九十九，一般使用時的成效為百分之九十八。

一經置入，子宮內避孕器幾乎不需要人擔心，且不干擾性交時發自內心的反應。然而，置入子宮內避孕器時可能令人感到不適，此外通常會伴隨重度痙攣，且有時會持續存在。月經流量通常會隨著使用 ParaGard 子宮內避孕器而增加，但使用蜜蕊娜三至六個月後則會減少。使用子宮內避孕器的人，估計有百分之二至十於使用第一年內就將其摒棄，尤其未曾生育的女性。此情況通常發生於置入後的頭三個月。然而，到了可置入另一個子宮內避孕器時，許多女性會再次保留使用。

很少有避孕法能與子宮內避孕器一樣方便、有效，每日成本又低。除此之外，使用者的生育能力會於停用後迅速恢復，副作用的風險低，且此種裝置對於子宮外孕（亦即在子宮外著床的懷孕情形）的防護效果，已經獲得證實。女性如因醫學疾病而不能使用口服避孕藥，子宮內避孕器亦為絕佳的選擇。

■　受孕覺察避孕法

受孕覺察（fertility awareness-based，簡稱 FAB）避孕法需要大量教育、訓練與堅持不懈。此種方法奠基於女性對其身體生育週期的了解，需要高度動機與自制，不適用於每個人。受孕覺察避孕法亦可指「自然家庭計畫」（natural family planning）。有些人會以下列方式區分此二者：受孕覺察法指夫婦於女方月經週期中具生育力的階段時，可使用替代方法避孕（例如含有避孕凝膠的子宮帽或含有避孕噴霧的男用保險套），而自然家庭計畫則不包括使用任何避孕裝置，因此咸認更為自然，獲天主教會認可。

受孕覺察避孕法包含日曆（安全期推算）法（calendar〔rhythm〕method）、基礎體溫法（basal body temperature，簡稱 BBT）、子宮頸黏液觀察法（cervical mucus method），以及結合上述後兩者的症狀體溫法（symptothermal method）等（參見圖 1.5）。上述方法完全免費，且無健康風險。如果有女性想懷孕，覺察自己的生育週期有其作用。但這些方法不適用於月經週期不規律的女性，亦不適合不具有高度使用動機的夫婦。某些條件或情況下，如當前面臨月經初潮、接近更年期、最近曾分娩、哺乳中、最近停用荷爾蒙避孕法等，會令受孕覺察避孕法較難以實行，需要更廣泛密切的觀察。在生育週期間禁慾的夫婦，可能會因挫折感而開始冒險。受孕覺察避孕法的一般使用者中，約有百分之二十四的女性於使用第一年意外懷孕，因為排卵時間難以預測。

｜　日曆（安全期推算）法

日曆（安全期推算）法奠基於計算「較為安全」的日期，取決於女性的最長與最短月經週期範圍。此法對於月經週期不規律的女性而言，可

> 算計出錯的女性稱為母親。
>
> 艾比蓋爾・凡・布倫（Abigail Van Buren, 1918-2013）

圖 1.5　日曆法

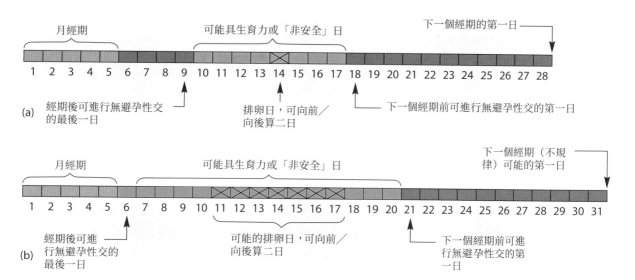

(a)
- 月經期
- 可能具生育力或「非安全」日
- 下一個經期的第一日
- 經期後可進行無避孕性交的最後一日
- 排卵日，可向前／向後算二日
- 下一個經期前可進行無避孕性交的第一日

(b)
- 月經期
- 可能具生育力或「非安全」日
- 下一個經期（不規律）可能的第一日
- 經期後可進行無避孕性交的最後一日
- 可能的排卵日，可向前／向後算二日
- 下一個經期前可進行無避孕性交的第一日

能不甚實用與安全。由於精子一般可存活二至四天，預期可能發生受精的最長時間，可在日曆的協助下計算出來。為防止懷孕，女性不應單靠此種方法。

排卵一般發生於女性經期的十四天前（正負兩天）。（然而，排卵可能於月經週期的任何時刻發生，包括經期。）考慮到此點，並將未來至少八個月的月經週期繪製成表，以確認最長與最短的週期，女性便能預判其生育期。（圖 1.5 顯示了以這種方式計算出的生育期間隔。）

｜　基礎體溫法

女性於月經來潮期間與其後約一週的時間，體溫往往略低。排卵前，體溫下降幅度在一度以內，接著於排卵時急遽上升（半度或近一度）。接下來體溫便會保持在高點，直到下一個月的經期來臨。

施行基礎體溫法的女性，每天早上起床時必須記錄體溫，並持續六至十二個月，方能準確掌握其體溫變化模式。下床前使用基礎體溫計，最能發現此一體溫變化。當女性能發現其體溫升高，並能預測排卵於週期中的何時發生，便可以開始使用此方法。女性於體溫預期會上升的三至四天前，

欲使用日曆法或其他受孕覺察避孕法，女性必須追蹤其月經週期。

（a）此圖表顯示一位月經週期規律保持二十八天的女性，其可能的安全日或危險日。

（b）此圖表顯示一位月經週期介於二十五天至三十一天的女性，其安全日與危險日。請注意：月經週期不規則的女性，危險日的天數明顯較多。日曆法與基礎體溫法及子宮頸黏液觀察法搭配使用時最為有效。

以及確實上升的其後四天，應避免性交或應使用替代避孕方法。

｜ 子宮頸黏液觀察法

使用子宮頸黏液觀察法的女性，透過檢查子宮頸的黏液分泌以確定月經週期的階段。許多女性於排卵前，子宮頸黏液的外觀與特徵會產生明顯變化。月經來潮後，大多數女性會排出適量的混濁、黃色或白色黏液。再過一到兩天，則會分泌清澈、具延伸性的黏液。清澈、具延伸性的黏液分泌物出現後，便會隨即開始排卵。排卵前的子宮頸黏液，黏稠性方面較高，具有彈性，其狀如同生蛋清，一滴即可拉伸成細鏈狀。排卵後，黏液的排出量即顯著下降。出現此種黏液分泌物的四天前與四天後，皆屬於不安全日。只有在排卵後無黏液分泌的數日間，性交時懷孕機會才會較低。[24]

｜ 症狀體溫法

結合兩種或多種生育能力指標的受孕覺察避孕法，稱為症狀體溫法。其他可能有助於斷定排卵期的徵兆，包含月經中期兩側下腹部的疼痛、來自子宮頸的輕微血液排出（「點狀出血」）、乳房疼痛、沉重感與／或腹部腫脹。

■ 泌乳停經法

唯獨適用於哺乳中的母親，高度有效、暫時的避孕方法，稱為泌乳停經法（lactational amenorrhea method，簡稱 LAM）。泌乳停經法係仰賴哺乳期的不孕現象以防止懷孕。如女性尚未經歷過第一次產後月經，且完全或幾乎完全以母乳餵養其子女，此法於嬰兒出生後頭六個月的成效超過百分之九十八。

■ 結紮

結紮是世界上最廣泛使用的避孕方法，開發中國家與已開發國家皆然。[25] 二〇〇六至二〇〇八年間所有使用避孕法的女性中，百分之十七仰賴女性結紮，百分之六仰賴男性結紮。[26] 伴侶與個人選擇結紮，是因為想限制或終止生育。結紮涉及外科手術，使生殖器官無法產生或輸送具活性的配

子（精子與卵子）。對男性進行結紮手術，較女性更為簡便、安全、價格低廉。

｜　女性結紮

女性結紮目前已成為較安全、簡單、常用的手術。女性結紮手術多半為輸卵管結紮（tubal ligations），通常稱為「綁管子」（tying the tube）（圖1.6）。兩種最常見的手術形式為腹腔鏡術（laparoscopy）與小型開腹術（minilaparotomy）。較不常見的女性結紮手術類型則為剖腹術（laparotomy）、陰道切開術（culpootmy）或後穹隆鏡檢查（culdoscopy）。一般而言，此種手術不具可逆性，只有絕對肯定不想（或不再）生育孩子的女性，方應選擇此種方法。

腹腔鏡術　有各種各樣的技術可用於使女性結紮，似乎都有相同的成效。腹腔鏡手術是最常用的結紮方法。該手術屬於不需住院的門診手術，需時二十至三十分鐘。女性患者的腹部會充滿氣體，使器官更加明顯。外科醫師將帶有觀察鏡（腹腔鏡）的棒狀器械藉由肚臍邊緣的小切口插入腹部，並找出輸卵管位置。透過此切口或第二個切口，醫師再插入另一種器械，通常透過電燒術（electrocauterization，燃燒）封閉輸卵管。特殊的帶

圖 1.6　女性結紮的方式

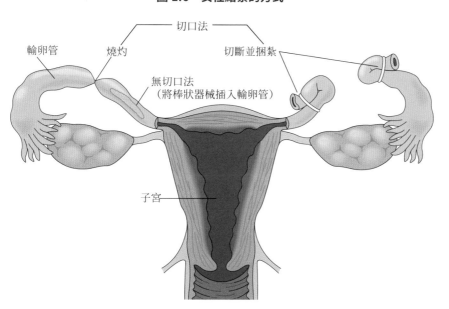

經子宮頸結紮包含將微型桿置入兩側輸卵管內。組織生長（造成結紮）約需十二週。

電小鑷子可夾緊輸卵管並燒灼之。輸卵管亦可用極小的環、夾子或塞子封閉或堵住，不需縫線。此手術的恢復期長達一週。在此期間，女性會產生些許壓痛、痙攣與陰道出血情形。休息相當重要。

經子宮頸結紮　不需手術的永久性節育方法，稱為經子宮頸結紮（transcervical sterilization）。此種方法包括將一根薄型器械插入，穿過子宮頸與子宮，到達輸卵管，再以微型桿永久阻塞輸卵管，以防止懷孕。目前，美國有兩種經子宮頸結紮方法可供使用——置入 Essure 與 Adiana 裝置。兩者都非常有效、方便，因為其置入通常可於門診時完成。置入後的頭三個月間，該裝置將形成組織屏障，可防止精子抵達卵子處。置入達六個月時，該裝置在預防懷孕有接近百分之百的成效。

｜ 評估女性的結紮方法

結紮一經完成，將不再需要其他的節育方法。（不過暴露於性感染疾病風險中的女性，應使用保險套保護自己）。

結紮不會降低或改變女性的荷爾蒙分泌水平。結紮與停經不同，亦不像某些人相信的那般，會加速更年期的發生。女性仍有月經來潮，直到其停經年齡自然而然來臨前。月經週期的規律亦不受影響。女性的卵巢、子宮（子宮切除術除外）、荷爾蒙系統不會發生改變。唯一的不同點在於，精子此時已無法抵達女性的卵子處。（卵子一如往常每個月釋出後，被身體重新吸收。）性方面的愉悅並不會減弱。事實上，有高比例的女性表示，由於對懷孕的焦慮感消除，她們在性交時感覺更放鬆。女性結紮似乎不存在有害的副作用。結紮應視為不可逆的避孕方法。

｜ 男性結紮

輸精管切開術（vasectomy）為一種利用局部麻醉方式，可於醫師診間進行的外科手術。手術大約需要半小時。手術過程中，醫師於陰囊的皮膚上劃出一個小切口（或兩個）。藉由此切口，兩根輸精管（精子運送管）各自被拉起、切開、捆紮，且往往以電灼燒（圖 1.7）。經過短暫休息後，男性受術者便能離開診間，完全康復僅需幾天時間。

接受輸精管切開術後，男性身體系統中的活精子仍可保留數天或數週。由於排出這些精子需要約十五至二十次射精，伴侶雙方應使用其他節育措施，直到精液檢查無誤為止。

輸精管切開術的成效達百分之九十九點九。儘管如此，受術男性仍可能希望使用保險套，以防罹患或傳播性感染疾病。性愉悅不會減少，男性依然能勃起、達到性高潮與射出精液。輸精管切開術與女性結紮相較，價格較為低廉。

輸精管切開術與其他節育方法相比，併發症發生率很低。其問題多半出現於手術過程的殺菌消毒措施未臻恰當，或是受術男性於術後幾日內運動過於劇烈。

認為生殖能力等同於男子氣概與力量的男性，接受輸精管切開術後可能出現心理問題。然而，如果男性能先行了解手術的可能後果，並有機會表達疑慮、提出問題，大多數人皆不會出現不良的心理反應。輸精管切開術應視為永久性的避孕方法。

■ 緊急避孕法

沒有任何節育裝置能夠百分之百有效。除此之外，性交有時會意外發生，遺憾的是，強暴便是其中一種可能。緊急避孕法（emergency contraception，簡稱 EC），亦即「緊急避孕藥」（morning-after pill）或「事後避孕藥」（Plan B, One Step），是一種安全有效的避孕方式，可於無避孕的性交後防止懷孕。為使其有效，緊急避孕藥物必須於進行無避孕性交後的三日內服用。緊急避孕產品內含某種荷爾蒙，與某些類型的日常型口服避孕藥成分相同，且含量較高。緊急避孕藥並非「墮胎藥」（RU-486），不會終止確實妊娠（established pregnancy，指受精卵已附著於子宮

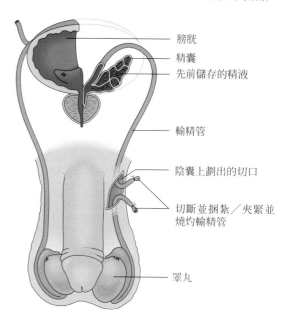

圖 1.7　男性結紮，或稱輸精管切開術

此手術相對簡單，施行局部麻醉，是效果永久的結紮。

膀胱
精囊
先前儲存的精液

輸精管

陰囊上劃出的切口

切斷並捆紮／夾緊並燒灼輸精管

睪丸

壁上），亦不會對發育中的胎兒造成任何傷害。反之，緊急避孕藥可抑制
排卵、增加子宮頸粘液濃稠度，從而阻止精子與卵子結合。針對緊急避孕
藥物取得方式的爭議，美國衛生及公共服務部（Department of Health and
Human Services）裁定十八歲以上人士使用事後避孕藥可不用開立處方，但
十七歲以下女性則需要處方。[27]

　　事後避孕藥為一種經過特殊包裝，標榜為緊急避孕藥的荷爾蒙藥物品
牌。然而，服用此藥物並無與荷爾蒙避孕藥相同的風險，因事後避孕藥中
的荷爾蒙只要用於當前的節育，便不會停留在女性體內。緊急避孕藥物不
應用於正在進行中的節育，因其效果較差。雖然許多女性使用事後避孕藥
時幾乎或完全沒有問題，噁心與嘔吐仍屬最常見的副作用。其他副作用可
能包括乳房疼痛、不規則出血、頭暈、頭痛等。

　　ParaGard 子宮內避孕器可當作緊急避孕措施使用，於無避孕性交後一
百二十小時內由健康照護者植入，接著便留置原處，以提供持續性的避孕
效果。此裝置可干擾著床，且如果於排卵前置入，可當作一種避孕措施。

墮 胎

　　大多數人聽到「墮胎」一詞時，會想到一種醫療程序。但流產，或指
排出胚體，可能自然而然發生，或是透過數種方式引導發生。許多流產是
自然發生的，原因在於懷孕女性遭受身體創傷、胚體未適當發育，更常見
的原因則為子宮內的物理環境崩壞，並終止胚體的發育。美國每年出現的
流產案例中，大約三分之一屬於自然流產（spontaneous abortions），或稱
小產（miscarriage），指胎兒可自行生存前即死亡（見本冊第二章）。但本
節所探討的墮胎屬於人工流產（induced abortion），或稱故意終止妊娠。
除非另有說明，否則此處提到墮胎時，所指皆為人工流產。

　　墮胎不可一視同仁，必須做出區分，例如自願性、意外性、非自願性
懷孕等情況下的墮胎。而懷孕的持續時間是決定使用何種墮胎方法的最重
要因素。

■ 墮胎方法

人工流產可透過多種方式進行。手術方式在美國最為常見，但亦可使用藥物，抽吸法亦可應用。早期墮胎方法（懷孕頭三個月使用的墮胎方法）與晚期墮胎方法（懷孕第三個月後使用的墮胎方法）有所不同。超過百分之九十的墮胎發生於懷孕的頭三個月，百分之六十三發生於前八週（見圖 1.8）。[28]

▎藥物墮胎（RU-486）

經過十年的爭議，藥物墮胎（medication abortion，長期以來稱作 RU-486，其市售商品名為 Mifeprex）於二○○○年在美國獲准使用。二十多年來，RU-486 於歐洲幾個國家廣泛受到應用，已證實屬於安全，有效、可接受的墮胎藥物，[29] 且已成為愈來愈常見的外科墮胎手術替代方案。事實上，RU-486 引起的流產目前已占早期墮胎的百分之二十五。[30] 醫生現在已可開立數種藥物處方箋，儘管包含兩劑藥物的藥方（美服培酮，miferpristone；米索前列醇，misoprostol）在美國仍屬終止早期妊娠的最常見藥物。美服培酮可防止子宮內膜細胞獲得建立、維持胎盤附著必需的黃體素。此方式於懷孕的頭六十三天（九週）使用時最為有效，視使用的藥方而定。

▎手術方法

手術方法包括真空吸引術和子宮擴除術。

真空吸引術（妊娠早期墮胎法）　真空吸引術（vacuum aspiration）幾乎用於所有妊娠早期的器械墮胎。[31] 此種安全、簡單的方式在局部麻醉下進行。第一個步驟包含以殺菌消毒液沖洗陰道。下一個步驟係以一系列漸粗的擴張桿擴張子宮頸。接下來，將連接真空抽吸器的小管插入子宮頸。子宮受到緩慢抽吸，去除胚體、胎盤與子宮內膜組織（見圖 1.9）。

子宮擴除術（妊娠中期墮胎法）　子宮擴除術（dilation and

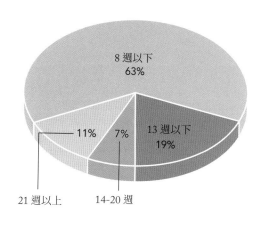

圖 1.8　孕婦墮胎時的懷孕週數

二○○八年，百分之九十一點四的墮胎發生於妊娠的頭十三週。

8 週以下
63%

13 週以下
19%

11%

7%

21 週以上

14-20 週

資料來源：Mosher, W. D., & Jones, J. (2010). Use of contraception in the United States: 1982-2008. National Center for Health Statistics. *Vital Health Statistics*, 23(2

圖 1.9　真空吸引術

（a）以鴨嘴（陰道撐開器）打開陰道，並將一條真空抽吸細管透過子宮頸伸入子宮。
（b）輕緩地抽吸子宮，將子宮內的胚體與其他內容物吸出。

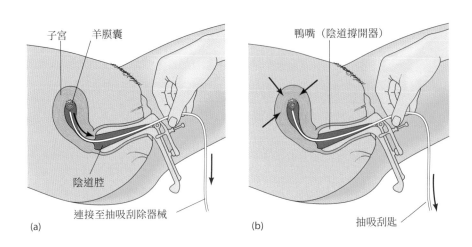

evacuation，簡稱 D & E）通常於妊娠中期（第十三至二十四週）進行，但懷孕第二十四週之後亦可實行，需局部或全身麻醉。子宮頸受到緩慢擴張，接著交替採用刮除術與其他手術方式移除子宮內的胎兒。子宮擴除術由於屬於妊娠中期墮胎手術，比起妊娠早期墮胎更具風險，且往往更可能造成創傷。

┃　妊娠中期人工流產

　　罕見情形下，在妊娠中期的最後階段，可透過使用米索前列醇等藥物，導致子宮收縮，最終排出胎兒與胎盤，以達成墮胎目的。所有妊娠中期的人工流產方式，都會因為使用特定藥物而產生副作用。

■　墮胎安全性

　　妊娠早期的墮胎幾乎沒有長期的身體或心理風險。[32]事實上，現代合法墮胎的死亡風險比例，十萬次手術中不到一次。[33]影響墮胎安全性的最大單一因素是孕齡（gestational age），懷孕早期墮胎最為安全。然而無論採用何種方法，幾乎所有女性皆會於術後出現持續數天至數週的出血情形，且併發症的風險與懷孕時間長度成正比。對於大多數女性而言，決定墮胎後

伴隨而生的短暫失落、悲傷或壓力感，往往會由如釋重負、滿意該決定的感受所取代。

■ **女性與墮胎**

許多女性不願意公開談論他們的墮胎經歷，但關於女性墮胎的準確資訊，或有助於消除她們可能產生的孤立感或排拒感。

曾墮胎的美國女性涵蓋範圍廣泛：[34]

- 百分之五十八的墮胎女性，年齡為二十多歲；
- 百分之五十六未婚，目前未與人同居；
- 百分之六十九在經濟上處於弱勢；
- 百分之五十二為西班牙裔與白人女性，百分之四十點二為黑人女性，百分之七點三為其他種族女性；
- 百分之七十八有宗教信仰；
- 百分之六十一有一個以上子女。

墮胎手術於二〇〇八年約有一百二十萬件，可謂美國女性的共同經歷（見圖1.10）。[35] 有一重點值得注意：墮胎女性的組成與墮胎的理由同樣多

圖1.10　年齡十五至四十四歲女性每千人的墮胎數（以年計算）

人數

30
29.3
28.0
27.4　25.7
25
21.7
23.7
22.4　21.3
20
20.9　19.4　19.6
16.3
15
10
5
0

1973 1975　1980　1985　1990 1992 1994 1996　2000　2005 2008

年分

資料來源：Guttmacher Institute, Facts on induced abortion in the United States, In Brief, New York: Guttmacher Institute, 2011。

樣化。女性墮胎的原因，主要在於了解到身為人母與家庭生活的責任。四分之三的女性表示不想顧慮他人或對他人負責；四分之三表示無力養育子女；四分之三表示有了孩子會妨礙工作、學業或照顧家屬的能力；半數人表示不想成為單親媽媽，抑或與丈夫或伴侶間出現問題。[36]

一旦決定墮胎，無論最終結果如何，都會帶給女性許多情緒方面的問題。少有方法能毫無痛苦便處理意外懷孕。對於許多女性而言，下此決定需要重新評估她們的關係、檢查生育計畫、尋求了解性在其生活中的作用，並試圖釐清人生的目標。顯然，女性以及男性皆需要關於生育週期的準確資訊，需要了解避孕措施沒有持續或正確使用時的懷孕風險，亦需要避孕與墮胎服務的管道。

■ 男性與墮胎

墮胎的決定過程中，絕大多數男性伴侶都知悉並支持女性的決定。[37]另一方面，有相當數量的少數美國墮胎女性（百分之十二）與導致其懷孕的男性並無交往關係，這些女性可能無法告知，或是沒有充分理由告知生父。獲得最少支持的女性（百分之七）則為曾經歷親密伴侶暴力行為者。女性如果能依靠其伴侶，獲得伴侶支持，便可大幅增進墮胎之後的健康與調整情形。[38]此點恐怕毫不令人意外。

然而，成為人父仍有其誘惑力。懷孕會迫使男性正視自己對養育兒女的感受。父母的身分對男性而言，正如女性一般，可謂一種意義深遠的權利。對於年輕男性而言，面對可能的父親與成人身分，會產生自豪與恐懼混雜的感受。

墮胎過後，許多男性會感受到內疚、悲傷、悔悟縈繞不去。墮胎後分手的夫妻或情侶也所在多有。壓力、衝突與內疚可能壓倒一切。許多診所現在會為墮胎的當事人男性及女性提供諮詢服務。

■　墮胎辯論

墮胎的辯論中，認為墮胎應予禁止的人士一般自稱為「生命派」（pro-life）。支持女性有權利選擇是否墮胎的人士，一般則自稱為「選擇派」（pro-choice）。

|　生命派的立場

對於反對墮胎的人士而言，其立場乃遵循一項基本原則：當卵子受精的那一刻，它便成為一個人類，擁有同樣賦予其他人類的完整權利與尊嚴。胚胎與胎兒同為人類，而胎兒與嬰兒亦同樣都是人。道德上，墮胎相當於謀殺。

即使大多數反對墮胎的人士會將強暴與亂倫（有時是胚胎或胎兒有缺陷）視為例外，但生命派的意見領袖一般卻會反對以任何理由墮胎，除非為了挽救孕婦的生命。他們認為，讓強暴與亂倫的倖存者墮胎，仍屬奪去無辜人命的行為。

除此之外，生命派的倡導者還認為，墮胎是社會淘汰不良人類的第一步。他們認為，如果我們允許抹殺胚胎，又何以阻止殺害老病殘疾，以及不合時宜之人？最後，生命派的倡導者認為，有成千上萬的夫婦想要收養子女卻無法如願，只因有如此多的孕婦選擇墮胎，而非生下孩子。

|　選擇派的論點

在安全、充分消毒、合法的條件下，墮胎是一項非常安全的醫療處置。然而，自行實施或非法、秘密的墮胎，可能非常危險。大多數醫師、心理學家、公共衛生專家認為，墮胎繼續保持合法，對大眾的身心健康至關重要。認為墮胎應繼續合法的人士，有以下幾個論點：第一，根本的問題在於誰能決定女性是否要懷孕：是女性，還是政府。由於女性要繼續承擔養兒育女的主要責任，選擇派的倡導者認為，不應強迫女性生下自己不想要的孩子。

第二，除支持全面式性教育及避孕法使用，以大量消除墮胎需求外，

我注意到，所有贊成墮胎的人都已經出生了。

隆納・雷根（Ronald Reagan, 1911-2004）

愛因斯坦的時代之後已少有絕對之事，而墮胎如同一切其他事物，就是相對的好壞之間的衡量。

吉曼・基爾（1939-）

選擇派的提倡者亦認為，墮胎應繼續供人使用，作為節育的備用方案。由於避孕方法不可能百分之百有效，就連最認真謹慎避孕的人，也可能意外懷孕。

第三，如果將墮胎非法化，為數眾多的女性將免不了非法墮胎，會大幅增加手術併發症、感染及死亡的可能性。無法墮胎的人可能被迫生下並養育他們不想要或養不起的孩子。

｜　憲法問題

在一九六九年，美國德克薩斯州，一名單身母親，二十一歲的麥考維（Norma McCorvey）發現自己懷孕了。為獲得合法的墮胎機會，她對她的醫師說謊，稱自己遭到強暴。然而她的醫師告訴她，德州禁止一切墮胎行為，除非為了拯救母親的生命。他建議她前往加州，可於該處合法墮胎，但她沒有錢。兩名律師聽說她的狀況，承接了她的案子，以侵犯憲法的個人隱私權利為由，挑戰墮胎的限制。麥考維為此案件，以「羅」（Roe）為化名。一九七〇年，德州的法庭宣布墮胎法違憲，但州政府針對此判決上訴。與此同時，麥考維生下了嬰兒，並放棄收養。最終，此案纏訟至美國最高法院，並於一九七三年發布了著名的「羅訴韋德案」（Roe v. Wade）判決。根據該年的判決，女性墮胎的權利為受到保障的基本權利，屬於憲法隱私權的一環。當時美國只有四個州允許墮胎，由女性自行決定。

「羅訴韋德案」判決在政界與宗教界的保守派之間引發反對的風暴，並點燃右翼在政治上的重新崛起。然而，由於墮胎依據「羅訴韋德案」判決，乃屬基本權利，各州縮減墮胎權的嘗試皆告失敗。

自一九七三年美國最高法院的「羅訴韋德案」判決以來，各州仍就女性可墮胎狀況的詮釋、規範、限制、界定等層面持續激辯當中。雖出現大量立法挑戰，並通過了各種墮胎法，但許多法律可能無法執行。本書英文原書付梓時的現行墮胎法，茲重點整理如下：[39]

- 三十九個州要求墮胎僅能由具執照的醫師執行；
- 四十個州禁止墮胎，除非確定胎兒生存能力後，有必要保護孕婦的生命

如果男人能懷孕，墮胎將成為一種聖禮。

（可能引自）弗洛瑞英絲・甘迺迪（Florynce Kennedy, 1916-2000）

或健康時；

■ 十八個州禁止高週數的流產手術（partial-birth abortions），儘管此詞的定義尚未臻準確或未達成共識；

■ 二十六個州要求尋求墮胎的女性於墮胎諮詢與手術之間，需等待一段特定時間，通常為二十四小時；

■ 三十六個州要求未成年人士決定墮胎時，雙親需在某種程度上參與。

　　生命派與選擇派陣營有一共同目標，乃是減少每年美國的墮胎次數。美國國內與國外的研究皆表明，提供有效、安全性行為選擇方面的教育，以及避孕服務的管道，可降低墮胎率。[40]美國各州依其領導階層的意識形態立場，持續定義、執行法律的同時，保障合法墮胎的權力仍然掌握在最高法院手中。最高法院法官的投票，對於美國墮胎權的影響至關重要。

相關研究課題

　　大多數使用避孕措施的人，皆會發現自己無論選擇何種方法，都存在一些缺點。荷爾蒙避孕法可能所費不貲，抑或會出現不良副作用；戴保險套或置入避孕海綿似乎會嚴重干擾性行為。諸多不便之處、副作用、無法百分之百有效等因素，都意味著我們需要比現行方式更有效、更多樣的避孕法。

　　高開發成本、政府法規、社會問題、政治制約因素、市場機制等，皆會對於限制避孕研究發揮影響。發展新避孕技術的最大障礙，可能在於對訴訟的恐懼。製藥廠商不會輕易忘記，一九七〇年代與八〇年代的子宮內避孕器市場，幾乎因為層出不窮的昂貴訴訟而全軍覆沒。

　　避孕研究有限的另一個原因是廣泛的政府規範，那需要詳盡的產品測試。雖然沒有人希望藥物中毒，但近距離檢視新藥問世的過程，應無妨害：美國食品藥物管理局批准新藥平均需七點五年。藥品專利效期只有十七年，因此藥品一經批准銷售，製藥公司只有不到十年時間賺回開發成本。此外，製藥公司不願花費數百萬美元投入研究，新產品卻遭美國食品藥物管理局打回票，不批准其營銷。化學家、「避孕藥之父」卡爾・傑拉西（Carl

這則法國謎語如是說：一個睡蓮池，裡面有一片葉子，每天葉子數量都會加倍——第二天兩片葉，第三天四片葉，第四天八片葉，以此類推。題目：如果池塘在第三十天完全塞滿葉子，第幾天時池子半滿？答：第二十九天。地球這個居住了（六十）億人的睡蓮池，也許已經半滿了。

萊斯特・布朗（Lester Brown, 1934-）

Djerassi) 表示，安全性是相對概念，而非絕對概念。我們可能需要重新審視「安全何以稱其安全？」這個問題，並權衡可能的好處與可能出現的問題。[41]

雖然研究已調查過多種男性避孕法，但沒有一種方法可於維持性慾的同時，充分根絕精子的產生。

結語

控制生育能力，有助於我們控制自己的人生，而且讓人類物種在這個世界上得以存續。節育議題引發許多帶有情緒的爭議。人們與機構皆傾向於相信，無論他們所持的立場為何，他們對於此問題的特定立場具有道德正當性。當每個人都試圖穿過爭議的泥淖，尋找自己的道路，我們的所學可以指點明路。我們需要掌握知識，不僅要了解避孕與節育的方法及機制，更要清楚我們自身的動機、需求、弱點與優勢。

摘要

風險與責任

■ 一年期間內未使用避孕措施、有性生活的夫婦或情侶，有百分之九十的懷孕機會。毫無意外地，意外懷孕的案例中，不避孕者約占半數。

■ 許多人明知可能懷孕，仍冒險發生無避孕的性交行為。他們愈能「成功」承擔風險，愈有可能再次冒險。人也會因為學到錯誤知識、對自己性慾的否定，或是潛意識中對於得子的渴望而冒險。

■ 由於女性是懷孕的人，對於控制生育能力可能比男性更感興趣。然而，現在有更多男性會分擔責任。

避孕與節育方法

■ 節育是防止懷孕發生的任何方式。避孕特指防止精子與卵子結合的生育控制方式。

■ 最可靠的節育方式是禁慾，亦即禁絕性交。

■ 口服避孕藥是在美國最廣泛使用的可逆式節育方式。避孕藥多半含有人工合成荷爾蒙：黃體素、（通常亦有）雌激素。避孕藥如能規律服用，效果非常好。某些人會產生副作用與可能問題。最大的風險群為吸菸者、三十五歲以上女性，以及具有某些健康疾患，如心血管問題的女性。其他荷爾蒙避孕法包含避孕貼、陰道環、避孕針（狄波—普維拉）、皮下植入避孕器（易貝儂）等。

■ 保險套（或稱男用保險套）為乳膠、橡膠、聚氨酯或加工動物組織製成的薄膜套，適合套入勃起的陰莖，防止精液的傳播。男用保險套為美國第三經常廣泛使用的避孕方法。保險套正確使用時，避孕效果非常好。乳膠與聚氨酯保險套亦有助於預防性感染疾病。

■ 女用保險套、子宮帽、避孕海綿、Lea's Shield 子宮帽、FemCap 宮頸帽皆屬於屏蔽避孕法，由女性使用。每種方法皆可覆蓋子宮頸開口，並與殺精凝膠或乳液搭配使用。女用保險套除可於陰道內壁覆以一薄層外，亦覆蓋大部分外陰，更能防範病原體。

■ 殺精劑為對精子有毒性的化學物質。雖然壬苯醇醚-9 是殺精劑中最常見的成分，但已不再推薦與保險套一起使用。避孕噴霧單獨使用時的保護效果尚佳，但其他化學藥劑如與屏蔽避孕法結合使用，效果更好。其他殺精產品包含避孕藥膜、殺精乳液、殺精凝膠、陰道栓劑等。

■ 子宮內避孕法（簡稱 IUC），或稱子宮內避孕器（簡稱 IUD），為穿過子宮頸置入子宮的小型彈性塑膠裝置。子宮內避孕器可破壞受精與著床過程。

■ 受孕覺察避孕法（或稱自然家庭計畫），與女性對其身體的生育週期之認識有關。受孕覺察避孕法包含日曆（安全期推算）法、基礎體溫法、子宮頸黏液觀察法、症狀體溫法等，僅適用於月經週期規律的女性，以及具有高度動機的夫婦。

■ 泌乳停經法為一種有效、暫時性的避孕方法，唯獨適用於哺乳中的母親。

■ 結紮是世界上使用最廣泛的避孕方法。女性最常見的結紮形式為輸卵管結紮，指關閉輸卵管。另一種不需手術的永久性結紮法稱為經子宮頸結紮。男性的結紮外科手術為輸精管切開術，指關閉兩組輸精管（輸送精子的小管）。這些節育方式非常有效。

■ 使用緊急避孕法或事後避孕藥，可透過防止受精卵在子宮內著床，以防止懷孕。發生無避孕性交的三日內使用，可謂相當有效。ParaGard 子宮內避孕器也可當作一種性交後的節育形式。

墮胎

■ 流產，指胚體由子宮排出，可能自然發生或人為引發，人為引發的流產即為墮胎。美國目前有藥物墮胎（亦稱 RU-486）可供終止早期懷孕。以手術墮胎的方法有真空吸引術與子宮擴除術（簡稱 D & E）。如於妊娠早期墮胎，一般而言尚稱安全。妊娠中期的墮胎風險較高。

■ 美國每年有大約一百二十萬件墮胎。墮胎率近年來略有下降。

■ 對女性而言，墮胎可謂牽涉複雜的決定，且會引起諸多情緒問題。雖然男性多半支持伴侶的決定，但墮胎過後，許多人仍會感受到內疚與悲傷縈繞不去。

■ 墮胎爭議中，生命派的提倡者認為生命由懷孕開始，墮胎如同將胎兒安樂死，許多欲領養子女者無法如願，因為墮胎導致更少嬰兒出生。選擇派的倡議者主張，女性有權決定是否繼續懷胎，避孕藥並非百分之百有效，因此需要墮胎作為節育的替代方案，墮胎若不合法，女性將以不安全的方式非法墮胎。此辯論的一大關鍵要點，在於胚胎或胎兒何時成為人類生命。

■ 現行關於墮胎的憲法規則還在演變，且視美國最高法院的判決，以及各州政府的詮釋而定。

相關研究課題

■ 高開發成本、政府法規、政治目的、市場機制等因素，皆會對於限制避孕研究發揮影響。然而最大的障礙在於對訴訟的恐懼。

問題討論

■ 你／妳認為誰應有管道取得避孕工具？如果年齡小於十八歲的個人取得避孕工具，是否應告知其雙親？為什麼？

■ 使用避孕方法之前，你／妳會有什麼考量？你／妳會與誰討論這些事？你／妳可能使用哪些資訊來源，以確認你／妳的疑慮或問題？

■ 如果你／妳或你／妳的伴侶遭遇意外懷孕，你會怎麼做？你／妳有哪些資源可以支持自己的決定？

性與網路

計畫親職（Planned Parenthood）

大多數人都聽說過美國的「計畫親職」組

織及其提供的家庭計畫相關服務。但我們可能不知道該組織的規模，以及為幫助我們下決定所提供的資訊。欲更加了解「計畫親職」組織或與其工作相關的某項具體主題，前往該組織網站：http://www.plannedparenthood.org。選擇一內容區塊，並回答以下問題：

■ 你／妳選擇哪個主題？為什麼？

■ 此主題的五大相關要點為何？

■ 就你／妳所學到的知識，你／妳對此主題有何意見或行動？

■ 你／妳是否會向有興趣了解家庭計畫的人推薦此網站？為什麼？

推薦網站

■ Association of Reproductive Health Professionals（生育健康專業人士協會）

http://www.arhp.org
此網站可提供醫療保健服務專業人員以及對於生育健康新聞感興趣的人使用。

■ Bedsider（床邊人網站）

http://bedsider.org
此網站由美國「全國預防青少年意外懷孕運動」（The National Campaign to Prevent Teen and Unplanned Pregnancy）組織經營，主題特別重視節育，內容包括文章、採訪、相關資源與提醒事項等。

■ Centers for Disease Control and Prevention Reproductive Health Information Source（美國疾病控制與預防中心生育健康資源網）

http://www.cdc.gov/reproductivehealth/index.htm
提供關於男女生育健康的資訊、研究、科學報告等。

■ The Emergency Contraception Website（緊急避孕措施網）

http://ec.princeton.edu
此計畫網站由普林斯頓大學人口研究辦公室（Office of Population Research at Princeton University）營運，旨在提供醫學文獻中關於緊急避孕法的準確資訊。

■ National Abortion and Reproductive Rights Action League（美國墮胎暨生育權利行動聯盟）

http://www.naral.org
倡導全面的生育健康政策，以確保全體美國人的生育選擇。

■ National Right to Life（美國生命人權網）

http://www.nrlc.org
以提供人類生命的法律保護為宗旨。

■ Population Council（人口研究委員會組織網站）

http://www.popcouncil.org
一個從事生物醫學、社會科學、公共衛生方面研究的國際非營利、非政府組織。

■ Student Sex Life（學生性生活網）

http://www.studentsexlife.org

大學生可使用的教育資源網站，包括節育與健康交往關係方面的內容。

- United Nations Population Fund（聯合國人口基金）

  http://www.unfpa.org/public
  一個國際發展機構，透過向各國提供政策與方案所需的人口數據，以促進福祉。

延伸閱讀

- Eldridge, L. (2010). *In our control: the complete guide to contraception.* （《控制生育自己來：完整避孕指南》） New York: Seven Stories Press.
  提供醫學證據、個人故事、歷史等資料，有助於取得有用的避孕方法之相關資訊。

- Hatcher, R. A., et al. (2011). *Contraceptive technology* （《避孕這樣做》）(20th rev. ed.) New York: Ardent Media.
  此書資訊已經更新，提供近年所有避孕方法的資訊。

- Tone, A. (2002). *Devices and desires: A history of contraceptives in America.* （《節育與情慾：美國避孕史》）
  一部探討節育的社會史，從保險套的開始使用一路討論至關於避孕藥的爭議。

受孕、懷孕 與生產

本章重點

———

———

受精與胎兒發育

懷孕

不孕

生產

為人父母

學生們怎麼說

我十幾歲的時候從家鄉（瓜地馬拉）搬到美國，發現這裡的一切都跟我的傳統背景背道而馳。以哺育母乳為例好了，在我的國家，哺乳是很正常的事情。公開場合看到媽媽餵自己的孩子吃母奶，你根本不會多想；在這裡，媽媽在公共場合餵孩子吃母奶，好像會讓人覺得受到打擾。我不懂，我們怎麼會為女性是否有權在公共場合餵母奶而辯論？明明是那麼自然又必要的事情。

——二十歲，女性

結了婚，有了女兒之後，一切都變了。我懷孕的時候，我們大概只做了十次愛。懷孕早期的時候我真的很不舒服，到了懷孕中晚期只能臥床休養。當時我們並不在意，因為我們滿心想著我的健康與我們的女兒。她出生以後，我們似乎因為疏於練習，難以開始性行為。每當真正開始做愛，我們倆都會說：「哇，這檔子事我們應該更常做才對。」但接下來有生活要面對，結果我們下一次做愛是過了兩個星期以後。

——二十八歲，女性

懷孕與分娩改變了我的生活。身為三個孩子的母親，當我回憶起懷孕的往事，我覺得那可能是我生命中最棒的三段時間。喔，當然有時候會覺得疲憊、噁心想吐、骨盆沉重、乳房大而笨重，還睡不好，但回想起來，這些痛苦與我體內成長中的生命相較都黯然失色。生產的過程中，我為自己身為女性而慶幸。

——四十三歲，女性

身為一個女性，我很受不了其他女人，至少就我認識的幾個而言。她們覺得另一半用嘴巴讓她們爽很髒，但自己用嘴巴讓對方爽就沒關係。這太誇張了！

——二十一歲，女性

　　孩子的誕生，被許多父母認定是他們人生中最幸福的事件。對於大多數的美國女性而言，懷孕相對是舒適的，且其歡欣的結果可以預見。然而，對於數量漸增的其他人，尤其是對低收入者而言，懷孕生子的美好前景會引發毒品、疾病、營養不良、家庭混亂等方面的恐懼。還有些多年來夢想、計劃組成家庭的夫婦，最後卻發現自己無法懷孕。

　　這一章將從生物的、社會的以及心理的角度探討懷孕與生產。我們將探討流產、不孕與生殖技術，並檢視過渡到雙親身分的挑戰。

受精與胎兒發育

　　回顧本書第一冊第三章可以發現，卵子一旦由卵巢中釋出，便會漂移至輸卵管中，此時如存在具有活性的精子，即可能發生受精（見圖 2.1）。

> 如果你的父母沒有孩子，你很可能也不會有。
>
> 克勞倫斯・戴伊（Clarence Day, 1874-1935）

圖 2.1　排卵、受精與囊胚發育

本圖描繪出從卵子（未受精卵）釋出直至受精、前胚胎發育的進展情況。

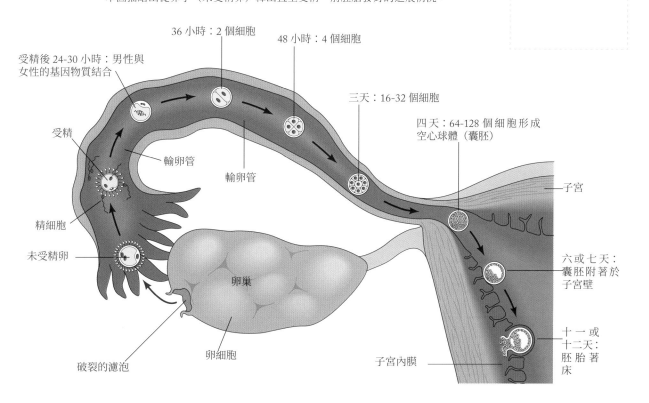

若懷孕不受間斷、持續進展，大約會在兩百六十六天內生產。傳統上，醫師將懷孕前最後一次月經的第一天算作懷孕的第一天。預產期即為二百八十天後，亦即從該日開始的十個月（陰曆月）[†]之後。

† 二十八天為一個月。——審定註

■　受精過程

卵母細胞（oocyte，即卵子或未受精卵）於排卵後的十二小時至二十四小時間，仍能保持活力。精子在女性生殖道中多半能維持十二至四十八小時的活性，不過有些精子可存活達五天。因此，如欲發生受精，性交必須於排卵前五日與排卵後一日進行。

數以百萬計的精子射入陰道，只有幾千（甚至幾百）能實際抵達輸卵管，其餘精子則會由陰道流出，或是在陰道酸性環境中遭到破壞。抵達子宮頸的精子（排卵期間更容易抵達，因此時子宮頸黏液變得較不濃稠），仍可能遭子宮內的白血球破壞。除此之外，於射精後幾分鐘內確實抵達卵母細胞的精子，尚無法穿透其外層。這些精子必須先經過鑽入卵子（capacitation）的過程，使其細胞膜脆弱化，足以由其頂體（acrosome，精子細胞核的頭盔狀覆蓋物）釋出酵素。此一頂體反應（acrosomal reaction）的發生需要六至八小時。研究已觀察到精子具有的受體分子，會受到卵子釋出的化學物質吸引。此外，精子的細胞膜含有一種有助於精子黏附，最終滲透卵子外層的化學物質。

想要生男的準父母會得女，反之亦然；實行避孕的人就會好事成雙。

約翰·魯殊（John Rush）

一旦單一精子進入卵母細胞的細胞質內，即會發生電子反應，防止其他任何精子進入卵母細胞。卵母細胞會立即開始膨脹，令仍然黏附在其外層的精子脫離。下一步，卵母細胞會完成細胞分裂的最後階段，並通過形成卵子細胞核，成為成熟的卵子。精子與卵子的細胞核隨後會釋出其染色體，結合形成二倍體合子（diploid zygote），含有二十三對染色體。（父母雙方各為每對染色體提供一個染色體）。受精至此完成，胚前發育（pre-embryonic development）開始。九個月內，此單一細胞（合子）可能成為構成人類的六百兆個細胞。

■　胚體的發育

受精後，合子經歷一系列分裂，細胞亦在此期間複製。經過四或五日，已有約一百個細胞，現稱為**囊胚**（blastocyst）。大約於第五天時，囊胚會抵達子宮腔，在該處漂浮一至二天，接著便於柔軟、充滿血液的子宮內膜中著床。為迎接囊胚到來，子宮需耗時三週準備妥當。**著床**（implantation）的過程約需時一週。由囊胚分泌的人類絨毛膜促性腺素（human chorionic gonadotropin，簡稱 HCG），可將子宮環境保持在「對胚胎友善」的狀態，且能防止月經來潮期間通常發生的子宮內膜剝落。

囊胚，或稱前胚胎（pre-embryo），會快速成長為**胚胎**（embryo），並將於**妊娠**（gestation，指懷孕）進展至第八週後，改稱為**胎兒**（fetus）。發育的頭二至三週期間，**胚膜**（embryonic membranes）會形成。胚膜包含**羊膜**（amnion，亦指羊膜囊，amniotic sac）——可容納胚胎與羊水（amniotic fluid）的膜囊；**卵黃囊**（yolk sac）——胚胎第一批血球細胞的生產者，亦負責製造未來發育為性腺的生殖細胞；以及**絨毛膜**（chorion）——胚胎的最外層細胞膜（見圖 2.2）。

第三週期間，大量細胞移動（cell migration）發生，並確立器官發育階段。第一個身體部位與大腦開始形成。消化與循環系統於第四週開始發育，心臟開始泵血。第四週結束之際，脊髓與神經系統亦開始發育。第五週，手臂與腿部形成；第六週，眼睛與耳朵形成；第七週，男性生殖器官開始分化，女性生殖器官則繼續發育。第八週時，胎兒約長成拇指大小，不過頭部幾乎與身體一樣大。此時大腦開始其功能運作，協調內部器官的發育。臉部五官開始形成，骨骼亦開始發育。手臂、手掌、腿部、腳部、腳趾、眼睛於十二週內幾乎發育完全。發育達十五週時，胎兒心跳強勁，已有部分消化功能，肌肉可活動。大部分骨骼此時已發育完成，眉毛也出現了。值此階段，胎兒由一種稱為**胎毛**（lanugo）的柔細毛髮覆蓋全身。（見圖 2.3）

胎兒於整個發育過程中，透過**胎盤**（placenta）獲得營養。胎盤係由囊

父母未生前，你的本來面目是什麼？

禪宗偈語

圖 2.2　子宮中的胎兒，以及胎盤的橫剖面

胎盤是母親與胎兒間的物質交換器官。營養素與氧氣由母親傳遞至胎兒，廢棄物則透過臍帶內的血管，由胎兒傳遞至母親。

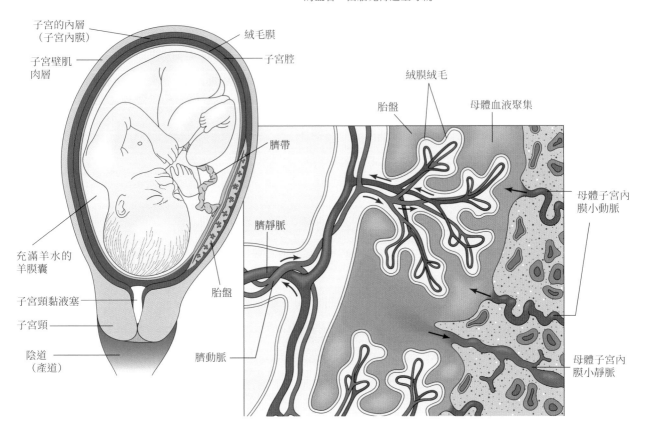

胚的一部分發育而來，著床後即開始發育。胎盤如同胎兒一般會長大，將母親血液中的養分輸送給胎兒。胎盤透過**臍帶**（umbilical cord）與胎兒連接。胎盤具有生化屏障的功能，已溶解的物質得以通過並輸送給胎兒，但血球細胞與大分子會遭到阻擋。

　　胎兒發育達五個月時，身長約二十五至三十公分，體重介於約二百二十五至四百五十公克之間。胎兒的內臟發育良好，儘管肺部於子宮外無法發揮功能。胎兒六個月時，身長約二十八至三十六公分，體重超過四百五十公克；七個月時，身長約三十三至四十三公分，重約一千三百六十公克。此時，健康狀況最佳的胎兒具有生存能力（viable）。換言之，指能夠在子宮外生存。（雖然有些胎兒發育五或六個月即有生存能力，仍需要特別的

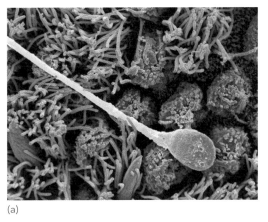

(a)

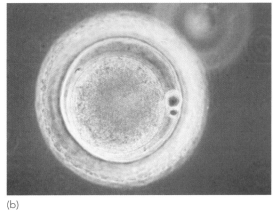

(b)

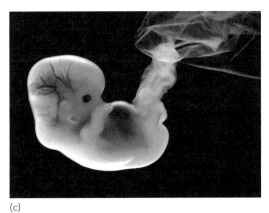

(c)

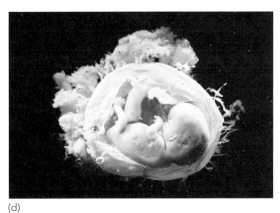

(d)

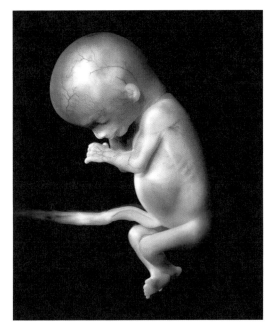

(e)

（a）射精後，數百萬顆精子藉由子宮頸黏液向輸卵管移動；一顆卵子已移動進入其中一條輸卵管。抵達卵子的途中，數以百萬計的精子會於陰道、子宮或輸卵管內遭到破壞。部分精子在陰道內會走錯方向，部分則會游至錯誤的輸卵管中。（b）女性與男性的染色體結合，受精卵首次分裂。約一週後，囊胚將於子宮內膜著床。（c）此胚胎為六週齡。胚胎在胚胎囊中漂浮。大腦的主要分區已經可見，眼睛、手部、手臂及一條長尾亦可分辨。（d）此胚胎已九週齡，並已經與其臍帶相連。胚胎的內外器官正在發育，目前已有眼睛、鼻子、嘴巴、嘴唇、舌頭。（e）此為十四週齡的胎兒。

圖 2.3　胚胎與胎兒的成長

本圖顯示出發育中的胚胎與胎兒，由受孕至滿十五週的實際大小。

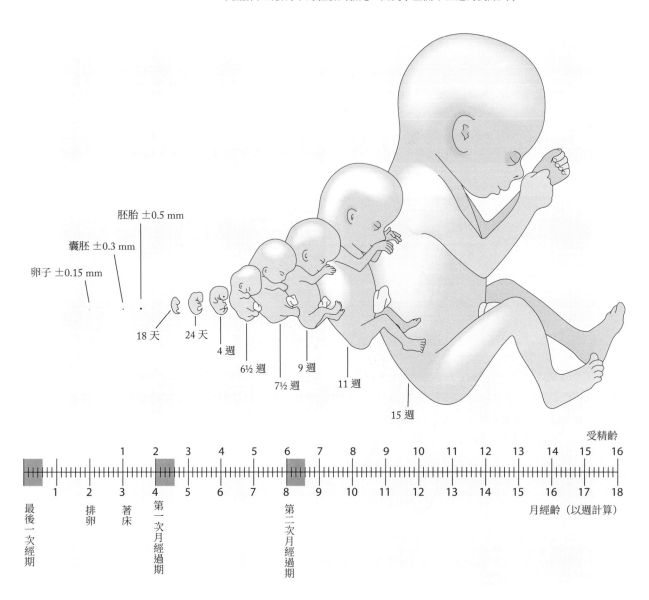

照護才得以生存。）胎兒於妊娠期的最後二個月快速成長。足月時（九個月），胎兒約可長至約五十一公分，體重約三千一百八十公克。足月的妊娠期長達四十週。雖然妊娠期達三十七週即屬足月，但研究顯示，嬰兒即便早幾週出生，出現健康問題的風險也比較晚出生的嬰兒高。[1]

關乎選擇

　　拜避孕措施的廣泛使用，以及對頂客族夫婦的觀感轉變之賜，是否成為父母，目前已成為選擇問題。大多數情況下，想要孩子的男女不僅可以決定想要幾個孩子，更能決定何時有孩子。美國約有百分之六點六的育齡女性選擇不生孩子，[2] 換算起來超過四百萬人。沒有孩子的夫婦過去被稱為「絕戶族」（childless），這個詞彙傳達出他們想要有或應該有什麼，卻闕如的意味。但隨著文化轉變、人口趨勢改變，期望、意圖保持非父母身分的女性與日俱增，絕戶族一詞現已被「頂客族」（child-free）取代。「頂客族」一詞意味著選擇不生孩子的夫婦，不再屬於值得同情、缺乏個人與關係圓滿要件的人。

　　即使沒有家庭與社會的壓力，不生孩子也可能是困難的決定，其因素包括時機、離婚、一方態度曖昧不明、單身時缺乏懷孕或領養子女的渴望、職業抱負與升遷等。情侶結婚前，對於以後要不要孩子通常會有一些想法。如果一開始意向不明，或是一方改變心意，兩人即可能遭遇嚴重問題。

批 判 性 思 考

01. 你／妳想要小孩嗎？為什麼想要，或為什麼不想要？

02. 你／妳對頂客族有何感覺？

03. 你／妳認為政府是否應該為頂客族夫婦提供租稅優惠？

懷孕

　　從發現的那一刻起，懷孕會影響人對自己的感受、與伴侶的關係，以及與其他家庭成員間的相互關係。二〇〇九年，美國的出生數為四百一十萬，比二〇〇八年減少近百分之三。[3] 所有種族與西班牙裔群體的出生率皆有下降。美國青少年的出生率於二〇〇九年也下降了百分之六，為近七十年新低。現有兩名子女的生育率，出現一九七三年以來最大降幅。然而，未婚女性的生育比例卻繼續增加。雖然人口中某些群體的生育率正在上升，但隨著女性教育程度的提高與獲得就業機會，並拖延至年齡較長時才生育，整體生育率仍傾向於下降。由於並非人人都選擇成為父母，**頂客族**（child-free）一詞於焉而生，用以描述期望並打算保持非父母身分的人。

■　孕前照護

　　孕婦受孕前與妊娠早期的健康狀況，會影響胎兒的健康。目前，通常於受孕後十二週開始產檢。**孕前照護**（preconception care）包括採取某些介入措施，透過預防與管理，發現並減輕影響孕婦健康與懷孕結果的醫療、行為、社會方面風險。[4] 孕前保健可診斷、介入導致產婦死亡最常見的一些原因，包括出血、高血壓疾病、肺栓塞，以及預先存在的健康問題等等。[5] 以下這點極為重要：具有性生活，而且沒有持續或有效使用避孕措施的男女，必須注意其生活方式選擇，包括酗酒、吸菸、服用處方藥／非處方藥與非法藥物等，並應於準備懷孕前尋求醫療協助。

■　驗孕

　　此種化學檢驗旨在檢測**人類絨毛膜促性腺素**是否出現。人類絨毛膜促性腺素在受精卵附著於子宮後製造，功能在於提升黃體的維持時間。月經過期（或出現點狀出血月經）約一週後，通常可藉由檢測此促性腺素以確認懷孕。驗孕可於門診或家庭計畫診所完成，亦可以藥局購得的檢測工具在家檢測。必須密切遵照使用方法。進行血液分析亦可確認是否懷孕。雖然上述檢驗方式可於懷孕後七日內精確診斷出受孕與否，但直到可檢測出

胎兒心跳與胎動，或是進行超音波檢查前，無法絕對確定。

　　只要簡單的血液檢驗，即可確定嬰兒性別，胎兒七週時具有百分之九十五的準確度，二十週時準確度可達百分之九十九。為達此目的，一小部分母親的血液樣本會透過扎手指取得，並送至實驗室。如檢測出 Y 染色體，則胎兒為男性（無 Y 染色體則意味著胎兒為女性）。此檢驗工具可於網路上或藥局購買，不過因其並非用於醫療目的，美國食品與藥物管理局尚未加以規範。利用此種檢驗的一項隱憂在於，女性可能會因胎兒性別不符期望而墮胎。事實上，有數家公司並未於中國或印度出售此種檢驗工具，因為此二國重男輕女，胎兒一經發現為女性，有時便會遭到墮胎。[6]

　　懷孕的第一個可靠身體徵兆，於女性月經過期約四週後即可觀察到。女性此時接受骨盆腔檢查，子宮頸與骨盆會出現明顯變化。根據醫學術語，女性於此階段已懷孕八週。醫師計算懷孕的開始，乃是由女性最後一次經期起算，而非實際受精的時間（因為該日期往往難以確定）。懷孕的另一個跡象稱為**海軋氏徵象**（Hegar's sign），指位於子宮頸上方的子宮部位出現變軟徵象，可於陰道檢查過程中感覺到。另外，小陰唇會略呈紫色調，陰道與子宮頸亦會呈現紫色，而非平常的粉紅色。

■　懷孕期間女性的變化

　　女性對懷孕的早期反應，會依其個性、對懷孕及身為人母的感受、是否為計畫懷孕、家庭環境是否有保障，以及許多其他因素，而出現極大差異。該女性的感受可能自相矛盾，且有可能於懷孕過程中改變。

　　一對夫婦或情侶的關係於懷孕期間可能產生變化。懷孕期間可謂一段緊張的時期，懷孕為意料之外時尤其如此。女性有願意支持的伴侶時，懷孕期間的健康問題較少，對自己身體變化的感受，亦會比伴侶不支持的女性來得正面。[7]溝通於此期間尤為重要，因為伴侶雙方皆可能先入為主設想對方的感受。伴侶雙方都皆有可能對嬰兒的幸福、即將到來的生產、他們當父母的能力，以及嬰兒干預他們關係的方式感到憂懼。上述疑慮皆屬正常。找機會（例如參加產前團體時）將疑慮傳達出來，如此有助於加強關

伴隨懷孕而來的身體與心理變化,可能使女性與伴侶、家人的關係產生漣漪效應。

只有透過性的結合,新的生命才能存在於世。因此,這個結合代表了兩個世界間的一方之地,存在與不存在間的接觸點,生命在此體現自己,化身為聖靈。

艾連·丹尼爾勞(Alain Daniélou, 1907-1994)

係。如果懷孕女性的伴侶不願給予支持,或是沒有伴侶,尋求來自其他地方的支持(家人、朋友、女性團體)且勇於求助便相當重要。

　　孕婦與其母親的關係亦可能發生變化。某種意義上,成為一位母親會使女性與自己的母親平起平坐。她現在可宣稱自己擁有相當於成年人的平等地位。較依賴母親的女性,在懷孕過程中往往會變得更加獨立與自信;與母親不親近、敵對或疏離的女性,可能開始認同母親的懷孕經歷。即使年屆三十才生育的女性,發現自己與母親的關係發生變化,變得更為「成年」,或許也會對此感到驚訝。透過處理上述的關係變化,一種「心理上的妊娠」便會伴隨著生理上的懷孕而產生。

　　第一孕期(the first trimester,懷孕頭三個月)對於準媽媽而言,身體上可能相當難熬。約有三分之二的女性會產生噁心、嘔吐、疲勞、乳房腫痛等徵狀。常見於妊娠早期的噁心與嘔吐,通常會隨著時間趨緩。此時孕婦可能害怕流產,或是擔心孩子不正常;其性慾可能發生變化,以致於產生不同於以往的需求(想要更多、更少或表現方式不同的性行為),反而引發焦慮。(懷孕期間的性行為,將於本書第 75 頁「想一想」單元中進一步討論。)針對生產過程與女性的身體功能的教育,以及來自伴侶、朋友、

親人、健康照護者的支持，是恐懼的最佳解藥。

　　第二孕期（the second trimester），噁心與疲勞感會消失大半，孕婦可以感覺到胎動。對於流產的擔憂亦可能會開始消減，因為胎兒發育最危險的時期已然過去。懷孕女性可能看上去容光煥發，也給人如此的感覺。她相當有可能為自己的成就感到自豪，並為逐漸展現出懷孕的樣子感到高興，感覺自己與生命的自然節奏和諧相處。然而，有些女性可能擔心自己的身材日漸發福，害怕自己變得沒有吸引力。伴侶的關注與安慰，或有助於緩解上述疑懼。

　　第三孕期（the third trimester）或許會是日常生活中遭遇最大困難的時期。子宮從原本只有女性的拳頭大小，擴張到充滿骨盆腔，並向上推入腹腔，對其他內臟器官施加的壓力漸增（見圖 2.4）。水份滯留、水腫（water retention/edema）是此一階段相當普遍的問題。水腫可能導致臉部、手部、腳踝、腳部腫脹，但往往可透過減少鹽分與碳水化合物攝取來控制。如果改變飲食無助於改善水腫狀況，便應該諮詢醫師。孕婦的身體素質亦受其身材大小限制，且可能需要減低工作時間或停止工作。

　　懷孕期間的身體活動可使嬰兒的心臟更健康，甚至效果可達分娩後的一整個月。[8] 運動量高的母親，其效果在子女身上尤其顯著，這樣的孩子

圖 2.4　第三孕期的母親與胎兒

子宮變大會壓迫母親的內臟，並可能造成不適。

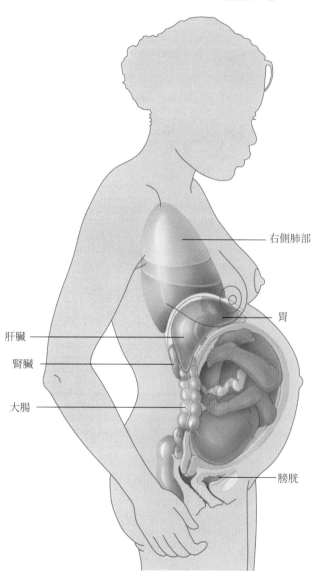

右側肺部

胃

肝臟

腎臟

大腸

膀胱

心跳較慢，且心臟可能更強壯。目前還不清楚此種運動訓練效果是運動中釋出荷爾蒙的結果，或是深沉的呼吸與心跳的增加，在血液中產生一種「音樂」所致。

女性及其伴侶可能會愈來愈關心即將到來的生產日。一些女性於分娩前幾週會產生憂鬱症狀，可能感覺到身體笨重拙滯，以及性方面缺乏吸引力。許多人會感到興奮與期待，閒不下來便是此種感受的表徵。他們覺得胎兒已經是家庭成員，父母雙方可能都會開始與胎兒交談，並透過輕拍與揉搓母親的肚子，以與胎兒「玩耍」。（準母親與準父親的主要發展任務，總結於表 2.1）

■ 懷孕併發症與對胎兒的危險

懷孕通常沒有重大的併發症。良好營養、適量運動，以及控制範圍內的壓力程度，是懷孕時免於併發症的一大重要因素。此外，及早、持續的產檢也很重要。

｜ 畸胎原的影響

營養素以外的物質，可能通過胎盤到達發育中的胚胎或胎兒。環境中的有毒物質也可能影響胎兒的健康，雖然針對此主題的廣泛研究很少。女性無論呼吸、進食或喝水，最終都有一部分會讓胚體接收。舉例而言，胎兒的血液酒精水平會與母親相同。**畸胎原**（teratogen）指導致發育中的胚

表 2.1　準父母的主要任務

母	父
對胎兒發展出情感依附	接受懷孕事實與對胎兒的情感依附
區別自己與胎兒	接受、解決與自己父親的關係問題
接受、解決與自己母親的關係問題	解決依賴問題（涉及雙親或妻子／伴侶）
解決依賴問題（涉及雙親或丈夫／伴侶）	評估日常事務與經濟責任
評估日常事務與經濟責任	

懷孕期間的性行為

　　女性於懷孕期間產生性方面的感受與行為變化，實屬常見現象，儘管其表現形式因不同女性而有很大差異：有些女性感覺自己美麗、精力充沛、充滿肉慾、對性很感興趣；有些女性覺得尷尬，且自己必然毫不性感。女性於這段時間內，性方面的感受亦相當有可能產生跌宕起伏。男性也可能在性行為方面出現混亂或衝突感。

　　雖然懷孕期間沒有性行為方面的「規則」，但有幾點基本的預防措施應予注意：

■　如女方曾經流產，應於性交、自慰或從事可能導致性高潮的活動前，先諮詢其健康照護者。強烈的子宮收縮可能導致某些女性發生自然流產，於第一孕期尤需注意。

■　如女方有陰道出血情況，應停止一切性活動，並立即諮詢醫師或助產師。

■　如陰莖或其他物體插入陰道時導致疼痛，改變其位置亦無法緩解，則應停止插入。

■　應避免對女方腹部施加壓力，尤其懷孕的最後幾個月時。

■　懷孕晚期，性高潮很可能引起子宮收縮。一般而言，此狀況並無害處，但孕婦可與其醫師討論此事。（子宮收縮有時會導致羊水破裂，使分娩開始。）

　　伴侶間可能不確定如何表達自己在性方面的感受，首次懷孕時尤其如此。以下準則可能會有幫助：

■　即使懷孕狀況正常，此期間的性交亦可能令人不適。此時可嘗試面對面側躺式或背後進入式等體位，以免壓住女方腹部，且得以使陰莖插入較淺。（參見第二冊第二章中各式性交體位圖。）

■　即便性交會使女方感到不適，性高潮仍可能帶來強烈愉悅。女方不妨考慮自慰（單獨或由伴侶配合）或舔陰。注意舔陰時不得將空氣吹入陰道。

　　嬰兒出生後，可於出血停止、陰道壁癒合後恢復性交。可能需時四至八週。

批 判 性 思 考

01.　你／妳對於懷孕期間的性行為有何看法？

02.　妳與妳的醫師討論懷孕期間的性事時，自在的程度如何？

03.　閱讀此單元，讓你／妳獲得了什麼新資訊？

胎或胎兒產生缺陷（例如腦損傷或身體畸形）的物質。事實上，估計有百分之十的先天缺陷可能由環境中的畸胎原引起。[9]

化學物質與環境污染物亦能造成潛在威脅。事實上，估計有百分之十的先天缺陷可能由環境中的畸胎原引起。[10]持續接觸鉛（最常見於油漆類產品或鉛管中的水）已證實與各種學習障礙的產生有關。汞來自遭工業廢棄物汙染的魚類，則是導致身體畸形的已知肇因。家庭與工作場所皆應特別小心避開或使用溶劑、農藥與某些化學肥料。懷孕期間亦要盡可能避免 X 光攝影。

| 酒精

中度攝取酒精，即每週飲酒四次以上，已證實會延緩胎兒的生長。[11]研究已發現，懷孕期間的重度或長期酒精攝入，會導致胎兒酒精症候群（fetal alcohol syndrome，簡稱 FAS），症狀包括五官特徵異常、頭部與身體尺寸偏小、先天性心臟缺陷、關節缺損、智力與行為障礙等。罹患胎兒酒精症候群的兒童中，半數有發展障礙。產前攝取酒精，但未出現與胎兒酒精症候群相關的臉部特徵問題，則可能出現胎兒酒精效應（fetal alcohol effect，簡稱 FAE）。有胎兒酒精效應的兒童，往往出現許多與胎兒酒精症候群相同的症狀與問題，包括智力與行為障礙。

┃　菸草

產婦吸菸與自然流產、持續呼吸問題，以及懷孕與生產期間的各種併發症有關。[12]懷孕期間吸煙，會因血液流量減少而延緩胎盤發育，如此可能導致成長中嬰兒的氧氣與微量營養素減少。懷孕期間吸菸的孕婦，其嬰兒可能體重偏低，成長受到限制，且頭圍較小。

┃　其他藥物

規律使用鴉片劑（海洛因、嗎啡、古柯鹼、鴉片等）的孕婦，自然流產的風險較高，且嬰兒出生時可能即染上毒癮。除此之外，這些嬰兒亦有新生兒中毒、呼吸抑制、出生體重偏低、智商較低的風險。[13]

處方藥物只有在謹慎醫療監督下，才能於懷孕期間使用，因為某些藥物可能會對胎兒造成嚴重傷害。此外，維他命與阿斯匹靈等非處方藥，以及咖啡因含量高的食品飲料應避免使用，或僅於醫療監督下使用。

┃　傳染病

傳染病亦可能傷害胎兒。如果女性於懷孕的頭三個月內感染德國麻疹（German measles/rubella，亦稱風疹），其子女出生時可能出現身體殘疾或智能不足。現已有德國麻疹疫苗可供接種，但必須於女性懷孕前接種，否則預防注射對胎兒而言，與疾病本身同樣有害。乙型鏈球菌（Group B streptococcus），一種由百分之十五至四十的孕婦攜帶的細菌，對成年人無害，但對新生兒可能致命。美國兒科學會（American Academy of Pediatrics）建議對所有孕婦進行乙型鏈球菌篩選。分娩過程中給予新生兒的抗生素可大大降低危險。年齡六個月以下的嬰兒目前沒有流行感冒疫苗可供接種，但該年齡的幼童罹患小兒流感住院的機率最高。孕婦於懷孕期間，無論何時接種流感疫苗皆可為嬰兒提供保護。[14]事實上，母親懷孕期間如接種流感疫苗，其嬰兒中約有百分之四十五於第一次面臨流感季節時，患感冒的可能性比母親未接種流感疫苗的嬰兒為低。

┃　性感染疾病

性感染疾病可能於生產前、中、後等階段，經母體傳播給子女。美

國疾病控制與預防中心（Centers for Disease Control and Prevention，簡稱 CDC）建議所有孕婦篩檢衣原體（chlamydia）、淋病（gonorrhea）、B 型肝炎（hepatitis B）、HIV 病毒、梅毒（syphilis）等。若懷孕女性感染上述或其他性感染疾病，應與醫師討論對胎兒的潛在影響、分娩程序、治療、餵哺母乳等問題。

懷孕女性可能因自身危險行為或遭感染的伴侶而得到性感染疾病。由於女性懷孕期間避免性感染疾病至關重要，孕婦或許應考慮每次性交時皆持續、正確地使用乳膠保險套。

孕婦肥胖

肥胖為重大的公共衛生與經濟問題。二〇〇三年至二〇〇九年，十八歲至四十四歲育齡女性的肥胖率，從百分之十八點三上升至百分之二十四點七。[15] 孕婦肥胖（maternal obesity），通常指懷孕前的身體質量指數（body mass index，簡稱 BMI）[†] 大於三十，會增加胎兒的死亡風險，以及嬰兒出生第一個月的死亡風險。事實上，全美近一萬名具代表性的女性調查樣本中，肥胖女性與纖瘦女性（身體質量指數低於二十）相較之下，其嬰兒的死亡風險增加了一倍。[16] 孕婦肥胖亦會增加導致妊娠高血壓（gestational hypertension）、子癇前症（preeclampsia）、妊娠糖尿病、催生（labor induction）、剖腹產（cesarean section）、產後出血的風險。除此之外，肥胖會顯著增加妊娠受神經管缺陷（neural tube defect）影響的風險，包括脊柱裂（spina bifida）、心臟血管異常（cardiovascular anomaly，指心臟異常）、無腦（anencephaly，指腦與脊髓缺少大半）。[17] 上述研究中，[18] 肥胖的孕婦往往是二十歲以下的非裔美籍人士，且常於懷孕期間抽菸。非肥胖女性於懷孕期間體重如增加極少，亦顯示出較高的嬰兒死亡風險。目前已有許多關於肥胖導致胎兒死亡風險的可能解釋，包括糖尿病等代謝疾病、營養缺乏（尤其葉酸缺乏）、脂肪組織（adipose tissue）過量而妨礙超音波掃描檢測出胎兒異常等。[19]

隨著兒童肥胖趨勢的增加，一般預計懷孕期間孕婦肥胖的盛行率未來將更形上升。有鑑於美國的嬰兒死亡率高於至少二十個其他已開發國家，[20]

[†] 身體質量指數為體重除以身高的平方。體重的單位是公斤，身高的單位是公尺。──編註

更顯示出應實行肥胖預防，作為降低嬰兒死亡率的措施。

三十五歲後懷孕

懷孕年齡延遲至三十五歲，已成為許多女性更常面對的現實。男性可以老年得子，但女性卵子的質與量會於接近三十歲時開始下滑，三十五歲後則迅速下降，因此四十歲時，女性的受孕機率會降低，懷孕相關併發症、生下染色體異常（chromosomal abnormality）嬰兒的風險則顯著增加。[21]產婦年齡為三十歲時，胎兒出生時受染色體異常疾病唐氏症（Down syndrome）影響的機率為千分之一，但該機率會逐漸升高，至產婦年齡達四十五歲時可達三十五分之一。[22]父親年齡亦會增加罹患唐氏症的可能性，但只有母親超過三十五歲時始有影響。女性於四十歲後生育，導致產婦死亡、早產、使用剖腹產術、嬰兒出生體重偏低的風險亦略為上升。[23]隨著女性年齡增長，高血壓、糖尿病等慢性疾病亦可能引起懷孕、生產方面併發症。遺傳諮詢（genetic counseling）或可幫助女性及其伴侶評估風險，在懷孕方面作出知情選擇，並決定是否接受染色體異常檢驗。

子宮外孕

子宮外孕（ectopic pregnancy/tubal pregnancy，亦稱輸卵管妊娠）的發生機率約為百分之一，受精卵會於子宮外發育，好發於輸卵管內。任何有性生活的育齡女性都有子宮外孕的風險。輸卵管有異常的女性，子宮外孕的風險較高。一般而言，子宮外孕因輸卵管遭阻塞而發生，最常見的阻塞原因為衣原體與淋病感染導致的骨盆腔發炎症。有子宮外孕病史、發生子宮內膜異位（endometriosis，指組織生長至子宮外）等因素，亦可能增加風險。子宮外孕不可能順產，胚胎可能自然流產，或與胎盤持續擴生，直到導致輸卵管破裂。如果子宮外孕仍屬早期且未導致破裂，可使用藥物代替手術去除胚體。然而，已造成破裂的子宮外孕是非常嚴重的緊急醫療狀況，可能危及母親的生命。

懷孕引發高血壓

懷孕引發之高血壓（pregnancy-induced hypertension）昔稱毒血症（toxemia）或子癇（eclampsia），典型表現為血壓升高、水腫、蛋白尿

等。懷孕引發之高血壓發生率低於百分之十，通常可透過飲食，臥床休養與藥物加以治療。如未治療，可能進一步演變為孕婦痙攣（maternal convulsions），對母親及胎兒產生威脅。孕婦必須定期檢查血壓。

｜ 早產

未滿三十七週的生產屬於早產（preterm birth）。美國約有百分之十二的懷孕，其最終結果為早產。早產的後果為嬰兒出生體重偏低（出生時體重低於二千五百公克）。美國約有四分之三的嬰兒死亡與早產有關。早產兒的根本問題，在於許多重要器官皆未充分發育完成。大多數早產兒將能正常成長，但亦有許多將遭遇殘疾與健康問題，包括顱骨異常、多種呼吸問題、感染問題等。餵食亦為一大問題，因為早產嬰兒可能太小，無法吸吮乳房或奶瓶，且其吞嚥機制可能未經充分發育，以致無法喝下乳汁。隨著早產兒的年齡增長，智力偏低、學習困難、聽力與視力不佳、行動笨拙等問題可能漸趨明顯。然而，早產兒最終多半能趕上其同齡孩童，成長茁壯。

早產是今日產科面臨的一大難題。大部分早產情況與青少年懷孕、吸菸、營養不良、母親健康狀況不佳有關。產檢因此極為重要，可作為預防

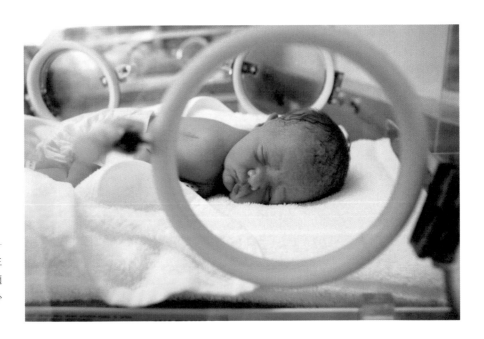

美國約有百分之八的新生兒出生時的體重偏低。適當的產前檢查可顯著減少出生體重偏低的風險。

早產的方式。我們需要了解，如果今日不滿足孩子的需求，其後果便是剝奪他們的明天。如此一來，社會與經濟成本必定居高不下。（表 2.2 列出美國與世界其他地區的各種人口「生命事實」。）

┃ 過期妊娠

約有百分之十的女性會出現**過期妊娠**（delayed labor），指孕期超過預產期二週以上。與此相關的主要風險為胎兒體型成長過大，無法通過產道，且胎盤會停止供應孩子營養。由於過期產兒夭折的可能性比足月出生的嬰兒高出三倍，往往會以攝護腺素（prostaglandin）和催產素（oxytocin）等藥物引產。

■ 診斷胎兒異常

懷胎生子的渴望與確保孩子健康的願望，皆會促使人利用診斷技術。醫師現在會建議所有懷孕女性，無論年齡為何，可於懷孕滿二十週之前

表 2.2　關於生命的人口學事實

	美國	世界
人口	3.14 億	70.3 億
人口密度（人／平方公里）	32	51
年齡中位數	37	29
人口增加（年）	270 萬	7800 萬
人口增長率	0.85%	1.1%
人口倍增時間	82 年	64 年
總生育率	2.1	2.5
年齡十五歲至十九歲女性中每千人出生數	27	52
預期壽命	75（男） 80（女）	67（男） 71（女）
年出生數	440 萬	1 億 3580 萬
嬰兒死亡率（嬰兒死亡數／每千名活產數）	6.5	42

資料來源：The Demographic Facts of Life. Population Connection。

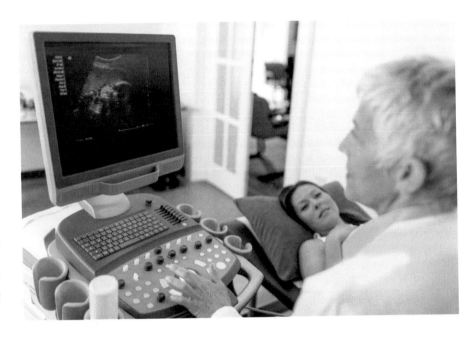

由超音波產生的圖像稱為超音波圖（sonograms），可用於確定胎兒年齡，胎兒與胎盤位置、可能的發育問題等。

接受染色體異常篩檢。[24] 以往女性如年齡在三十五歲以上，皆可自動獲得唐氏症方面的遺傳諮詢與診斷檢測機會。由於可供利用的篩檢方法種類增加，現在已有篩檢使用指南，探討各檢驗的優缺點，以及接受何種篩檢、何時接受篩檢的決定因素。美國婦產科醫學會（American College of Obstetricians and Gynecologists）除主張特定培訓、檢驗標準化、採用適當檢驗設備與質量評估機制外，亦有以下建議：[25]

■ 第一孕期的後段可利用高頻聲波由電腦組成圖像的**超音波**（ultrasound），測量胎兒頸部透明帶的厚度。

■ 孕婦如為生下唐氏症嬰兒的高風險群，應接受遺傳諮詢，並選擇進行**絨毛膜取樣**（chorionic villus sampling，簡稱 CVS），於懷孕滿十週至十三週時，由胎盤取出少量樣本細胞。孕婦亦可選擇接受羊膜穿刺術（amniocentesis），於妊娠滿十四週至二十週時，由子宮中抽取少量羊水並檢驗是否有染色體缺陷（見圖 2.5）。羊膜穿刺術的流產率為百分之一，絨毛膜取樣的流產率則為百分之零點六至四點六。[26]

■ **神經管缺陷篩檢**（neural tube defect screening）是抽取母親的血液，測量甲型胎兒蛋白（alpha-fetoprotein）濃度，以發現脊柱、脊髓、顱骨、大

圖 2.5　透過羊膜穿刺術、絨毛膜取樣診斷胎兒異常

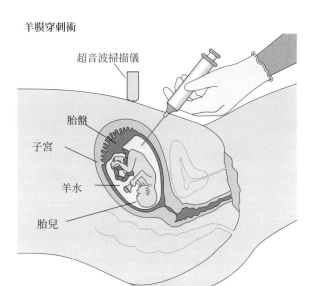

羊膜穿刺術

超音波掃描儀

胎盤

子宮

羊水

胎兒

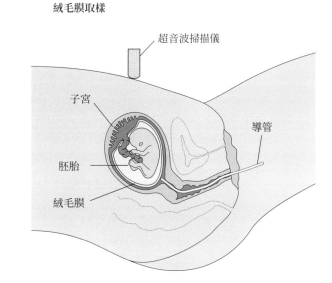

絨毛膜取樣

超音波掃描儀

子宮

胚胎

絨毛膜

導管

腦的可能缺陷。第一孕期僅選擇絨毛膜取樣篩檢唐氏症的女性，應於第二懷期接受此項檢驗。

■　可接受其他檢查，以獲得更多資訊。

　　無論接受何種產前診斷，檢查皆可能導致併發症，或是產生流產的風險，因此應與醫師討論接受檢查的成本效益比。

■　**流產**

　　正常的懷孕為期約四十週。懷孕滿二十週之前的胎兒死亡稱為早期流產（early pregnancy loss）。流產通常是胎兒可自行存活前即自然死去、死胎（stillbirth）或嬰兒期早夭，此種經歷如同晴天霹靂，但社會上多半無人聞問。懷孕期間任何階段的嬰兒死亡，對情緒的影響如同對身體的影響。「反正再懷一個就好」的說法可能含有安慰的意思，但這種話對悲傷的母親或父親來說，可能特別令人感到心寒。

❙ 自然流產

自然流產是將健康嬰兒帶進這個世界的強大天擇力量。大約百分之十至十五已確認的懷孕，會於懷孕滿二十週前終止，但更有多達百分之四十的懷孕可能以流產告終，因為許多流產可能在女性知道自己懷孕前即已發生。[27] 許多流產案例（超過百分之五十）的原因為染色體異常。孕婦可能流產的第一個跡象是陰道出血（點狀出血）。如果孕婦的懷孕症狀消失，且發生骨盆痙攣，即可能發生流產，胎兒通常會隨著子宮收縮而排出。流產大多發生於懷孕第六週至第八週間，由染色體數量異常而引起，且通常發生於第一孕期的尾聲。有時胚胎很健康，不過女性仍會因其他原因流產，例如子宮畸形或有疤痕、胰島素或荷爾蒙失衡，或是子宮內的慢性感染。女性可採取一些措施，降低流產的可能性，可從服用多種維他命與葉酸、停止吸菸或使用藥物、每日咖啡因攝取量減至二百毫克以下（約一杯）、運動、維持健康體重等做起。

❙ 嬰兒死亡率

美國嬰兒死亡率目前雖位於幾十年來的最低點，但仍遠高於大多數已開發國家：每一千名活產嬰兒中，估計有六點零六例死亡。[28] 美國於全球嬰兒死亡率排名第三十位，另外以早產為例，美國出生嬰兒中每八例有一例為早產，愛爾蘭與芬蘭則為每十八例中有一例早產。[29]

雖然許多嬰兒死於與貧困有關的狀況，包括缺少產檢，但也有些嬰兒死於先天性疾病（出生時出現的病症），抑或因傳染病、事故等其他原因而夭折。嬰兒的死因有時並不明顯：每年有逾二千名嬰兒死於**嬰兒猝死症**（sudden infant death syndrome，簡稱 SIDS），指明顯健康的嬰兒睡覺時猝死的現象。[30] 目前一般認為，不安全的睡眠習慣會導致許多嬰兒死於猝死症。美國兒科學會目前建議以母乳餵哺嬰兒，並讓嬰兒平躺著睡覺（不可趴睡），也不可覆蓋住嬰兒的頭部，或將其過度綁縛於衣服及毯子中。[31] 不可讓嬰兒感到太熱，不使用軟式寢具（包括蓬鬆的毯子、填充玩偶、防撞床欄等），亦不可讓寶寶接近香菸。

│ 面對喪子之痛

孩子於出生前或出生時死亡所帶來的震驚與悲傷感受，對於沒有類似經歷的人而言可能難以理解。他們可能不了解，大多數女性甚至在孩子出生前，便已經與之產生深刻的依附情感。此種依附情感最初可能來自未出生孩子的幻想形象。懷孕的過程中，母親藉由其身體產生的感覺，對她的嬰兒產生認識。因此，胎兒的死亡亦代表著夢想與未來希望的消失。在開始心理治療之前，此種喪子之痛必須先被承認、感受到。

> 親愛的阿姨會帶著禮物前來，問道：「我們的寶寶呢，姊妹？」而母親，妳將輕聲告訴她：「他在我的眼眸裡。他在我的身體，以及我的靈魂裡。」
>
> 泰戈爾（Rabindranath Tagore, 1864-1941）

不孕

某些伴侶計畫生子時發現自己無法懷孕，便會經歷悵然若失的痛苦。不孕（infertility）的定義為進行無保護措施的性交一年後仍無法懷胎，抑或無法懷胎至妊娠足月。生育能力問題的起因，可能來自男方或女方的疾病，又或雙方皆有疾病，但有百分之三十的不孕找不出原因，或伴侶雙方可能都有問題。不孕最常見的風險因子為高齡、吸菸、體重過高或過低、性感染疾病、酒精攝取等。[32] 好消息是大多數不孕夫婦現在能以常規生育療法成功治療，例如以藥物觸發排卵，抑或以外科手術修正生殖道問題。對其餘不孕夫婦而言，輔助生殖技術可提供最大的懷孕可能性。二〇〇八年，拜上述技術之賜，該年出現四萬六千多例嬰兒活產。[33]

■ 女性不孕

美國十五歲至四十四歲的女性中，約有百分之十，即六百一十萬人，有受孕或維持懷孕的困難。[34] 大多數女性不孕案例乃由身體因素造成。荷爾蒙、壓力、免疫因素、環境因素亦可能與之有關。

│ 身體原因

女性不孕多半由排卵問題引起。體脂肪低於正常值或過高，可能抑制排卵而延遲懷孕。一旦體脂肪恢復正常，即可能受孕。除此之外，子宮、卵巢或輸卵管上出現子宮肌瘤（fibroids）、息肉（polyps）等良性增生時，亦可能影響女性的生育能力。上述多種案例可藉由手術恢復生育能力。

　　許多女性會遲至三十、四十多歲才懷胎。女方年齡三十五歲以上的夫婦中，約有三分之一會出現生育問題，往往由多種因素引起，包括卵巢排卵的能力下降、卵子剩餘量少、卵子不健康等。[35] 此外，某些健康問題可能增加女性不孕風險，包含月經不規律、痛經或無月經；子宮內膜異位（endometriosis）、骨盆腔炎（pelvic inflammatory disease）、曾流產一次以上等。女性不妨於嘗試懷孕前諮詢醫師。醫師可幫助女性在身體上做好迎接嬰兒的準備，並回答生育能力方面的任何問題。

■　男性不孕

　　男性不孕的主要原因包括**精索靜脈曲張**（varicocele），或是睪丸上方出現靜脈曲張、精子數量偏低、精子活力降低、精子形態不佳（畸形精子）等。輸精管可能遭到阻塞，或是由於某種原因，男性可能無法射精。精子形態雖為生育能力的最佳指標，但由於精子數量容易計算，故這個指標常受到研究。

　　男性由於環境因子導致不孕的風險高於女性，因為男性會不斷生產新的精子細胞；同理，影響因素一旦消失，男性亦可能較快恢復。愈來愈多證據表明，鉛與殺蟲劑等有毒物質是精子數量減少或健康不佳的肇因。酒精、菸草與大麻使用亦可能導致精子數量減少或精子異常。某些處方藥物亦證實會影響男性的精子產量。

■　不孕產生的情緒反應

　　夫婦雙方就生育問題尋求醫療建議之前，面臨可能無法在生物學上為人父母，或許已產生危機感。許多面臨此狀況的伴侶，感覺自己已失去對生活中重要領域的控制。此時的關鍵重點與建議做法，在於針對治療目標、可接受的療法、終止治療的時機點等方面，與伴侶共同做出決定。

■　不孕治療

　　生育問題是身體上的，而非情緒上的問題。此點幾乎無一例外，儘管

亦有與之牴觸的迷思存在。兩種最普遍的迷思，一為即將懷孕的焦慮感會引起不孕，一為不孕夫婦如收養孩子，自己便能懷孕。兩種說法皆缺少醫學事實上的依據，儘管某些可能有不孕問題的夫婦，收養孩子後便成功懷孕。（然而這並非意味著應該領養孩子來治癒不孕症。）某些情況下，生育能力會因不明原因恢復，亦有某些情況下，不孕的原因始終是個謎。

> 道德上的噁心感，鮮少能與科學造成的衝擊匹敵。
>
> 雪倫・貝格利（Sharon Begley, 1956-）

接受不孕治療十八個月內，如成功產子或持續妊娠，即可定義為治療成功。為求治療成功，在情緒上與金錢上可能皆需付出昂貴代價。近年一項針對美國加州近四百名尋求不孕治療女性的研究中，約有百分之二十的參與者採取非週期性的治療方法，如手術或檢查。整體而言，這些患者中約有百分之三十治療成功，費用從略高於一千美金、僅有藥物的治療，到要價三萬八千美金的體外人工受精皆有。每個治療成功的案例皆付出較高治療費用：僅有藥物的治療花費近六千美金，體外人工受精花費為六萬一千美金，使用捐贈者卵子進行體外人工受精則需花費七萬三千美金。[36]

｜ 提高生育能力

有許多方法可提高生育能力，其中最重要者，為考量女性月經週期，以決定發生性交的時機。由於卵子於排卵後約可存活二十四小時，故配合排卵的時間進行性交，懷孕可能性最高。如果男性平常穿著緊身內褲，可能需要改穿四角內褲，令睪丸可以垂下。然而，對於許多夫婦而言，這些技巧仍不足夠，可能需要尋求醫療介入以診斷、治療不孕。

｜ 醫療介入

醫療技術現在可為嘗試懷胎生子的男女性，提供更多治療選擇。為促進受孕而發展出的技術與科技如下：

- 助孕藥物（fertility medications）：多種藥物可用以治療不孕，了解每種藥物及其用途非常重要。

- 手術：此為男女性皆宜的不孕治療選擇。手術可用於修正身體結構問題，往往能恢復正常生育能力。

- 人工授精（artificial insemination，簡稱 AI）：精子數量過少時，人工授

精即可派上用場。此技術包含將伴侶或捐贈者的精子注入女方體內。此療程可與刺激排卵的藥物一同施用。

■ 輔助生殖技術（assisted reproductive technologies，簡稱 ART）：所有同時處理卵子與精子的生育治療，統稱為**輔助生殖技術**。一般而言，輔助生殖技術包含以外科手術由女方卵巢處取出卵子，於實驗室中將卵子與精子結合，接著放回女方體內，抑或捐贈給另一位女性。輔助生殖技術包括以下類型：[37]

　　■ **體外人工受精**（in vitro fertilization，簡稱 IVF）：取出女方卵子，於實驗室中使卵子受精，接著將產生的胚胎通過子宮頸轉移至女方子宮。

　　■ **精子細胞漿內注射**（intracytoplasmic sperm injection，簡稱 ICSI）：將單一精子直接注入成熟的卵子，接著將胚胎轉移至子宮或輸卵管。

　　■ **配子輸卵管內移植**（gamete intrafallopian transfer，簡稱 GIFT）：使用光纖器械引導未受精的卵子與精子（配子），通過女方腹部的小切口轉移至輸卵管中。

　　■ **受精卵輸卵管內移植**（zygote intrafallopian transfer，簡稱 ZIFT）：女方的卵子於實驗室中受精，接著轉移至輸卵管。

　　輔助生殖技術的分類依據，一為使用女方自己的卵子（非捐贈）或使用另一位女性的卵子（捐贈），一為使用甫受精（新鮮）的受精卵或先前已受精並經冷凍，而後解凍的受精卵（冷凍）。輔助生殖技術產生的嬰兒，具有特定天生缺陷的可能性高出二到四倍，包含心臟與消化系統問題、唇顎裂等。上述問題的發生原因仍不確定，但可能與其父母年齡有關。[38]

■ 代理孕母（surrogate motherhood）：此種情況下，由一位女性擔任代理孕母，同意使用男方的精子與自己的卵子懷孕。

■ 妊娠代理孕母（gestational carrier）：有卵巢但沒有子宮的女性，可能委託一位妊娠代理孕母，使用女方自己的卵子，並以男方的精子受精。接

著將胚胎植入妊娠代理孕母的子宮內。此種情況下，該妊娠代理孕母與嬰兒無血緣關係。

上述療程成功的最重要因素是女方的年齡。女方使用自己的卵子時，成功率會隨著她的年齡增長而下滑，大約三十七歲後的下滑幅度尤為劇烈。其他需要考慮的因素，包含女方是否使用自己的卵子，以及轉移的胚胎數量。儘管費用不低，又存在風險與不確定性，患者似乎皆能接受，因為沒有孩子這件事更讓人害怕。

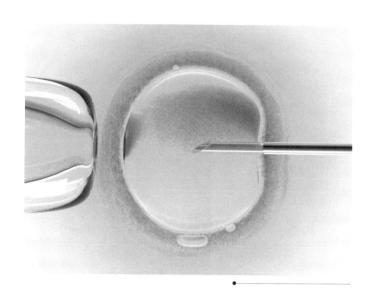

體外人工受精。此種受精法係透過人工方式，在實驗室培養皿中將卵子與精子結合，並將胚胎確實置於子宮中。

複製（cloning）指由捐贈者或父母處取得單一細胞，並繁殖成個體。具體而言，此種技術會將捐贈者細胞的細胞核加以置換，產生擁有相同基因的胚胎。生殖性複製的成功與否取決於物種。舉例而言，植物每天均會複製，如複製的蘋果樹上會長出蘋果。小型動物物種的複製成功率較高，雖然自然流產率、胎兒死亡率、遺傳異常率亦很高。引起大眾關注的焦點，在於人類生殖複製的可能性，以及此種程序伴隨的問題：人類生命何時開始，人類胚胎的道德與法律地位又為何？人類的胚胎幹細胞由胚胎抽出時，仍為不超過三百個細胞的小簇。胚胎幹細胞令科學界興奮不已，因為理論上這種細胞可成長為任何類型的身體細胞。科學家希望有一天能夠利用胚胎幹細胞，取代糖尿病、帕金森氏症等各種疾病患者的組織與器官。複製技術具有巨大的潛力，可成為器官植入的供應來源，抑或作為不孕的治療方案。

性別選擇（sex selection）是一種以「家庭平衡」（family balancing）為市場訴求，允許夫婦選擇生男或生女的科技。胚胎植入前與植入後，皆可使用性別選擇科技。透過於子宮外合成胚胎，接著驗明其性別，植入前的基因診斷得以保證嬰兒性別。價格在二萬美金以上。然而此做法的爭議在於可能導致人口性別不均，以及性別選擇結果可能不盡符合嬰兒父母的

愈來愈多男女同性戀創造
出社會階層、性別、種族
等層面上豐富多元的家
庭。

期望。

　　上述各種技術皆會引發疑問。舉例而言,部分女同性戀,尤其是已締
結承諾關係者,將選擇透過人工授精來創造家庭。迄今為止,此種狀況下
的出生數尚未有可靠數據,但該領域的專家估計,至少有百分之五的女同
性戀曾藉由不孕門診。[39] 隨著非傳統家庭的接受度漸增,某種程度上也使得
生理上的父親與母親的數量快速增加。當一對女同性戀考慮以此一方式懷
胎生子,便會產生以下問題:誰是生母?另一位母親的角色定位為何?捐
贈者的身分會公開或維持匿名?如果孩子知道了,孩子與捐贈者有關係嗎?
孩子會與捐贈者的父母產生關係嗎?如果分手,誰得到監護權?擔任雙親
的兩方之間是否有法律合約?以上情況皆有多個先例可供研究了解,或是
有範例可供遵循。女同性戀面臨的另一個問題,在於兩人中的非親生家長
與孩子間可能不存在法定關係(美國某些州規定,非親生家長能以「第二
親」〔second parent〕的身分扶養孩子)。此外,社會可能無法將非親生家
長視為「真正」的家長,因為孩子只有一位「真正」的母親與一位「真正」
的父親。

生產

懷孕的整段過程中，會發生許多生理上的變化，為女性生產做好身體上的準備。胎盤分泌的荷爾蒙可調節胎兒成長、刺激乳腺成熟以利哺乳，並為子宮及身體其他部位做好分娩的準備。懷孕的最後幾個月間，胎盤會產生一種荷爾蒙——**鬆弛素**（relaxin），可增加了骨盆區域韌帶與關節的彈性。進入懷孕後期時，大多數女性會時而感覺到子宮強烈收縮，但一般不會痛。此種**希克斯式收縮**（Braxton-Hicks contractions）可活動子宮，準備好迎接分娩。

■ 分娩與生產

分娩期間，子宮收縮開始導致子宮頸**薄化**（effacement，指變薄）與**擴張**（dilation，指逐漸打開）。分娩何時開始難以斷定，這解釋了不同女性間為何有分娩時間長度的差異。真正的分娩開始於子宮發生間歇性收縮、子宮頸出現薄化與擴張、胎兒部分身體由陰道內出現。子宮收縮過程中，其縱向肌會不自主拉開子宮頸周圍的環狀肌。此過程通常需時二至三十六小時，其持續時間取決於嬰兒大小、嬰兒於子宮中的位置、母親骨盆的大小、子宮環境等。經歷過第一次生產後，分娩時間往往會縮短。

分娩一般可分為三個階段。第一階段通常需時最久，持續四至十六小時或更長。第一產程的早期徵兆是排出略微帶血的小塊黏液，那是在懷孕期間避免子宮頸張開的組織。同一時間或在此之後，陰道會第二次排出液體，此時的排液通常稱為「破水」，亦即羊膜破裂，羊水流出。（由於破水後嬰兒易受感染，孕婦應盡速就醫。）

由胎兒產生的催產素荷爾蒙，以及來自胎盤的前列腺素，會激起強烈的子宮收縮。第一產程結束之際稱為過渡期，此時收縮會更快速，且強烈程度比分娩開始時更甚。大多數女性表示，過渡期是分娩最難熬的部分。第一產程進入尾聲時，嬰兒的頭部會進入產道。這代表分娩由子宮頸擴張階段轉變至嬰兒產出階段。子宮頸的開口現在幾乎完全擴張開來（直徑約十公分），但嬰兒尚未完全就推出位置。過渡期可能需時幾分鐘至幾小時。

> 如果男人不得不生子，他們每個人只會生一個。
>
> 黛安娜王妃（Princess Diana, 1961-1997）

　　第二產程開始於嬰兒的頭部進入產道時，結束於嬰兒出生。這段時間裡，許多女性會感覺到身體內產生巨大的力量。有些女性認為此為分娩最難熬的部分，有些人則發現子宮收縮與用力產出胎兒時，會帶來欣快感（euphoria）。

　　嬰兒通常是逐漸產出。最後幾次收縮中，每收縮一次，便會有嬰兒的多一部分探出來（見圖 2.6）。嬰兒甚至可能在尚未完全出生前便開始哭泣，尤其母親沒有使用任何藥物時。

圖 2.6　生產過程

（a）第一產程，子宮頸開始薄化（變薄）與擴張。（b）過渡期，子宮頸由八公分擴張至十公分。（c）第二產程，嬰兒產出。（d）第三產程，胎盤（胎衣）排出。

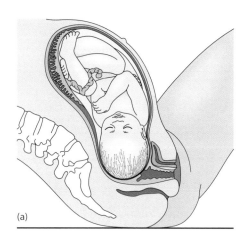

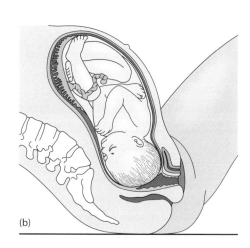

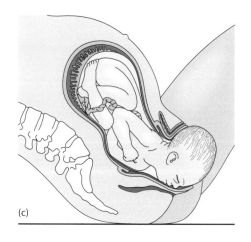

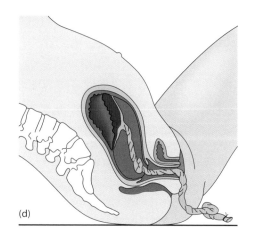

　　嬰兒此時仍透過臍帶與母親相連，直到停止搏動才被切斷。嬰兒看起來濕濕的，通常被稱為胎脂（vernix）的蠟質物質覆蓋。頭部的形狀一開始可能顯得奇怪，係來自生產過程中頭骨互相擠壓，此為暫時性的形狀，嬰兒的頭部通常會於二十四小時內變為正常的外觀。

　　寶寶出生後，子宮會繼續收縮，排出胎盤、臍帶的剩餘部分、胎膜等。此時第三產程，亦即最後分娩階段即將完成，這些組織統稱為胎衣（afterbirth）。醫師或助產師會檢查胎盤，確定胎盤完整排出。如果醫護人員懷疑胎盤並未完整排出，他／她可能檢查子宮，確認胎盤沒有剩餘部分留在體內，以免引起沾黏或出血。出生後，照護人員會馬上評估新生兒（neonate/newborn）的身體狀況。心跳率、呼吸、皮膚顏色、反射、肌肉緊張度等，會分別以零至二分的範圍受到評分。其評分加總稱為愛普格新生兒評分（Apgar score），嬰兒如果健康，總分將落在七至十分範圍內。分娩後經過數日（尤其如果為第二次以後的生產），母親可能會感覺到子宮強烈收縮，開始恢復至生產前的大小與形狀。此過程大約需時六週。期間母親亦將出現血液排出情形，稱為惡露（lochia），會持續數週。

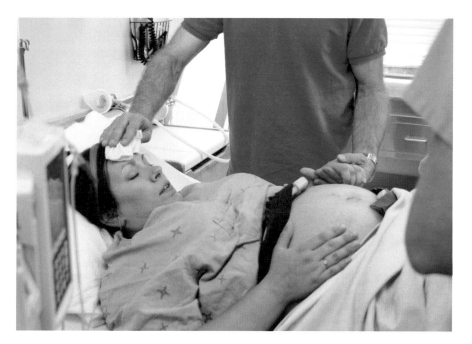

分娩的時間長短因不同女性而異，伴侶的鼓勵可以幫助她放鬆身心。

關於男性包皮環割手術的疑問

　　一九七五年，約有百分之九十三的新生男嬰接受包皮環割手術。當時美國兒科醫學會（American Academy of Pediatrics）與美國婦產科醫學會（American College of Obstetricians and Gynecologists）發表聲明指出，例行性的包皮環割「不具有絕對的醫療方面理由」。此手術包含切割與去除覆蓋陰莖龜頭的皮膚層（包皮），自一九三○年代以來一直是美國新生兒的例行性手術。

　　一九九九年再到二○○五年，美國兒科醫學會對於包皮環割的立場，由中立轉變為表示資料不足，不建議例行性新生兒男性包皮環割手術。過去十年，男嬰於醫院接受包皮環割的百分比略有下降，由一九九九年的百分之六十二點九下降至二○一○年的百分之五十四點七。[40]美國疾病控制與預防中心承認，上述數據可能仍低估了實際接受包皮環割的比率，因未包含小規模社群的資料。

　　許多因素可能影響新生兒男性包皮環割手術的費用。一項研究發現，控制其他變因後，例行性男性包皮環割手術有健保給付的美國各州，醫院收費比健保未給付的各州醫院高出二十四個百分點。[41]

　　近年來，世界衛生組織引用令人信服的證據，指出男性包皮環割可將由異性戀處感染 HIV 病毒的風險降低約百分之六十。[42]三項研究顯示，非洲成年異性戀男性接受包皮環割，降低了其感染人類免疫缺乏病毒與其他性感染疾病的風險。[43]（此方面的進一步探討，參見本冊第五章）

　　對於猶太男嬰而言，包皮環割是一種儀式性的義務，亦為穆斯林的共同儀式；接受包皮環割的穆斯林男性比例占世界最大宗。雖然美國人大多由於健康方面的優點而接受男性包皮環割手術，但其優點已成爭議焦點。除宗教方面考量與經濟補償外，父母讓嬰兒接受包皮環割，還有「清潔」、「這樣他就像他爸一樣」等理由。割了包皮的陰莖未必比沒有割包皮的陰莖更清潔。嬰兒不需要清潔包皮，成人才需要。至於「就像他爸一樣」的說法，沒有證據表明小男孩的陰莖如果長得跟老爸的不一樣，小男孩便會受到嚴重心理創傷。

批判性思考

01.　根據目前對包皮環割手術的了解，你／妳是否會讓你／妳的兒子接受包皮環割？為什麼？

02.　你／妳決定是否讓兒子接受包皮環割手術時，數據的重要程度如何？

生產後，母親如未使用止痛藥物，嬰兒可能會察覺並準備接受哺育。餵哺母乳（本章稍後探討）對母親與孩子皆有益處。如嬰兒為男性，父母將需要決定是否包皮環割（circumcision），亦即動手術切除陰莖包皮。

■ 生產時的選擇

規劃生育的女性與夫婦／情侶，需要針對各種層面做決定：生產地點、接生人員、藥物、緊急應變層級（preparedness classes）、是否包皮環割、餵哺母乳等。「生產市場」（childbirth market）已可回應消費者的疑慮，因此對於潛在消費者而言，充分了解自己的選項相當重要。

| 醫院生產

有鑑於某些醫院提供的照護屬於傳統類型，且有不近人情之虞，近幾十年來，許多人了解到生產需以家庭為中心。父親及其他親人或摯友，如今經常參與生產過程。大部分醫院允許母嬰同室（rooming-in）或其改良形式，指嬰兒可與母親待在一起，不需留在育嬰室。

住院分娩期間，多半會施用某些形式的疼痛緩解藥物，亦會使用各種荷爾蒙，以增強子宮收縮，並於分娩後縮小子宮。止痛藥物有兩種類型：一為止痛劑（analgesics），可緩解疼痛，且不致造成感覺或肌肉運動能力喪失；一為麻醉劑（anesthetics），可阻斷所有感覺，包括疼痛感。最常見的止痛藥物施用形式為**硬膜外麻醉法**（epidural），透過置於女性下背部的微小導管施藥。硬膜外麻醉法施用恰當時，可消減身體下半部因分娩產生的感覺。藥物可於分娩過程中成功、安全使用，然而母親不是藥物的唯一接受者，藥物透過胎盤傳給嬰兒，降低其心跳與呼吸率。生產時使用硬膜外麻醉法與不使用藥物相比，需要真空吸引或產鉗協助分娩、剖腹產的風險略高。

到了近代，母親於分娩期間會接受會陰切開術（episiotomy），由會陰朝肛門方向切出一道開口，藉以擴大陰道開口。有一項綜合性分析研究針對此種手術長期普遍為人接受的理念（能降低生產傷害）提出反論，認為

幫別人做的手術都是小手術。

尤金‧羅賓醫師（Eugene Robin, 1920-2000）

制訂生產計劃

準父母必須做出許多重大決定。他們愈了解情況，愈能做出正確決定。如果你／妳打算生孩子，你／妳會如何回答下列問題？

- 由誰協助接生——醫生或護理師兼助產師？心中是否已有人選？如果沒有，選擇接生人員時，哪些標準很重要？是否考慮請一名分娩助手（有時稱為陪產員，是專職的生產幫手，可於分娩過程中引導母親）？

- 生產時誰將在場——配偶或伴侶？其他親人或朋友？孩子？這些人如何參與？

- 在哪裡生產——醫院、生產中心或家中？如果在醫院生產，可否選擇產房？

- 在照明、產房布置、聲音方面，妳想要營造何種環境？是否想聽什麼特別的音樂？

- 如有的話，妳願意服用何種藥物？妳是否知道止痛藥物有哪些選擇？使用荷爾蒙加速／減慢分娩如何？

- 如何監測胎兒心跳？機器要裝設於母親或嬰兒身上？

- 分娩過程中，接生人員對於維持進食的看法如何？

- 分娩過程中的行動自由如何規定？妳（或妳的伴侶）是否希望能在分娩過程中自由走動？能不能淋浴或泡澡？生產時母親是正躺、雙腳置於腳架上，或是可自由選擇體位，如蹲姿或側躺？

- 妳對會陰切開術有何了解？何種條件下可以接受？

- 何種條件下可接受剖腹產？由誰決定？

- 嬰兒出生時誰來「接」？誰來切斷臍帶？什麼時候切斷？

- 嬰兒出生後，如何處置？要對嬰兒進行哪些檢查，何時進行？還要進行哪些其他醫療程序，如注射與點眼藥水與否？何時進行？

- 嬰兒是否留在嬰兒室內？是否可親子同室？是否開放探訪時間？

- 如何餵食嬰兒？親餵或瓶餵？餵乳要按時進行，或是依需求而定？如有必要，是否有具餵哺母乳經驗的人可解答疑問？在兩餐之間是否給予嬰兒安撫奶嘴？

- 如果嬰兒是男孩，他是否要接受包皮環割手術？如果是，是在何時？手術中是否使用麻醉來減輕疼痛？

會陰切開術並無益處，且事實上做比不做更易引起併發症。[44] 一項限制會陰切開術使用的政策因此出現，導致此方式使用率降低，由一九七九年的百分之六十點九降至二〇〇四年的百分之二十四點五。[45]

嬰兒通常於產檯產出。如分娩速度因藥物或疲勞等因素而放慢，可能會使用真空吸引器（配有適合吸住嬰兒頭部的小吸盤）或產鉗，將嬰兒從子宮拉出。某些急性胎兒窘迫（fetal distress）的狀況下，這些器械對於挽救嬰兒的生命可謂至關緊要。

| 選擇性分娩

統計顯示，一九九〇年至二〇〇六年，決定採用**選擇性分娩**（elective deliveries，指將嬰兒出生的時程安排於預產期前）的女性百分比增加了一倍有餘，達到百分之三十左右。[46] 如前所述，足月妊娠歷時四十週，但選擇性分娩會規畫提早二或三週前生產。雖然懷孕三十七週仍屬足月，然嬰兒即使僅僅早幾週出生，出現健康問題的風險仍高於較晚出生的嬰兒。其原因有兩方面：女性預產期難以預測是為其一，腦部、心臟、肺部、免疫系統成熟速度不一是為其二。美國新生兒缺陷基金會「十美分行動」（March of Dimes）強調，某些嬰兒確實需要比別的嬰兒更多的時間，始能完全成熟。對於女性而言，最好的生產計畫是：靜觀其變，讓分娩自行啟動。

| 剖腹產術

剖腹產術（cesarean section/C-section）指於母親的腹壁與子宮劃開切口，以利嬰兒生產。一九七〇年，美國有百分之五點五的嬰兒藉由剖腹產術出生。時至今日，剖腹產的比例約為百分之三十，創下新高，然此種手術在產科醫師與孕婦之間皆屬爭議話題。[47]

以剖腹產術產出嬰兒的原因不一而足，如胎盤與臍帶異常，與／或產程遲滯、分娩無效等。剖腹產出的嬰兒死亡率雖然較低，但母親的死亡率較高。剖腹產術如同所有重大手術，可能出現併發症，且恢復期可能漫長又難熬。

女性過去曾剖腹產子，並不代表以後皆須剖腹生產。事實上，嘗試剖

生產課程使伴侶雙方皆能
了解、分享生產過程。

腹產後行自然生產（vaginal delivery after cesarean，簡稱 VBAC）的女性當
中，有百分之六十至八十成功完成陰道生產。[48]多數時候，上次生產時需要
使用剖腹產手術的狀況，下次生產時便不復存在，因此剖腹產後行陰道生
產，比安排重複施行剖腹產術更安全。

｜　準備完善的生產

　　愈來愈多美國人會在眾多生產方案中進行選擇，如準備完善的生產、
生產中心生產、在家生產、請助產師協助等。

　　準備完善的生產（prepared childbirth，或稱自然分娩，natural
childbirth）因英國婦科醫師格倫雷‧迪克（Grantly Dick-Read）的推行而
廣為人知。[49]他觀察到恐懼會導致肌肉緊張，反而會增加生產期間的疼痛
與壓力。他同時教導伴侶雙方生產方面的知識，並提供身體活動課程，以
緩解肌肉緊張。一九五〇年代，法國產科醫師費南德‧拉梅茲（Fernand
Lamaze）以制約反射（conditioned reflexes）原理為基礎，發展出一種準備
完善的生產方法。[50]產婦學習從心理上隔離子宮收縮產生之疼痛制約反應。
女性在伴侶的幫助下，分娩與生產的全程皆進行呼吸與其他種類運動。如
此一來，此種生產方法便不只是控制生產過程，更是對其加以了解，並有
信心能順其自然生產。做好準備的母親（通常與父親或伴侶一起上課）更

能應付疼痛，疼痛緩解藥物使用較少，對生產過程表現出更滿意的感覺，且產後發生憂鬱症的可能性低於入院以常規方式生產的女性。

｜ 產房與生產中心

生產中心（birthing centers，或稱產科中心，maternity centers），長期以來設置於英國與其他歐洲國家的機構，目前已於美國開始發展。生產中心的規模、組織、營運導向雖各不相同，但此種機構認定分娩為正常健康的過程，可由技術熟練的醫療從業人員（助產師或醫師）在溫馨如家的環境中予以協助。部分生產中心提供緊急照護，且皆具備必要時轉送醫院的處理程序。

｜ 在家生產

在家生產（home births）於過去三十年間有所增加，儘管仍只占總出生數的一小部分。此種方式透過謹慎的醫療篩檢與規劃，排除所有其他風險因素，將懷孕風險降至最低，因此成為某些夫婦可行的方案。

｜ 助產師與陪產員

大部分國家中，助產師（midwives）會參與絕大多數的生產。美國領有證照的護理師兼助產師數量漸增，此些護理師受過產科技術訓練，並註冊在案。他們有資格執行常規的生產與處理較輕微的醫療緊急情況，亦時常加入有代理醫師在內的醫療團隊。護理師兼助產師的收費一般而言遠低於醫師。

陪產員（doulas）與助產師不同，助產師屬於專業醫療人員，陪產員不做醫療決策。陪產員可提供情緒支持，並以按摩、指壓、調整生產位置等方式管控疼痛。

如果孕婦決定在醫院以外的地方，由助產師協助生產，應先接受完整的醫療評估，以確保她與嬰兒不致於分娩期間發生危險。孕婦應調查了解助產師或陪產員的訓練背景與經驗、併發症或緊急情況發生時可供利用的支援服務，以及必要時轉送醫院的程序。

母乳哺育可為嬰兒提供最好的營養，亦有助於預防多種傳染病，並能給予母子一種幸福感。

■ 餵哺母乳

生產後約三天，泌乳（乳汁製造）開始。開始泌乳前，有時早在懷孕中期，乳頭便會分泌一種稱為**初乳**（colostrum）的黃色液體，此為大量泌乳之前滋養新生兒的營養物。初乳蛋白質含量高，且含有幫助嬰兒預防傳染病的抗體。分娩期間的荷爾蒙變化，會觸發由初乳至成熟乳的轉換，但除非母親餵哺其孩子，否則乳房很快便會停止產乳。如母親選擇不餵哺母乳，可於分娩後立即接受雌激素注射，以停止泌乳。然而雌激素對此是否確實有效仍不確定，且如此可能增加血栓風險。

為人父母

成為父母的男性與女性，從此進入人生的新階段。為人父母甚至比婚姻更能代表成年——這是最後、不可逆轉的童年終點。人可以成為前任配偶，但永遠不可能成為前任父母。父母身分不可撤銷的性質，可能使新手父母感到疑惑與擔憂，懷孕期間尤其會如此。然而大多數情況下，為人父母之道必須從經驗中學習，儘管想法可能改變做法。人可從更有經驗的雙親處獲得幫助，但最終每個新手父母都必須自己學習。

結婚之前，我有六個養育小孩的理論。現在我有六個小孩，沒有理論。

約翰・威爾默特（John Wilmot, 1647-1680）

母乳與奶瓶：哪個對妳和孩子更好？[51]

如果妳是打算生孩子的女性，妳將必須決定要餵哺母乳（breastfeed）或以奶瓶餵乳（bottlefeed）。或許妳已知道餵哺母乳對嬰兒來說更健康，但妳不知道為什麼。

美國兒科醫學會建議，餵哺母乳需持續至少十二個月，其後只要母親與嬰兒願意，仍可持續。[52] 世界衛生組織建議持續餵哺母乳至嬰兒二歲或更大。[53] 然而美國僅有百分之十三的嬰兒，滿六個月前完全以母乳餵養，[54] 非裔美籍女性的母乳餵哺率則更顯偏低。以下列出的好處與優點，應有助於妳了解母乳為何是大多數嬰兒的理想食物。

餵哺母乳對身體的好處

- 母乳含有抗體，可保護嬰兒至少六個月，使其免於多種傳染病、耳部感染、腹瀉及其他疾病的侵害。
- 母乳於嬰兒的胃中形成較柔和的凝乳，使消化與排泄更輕鬆。
- 母乳對嬰兒未成熟的肝臟和腎臟負擔較小，因為其總蛋白質低於其他哺乳動物奶。
- 母乳含有的高量膽固醇，為神經組織適當發育所必需。
- 母乳因其濃度與蛋白質類型，較少導致過敏反應。
- 母乳對於低出生體重的嬰兒而言，是更佳的營養來源，因為母乳能自然調整其內含成分，以滿足嬰兒的需求。
- 餵哺母乳的兒童，蛀牙問題較少。
- 餵哺母乳的嬰兒，較不可能肥胖。
- 對母親而言，餵哺母乳激發的荷爾蒙變化，可使子宮收縮並恢復正常大小。
- 餵哺母乳可降低母親罹患卵巢癌與早發性乳癌的風險。
- 哺乳時間愈久，罹患第二型糖尿病的風險愈低。

餵哺母乳對心理的好處

- 餵哺母乳時的親密身體接觸，可為母親與嬰兒帶來心情上的幸福感。

- 餵哺母乳可能有助於降低產後憂鬱症風險。

  餵哺母乳的健康與存放方面優點

- 餵哺母乳不需購買、調配或泡製配方奶。
- 母乳不會調配錯誤或變質。
- 母乳乾淨、不易受到汙染。
- 餵哺母乳降低懷孕的可能（如果女性完全以母乳餵哺嬰兒）。
- 乳房永遠有奶水。
- 嬰兒愈健康，意味著健保消耗愈少，亦省下更多照顧生病小孩的時間。

以奶瓶餵乳

　　女性如因工作時程、健康問題或其他因素而無法餵哺母乳，可將嬰兒抱在懷中以奶瓶餵乳，此種母嬰親密關係可帶來幸福感。以奶瓶餵乳亦給予父親更多機會參與餵養嬰兒。

　　生產後緊接而來的一段時間，是家庭調整的關鍵時期。當「真正的大事」到來，文章讀物、課程、專家建議皆無法幫助準父母做好準備。生產後的約三個月期間，即「第四孕期」（fourth trimester）構成**產後期**（postpartum period）。此為穩定身體狀況、調節情緒的時期。由非父母到為人父母的突然轉換，可能產生相當大的壓力。父母往往在一夜之間突然轉變成為人父為人母的角色，而且這個工作全年無休。許多父母皆擔心自己是否有能力善盡育兒的所有責任。

　　為支持夫婦調整狀況並照顧新生幼兒，美國《家庭與醫療假法》（*Family and Medical Leave Act*，簡稱 FMLA）保障符合條件的公司員工可因特定家庭與醫療事由，申請休十二週的留職停薪假，期間公司團體健保仍不中斷。[55]如該名員工因其他事由（包含懷孕期間身體不適）需支用該

種休假，亦可計入《家庭與醫療假法》保障的十二週休假中。

女性的性慾通常於懷孕期間與分娩後下降。產後十二週，大多數女性會恢復性交，然而許多人此時會遭遇性方面的困難，尤其性交痛（生殖器疼痛）與性慾降低。產後六個月，嬰兒的存在與育兒的需求侵擾父母的性生活，部分女性的性慾會持續出現低落情形。新手父母的性關係多半能充實滿足，端看夫婦對此段時間內身體與心理變化的適應能力，以及溝通的深廣度。關於產後可能出現的變化之資訊，或許有助於新手父母避免產生毫無根據、對關係有害的假設。

產後期可能是情緒出現重大動盪的時期。即使懷孕期間輕鬆、平靜懷孕的女性，亦可能經歷「寶寶憂鬱」（baby blues）。半數以上的新手媽媽，於嬰兒出生後出現憂鬱狀況。[56]新手母親由於新生兒的需求、分娩的不適或醫院環境的陌生，睡眠模式往往不甚規律。某些母親可能感覺自己與熟悉的世界隔絕。上述皆屬正常、這些產後症狀具自限性，通常一或兩週內便會消失。

產後憂鬱症（postpartum depression）發生於百分之十至十五的新手母親，可能於產後第一年的任何時刻發病。如同「寶寶憂鬱」，產後憂鬱症一般認為與睡眠剝奪、斷奶、月經週期恢復所引起的荷爾蒙變化有關。女性如有憂鬱症方面病史，亦可能增加產後憂鬱症風險。產後出現或反覆出現焦慮疾患亦相當常見，此時某些女性對於嬰兒可能受到的傷害，會產生高度警惕。最嚴重、最罕見的產後精神疾病為**產後精神病**（postpartum psychosis）。產後精神病與其他心理疾患不同，病因一般認為屬於生物性，與荷爾蒙變化有關。受影響的女性，往往出現睡眠困難，行為傾向激動或亢進，且會出現間歇性妄想、幻覺、偏執狂心理等。此種行為屬於醫療緊急情況，通常需要住院治療。相比之下，產後憂鬱的機率從工業文化（較高）到非工業文化（較低）各有不等，代表心理、文化、社會等因素，對於女性是否出現產後憂鬱症有更為顯著的影響。

有鑑於某些罕見但高度公開的案例中，嬰兒會遭到遺棄，有時甚

我們從經驗中學到的是，男人絕對不會只為了看孩子笑，就把他的第二個小孩叫醒。

葛莉絲・威廉斯（Grace Williams）

清潔和擦洗可以明天再
說。
寶寶長大，我們學會傷
心不捨。
所以蜘蛛網，安靜下來
吧；灰塵，睡去吧。
我搖著哄著我的寶貝，
寶寶不會照顧自己。

匿名

至任其死亡，美國各州皆頒布規定，提供安全、保密的方式，供人放棄（relinquish）意外懷孕而得的嬰兒。[57] 某些情況下，如遺棄孩童沒有遭到起訴之虞，此種亦稱「避風港法規」（safe haven）或「安全移交法」（safe surrender）的政策，基本上允許家長或其他特定人士至特定地點放棄嬰兒，或是移交予有接收幼兒權限之人員。

結語

對許多人而言，孩子的到來，是人生中的一大重要事件。生育意味著成年，並表現出初為人父母所代表的社會地位。生養子女創造出家庭的終身羈絆，令新手父母心中充滿深深的成就感與幸福感。

摘要

受精與胎兒發育

■ 卵子受精通常發生於輸卵管。卵子的染色體與精子的染色體結合，形成二倍體合子。合子分裂多次後形成囊胚，於子宮壁上著床。

■ 囊胚會成為胚胎，接著發育為胎兒，藉由臍帶自胎盤獲得營養。

■ 是否成為父母，目前已成為選擇問題。愈來愈多的個人與夫婦選擇繼續當頂客族。

懷孕

■ 產檢的目標為採取介入措施，幫助改善懷孕結果。

■ 最常用的驗孕方式，可於女性月經過期二至四週時檢查。海軋氏徵象可以由受過訓練的檢查人員檢測。用超音波檢查，偵測到胎兒心跳與運動，可確認懷孕屬實。

■ 懷孕期間女性的感覺變化很大。能分享其在意的事情，並得到伴侶、朋友、親人、健康照護者的支持，對於孕婦非常重要。孕婦在性方面的感覺於懷孕期間可能發生變化，男性亦可能出現彼此衝突的感受。除非產生疼痛、出血，或有流產病史，從事性活動通常安全無虞。

■ 有害物質可能透過胎盤傳給胚胎或胎兒。導致出生缺陷的物質稱為畸胎原，包括酒精、菸草、某些藥物與環境汙染物等。德國麻疹等傳染病可能傷害胎兒。性感染疾病可能於生產期間透過胎盤或產道傳染給嬰兒。

■ 子宮外孕、懷孕引發之高血壓與早產，為最常見的妊娠併發症。

■ 胎兒異常的診斷，可使用超音波、羊膜穿刺術、絨毛膜取樣，或是神經管缺陷篩檢。

■ 某些懷孕以流產告終。美國與其他工業化國家相比，嬰兒死亡率極高。懷孕流產或新生嬰兒死亡可謂生活中的重大事件。

不孕

■ 不孕指無避孕一年後仍無法懷胎，抑或無法懷胎至妊娠足月。有生育能力問題的夫婦或情侶，往往會感覺自己失去對生活中重要領域的控制。

■ 對抗不孕的技術，包括助孕藥物、手術，以及輔助生殖技術。膝下無子女的夫婦可選擇代理孕母，或是仰賴妊娠代理孕母。複製是最具爭議的生殖技術，目前仍處於起步階段。

生產

■ 女性在第三孕期會感受到希克斯式收縮。此種收縮亦會開啟子宮頸的薄化與擴張，以利分娩。

■ 分娩分為三個階段。第一產程開始於子宮開始規律收縮。子宮頸擴張約十公分時，嬰兒的頭部會進入產道。此時稱為過渡期。第二產程，嬰兒將由產道娩出。第三產程，胎衣被排出體外。

■ 選擇性分娩指將嬰兒出生的時程安排於預產期前，約占所有出生數的百分之三十。

- 剖腹產術係指胎兒由母親的腹壁與子宮開口產出。

- 準備完善的生產包含多種方法，強調了解生產過程的重要性，教導母親放鬆，並於生產期間給予情緒支持。

- 醫院的產房與生產中心為傳統醫院環境中進行的正常生產另外提供可行的方案。現在有許多女性不選擇醫師，而選擇訓練有素的護理師兼助產師，有些女性則選擇陪產員以協助分娩。

- 男性包皮環割於美國已行之有年。有愈來愈多證據支持割包皮可防治 HIV 病毒。包皮環割對於猶太人與穆斯林而言具有宗教意義。

- 母乳比配方奶或牛奶更有營養，為許多疾病提供免疫力。餵哺母乳對母親、家庭、社會、環境亦有裨益。

為人父母

- 至關重要的調整時期——產後期，於孩子誕生後開始。母親可能因生物、心理、社會等因素，產生憂鬱感受（有時稱為「寶寶憂鬱」）。大多數女性的性慾亦會降低。

問題討論

- 你對於懷孕及其對你的生活有何影響，通常可能有強烈的看法。如果你或你的伴侶今天懷孕了，你該怎麼辦？你會去哪裡為自己的決定尋求支持？

- 如果你（或你的伴侶）即將有孩子，你會希望嬰兒在哪裡生產、如何生產？你希望誰在場？為了確保自己的願望獲得滿足，你願意採取什麼樣的做法？

- 假如經過一年嘗試仍無法受孕，你意識到自己或伴侶可能有生育能力問題。為了有孩子，你會考慮採取什麼措施？你願意付多少錢？

- 同性戀領養孩子的議題，與性傾向方面的許多議題同樣具有爭議。你對此有何看法？你認為頒布法律的方式，是否最能支持你的看法？

性與網路

懷孕與生產（Pregnancy and Childbirth）

　　即使懷孕是自然、正常的過程，但仍然存在無數問題、問題與疑慮，一對伴侶正考慮懷孕、正試圖懷孕，或發現女方懷孕時尤為如此。幸運的是，網路上能找到幫助與支持。有一個網站：http://www.childbirth.org，是為了提供男性與女性關於懷孕的教育而設。前往此網站，並選擇兩個你想更加了解的主題，例如：「懷孕基本知識」（Pregnancy Basics）、「生活方式」（Lifestyles）、「催生」（Labor Induction）、「餵哺母乳」（Breastfeeding）等主題。研究你選擇的主題，或許再利用其他網站連結資源對其進行了解後，回答以下各問題：

- 你／妳選擇了哪些主題？為什麼？

- 你／妳從每項主題各學習到哪三項新事實？

- 如何將這些資訊整合到你／妳自己對於懷孕

或親職的選擇與決策中？

■ 你／妳還另外前往哪些網站連結，並因此學到什麼？

推薦網站

■ American College of Nurse-Midwives（美國護理師—助產師學會）

http://www.midwife.org
提供美國地區認證護理師兼助產師目錄。

■ American College of Obstetricians and Gynecologists（美國婦產科醫學會）

http://www.acog.org
提供懷孕與生產方面資訊的專業協會。

■ Fatherhood.gov (National Responsible Fatherhood Clearinghouse)

www.fatherhood.gov
由美國前總統歐巴馬成立，為父親與孩子提供小提示與秘訣，亦為一般及專業人士的資料館。

■ La Leche League International（國際母乳會）

http://www.llli.org
為哺乳的母親提供建議與支援。

■ Population Connection（人口團體組織網站）

http://www.populationconnection.org
教育、倡導採取行動，穩定世界人口的草根型人口組織。

■ Resolve: The National Infertility Association（美國不孕症關懷組織）

http://www.resolve.org
致力於為面臨不孕危機的男女提供教育、宣傳與支持。

■ Share: Pregnancy & Infant Loss Support（懷孕暨流產支持組織）

http://nationalshare.org
為遭遇流產者及其親友提供服務。

■ Society for Assisted Reproductive Technology（輔助生殖技術協會）

http://www.sart.org
推動、促使設立輔助生殖技術施行的標準。

延伸閱讀

■ 欲了解產科學的近期最新發現，見 *Obstetrics and Gynecology, The New England Journal of Medicine,* and *JAMA: Journal of the American Medical Association.*

■ Brott, A. A., & Ash, J. (2010). *The expectant father* (3rd ed.).（《準爸爸知多少》第三版）New York: Abbeville Press.
本書引導讀者了解準父親於伴侶懷孕期間，可能經歷的情緒、身體、經濟方面轉變。

■ Elder, K., & Dale, B. (2011). *In-vitro fertilization* (3rd ed.).（《體外人工受精法》第三版）Cambridge, UK: Cambridge University Press.
一本探討體外人工受精法的技術性、綜合性指南。

■ Jana, L. A., & Shu, J. (2011). *Heading home with your newborn* (2nd ed.). （《帶著新生兒回家》第二版）IL: American Academy of Pediatrics.
提供經由父母證明、醫師核可的建議。

■ Murkoff, H., & Mazel, S. (2008). *What to expect when you're expecting.* (4th ed.). （《期待好孕到》第四版） New York: Workman Publishing.
一本由產前照護探討至產後期的完整書籍。

■ Nilsson, L. & Hamburger, L. (2004). *A child is born* (4th ed.). （《新生兒報到》第四版）New York: Delacourt/Seymour Lawrence.
由受精開始研究生產，以照片與文字搭配解說。

■ Wiessinger, D., West, D., & Pittman, T. (2010). *The womanly art of breastfeeding* (8th ed.). （《姊妹餵起來：餵哺母乳的藝術》第八版）New York: La Leche League International.
一本綜合性、支援性母乳哺育指南。

3

The Sexual Body in
Health and Illness

性的健康
與疾病

本章重點

———

活在身體裡：追求完美體態

酒精、藥物與性

性與身心障礙

性與癌症

其他性的健康問題

學生們怎麼說

我學會了不要把媒體或他人的意見當真。現在我照鏡子的時候，我看到的是堅強、美麗、黑皮膚、身為女性的自己，而不是那個想著隆乳或做其他醫學美容手術的女人。現在我的美麗會由內心洋溢出來，而我所需要的只是愛自己、了解自己；我不需要為此付出任何代價。

──二十一歲，女性

有趣的是，我寫這篇論文的時候，頭已經禿了。我曾經擁有又長又美麗的金髮，化療抹消了這個小小的社會／性認同象徵。我當時根本沒準備好面對失去美貌，同時又失去我的性認同。這件事讓我驚訝地發現，你的容貌會影響別人怎麼看待你，尤其是異性。我甚至感覺到身體背叛了自己。我曾經很健康，而現在我病了，我覺得自己的性認同似乎起了改變。我一直都覺得自己的身體有性吸引力，現在動了手術，在原本是乳溝的地方留下了一個大疤痕，化療又讓我掉髮禿頭，我覺得自己的身體像醫學實驗的對象。我的性慾最近非常低，我想這都跟我對自己的外表感到不自在有關。我們的身分認同竟然與外表的關係那麼大。幸好我的內心很強大：我可沒有外表看起來那麼脆弱。

──二十六歲，女性

這跟食物絕對無關，真正重要的是我內心的感覺。二〇〇七年一月二十九日，這一天永遠改變了我的人生。陶瓷馬桶裡自己的倒影，讓我看見了真相。那一刻，我知道自己不能再像焦枯的骷髏一樣活著，或者死去。我一直到陷入了絕境，才意識到自己犯的錯。我覺得當時就算有二十個人在我面前，說我有飲食疾患，我也只是笑笑就算了。當時的我真盲目。

──二十歲，女性

週末的時候，我喜歡跟朋友出去玩。我飲酒過量的時候，性功能從來沒有出過問題，但是吸了大麻，我會出現嚴重的性功能問題，表現得差強人意。

──十九歲，男性

　　人的身體健康、心理健康與性之間，有著複雜的相互關係。我們多半從未想過這一點，尤其是當我們一直保持健康時。另一方面，我們可能遭遇許多身體、情緒方面的問題與局限，可能對性生活產生深刻影響。我們需要了解這些問題，才能有效預防或處理。

　　本章將探討人對身體的態度與觀感，並研究特定健康問題。首先討論身體形象與飲食疾患，接著探討酒精、藥物與性的關係，再來則論及性與身心障礙方面的議題。本章也會討論糖尿病、心臟疾病、關節炎、癌症等特定疾病產生的身體與情緒影響，這些疾病會影響性功能。最後則探討其他女性或男性特有的問題。

　　人隨著心理與身體上的成長，也可能對於何謂健康形成新的觀感。我們也許會發現自己能以新的角度看事情，使性生活更圓滿、更健康。

美的本質，在於多樣要素的合一。

威廉·薩默塞特·毛姆（William Somerset Maugham, 1874-1965）

活在身體裡：追求完美體態

　　健康並不只是不生病，性健康也不僅止於擁有健康的性器官。世界衛生組織（World Health Organization）指出：[1]

性健康，指身體、情緒、心理、社會方面，與性有關的健康狀況，不僅

與普遍的刻板印象不同，各種體型、身材、年齡的人，都能擁有健康快樂的性生活。

止於沒有疾病、功能障礙、衰弱等問題。為達到性健康，需以積極、尊重的方式對待性生活與性關係，同時保有愉悅、安全性經驗的可能性，免於要脅、歧視與暴力。為達到並維持性健康，眾人的性權必須受到尊重與保護，且得以履行。

我不會因為別人說我有一根大陰莖，就去告人家。沒有男人會這麼做。我說不定還會付錢叫人家這樣說。

喬·歐頓（Joe Orton, 1933-1967）

人的性健康必定與其生理功能有關，但同時也是行為功能、身體意識與接納方面的問題。由性的角度觀之，身體健康的必要條件在於認識、了解身體，並樂於接納身體：女性必須對自己外陰的外觀、觸感、氣味感到自在，對於自己乳房的形狀、大小與輪廓有所認知，並樂於接受；男性必須接受自己的身體，包括生殖器在內，並留意身體的感覺，如下背痛、膀胱充血感等。性方面健康的男性，不會再認為男子氣概意味著應該忽視身體痛苦，忍受壓力，並保持沉默。

人的一般健康狀況會影響性功能。疲勞、壓力、輕微疾病皆會影響性互動。如忽略上述的健康層面，人可能出現性慾減退，以及身體、心理上的痛苦。一個總是感到疲倦或壓力的人，或是經常生病或虛弱的人，可能會比健康、充分休息的人缺少性慾。健康與性是人必須培養並尊重的餽贈，不應濫用與傷害之。

■　飲食疾患

我不在乎有沒有肌肉；我老公喜歡我抱起來軟呼呼的。

迪克西·卡特（Dixie Carter, 1939-2010）

許多人願意在物質、情感、金錢等方面付出高昂的代價，以滿足文化對自身的期望，並感受到自己有價值、值得人愛，且具有性吸引力。雖然有上述的渴望顯然是正常的人性特徵，但人試圖達到這些目標的手段，可能極端甚至走向自我毀滅：許多美國女性與部分男性，會試圖透過飲食控制自己的體重，但有些人對肥胖的恐懼與厭惡（經常與對性功能方面的恐懼或嫌惡相結合），會迫使其實行極端的飲食行為。強迫性過度進食（暴食）、強迫性過度節食（可能包括自行禁食、暴食清除型厭食等），以及兩者之結合，皆歸類為**飲食疾患**（eating disorder）會出現之行為。

患有飲食疾患的人多半具有某些特質，如自卑、完美主義、情緒處理困難、自制方面的不合理要求、因他人而對自身產生負面想法，以及對於

「大，還要更大」：隆乳與陰莖增大

許多人在追尋「完美」身體的過程中，會嘗試使其乳房與陰莖符合心目中所屬文化的理想大小。絕大部分的人類文化都注重乳房與陰莖尺寸，愈大愈好。事實上，美國人每年在醫學美容手術上的花費，約為一百億美元。[2] 人們對尺寸的注重，讓許多人認為更大的陰莖或乳房，會使人更加誘人，成為更棒的情人，也會更具自信。令人驚訝的是，有些女性甚至為自己的陰唇動手術（通常為增大術），以塑造出所謂的「理想」尺寸。

男性與女性都會認為，他們／她們的尺寸對於伴侶來說比實際上是如何更重要。女性經常比自己的伴侶更不滿意自己的乳房。一項針對五萬二千二百二十七名成年人進行的研究發現，大多數女性（百分之七十）皆不滿意自己乳房的大小與形狀，多數男性（百分之五十六）則對於自己伴侶的乳房感到滿意。[3] 另外，男性有時會擔心自己的伴侶認為他們的陰莖太小，然而一項針對五萬二千零三十一名異性戀男女性進行的研究發現，有百分之八十五的女性滿意自己伴侶的陰莖尺寸（僅百分之五十五的男性滿意自己的陰莖尺寸，百分之四十五希望能更大）。[4]

人想要變得更大的渴望，導致相關廣告應運而生，試圖使人認為不「大」就不好，就令人汗顏。上述廣告會推銷特殊藥丸、藥物等增大尺寸的方式，並保證具有立竿見影的效果。然而，廣告中或許不會提及安全性、藥效作用、情慾愉悅、必要性等問題。上述產品鮮少能獲得美國食品藥物管理局的批准，其效果亦難以在臨床實驗中獲得證明。

二〇〇九年美國整形外科醫學會（American Society of Plastic Surgeons）的調查指出，二十八萬九千三百二十八名女性曾以矽膠或鹽水袋隆乳，此數字自二〇〇〇年以來增加了百分之三十六，義乳植入式隆乳（breast implantation）自此成為美國最受歡迎的整形手術。[5] 乳房植體（breast implant）會導致疼痛、感染、植體周圍區域硬化等嚴重、代價慘痛的併發症。此外，所有乳房中有植體的女性，人生中某個時候可能需要更換或去除植體。美國食品藥物管理局建議，乳房植入矽膠的女性應於植入手術後三年接受磁振造影掃描（MRI）檢查，其後則每兩年檢查一次，以確認是否出現「沉默的破裂」（silent rupture）情形。[6]

應男性要求而出現的陰莖尺寸增加法有多種，其中一種為陰莖增大術（penis augmentation）。然而，男性的陰莖鮮少尺寸過小，更常見的問題是伴侶抱怨尺寸

過大。儘管如此，有各種各樣的辦法與技術可保證陰莖增大，包括真空泵、訓練、藥丸，以及由腹部抽脂並注入陰莖等外科手術。上述方式的短期、長期效果與安全性皆未臻完善，使用者的滿意程度亦見仁見智。有鑑於已有研究發現，眾人可能喜愛的性愛體位中，陰莖尺寸會起到重大的作用，[7] 因此有必要更加了解生活在「受陰莖驅動」的社會時，男性及女性將如何自處。

如果你／妳對自己的陰莖或乳房大小不甚滿意，可諮詢專業健康照護者，如醫師或心理健康諮詢師。如果你／妳正與人交往當中，請與伴侶談談。大多數情況下，你／妳會知道尺寸通常並非重要的問題，建立親密關係、溝通、相互尊重、接受自己的身體與性才是更重要的。

批 判 性 思 考

01. 你／妳如何看待自己陰莖、乳房或生殖器的尺寸？如果你／妳感到不滿意，怎樣才可能令你／妳感到滿意？

02. 你／妳是否曾因為性伴侶對你／妳的陰莖或乳房大小不滿意，而遭到拒絕？你／妳是否曾為同樣理由拒絕過性伴侶？

03. 你／妳能做些什麼，以幫助性伴侶更能心安理得地接受他／她的身體？

變胖必然的恐懼。此種人往往缺乏適切的壓力處理技巧。美國精神醫學會飲食疾患工作小組（The American Psychiatric Association Work Group on Eating Disorders）指出，飲食疾患是真實存在、可治療的醫學疾病。[8] 某些飲食方面的適應不良會自然發展出來，並非由於缺乏意願或行為而產生。飲食疾患經常與憂鬱症、藥物濫用、焦慮疾患等精神疾病一同出現。[9] 在美國，飲食疾患的流行病學隨著男性與弱勢族群的患病數量漸增，已逐漸產生改變。[10] 其中尤其值得關注的是，十二歲以下兒童的盛行率與入院情形逐漸上升。

雖然許多關於飲食疾患的研究已排除中上層階級的白人女性，但這些問題其實跨越了族群、社會經濟狀況與性別。大多數研究表明，飲食疾患在白人女性與拉丁裔女性中同樣常見，印度裔美國女性當中尤為常見，較不常見於非裔與亞裔美國女性。少數種族／族群團體中，年齡愈年輕、體重愈重、教育程度愈高、對中產階級價值觀認同度愈高的女性，罹患飲食疾患的風險比起同儕更高。[11]

身體形象與飲食疾患雖已受到異性戀族群的廣泛討論，但飲食疾患於男女同性戀與跨性別者間的盛行狀況，直至晚近仍所知甚少。一項針對逾五萬六千名異性戀與男女同性戀進行的新研究發現，所有女性，無論其性傾向，對身體的滿意程度有相同的標準。換言之，女性在吸引力方面承繼了相同的文化理想，包括高度重視自己的體重、不滿意自己的外貌、感覺到身體形象對其生活品質與性生活會產生負面影響等。[12] 相較之下，大多數的男性，同性戀、異性戀皆然，皆表示對自己的身體較為滿意。即便如此，同性戀男性對自己身體不滿意的比例，仍比異性戀男性高。在性別認同障礙（gender identity disorder，參見第一冊第五章）的人士當中，由男性轉為女性的跨性別女性（Male-To-Female）出現飲食疾患與不滿意身體形象的風險有增加的趨勢。[13]

｜ 神經性厭食症

厭食症為食慾不振的醫學說法。**神經性厭食症**（Anorexia Nervosa）一詞並不適合用於描述其徵狀：「對過度纖瘦體態的不懈追求」。[14] 厭食症患者實際上沉溺於對食物的焦慮中，不斷在飢餓的痛苦中掙扎生存。食慾不振相當罕見：厭食症患者的體重，通常較正常體重低至少百分之十五。[15] 厭食症患者年齡通常介於十歲至十八歲。依據美國全國疾病統計調查（National Comorbidity Survey Replication，簡稱 NCS-R），男性與女性在人生中某階段罹患神經性厭食症、貪食症、暴食症之比例，參見圖 3.1。

有厭食症的人，對於纖瘦體態有著執著的渴望。

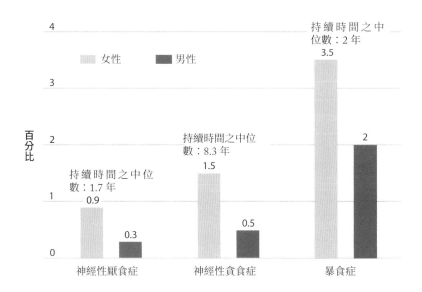

圖 3.1　美國男性及女性在人生中某階段罹患飲食疾患之比例

資料來源：Hudson, J. I., Hiripi, E., Pope, H. G., & Kessler, R. C. (2007). The prevalence and correlates of eating disorders in the National Comorbidity Survey Replication. *Biological Psychiatry*, 61, 348-358。

　　厭食症患者在生理上會出現閉經、初經延遲或月經停止等現象，至少持續三個月經週期（見第一冊第三章），亦可能出現體溫過低（hypothermia），亦即身體無法保持體溫。男性和女性的荷爾蒙分泌濃度皆會下降。患有飲食疾患的青少年，可能無法發展出該階段理應出現的第二性徵，如乳房發育與快速成長等。

　　美國精神醫學會已確認兩種神經性厭食症：有限型（restricting）與暴食清除型（binge eating/purging）。[16] 有限型厭食症乃因節食、禁食或過度運動而產生的體重減輕，並無規律的暴食清除行為；暴食清除型厭食症則至少每週皆會出現暴食或清除行為（或是兩者皆有），清除的方式可能為自行誘發的嘔吐或濫用瀉藥、利尿劑、灌腸劑等。部分厭食症患者不會暴飲暴食，但會在少量進食後，規律地將食物清除。

｜ 貪食症

　　貪食症（Bulimia）的典型表現為不受控、經常為秘密性之過度進食（暴食），接著患者會試圖透過清除食物以抵消暴食行為，如嘔吐、禁食、運動過度、節食等，或是使用瀉藥或利尿劑。貪食症患者的體重範圍通常

符合其年齡與身高之正常標準，但可能害怕體重增加，渴望減肥，並對身體感到強烈不滿意。[17] 神經性厭食症、暴食清除型厭食症、貪食症之間的區別，往往要交由臨床判斷，然而「缺乏控制感」較屬於貪食症之特徵。[18]

區分沒有飲食疾患者與患有貪食症者的特徵，可能包括童年時期遭受身體與性虐待、嚴重身體健康問題、完美主義與／或育兒憂鬱症（parenting depression）等。貪食症出現於十二歲初經來潮的女性之頻率，亦比經期較晚開始的女性高。與青春期有關的早期身體形態變化，亦可能為節食的誘因。其他與貪食症有關的表徵，包括體重劇烈變化、生活重大改變、情緒不穩、對認同有高度需求等。[19]

｜ 暴食症

另一種公認的飲食疾患稱為**暴食症**（Binge eating disorder），更常稱為強迫性過度進食。此疾患與貪食症類似，除了沒有清除食物、過度運動、禁食等行為。失去控制而暴食，可能伴隨著多種症狀，包括快速進食、進食至不舒服或更糟之程度、整日持續不斷進食、獨自進食以隱藏暴食行為、肚子不餓時仍大量進食等。強迫性過度進食的人鮮少因為飢餓而吃，反之，他們利用食物來應對壓力、衝突與其他難熬的情緒。[20] 強迫性的思維、尷尬、憂鬱、內疚與厭惡感等，往往伴隨過度飲食而來。暴食症患者經常超重或肥胖，許多人都要節食。證據顯示，百分之二十五到四十五因肥胖而節食的人（其中多半為女性），可能患有暴食症。[21]

｜ 治療策略

美國國家精神衛生研究院指出，飲食疾患非常複雜，因此研究人員並不確定其潛在的生物、行為、社會方面原因。[22] 科學家與醫師愈發認為，暴食症屬於具有特定生物因素的醫學疾病。有鑑於其複雜性，飲食疾患往往需要綜合性的治療計畫，包含醫療與監測、心理介入治療、營養諮詢，亦有可能需要藥物治療。由於許多飲食疾患的患者不願承認自己的病情，經常強烈抵制接受持續的治療。家人與值得信賴的朋友此時即相當重要，可確保患者接受診療。

啊！我願這太、太堅實的肉體消融化成露水！

《哈姆雷特》，莎士比亞（1564-1616）

■ 身體形象及其對性的影響

受到超纖瘦時尚模特兒影響的理想化體型，除非危害自己的健康，否則絕大部分女性皆無法達成。

人對自己身體的感受，對於自信與享受生活有著強大的影響，性生活也包括在內。診治飲食疾患患者的臨床醫師經常發現，飲食疾患的起因相當複雜，且有多種因素相互關聯，包括基因傾向（genetic predisposition）、環境觸發因子、個人經驗等。[23]如此一來，治療方式往往因人而異、時程長，且需多方面著手。近年一份針對一萬二千名十八歲至六十九歲法國成年人的隨機抽樣調查發現，體重超重與肥胖有顯著的性別差異，肥胖的女性在過去十二個月內較不可能擁有性伴侶；同樣一段時間內，肥胖男性擁有一個以上性伴侶的可能性較體重正常的男性為低，且較可能出現勃起功能障礙。[24]此外，三十歲以下的肥胖女性使用避孕保健服務的可能性較低，且出現更多意外懷孕。另一項研究則顯示出女性面臨的其他後果：性交頻率較低（百分之五十五點三）、擁有一位性伴侶的可能性較低（百分之五十二點七）、性慾下降（百分之六十六點九）、性焦慮增加（百分之五十九點二）等。[25]患有飲食疾患的男性則可能經歷一系列不同的後果，包括產生扭曲的身體形象、肌肉焦慮（muscle dysphoria，典型表現為極度希望更加強壯）等。男人與男孩亦可能展現出與女性相同的情緒、身體、行為跡象與症狀，但較不容易診斷出來。[26]在此情況下，基層健康照護者的位置即相當重要，早期檢測飲食疾患的發生，並加以介入治療，以阻止病情繼續發展。小兒科醫師尤其應將飲食疾患篩檢列入年度健康檢查，或是長期於體育科考試前的身體檢查時測量體重與身高，並仔細注意潛在的跡象與進食失調的症狀。[27]

■ 蛋白同化類固醇：危險的健身手段

運動員與健美選手往往以出賽的優異表現與良好的體態構造為目標。然而，追求表現提升時，其中許多人已達到其遺傳稟賦與訓練量的極限，因

此轉而服用稱為增補劑（ergogenic aids）的藥物。其中有一種增補劑為人工合成形式的荷爾蒙睪固酮，亦稱為**蛋白同化類固醇**（anabolic steroids）。健美選手與其他運動員以此種藥物提升力量，並增大其體格。此外，此種藥物可能產生欣快感，消除疲勞，並使兩個性別使用者的力量感皆得以增強，使人感到上癮。一項針對美國一百九十九所具全國代表性的大學所進行的大型研究發現，受訪大學生一生中、過去一年、過去一個月曾使用蛋白同化類固醇的比率不及百分之一，較常見於男性大學校際運動員。[28]

蛋白同化類固醇亦可能引發嚴重副作用，其中部分具不可逆性，包括不孕、心臟病、中風、肝臟受損、性格變化等，其中最常見者為病理性的攻擊性格。[29]健康男性服用蛋白同化類固醇時，可能導致身體停止分泌睪固酮，使乳房發育、睪丸萎縮。女性服用該藥物時，則會引起多毛症（hirsutism，毛髮過度生長）、痤瘡、生殖問題、聲音變化等，且可能造成永久影響。青少年服用時，此種藥物可能因促使骨骼過早成熟與加速青春期身體變化，而導致發育遲緩。[30]蛋白同化類固醇，如睪固酮及其衍生藥物，為具有明確用途之處方藥物。如未經開立處方箋即自行購買與使用，既非法又危險。

酒精、藥物與性

在許多美國人的心目中，性與酒精（或性與「娛樂性」藥物）從不分家。雖然經驗告訴我們，隨著酒精或藥物使用程度的升高，性方面的表現與享受通常會下降，但仍有許多人對此由來已久的迷思深信不疑。

■ 酒精使用與性

酒精與性不分家的說法，雖然並非新鮮事，但肯定受到大眾文化的強化。酒類廣告往往以美麗、衣著暴露的女性為主角；飲用啤酒的人被描繪成年輕、健康、喜愛尋歡作樂之人；喝酒的人是浪漫主義者，被燭光與玫瑰包圍；選擇蘇格蘭威士忌代表了格調。上述形象強化了長期以來的文化迷思——酒精與社會聲望及性趣提升有所關聯。

　　眾所周知，酒精的使用在大學生當中非常普遍。年齡介於十八歲與二十四歲的年輕人當中，超過一成酗酒，接近四成喝得很多。[31] 超過三分之一（百分之三十四點七）的人表示，在過去兩週內曾豪飲三次以上，該數字在有性生活的人之中更為顯著。飲酒會牽涉到性的風險。事實上，喝醉時涉及第一次性接觸的風險最高。[32] 在高度緊張的性關係情境下，喝醉酒據說可使飲酒者相信自己已經興奮起來，從而更有意願從事沒有避孕的性交。

　　由於人對於性往往存在著矛盾心情（「很舒服，但這樣很糟糕」），許多人兩杯黃湯下肚後，對於發起或參與性活動會感到更為自在。此種解放被壓抑住的行為之現象，稱為**解除抑制**（disinhibition）。雖然少量酒精的解除抑制或放鬆效果很小，但是大量酒精可能導致攻擊行為、判斷力喪失、協調性變差與意識喪失。

　　酒精會影響男性和女性達到性興奮的能力。男性可能難以達到或維持勃起，女性則可能無法使陰道潤滑。身體的感覺可能變得遲鈍。長期飲酒的人往往性慾缺乏、難以達到性興奮。研究人員已證實，兩小時內如喝下一手六罐裝的啤酒，可能影響睪固酮與精子的製造，效果長達十二個小時。

研究人員仍不確定酒精使用是否會導致高風險性行為，但可能屬於有害健康的行為模式之一環。

然而這不代表精子不會出現；精子製造速度會減慢，但大部分男性飲酒時仍有生殖力。不過男女性攝取大量酒精，皆有可能導致不孕症與胎兒先天缺陷（見本冊第二章）。

研究也發現飲酒會導致諸多危險後果，如非自願性交、性暴力等。酒精的解除抑制作用，使某些男性得以為各種他們原本不應犯下的性暴力行為辯護。男性可能期待酒精使他們在性方面積極進取，並因此能有所行動。一般認為女性在喝酒的情況下，較有機會與人發生性關係，且更能趁虛而入。因此男性可能懷著找到性伴侶的期待，參與酒局。除此之外，喝了酒的女性可能難以表達與接收預期行為的暗示，也不容易抵抗侵犯。酒精使用常為各類型性暴力的重要肇因。哈佛公共衛生學院（Harvard School of Public Health College）針對一百一十九所學校進行的三次酒精研究調查顯示，約有百分之五的女性遭到強暴，其中有四分之三的受害者於醉酒時遭到強暴。[33] 針對大學生的研究顯示，加害者或受害者飲酒，或雙方皆飲酒時，性侵害的機會將增加，[34] 且其中任何一人的酒精攝取量愈高，女性受到性侵害的情節嚴重程度也可能愈高。[35]

科學文獻與通俗文學中，長期以來皆認為飲酒會導致性方面的風險。然而年輕族群的飲酒行為，僅是整體危險行為模式的一環，而非高風險性行為的起因。此外，對衝動／感覺的尋求、社交活動、慣常的飲酒模式等，皆可為性風險提供更廣泛的解釋，不盡然由酒精的劇烈作用引起。[36]

■　其他藥物使用與性

以增加性慾或改善性功能為目標的藥物稱為**催情藥**（aphrodisiacs）。除藥物外，催情藥可包含香水與某些食物，尤其形似生殖器的食物，如香蕉與牡蠣。犀牛角在亞洲是公認的催情藥，「淫蕩」（英語為 horny）一詞即可能由此而來。[37] 無論個人或專業的研究皆不免導向相同結論：人內心的幻想與對於性自我的正面印象，再加上一位興致勃勃、樂於回應的伴侶，無疑是最強大的催情藥。儘管如此，許多人仍在追尋此種難以捉摸的魔法配方，並為了提升性經驗而服用各種藥物。

　　已有研究探討過藥物作為催情藥使用的盛行情況：一項研究針對一千一百四十四名年齡介於十八歲與三十九歲之間、已有性經驗的個人進行樣本調查，以確認參與者是否曾使用藥物來提升性經驗。調查樣本中有百分之二十八的人表示曾經使用藥物來改善性功能，數種藥物皆在此被提及（見圖 3.2）。探討上述的自我報告時，需考量到一個重點：催情藥的「安慰劑效應」（placebo effect）據估計約為百分之五十。[38]

　　雖然一般認為娛樂性藥物多半能提升性方面的快樂，但其實會適得其反。（許多處方藥物對性慾與性功能亦有其負面影響，使用者應該詳讀藥物處方資訊，或詢問藥劑師是否有任何性方面的副作用。）娛樂性藥物雖然可能減少抑制，且可能強化性經驗，但能對性驅力與性能力構成干擾者也不在少數。娛樂性藥物亦可能干擾生育能力，並嚴重影響整體健康與幸福。

　　大麻使用者經常表示，性接觸期間使用大麻可增加刺激與感覺。然而大麻的效用很大程度受到使用者的期待所左右，因此沒有確切說法可證明大麻如何影響性接觸。大麻影響交往關係的具體資訊，可透過其在伴侶相處間扮演的角色窺知一二。某些情況下，大麻（或任何藥物）可能成為精

圖 3.2　一項針對十八歲至三十九歲、曾使用藥物改善性功能的人們所進行之樣本研究中，最常提及曾使用的藥物

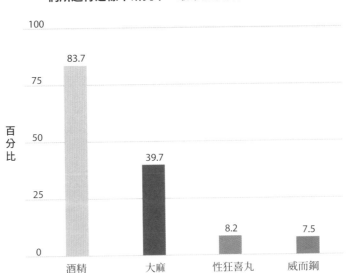

資料來源：Foxman, B., Sevgi, A., & Holmes, K. (2006). Common use in the general population of sexual enhancement aids and drugs to enhance sexual experience. *Sexually Transmitted Diseases*, 33, 156-162。

神上的支撐，幫助人面對令人感到不適的情況或行為。長期使用大麻亦可能導致或促使成就動機低落，且降低性驅力。

硝酸戊酯（amyl nitrate），亦稱「情慾芳香劑」（poppers），是一種速效型肌肉鬆弛與冠狀動脈擴張劑，這代表此種藥物會令心臟周圍的血管擴張。醫學上，此藥物用來緩解狹心症的發作。有些人會「砰地打開芳香劑」（popping），並吸入硝酸戊酯小瓶中的氣體，以加強性高潮。此藥物會導致陰莖、陰道、肛門內的血管充血，亦會導致血壓下降，並因此造成暈眩、眼花的感覺。最常見的副作用為嚴重頭痛與昏厥，而且如果藥物接觸到皮膚會造成灼傷。

另一種廣為人知的催情藥物，其原料為斑蝥（cantharides），或稱「西班牙蒼蠅」（Spanish fly）。此種藥物的製法為乾燥、加熱特定種類的甲蟲，直至蟲體分解為粉末。目前尚未有對照研究證實此種藥物的催情作用。此藥物為內服藥，會導致腎臟、膀胱、尿道等生殖泌尿道產生急性刺激與發炎，並可能造成永久性組織損傷與壞死。此藥物在美國禁止使用。

麥角酸二乙胺（lysergic acid diethylamide，簡稱 LSD）與南美仙人掌毒鹼（mescaline）、裸蓋菇素（psilocybin，及迷幻蘑菇）等其他迷幻藥物，皆不會對性能力產生正面效果。上述藥物實際上可能造成持續與痛苦的勃起，此種徵狀稱為恆久勃起（priapism，見本冊第四章）。

古柯鹼（cocaine），一種中樞神經系統興奮劑，會減少抑制並提升幸福感。然規律使用時，幾乎必定導致男女性產生性功能障礙，且無法勃起或達到性高潮。男性古柯鹼使用者的精子數量亦會減少、活躍度降低，並會比非使用者產生更多異常精子。同樣程度的性功能障礙亦會出現於吸嗅古柯鹼、抽古柯鹼菸，或是點燃吸食（freebase）古柯鹼的人身上。注射古柯鹼的吸毒者，則會出現最嚴重的性功能困難。

搖頭丸（Ecstasy，即 MDMA）是能夠產生幻覺的安非他命毒品，可產生興奮程度升高、飄飄然等效果，並使自我意識增強。搖頭丸屬於非法藥物，無合法用途。大學生使用搖頭丸的比率各不相同，從近百分之五至

娛樂性藥物的使用，已成為派對場合非常普遍的一環。

十不等，取決於研究結果。[39]此種藥物與引發脫水有關，原因在於服用後消耗體力，未曾休息補充水分；大量使用時，此藥物已知與妄想症、肝臟損傷、心臟病的發生有關。由於搖頭丸會令使用者的移情心理增強，性方面的抑制可能降低。然而，男性於藥效發作時通常無法勃起，藥性開始減退時則往往感到性致勃勃。

　　甲基安非他命（methamphetamine），亦稱「冰毒」（ice）、甲安（meth）、「結晶甲安」（crystal meth）、「Christina」、「Tina」，其使用與隨意性行為的關聯性，現已日漸增加。甲基安非他命為效果頗受肯定的催情藥與興奮劑，可用於延長性興奮時間，延後達到性高潮。甲基安非他命能以吸嗅、吸入、吞嚥、注射等方式吸食。人的性趣會因為使用結晶甲安而急遽提昇，可能導致危險行為。此外，由於使用受感染的針筒、從事高風險性行為、藥物治療順從性（medication adherence）低等因素，甲基安非他命使用者可能會感染 HIV。[40]某些男性為了增強性功能，現在會將甲基安非他命、硝酸戊酯、搖頭丸等娛樂性藥物，與威而鋼等用於勃起問題的處方藥物混合。甲基安非他命／硝酸戊酯與威而鋼的搭配，有時可能引起一種稱為「性馬拉松」（sexual marathon）的現象，此段期間的性

活動可能延續數小時，甚至數日。研究發現，從事馬拉松式性行為的男性明顯會使用更多非法藥物，發生強迫性性行為（sexual compulsivity）的量表分數亦高於不從事馬拉松式性行為的人。[41] 上述藥物使用引發的危險行為，及其導致的血壓降低、心臟病發作、死亡等個人後果，已引起世界各地公共衛生機關的關注，欲警告大眾藥物使用的危險。

除了藥物本身對身體造成的不良作用，藥物使用亦開始與 HIV 病毒感染等性感染疾病產生關聯，可能導致染病風險提高。[42] 吸食古柯鹼成癮，尤其快克古柯鹼（crack cocaine，指結晶狀古柯鹼），已導致透過性交易獲取古柯鹼的習氣遍布。上述行為以及注射古柯鹼或海洛因等習氣，加上保險套的低使用率，已造成許多城市地區的性感染疾病流行，如愛滋病。（欲了解更多關於藥物使用與 HIV 病毒的資訊，請參見本冊第六章。）

當前大眾對營養、自然療癒、營養補充品的興趣，配合網際網路的易達性，已然助長一種產業應運而生，販售刺激、改善性事的產品。具上述功效的草本植物，如燕麥（avena sativa）、卡宴辣椒（ayenne）、育亨賓（yohimbe）、達米阿那（damiana）等，皆聲稱能增強性耐力、表現與／或感覺。除此之外，市面上亦有販售適趣液（Zestra）等乳液，為植物油與萃取物之混合配方，標榜能提升女性的性興奮程度。目前適趣液在市場上供應有限，並非由於其功效未獲證實，而是因為我們的文化並不樂見女性享受性生活。[43] 無論如何，目前仍無證據可支持上述藥劑具有改善性功能的效果，但如果有些人確實因此獲益，或許是因為他們／她們相信這些產品有效。有一點必須認清：上述的許多草本植物可能產生輕微到嚴重程度的副作用。

性與身心障礙

各種身心障礙與身體上的限制影響了人類的性，但身心障礙人士的性需求與性慾仍普遍受到忽略與冷落。美國約有百分之十的成年人有嚴重的身體障礙，足以使其生活受到限制。當然，身心障礙或慢性病不見得就意味著一個人性生活的終結。一九八七年，一名使用輪椅的年輕女性艾倫·

史托爾（Ellen Stohl），由於其篇幅長達八頁的半裸照片集登上《花花公子》（*Playboy*）雜誌而引發爭議。有些人（包括部分《花花公子》的編輯）認為此特輯可能遭解讀為剝削身心障礙人士。另外有些人，包含史托爾在內，相信這將有助於使社會對身障人士的認知正常化。她表示：「我意識到自己還是個女人。但這個世界並沒有像那樣接受我。我在大學裡是 GPA 平均 3.5 的大四學生，但大家都把我當成三歲小孩。」[44] 雖然史托爾登上《花花公子》版面已是二十多年前的事，但即使到了今日，仍少有媒體將身心障礙人士或慢性病患者描繪為有性生活的人。

一項針對擁有一種身體障礙的三百六十七名男性與三百八十一名女性（平均年齡三十六歲）所進行之研究，調查了身障嚴重程度、身障持續時間與性自尊、憂鬱、性滿意度、性活動頻率之間的關聯。研究人員發現，身障程度較嚴重的人與較輕微或無身障人士相比，其性自尊與性滿意度較低，憂鬱程度則較高。重度身障人士投入性方面體驗的頻率，亦較其他人為低。身障女性與身障男性相比，對性生活的感受較為正面，與他人發展性方面關係的頻率也較高。[45]

■ 身體限制與期望改變

　　許多人的部分或全部人生，會在性方面受到限制。此種限制可能為先天性，出生時即出現，如腦性麻痺（cerebral palsy，一種神經肌肉疾患）與唐氏症（Down syndrome，一種發育性障礙疾病），可能導因於某種疾病，如糖尿病、關節炎、癌症等，亦可能因事故而出現，如脊髓損傷。

　　舉例而言，脊髓神經完全遭到切斷的狀況下，雖感覺不到生殖器，卻不會消除性慾或排除其他可能的性行為。許多脊髓損傷的男性皆能完全或局部勃起，有些人亦能射精，儘管伴隨射精而來的性高潮感通常不存在。近百分之四十的四肢癱瘓男性可體驗性高潮與射精，[46] 無法射精者可透過電激取精法（electroejaculation）與伴侶子宮內授精法（intrauterine insemination），成為人父。此療程中，攝護腺會受到通過直腸的電流，引起勃起與射精。許多有脊髓損傷的女性可以無痛分娩，儘管可能有必要施

我感覺到人們都認為，因為我坐輪椅，所以那方面只能一片空白。

匿名，引自《性與身心障礙：終極指南》（*Ultimate Guide to Sex and Disability*）一書

所有人，包括身體與心理上有所限制的人，都有觸摸與親密關係的需求。

行產鉗輔助分娩（forceps delivery）、真空吸引術（vacuum extraction）或剖腹產（cesarean section）。由於性生活在藥理學上仍屬於較新的研究標的，上述治療方式對性生活的影響仍所知不多。晚近來自臨床報告與實踐的研究發現，脊髓損傷等神經疾病的藥物與治療方式，可能降低亦可能提升性的功能與幸福程度。[47]

脊髓損傷女性會出現許多與其他女性相同的性反應，包括（約百分之五十女性）達到性高潮的能力。脊髓損傷人士（就此方面，其他人亦同）也會進行口部或手部的性行為，事實上，任何令他們及其伴侶感到愉悅、可以接受的活動皆可。他們也會發現各異其趣的性慾部位，如乳房、大腿、頸部、耳朵或腋下。

為了建立健康的性生活，身心障礙人士必須壓抑住過去對性功能的期望，並就實際的性能力重新調整自己。許多身心障礙人士面對的一個主要問題，在於知道自己的身體不符合文化上的「理想」時，如何克服因此產生的憤怒或失望。身心障礙人士經常生活在被拒絕的恐懼之中。這種感受可能符合現實，也可能不切實際，端看他們尋找怎麼樣的人作為伴侶。許

多身心障礙人士擁有豐富的綺夢人生，這實為意外之幸，因為想像力是發展圓滿性生活的關鍵因素。身心障礙與性生活方面問題的諮詢專家羅伯特・倫茲（Robert Lenz），十六歲時因脊髓損傷而四肢癱瘓，脖子以下皆動彈不得。[48] 他在影片《積極作伴》（*Active Partners*）中表示：

> **我確實知道了一件事情：我現在是比以前好得多的情人。這其中有很多原因，但最重要的一點是因為我更能放鬆了。現在我不需要記住該做什麼、不該做什麼，不需要時間表或恰當的動作步驟準則，每次我們做愛的時候，我也不用再「給」我的伴侶性高潮了。性對我而言，不只是性高潮而已。性是愛撫，是嬉鬧，是歡笑，是分享。**

醫學界正逐漸重視教育大眾，使其了解自己性生活在身體方面的限制，亦開始著重提供整體性治療法，如利用輔導方式以建立自尊、對抗負面刻板印象等。心理輔導師服務身心障礙人士時的重要任務在於，給予服務對象「許可」，以進行適性、適能的性活動，並建議新的活動方式或技巧。[49] 研究人員認為，非插入性的性行為應被認定為個人或伴侶間有效、健康的性慾表達方式；研究人員亦指出，男性的性慾可能比女性更強烈，更渴望以生殖器為主的活動，如口交或裸體擁抱，女性則可能較為渴望深度接吻。[50] 可建議服務對象使用振動按摩器、假陰莖與假陰道等輔助器材，以助其達到性興奮。有了適切的資訊與性自尊，身心障礙人士當然也能擁有完整、圓滿的性生活。

■　視障與聽障

視力或聽力喪失，尤其如為嬰兒時期即出現的全盲或全聾，理論上與實際上皆會對性生活構成許多困難。出生即失明的年輕人，不可能知道另一個性別的人「長什麼樣子」（或給自己什麼感覺）；聽障兒童的父母，通常不善使用手語進行溝通，如此一來，這些兒童在家可能接受不到太多性方面的教導，亦無法理解「親密關係」等抽象的概念。視力或聽力嚴重喪失的老年人，可能變得沮喪，自尊心日漸低落，且對於與他人接觸感到膽怯。視障或聽障人士因為接收不到多數人習以為常的視覺／聽覺線索，

可能導致性關係中的溝通困難。這些困難通常可依照情況，透過教育或
輔導來克服。視障、聽障兒童學校與學程，會提供教導性方面知識的專設
課程。

■　慢性疾病

　　糖尿病、心血管疾病、關節炎是美國最普遍的三種疾病。雖然這些疾
病不見得屬於身障，但病患的性生活可能因為病情（或控制病情的藥物或
治療）影響到性慾、性能力或反應能力、身體形象等，而需要相當程度的
調整。此處有一點必須注意：其伴侶的性生活也可能受到慢性疾病的影響。
除此之外，許多年長的伴侶，自己也要應對疾病、身心障礙，以及老化帶
來的問題。

　　其他可能形成障礙的疾病還有很多，在此無法一一討論。這些疾病皆
會影響我們的人生，或是相識之人的人生。本書提供的部分資訊，或可適
用其他此處未曾專門探討的疾病，如多發性硬化症（multiple sclerosis）或
脊髓灰質炎後遺症（postpolio syndrome）。我們鼓勵在性生活與慢性疾病
方面有特定問題的讀者，可向人際網絡、組織、專門處理此類問題的自助
小組等尋求協助。

｜　糖尿病

　　糖尿病（正式名稱為 diabetes mellitus，通常簡稱為 diabetes），屬於慢
性疾病，其典型表現為血液與尿液中含糖量過高，致病原因為一種蛋白質
荷爾蒙，即胰島素（insulin）的缺乏。美國約有二十六萬人，亦即全國人口
的百分之八點三患有糖尿病。由糖尿病造成的神經損傷或循環系統問題，
可能導致性方面的問題。男性的糖尿病患者在性方面往往比女性患者更容
易受到該疾病的影響。部分男性糖尿病患者會遭遇性慾、勃起困難、無法
達到性高潮等問題。重度酒精使用、年齡、吸菸、血糖控制差等因素，亦
會增加出現勃起問題的風險。

　　糖尿病也可能影響女性的性生活。研究已發現，患有糖尿病、有性生

活的女性中，有百分之三十五會出現性功能障礙。[51] 某些患糖尿病的女性可能缺乏性趣，原因在於頻繁發生黴菌感染。血糖值偏高會令部分女性感到疲倦，導致性趣減少。另外，由於陰道乾燥，性交時可能產生疼痛。

男性與女性糖尿病患者的性功能問題，亦與害怕失敗、自尊心降低、疾病接納等問題有關。[52]

｜ 心血管疾病

心臟病發作或中風顯然是人生中的重大事件，將影響日常生活的各個層面。發病後的人經常進入憂鬱期，此時會出現食慾下降、睡眠習慣改變，並有疲勞與性慾減退等問題。患者因為相信性行為可能引起另一次心臟病發作或中風，而經常對性感到恐懼無比。性功能障礙在心血管疾病患者中相當常見，在男性身上更可能先於心血管症狀而發；逾百分之五十的男性冠狀動脈疾病患者有勃起問題。[53] 男性心臟疾病患者的伴侶也會表現出對性生活的高度疑慮。伴侶害怕風險、擔心性功能困難，也擔憂性交過程中再次發作的可能性。大多數人經過一次病發，待病況穩定後三至六週即可開始進行性行為，需經由醫生同意。[54] 一般而言，先前曾經心臟病發作的人，性行為中途再度發作的機會與常人無異。

｜ 關節炎

美國約有五分之一的人患有某些類型的關節炎（arthritis），其中大部分為老年婦女，但此種病痛亦可能發生於兒童與青少年，造成失能。關節炎為關節的疼痛性發炎與腫脹，好發於膝蓋、臀部、下背部等關節，可能導致四肢畸形。關節有時只能在極度困難與疼痛的狀況下活動，有時根本無法活動。關節炎是導致美國人身體障礙的主要原因，亦為美國第三大工作限制因素。[55] 關節炎的病因至今尚不清楚。

由於發病時的痛楚，關節炎患者很難擁有親密的性關係。口交、愛撫全身、有創意的體位等，皆為關節炎患者必然優先考慮的選項。與伴侶進行性活動前先濕熱敷關節，亦有助於緩解痛苦。

我的醫生做了預後診斷，他說性交會促使血栓形成，但我寧願盡情滿足性慾，也不要悶到發神經。

匿名，一名冠狀動脈疾病患者的悲鳴

■ 發展障礙

發展障礙（developmental disabilities）是嚴重、終身性的慢性疾病，歸因於二十二歲之前表現出的心智與／或身體障礙，且會導致生活方式的嚴重限制。有發展障礙的人往往在重要的生命歷程遭遇問題，如語言、行動、學習、自立、獨立生活等。發展障礙人士的性生活問題，直至晚近才獲得其治療者的廣泛關注。發展障礙人士的能力差別極大，輕度或中等程度者或可學習適當的行為，保護自己免受侵害，並了解生殖的基本知識。有些人獲得少量的協助，可能就可以結婚、工作、撫養家庭。

性教育對於有發展障礙的青少年而言極度重要。部分家長可能擔心性教育會「教給他們一些不好的概念」，但接觸了媒體與網路上充斥的露骨影像，加上荷爾蒙分泌量的上升，他們對性方面的概念更可能早已了然於心。教導障礙程度較嚴重的人如何從事安全性行為，或許才是困難所在。發展障礙人士強制接受節育或結紮的道德問題，目前正處於辯論階段。如果身心障礙有機會遺傳給子女，則會更加凸顯此議題的爭議性。

■ 身心障礙人士的性權

儘管在某些團體與人們的不懈努力之下，身心障礙人士的諸多擔憂已漸為人所知，但他們的生活多半仍不被看見。如果我們拒絕承認身心障礙與發展障礙人士的存在及其需要，形同傷害了人類整體，最終傷害的仍是我們自己。聯合國大會（The United Nations General Assembly）指出，各國「應促進其（身心障礙人士）保有人格完整性之權利，並確保法律於性關係、婚姻、親子關係等方面不歧視身心障礙人士」。[56] 美國於二〇〇〇年通過的《身心障礙者協助發展權利法》（*Developmental Disabilities Assistance and Bill of Rights Act*）明確規定，心智障礙人士有與他人發展有意義關係之基本權利。[57]

身心障礙者應與沒有身心障礙的人一樣，擁有以下性權：

■ 性表達的權利

- 隱私權
- 獲知與利用所需服務的權利，如避孕諮詢、醫療保健、遺傳諮詢、性行為諮詢等
- 選擇自己婚姻狀況的權利
- 是否生育子女的權利
- 自行做出決定，並充分發揮潛能的權利

性與癌症

癌症不只為單一疾病。癌症包含逾三百種不同的疾病，皆能影響身體的任何器官。各種癌症的進展速度、治療成功率、失敗率等皆有不同。大部分癌症皆會形成實體腫瘤（solid tumor），但並非全部（如白血病）。

所有癌症皆有一共同點——細胞行為產生異常的結果。一般認為致癌物質（cancer-causing agents/carcinogens）會使細胞內的 DNA 遺傳訊息產生混亂，導致其放棄正常功能。腫瘤可能為良性（benign）或惡性（malignant）。**良性腫瘤**通常生長緩慢，並且會留在原處，**惡性腫瘤**則會產生癌變。惡性腫瘤不會留在原處，而會侵入鄰近組織，破壞重要器官的正常功能。癌症由身體某部分進展至其他不相干部分之擴散過程，稱為轉移（metastasis）。此一轉移過程導致了絕大多數的癌症死亡病例，原發的腫瘤反而較不易致死。

■ 女性與癌症

有些女性因害怕乳癌與生殖器官癌，會避免定期接受乳房檢查或子宮頸抹片檢查（Pap test）。如果女性感覺到乳房出現腫塊，或醫師告知其子宮出現增生，可能令其陷入絕望或恐慌。上述反應情有可原，但其實是本末倒置：腫塊多半屬於良性，如子宮肌瘤（uterine fibroids）、卵巢囊腫（ovarian cysts）、乳房纖維腺瘤（fibroadenomas）等。

｜ 乳癌

乳癌（Breast Cancer）是皮膚癌之外最常見的女性癌症，美國女性每

四人有一人以上的確診病例。[58]乳癌亦為美國女性第二大死因，排名位於肺癌之後。二〇一〇年，美國約有二十萬七千零九十名女性診斷發現患有侵犯性（invasive）乳癌，其中約四萬人死亡。乳癌的死亡率約為三十五分之一，[59]而女性一生中某階段罹患侵犯性乳癌的機率，為八分之一左右；美國約有二百五十萬名乳癌倖存者。即便乳癌的發病率近十年來有所增加，死亡病例數已經下降，原因可能在於更早期的癌症檢測、治療方式改進、更年期婦女較少接受更年期荷爾蒙治療法（menopausal hormone therapy，簡稱 MHT）等。確診為癌症的女性中，近百分之八十九在確診後能存活至少五年，百分之八十二至少存活十年，百分之七十五至少存活十五年。[60]

乳癌的罹患風險評估是複雜、尚不精確、仍在發展中的科學領域。然而，目前已知有三個因素，對於女性出現侵犯乳房的實體腫瘤的風險有其壓倒性影響：年齡、基因組成，以及一生中受雌激素影響的程度。女性僅僅因為老化的因素，即會增加其罹患乳癌的風險，尤其好發於六十歲以上的女性（見圖 3.3）。事實上，乳癌大致上屬於老化疾病的一種。[61]

一般認為約有百分之五到十的乳癌屬於遺傳性。[62]美國白人女性發生乳癌的風險略高於非裔美國女性，非裔美國女性則更可能死於乳癌。亞裔、西班牙裔、印度裔美國女性的乳癌發生與死亡風險，皆低於白人女性。罹癌親屬與自身的親緣關係較近時，自身罹患乳癌的風險亦較高；換言之，如某位女性的母親、姐姐或女兒患乳癌，該女性罹患乳癌的風險也會上升，家族成員如於四十歲前即得到乳癌，風險尤其高。家族中有乳癌與／或卵巢癌病史的女性群體中，只有相對較小的子集同時遺傳兩種基因突變。

圖 3.3　美國女性（依年齡排列）於十年、二十年、三十年後發生乳癌的百分比

現在年齡	十年後	二十年後	三十年後
30	0.4	1.9	4.1
40	1.5	3.8	6.9
50	2.4	5.6	8.7
60	3.5	6.7	8.7

資料來源：Altekruse, S. F., et al. (eds.), *SEER Cancer Statistics Review, 1975-2007* (http://seer.cancer.gov/csr/1975_2007), National Cancer Institute, Bethesda, MD。

　　切片檢查（biopsy）結果如出現某些類型的異常，可能增加女性罹患乳癌的風險。一個乳房罹患癌症的女性，另一個乳房或同一個乳房其他部位的罹癌機會亦會增加。沒有子女、子女較少、三十歲以後生下第一個孩子的女性，產生乳癌的機會稍稍高於較年輕時即生子的女性。女性身體受雌激素影響的時間增長，如月經較早開始（十二歲前）或更年期較晚來臨（五十五歲以後）的女性，罹癌風險亦較高。其他導致乳癌風險增加的因素，包括長期接受雌激素加黃體素（estrogen-plus-progestin）荷爾蒙療法（請參見第一冊第七章關於更年期荷爾蒙治療法的探討）、未餵哺母乳、使用酒精、肥胖、乳房組織較密、早期乳房輻射，身體活動不足、環境污染等。研究顯示，正在使用口服避孕藥的女性，罹患乳癌的風險略高於從未使用過的女性，但已停止使用超過十年者，罹癌風險似乎不會增加。[63] 研究無法顯示出乳癌與隆乳、曾經墮胎、死產、夜間工作、止汗劑，或是瘀傷、撞擊、觸碰乳房等因素的關聯。[64] 當然，具有風險因子的女性並不代表必定將罹患乳癌。

　　女同性戀與乳癌　目前並沒有流行病學資料指出女同性戀有較高的乳癌（或其他癌症）罹患風險。然而研究顯示，某些風險因素在女同性戀當中較為普遍，如使用酒精頻率較高、體重超重機會較高、乳癌篩檢率較低、生育子女可能性較低等，[65] 代表同性戀女性可能比異性戀女性更容易罹患乳癌。由於女同性戀獲得的常規保健服務也較其他女性少，健康保險額度亦較低，要面對醫師和醫療從業人員歧視所帶來的恐懼，且與健康照護者打交道時常有負面經驗，許多人因此延遲或避免接受常規照護，如早期發現篩檢。[66] 舉例而言，錯過常規的癌症篩檢可能導致癌症到了較晚期才被診斷出來，此時便更難以治療。女同性戀與雙性戀者有必要尋求願意接納、有足夠能力服務的健康照護者。

　　乳癌檢查　美國癌症協會（The American Cancer Society，簡稱 ACS）提供了早期發現乳癌的參考指南：[67] 表 3.1 列出的建議篩檢方式，提出了風險為平均程度、無症狀女性的篩檢指導方針，分為年齡四十歲以上、年齡二十歲至三十九歲兩組。罹癌風險較高的女性（例如家族病史、遺傳傾向、

表 3.1 美國癌症協會對於平均風險、無症狀女性的早期發現乳癌篩檢指南

年齡四十歲以上
■ 每年接受乳房攝影（與針對乳癌高風險女性的 MRI 篩檢）
■ 每年接受醫師乳房檢查
年齡二十歲至三十九歲
■ 每三年接受醫師乳房檢查
■ 每月乳房自我檢查（自行選擇）

資料來源：American Cancer Society. (2012). *American Cancer Society guidelines for the early detection of cancer.* http://www.cancer.org/Healthy/FindCancerEarly。

過去乳癌病史等），應詢問醫師關於提早接受**乳房攝影**（mammography）篩檢、額外接受檢查（即磁振造影掃描，簡稱 MRI）、接受更頻繁檢查等方案的優劣差別。乳房攝影利用 X 光檢查，可於目視或觸診發現前先行找出乳房腫瘤。

　　早期發現是預防保健的重要環節。愈早發現乳癌，治療奏效並保住乳房的機會也愈高，目標是症狀出現前即發現癌症。大部分醫師皆認為，早期發現乳癌每年可以拯救數千人的生命。[68]乳房攝影篩檢出的乳癌，其發病率與死亡率可望降低，且參與篩檢的女性多半終其一生不會罹癌。但為了非乳癌的異常狀況而接受切片檢查的女性，可能因此受到傷害。事實上，一項發表於《新英格蘭醫學雜誌》（*The New England Journal of Medicine*）的新研究更指出，降低乳癌死亡率的主要助力並非乳房攝影，而在於對乳癌的認識提高與治療方式的改善。[69]此一辯論已在各方參與下如火如荼展開。[70]美國醫師協會（American College of Physicians）因而建議女性，接受例行性乳房攝影檢查前應諮詢醫師。該團體認為，權衡乳房攝影的利弊時，必須考量出現偽陽性反應（false-positives）的風險。偽陽性反應經常導致女性需要反覆接受檢查、採取切片檢體，因此產生焦慮，且可能破壞身體外觀。至此可知，乳房攝影檢查可能有利有弊，兩相權衡下可謂難分優劣。

　　由於絕大多數腫瘤皆由女性自行發現，提高對正常乳房構造的認識，有助於女性注意到變化，並在必要時及早尋求醫療照顧。**乳房自我檢查**（breast self-examinations，簡稱 BSE）是年過二十歲、三十歲的女性檢查

乳癌的一個選擇。美國癌症協會表示，女性可以不做乳房自我檢查，僅偶爾為之亦無妨。[71]研究顯示，乳房自我檢查在發現乳癌方面的作用並不大，反而在偶然發現乳房腫塊，或是認識個別女性乳房的正常情況上，有較大的作用。（乳房自我檢查的步驟，請參見本書第 136 頁的「就事論事」單元。）曾經隆乳的女性也可以自我檢查乳房，動過隆乳手術的女性應請其執刀醫師協助確認植體的邊緣，如此便能知道自己觸摸時感覺到何物。[72]

有一點必須了解：大多數乳房腫塊（百分之七十五到八十）不會產生癌變，多數會自行消失。出於診斷目的（切片檢查）而動手術切除的腫塊，有百分之八十最後證明為良性，多半與**纖維囊腫**有關（fibrocystic disease，一種常見、通常無害的乳房狀況，根本算不上疾病），或是為纖維腺瘤（fibroadenomas，一種圓形、會移動的增生，亦屬無害，好發於年輕女性）。由於部分良性乳房腫塊可能增加女性罹患乳癌的機會，因此任何乳房腫塊皆必須由健康照護者檢查。

治療　大部分罹患乳癌的女性，會接受某種類型的手術以移除原發腫瘤。需動手術的其他原因，包括了解癌症是否已擴散至手臂下的淋巴結、

圖 3.4　乳癌手術治療的類型

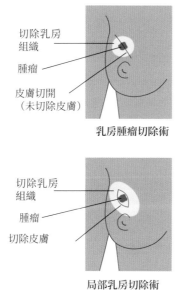

切除乳房組織
腫瘤
皮膚切開（未切除皮膚）

乳房腫瘤切除術

切除乳房組織
腫瘤
切除皮膚

局部乳房切除術

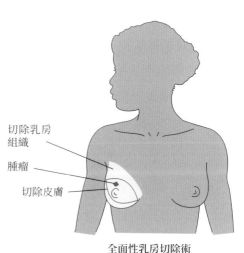

切除乳房組織
腫瘤
切除皮膚

全面性乳房切除術

資料來源：美國癌症協會，引自 www.cancer.org。

乳房自我檢查[73]

乳房腫塊（breast lumps）經常由女性或其性伴侶發現。妳應該熟悉自己乳房平常的外觀與觸感。如此一來，妳將更容易注意到任何變化。

　　某些女性會以乳房自我檢查（breast self-examinations，簡稱 BSE）來了解自己的乳房。如果妳想學習如何自我檢查乳房，可由醫師教妳。乳房自我檢查的最佳時機是月經過後數天，此時妳的乳房既無腫脹，也稱不上柔軟。日常活動中也會發現到腫塊，例如洗澡或性嬉戲時。大多數腫塊並不會癌變，但如有異狀需盡快告知醫師。

乳房自我檢查的三種姿勢

01. 仰躺，右肩膀下墊著枕頭或折疊過的毛巾，將手置於後腦。以左手中間三根手指輕拍的方式，逐一檢查右乳房的每個部分，感覺是否有腫塊、突起、增厚等。以由上而下的直線方式，在乳房上的各個點間游移。以小幅度、圓周式的動作按壓乳房各點。每個點皆以三段式力量按壓：檢查接近表面的乳房組織以小力按壓，檢查皮下組織以中等力按壓，檢查最接近肋骨的組織則用力按壓。變換躺姿，改以右手檢查左乳房，務必以由上而下的直線方式檢查所有區域。

02. 站在鏡子前，將手置於臀部。觀察雙乳的大小、形狀、模樣變化。

03. 站姿，右臂稍微向身側舉高，並以左手檢查腋下。感受腫塊、突起或增厚，如同檢查乳房一般。重複同樣動作檢查另一側的腋下。

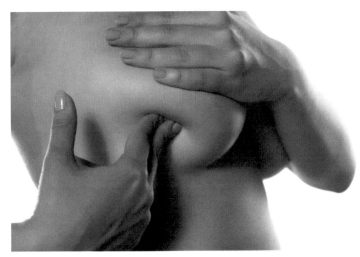

乳房檢查如能採取特定步驟，將更為有效。任何新的症狀應及時告知醫療照護者。

恢復乳房的外觀、緩解晚期癌症的症狀等。美國癌症協會提及的常見乳癌手術包括以下幾種（見圖 3.4）：[74]

- 乳房腫瘤切除術（lumpectomy）。此手術療程僅切除乳房腫塊及其周圍的部分正常組織。
- 局部／區段乳房切除術（partial/segmental mastectomy）。此手術與乳房腫瘤切除術相比，會切除更多乳房組織。
- 單純性／全面性乳房切除術（simple/total mastectomy）。此為全乳房切除手術，但不切除手臂下的淋巴結或乳房底下的肌肉組織。
- 改良型乳癌根除手術（modified radical mastectomy）。此種手術切除整個乳房及手臂下的部分淋巴結，為最常見的乳癌手術。

　　根治性乳房切除術（radical mastectomy）。此種手術完全切除乳房、淋巴結與乳房底下的胸壁肌。由於改良型乳癌根除手術經證明同樣有效，且外觀破壞程度與副作用較小，因此根治性乳房切除術現今極少施作。

　　乳癌手術亦可與化療，荷爾蒙療法、放射療法等其他治療方式搭配。

　　其他治療癌症的方式還有體外放射線（external radiation）治療與化療。女性荷爾蒙（雌激素）會促進乳癌細胞生長，有幾種方式，包括使用諾瓦得士錠（tamoxifen）藥物，可阻斷雌激素的作用或降低其分泌濃度。[75]

　　乳癌的五年存活率差異相當大，取決於諸多因素，包括癌症的分級、癌症細胞上是否存在荷爾蒙受體等。確診為最早期乳癌的患者，其存活率達百分之九十三。隨著確診的癌症期別遞增，存活率則會遞減。[76]

　　治療後的性生活調整　性行為是生活中受到癌症深刻改變的其中一環。罹患乳癌的女性往往擔憂其性認同與性吸引力。[77] 由心理層面觀之，女性乳房的失去可能也象徵著性生活的失去：女性可能感受到心靈創傷，且害怕被拒絕。其伴侶如表示確診罹癌對性關係有負面影響，可能令上述想法更加根深柢固。[78] 除影響女性的身體形象，某些乳癌治療方式亦可能改變荷爾蒙分泌濃度，並影響性趣與性反應。乳房的手術部位周圍受到觸摸，有些女性仍能繼續享受，有些女性則不能，甚至不喜歡未罹癌的乳房部位受到

曾經獲獎的演員克麗絲汀娜・雅柏蓋特（Christina Applegate），經確診罹患乳癌後，便成為乳癌教育與研究的倡導者。

粉紅色絲帶是全球乳癌防治運動的標誌。

觸摸。然而，乳房手術或放射線治療並不會從身體上降低女性的性慾，亦不會降低性交或達到性高潮的能力。許多罹患早期乳癌的女性能在罹癌第一年內即調整好。[79] 如能了解性表達有多種其他方式，實為寶貴之事。女性及其伴侶可以決定怎麼做才能感到滿足與愉悅。女性對其性生活感到自在，可以提升自尊心，提高個人的舒適感，並能更輕鬆應對癌症。

美國癌症協會針對癌症治療後保持健康性生活，提供了幾個建議。[80] 欲了解這些建議，請上 http://cancer.org 網站的「罹癌女性的性生活」（Sexuality for the Woman With Cancer）頁面。

乳房重建與隆乳手術　由於治療乳癌有時需以手術切除乳房，乳房重建（breast reconstruction，如其字面含意，指建造新的乳房）對於許多女性（與關心她們的人）而言，往往是能引發極高興趣的話題。重建乳房的決定涉及諸多問題，女性應該充分了解其程序。舉例而言，撫摸乳房與乳頭時的快感通常會減少，但重建可

> 病人必須與醫師一起對抗疾病。
>
> 希波克拉底（Hippocrates, 460-370 BCE）

對於部分女性而言，選擇乳房重建，是由乳房切除術恢復的一個步驟。

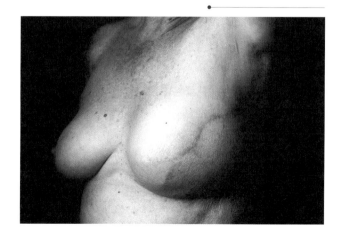

以為女性增添整體感與吸引力。女性對於乳房重建的期待應更為實際──乳房重建並不能解決動手術前即感到不滿意的問題。

❘ 子宮頸癌與子宮頸上皮分化不良

子宮頸上皮分化不良（Cervical Cancer and Cervical Dysplasia），亦稱子宮頸癌前期病變（cervical intraepithelial neoplasia，簡稱 CIN），為子宮頸上皮部位（覆蓋膜）出現的一種病症。此種病症雖然並非癌症，但屬於癌前病變（precancerous condition）。多數病例發生於二十五歲至三十五歲的女性，但任何年齡皆可能出現。[81] 近乎所有子宮頸上皮分化不良或子宮頸癌病例皆由人類乳突病毒（human papillomavirus，簡稱 HPV）引起，此種常見病毒會透過性行為傳播。有數種因素可能增加女性罹患子宮頸上皮分化不良的風險，包括十八歲以前開始性生活、十六歲以前分娩、多重性伴侶、使用免疫系統抑制藥物、吸菸等。如不加以治療，百分之三十到五十的重度子宮頸上皮分化不良病例會導致侵犯性癌症，輕度分化不良的罹癌風險則較低。早期診斷與及時治療可治癒幾乎所有的子宮頸上皮分化不良病例。

更為晚期、更危險的惡性腫瘤是子宮頸的侵犯性癌症（invasive cervical cancer，簡稱 ICC），亦稱子宮頸癌（cervical cancer）。美國癌症協會估計，二○一二年新增的子宮頸癌病例超過一萬二千一百七十起，有四千二百一十名女性死於該疾病。[82] 如前所述，子宮頸癌最大的危險因子來自透過性行為傳染的人類乳突病毒，但大多數帶有人類乳突病毒的女性並不會得到子宮頸癌，因感染通常不需治療即會消失。其他危險因子包括年齡（經確診罹患子宮頸癌的女性，半數年齡在四十八歲以上）、HIV 病毒感染（女性會因此更容易感染人類乳突病毒）、衣原體感染、不良飲食習慣、有多位性伴侶、女性懷孕期間服用己烯雌酚[†]（diethylstilbestrol，簡稱 DES，一種非甾體雌激素類藥物）、性交年齡低、長期使用口服避孕藥物、吸菸、家族病史、低社會經濟地位等。如能早期發現並治療，可防止病情擴散至其他器官，亦得以治癒。出現不尋常的分泌物、出血、點狀出血，或是性交時有疼痛或出血情形，即可能為子宮頸癌的前兆。[83]

[†] 己烯雌酚原本作為安胎藥，因隔代造成卵巢癌的疑慮而停用，目前為前列腺癌的治療藥物或更年期不適使用。──審定註

二○○六年六月，美國食品藥物管理局核可了一種稱為「嘉喜」（Gardasil）的疫苗，每年將可保護成千上萬的女性免受子宮頸癌侵襲。此疫苗為世界首支癌症疫苗，可謂醫學上的一大進步；此疫苗可預防其中四種人類乳突病毒的病毒株引起的感染，亦即最為常見、透過性行為傳染的人類乳突病毒（參見本冊第五章）。疫苗阻擋的其中兩種病毒株可導致百分之七十的子宮頸癌，另外兩種病毒株則會引起百分之九十的生殖器疣。此疫苗亦可預防與陰道、外陰、肛門癌症有關的四種人類乳突病毒株。嘉喜疫苗近來已獲核准，男女皆可接種。疫苗在九歲至二十六歲間接種效果最好，開始有性行為前接種亦較為有效。此疫苗無法保護已遭到感染的患者，因此，公共衛生機關希望女性皆能於第一次性交前接種疫苗。嘉喜疫苗需於六個月期間注射三次，但由於無法防治所有類型的致癌人類乳突病毒，女性仍需接受子宮頸抹片檢查。[84]

檢測：子宮頸抹片檢查　早期發現子宮頸癌最為可靠的方法，為**子宮頸抹片檢查**（Pap test）。檢查程序相當單純，不僅可以檢測癌症，也能發現癌前病變。子宮頸抹片檢查於癌症發生前便能提出警告，且其使用已在美國令子宮頸癌死亡率急劇下降。新型的液態子宮頸抹片，經證明可改善癌症檢測率，並減少需重複檢查的次數。[85]

子宮頸抹片檢查通常於骨盆腔檢查時完成，約需時一分鐘。檢查時，從子宮頸輕輕刮下細胞樣本與黏液，置於顯微鏡下檢查。如發現任何異常，醫師會做進一步的檢查。除非醫師另有建議，否則女性每年皆應接受子宮頸抹片檢查。可惜的是，此種檢查在檢測子宮體癌症方面不甚有效；子宮體癌好發於處於更年期或已停經的女性。

美國癌症協會針對早期發現子宮頸的癌變，提出以下參考原則：[86]

- 子宮頸癌篩檢（檢查）應於二十一歲開始。未滿二十一歲的女性不需接受檢查。
- 年齡介於二十一歲與二十九歲的女性，應每三年進行一次子宮頸抹片檢查。除非抹片檢查結果出現異常，否則此年齡族群無需接受人類乳突病毒檢查。

- 年齡介於三十歲與六十五歲的女性，應每五年接受一次子宮頸抹片檢查與一次人類乳突病毒檢查（稱為合併檢查，co-testing）。此方式為首選，但每三年單獨進行一次子宮頸抹片檢查亦可。

- 六十五歲以上、定期接受子宮頸癌檢查且結果正常的女性，無需再做子宮頸癌檢查。檢查一旦停止，不應再次開始。有嚴重子宮頸癌前病變之病史的女性，確診後應至少持續二十年接受檢查，六十五歲後仍要繼續。

- 因非關子宮頸癌的理由而切除子宮（包括子宮頸）的女性，且無子宮頸癌或嚴重癌前病變之病史者，不需接受檢查。

- 已接種人類乳突病毒疫苗的女性，仍應依照針對其所處年齡群組的建議方式，接受篩檢。部分女性因其病史，接受子宮頸癌篩檢的時間表可能有所不同。[†]

† 此為對於美國讀者的建議，與台灣一般的篩檢時間的間隔不同。——審定註

為使子宮頸抹片檢查更準確，女性不應該於月經期間安排檢查。此外，檢查前的四十八小時不應沖洗陰道、性交或使用衛生棉條、避孕噴霧、凝膠，或其他陰道乳霜、陰道用藥物等。

治療　子宮頸上皮分化不良於早期接受治療的效果相當好。子宮頸抹片檢查如有異常，接下來可能進行**切片檢查**（biopsy），切下部分組織，用於診斷。某些異常狀況會自行消失，因此醫師有時不會立即施行切片檢查，而會於數月內再做一次抹片追蹤檢查。過去引述的英國研究結論亦指出，抹片篩檢異常的女性罹患子宮頸癌的機率僅有八十分之一。[87] 延遲治療有一定的風險，子宮頸如顯示出可見的異常跡象時，應立即接受切片檢查，有時則需進行子宮頸椎狀切除（conization），由子宮頸中心處切除一塊圓錐狀的組織，為費時、需要住院的手術。[‡] 依照子宮頸分化不良的嚴重程度，以及是否已進展至癌症，有從電烙術（electrocauterization）、冷凍手術（cryosurgery）到雷射手術、放射線治療、子宮切除術（hysterectomy）等其他治療方式可供選擇。最早期的子宮頸癌，其五年存活率為百分之九十三；所有期別合併觀之，存活率則各有不同，取決於多項因素。[88]

‡ 此一手術在台灣屬於門診手術，不需住院。——審定註

| 卵巢癌

卵巢癌（Ovarian Cancer）是女性最常見的第九大癌症（皮膚癌除

外），亦名列女性癌症死亡原因的第五位。美國癌症協會估計，二〇一二年美國約新增二萬二千二百八十件卵巢癌病例，約一萬五千五百例將因此疾病而死亡。[89]白人女性與非裔美籍女性相較，罹患卵巢癌的情形略顯常見。女性一生中得到卵巢癌的可能性，約為七十一分之一，罹患卵巢癌並死亡的風險為九十五分之一。研究證據顯示，懷孕、餵哺母乳、輸卵管結紮（tubal ligation）或子宮切除，以及使用口服避孕藥物時，罹患卵巢癌的風險較低，原因或許在於上述各項因素皆能令女性暫緩排卵，並緩解卵巢內發生的荷爾蒙波動。近期研究發現，女性使用任何類型的避孕法，包括避孕藥、子宮內避孕法、屏蔽避孕法、女性輸卵管結紮、男性輸精管結紮等，罹患卵巢癌的風險可降低百分之四十至六十五。[90]問題依然相同：為何罹癌？如何治療？

增加罹癌風險的因素包括年齡（卵巢癌約有一半發生於六十歲以上的女性）、使用排卵藥物可洛米分（clomiphene citrate）、月經頻率增加、卵巢癌家族病史、未曾生子、接受雌激素替代療法（estrogen replacement therapy）、吸菸與酒精使用、罹患乳癌、肥胖、不良飲食習慣等。卵巢癌不易診斷出來，因為早期沒有症狀，且通常無法經由子宮頸抹片檢查發現。診斷會透過骨盆腔檢查、針吸術（needle aspiration，取出流體檢體）或切片檢查完成。治療方式為腫瘤與卵巢的切除手術，隨後往往接續放射線治療或是化療。卵巢癌的追蹤照護尤為重要。卵巢癌如果發現得早，存活機會將大大提高。如能在卵巢癌由卵巢向外擴散前發現並治療，有百分之九十三的女性病患至少可以存活五年，但僅有百分之二十的卵巢癌能在此階段發現。[91]

｜ 子宮（子宮內膜）癌

根據估計，二〇一二年約有四萬七千餘起子宮癌（Uterine/Endometrial Cancer）新增病例，美國有八千零一十名女性死於該疾病。超過百分之九十五的子宮癌涉及子宮內膜。某部分女性發生子宮內膜癌的風險較高，包括美裔人士，以及曾暴露於高能量（游離）輻射者。肥胖、某些類型的更年期荷爾蒙補充療法、乳癌的荷爾蒙療法、不孕症、糖尿病、十二歲以前

出現月經、更年期於五十二歲以後到來等，皆為子宮內膜癌的風險因素。[92]

▎ 子宮切除術

移除子宮的外科手術稱為**子宮切除術**（Hysterectomy）。子宮切除術是占育齡期女性接受的手術方式第二高者，每年約有六十萬例。年齡介於四十歲到四十四歲的女性，接受子宮切除術的比率最高。美國有超過四分之一的女性於六十歲前接受子宮切除手術。[93]單純性的子宮切除術會切除子宮，陰道則保持完整；根除性的子宮切除術會切除陰道上部與鄰近組織。除非有其他醫學上的理由，否則不會切除卵巢與輸卵管。[94]某些情況下有必要施行子宮切除術：（1）出現癌症或癌前病變增生，且無法用其他方法治療時、（2）子宮產生過大的非癌性增生，以致干擾其他器官功能（如膀胱或腸道功能），或是造成疼痛或壓力時、（3）出血情形太過嚴重無法控制時，或導致貧血時，與／或（4）發生嚴重感染，且無法以任何其他方式控制時。如果醫生建議施行子宮切除術，女性應尋求第二位醫師的意見。子宮切除術會以手術方式，經由陰道切除子宮，或是經由開腹完成切除。儘管美國的趨勢是以開腹方式進行大部分的子宮切除術，但美國婦科腹腔鏡醫師學會（American Academy of Gynecological Laparoscopists）發表的一項最新聲明中，建議可採用將侵入性降至最小的手術方式，如陰道子宮切除術（vaginal hysterectomy）或腹腔鏡子宮切除術（laparoscopic hysterectomy）皆為良性子宮疾病的手術選擇。[95]另外，如出現子宮內膜異位、囊腫或腫瘤等情形，則可能需要進行**卵巢切除術**（oophorectomy），切除一邊或兩邊卵巢。停經前的女性如果兩邊卵巢皆被切除，需要開始接受荷爾蒙補充療法，以控制雌激素缺乏引起的症狀。

卵巢切除可能導致性慾下降，因為睪固酮（性驅力激素）主要由此處製造。此外，缺乏卵巢雌激素可能引起更年期症狀，如陰道乾燥、陰道壁變薄等。單單接受子宮切除術不太可能導致性功能問題。事實上，根除性的子宮切除術並不會改變女性感受性愉悅的能力；女性不需要有子宮或子宮頸才能達到性高潮。然而一項研究發現，曾接受子宮切除術的女性，其性功能與身體自尊（body esteem）、交往關係的品質呈現高度相關。[96]子宮

切除術後的治療與自助團體參與，對於希望改善性生活質量與交往關係的患者而言，相當有幫助。

｜ 陰道癌

陰道癌（Vaginal Cancer）屬於罕見癌症，約只占女性生殖系統癌症的百分之二至三。美國癌症協會估計，二〇一二年美國約新增二千六百八十件陰道癌病例，約有八百四十名女性死於此種癌症。[97] 雖然大部分陰道癌的確切病因尚不清楚，但已然確認的危險因子包括年齡（近乎一半病例發生於七十歲以上女性）、女性懷孕時使用己烯雌酚、人類乳突病毒感染、過去曾罹患的子宮頸癌、吸菸等。陰道癌症狀包括異常陰道出血與分泌物、出現可觸摸感覺到的腫塊、性交時感到疼痛等。治療的選項，依癌症類型與確診時的期別而定，包括手術、放射線治療等，病情已屆晚期時則以化療合併放射線治療。結合所有陰道癌病例來看，其五年存活率為百分之七十二。可於根治性陰道癌手術後修復陰道的新型手術，目前正在發展中。[98]

■ 男性與癌症

一般而言，男性開始出現癌症症狀時，定期接受檢查與尋求協助的可能性較女性為低。在罹患生殖器官癌症的狀況下，此種傾向可能導致不幸的後果，因為早期發現往往代表生與死之間的差異。男性應多注意自己的生殖器與泌尿器官狀況。

｜ 攝護腺癌

攝護腺癌（Prostate Cancer）是最常見於美國男性的癌症（皮膚癌除外），確診罹癌的男性死亡病例數高居第二（第一為肺癌）。美國癌症協會估計，二〇一二年美國約新增二十四萬一千七百四十件攝護腺癌病例，死亡人數約為二萬八千一百七十人。[99] 攝護腺癌的年發病率與死亡率雖持續下降中，但仍有約百分之十的男性癌症相關死亡病例來自攝護腺癌。男性一生中罹患攝護腺癌的機率為六分之一，但死亡機率僅有三十六分之一。美國能夠存活的攝護腺癌患者超過二百萬人。

　　攝護腺癌的危險因子包括老化、家族病史、非裔美籍族群、高脂肪飲食、肥胖、國籍等。攝護腺癌在北美與西北歐較為常見，亞洲、非洲、中南美洲則較不常見。出於未知原因，非裔美國男性較容易罹患攝護腺癌，發現時期別較晚，且死亡率高於其他種族男性。亞裔、西班牙裔／拉丁裔美國男性罹患攝護腺癌的機率，則低於非西班牙裔白人男性。約有三分之二的攝護腺癌出現於六十五歲以上男性。部分研究指出，睪固酮的分泌濃度高，可能增加男性罹患攝護腺癌的機會。近期研究則證實，接受輸精管切開術的男性，其罹癌風險並未增加。[100]

　　部分研究人員持續嘗試找出攝護腺癌風險與射精頻率之間的關聯。美國國家癌症研究所（National Cancer Institute）一項針對二萬九千三百四十二人進行的縱向追蹤研究顯示，高射精頻率（每個月射精超過二十一次）與罹患攝護腺癌風險降低有關。一生中每週固定增加三次射精，可降低百分之十五的攝護腺癌風險。該研究亦發現，射精頻率與罹患攝護腺癌的風險增加無關，[101] 如射精頻率較低時，不會增加罹癌風險。有趣的是，高射精頻率實際上可能降低攝護腺液中的致癌物質濃度。然而，頻繁射精可導致精子數量降低（但與精子活力或形態無關）；此為男性不孕的其中一項因素。[102]

　　檢測　多種症狀皆可能指向攝護腺癌；此癌症發展進程緩慢，但症狀往往不會出現或數年皆未曾出現。雖然出現下列症狀不見得代表罹癌，更可能為攝護腺肥大（prostatic enlargement）或良性腫瘤，但仍不可輕忽。等到攝護腺癌確實出現時，可能已擴散至攝護腺以外。症狀確實出現時，可能包括：

- 解尿無力或中斷
- 剛開始排尿時，無法排尿或排尿困難
- 憋尿困難
- 頻尿，尤其夜間時段；尿床
- 排尿時不容易止住
- 排尿時疼痛或灼熱

- 勃起困難
- 射精時感覺疼痛
- 尿液或精液帶血
- 下背部、骨盆或大腿上部持續疼痛

有一點必須注意：其他疾病或問題亦可能導致上述症狀。[103]

已經更新的美國癌症協會參考原則中，建議醫師應停止提供直腸指診（digital rectal examination，簡稱 DRE），因為此種檢查並無明顯好處，儘管依舊可為選項。[104] 一種稱為**攝護腺特異性抗原檢查**（prostate-specific antigen test，簡稱 PSA 檢查）的血液檢驗，可用於協助診斷攝護腺癌，雖然研究顯示攝護腺特異性抗原檢查會造成新的困境，部分原因在於男性出現所謂**攝護腺增生**（prostatic hyperplasia，指攝護腺擴大並阻擋尿液流動）的良性病症時，其攝護腺特異性抗原檢查水平也會升高。此外，**攝護腺特異性抗原檢查**無法區分侵襲性與較輕微的疾病形式。超音波常於攝護腺特異性抗原檢查後用來追蹤情況，檢測觸診察覺不出的過小硬塊。對疑似為腫塊的部位施行針刺切片檢查（needle biopsy），可斷定細胞為良性或惡性。合併接受直腸指診與攝護腺特異性抗原檢查，比接受單項檢查更能發現攝護腺癌。

部分研究證實，許多（或許大部分）於篩檢時發現的腫瘤，由於過小且增長緩慢，因此不太可能對病患造成傷害。攝護腺癌經數年時間仍進展緩慢，且大多數病例並不危及生命。更有研究顯示，發現危險腫瘤時，定期接受篩檢的男性與出現症狀才就醫的男性，兩者死亡率通常相同。然而，如果年輕男性罹患攝護腺癌，如未早期發現，可能縮短其壽命。對於老年男性或健康不佳的男性而言，攝護腺癌或許不會構成嚴重問題，因為往往進展相當緩慢。

美國癌症協會建議，男性應有機會了解攝護腺癌篩檢的風險與好處，並藉此作出明智的決定。具有罹患攝護腺癌平均風險的男性，應於五十歲時開始諮詢其健康照護者。高風險男性族群，如非裔美國男性，以及父親

或兄弟曾於六十五歲前確診罹患攝護腺癌者，應於四十五歲開始就診。年紀較輕的男性不需接受篩檢，除非對此已知情。[105]

治療　百分之九十一的攝護腺癌被發現時，仍在攝護腺內或其鄰近部位，此種狀況下的五年存活率近乎百分之百。所有期別與階段的攝護腺癌中，確診為攝護腺癌的男性中約有百分之九十九能夠存活至少五年，百分之九十二能夠存活至少十年，百分之六十一至少能存活十五年。男性罹患的攝護腺癌如局限於原發部位，其五年與十年存活率與未曾罹患攝護腺癌的男性近乎相同。百分之十發現時癌症已蔓延至身體其他部位的男性，五年的存活率為百分之三十一。[106]

依攝護腺癌期別而定，治療方式可包含手術、荷爾蒙治療、放射線治療、化療等。如果癌症並未擴散至攝護腺以外，則以手術切除全部或部分腺體。根治性手術的治癒率很高，但經常導致失禁與勃起困難。有一種不需切除攝護腺的替代方案稱為「警覺式等待法」（watchful waiting），確診罹癌後不採取手術或放射線治療等任何治療手段，而是由醫師密切追蹤病情，確認腫瘤是否開始增生與發展。由於攝護腺癌往往蔓延速度緩慢，有些男性可能永遠不需要治療。採取警覺式等待法的先決條件在於，癌症需局限於攝護腺內，且病情進展緩慢，如此才不至於造成男性，尤其老年男性的終身健康問題。由此可知，警覺式等待法的最佳施行對象為年長的男性，而且他們的腫瘤很小，發展緩慢。一項針對九百名罹患早期攝護腺癌的老年男性進行之研究發現，觀察病情而不立即治療，並不會令患者深陷巨大風險。[107]

對於曾接受攝護腺癌手術的男性而言，縝密的性行為諮詢應成為治療的必要一環。美國癌症協會也建議，手術後出現勃起困難的男性，可使用威而鋼、樂威壯（Levitra）、Stendra、犀利士（Cialis）等幫助勃起的藥物。[108]然而，如果重要的神經於手術時遭切除或損傷，上述藥物將起不了作用。此外，仍有能力自行勃起的部分男性，可能出現逆行性射精（retrograde ejaculation，請參見第一冊第四章），且因精液不會通過尿道排出而無法生育。

（在九十一歲的高齡，見到一名妙齡女子時）噢，彷彿又回到了七十歲。

老奧利弗・溫德爾・霍姆斯（Oliver Wendell Holmes, Sr., 1809-1894）

　　由於攝護腺癌的確切病因仍屬未知，因此多半無法預防，但某些情況下則有預防的可能。美國癌症協會建議少吃紅肉與脂肪，多攝取蔬菜、水果與全麥食品，如此亦可降低其他類型癌症與疾病的風險。[109] 近期的研究發現，男性如服用波斯卡（Proscar，或稱保列治）或適尿通（Avodart）等藥物，其罹患攝護腺癌的可能性較服用安慰劑的男性少百分之二十五。然而，服用上述藥物的男性如確診罹患攝護腺癌，癌症較有可能增生與擴散。此外，服用上述藥物的男性，較有可能出現心臟問題、性慾降低、勃起困難等。[110] 美國癌症協會建議，男性如考慮服用上述藥物以求降低攝護腺罹癌風險，應與其醫師討論。[111]

｜ 睪丸癌

　　美國癌症協會指出，二〇一二年估計約有八千五百九十件新增睪丸癌（Testicular Cancer）確診病例，死亡人數預估約三百六十人。[112] 男性一生中產生睪丸癌的機會約為三百分之一。由於治療方式的發展成效卓著，死於此種癌症的風險為五千分之一。睪丸癌的確切病因在大多數情況下無法斷定，但危險因子包括年齡（十例中有九例發生於二十歲至五十四歲間的男性）、隱睪症（undescended testicles）、睪丸癌家族病史、HIV 病毒感染、另一側睪丸曾罹癌、族群等。其中一側睪丸曾罹癌的男性，另一側睪丸出現癌症的機率為百分之三，通常為初發癌症。在美國人中出現睪丸癌的風險，白人男性為非裔美國男性的五倍，亦為亞裔與印第安男性的三倍以上。西班牙裔男性罹患睪丸癌的風險，則在亞裔與非西班牙裔白人之間。[113]

　　檢測　大部分的睪丸癌病例可於早期發現。睪丸癌首先出現的跡象，通常為無痛性腫塊或輕度腫大，以及睪丸觸感的改變。睪丸癌的病例中，有百分之九十的男性會出現睪丸腫塊，或注意到睪丸腫脹。某些類型的睪丸癌直至晚期才出現症狀。雖然睪丸上生長的腫瘤一般為無痛性，但下腹部與腹股溝處往往會隱隱作痛，伴隨睪丸的垂墜感與沉重感。如果腫瘤增長迅速，睪丸可能出現嚴重疼痛。由於睪丸癌早期缺乏症狀與疼痛，男性發現睪丸稍微增大後，往往又經過數月才就醫。

睪丸自我檢查[114]

　　部分醫生認為，男性若每個月進行睪丸自我檢查，可增加早期發現癌症的機會。了解自己的睪丸在正常狀態下的觸感相當重要，如此一來才能發現到任何變化。自我檢查的最佳時段，為溫水淋浴或泡澡之後，陰囊皮膚放鬆時。

01. 站在鏡子前，尋找陰囊上的任何腫脹處。

02. 握住陰莖並將其向外移開，分別檢查兩邊睪丸。拇指置於睪丸頂部，另兩指置於睪丸底下，輕柔滾動睪丸，檢查是否有腫塊或特別硬的區塊。正常的睪丸表面平滑、呈橢圓形，且觸感一致。兩邊睪丸大小不一毋須擔心，此為常見現象。另外，位於睪丸後方的附睪（epididymis），為攜帶精子的管狀器官，不可將其誤認為異常。

03. 如發現任何硬塊或結節、任何形狀、大小、質地上的變化、陰囊中有突發性液體積聚、下腹部隱隱作痛、睪丸或陰囊疼痛等情形，請詢問醫師。上述跡象不見得代表有惡性腫瘤，但只有醫師才能做出診斷。

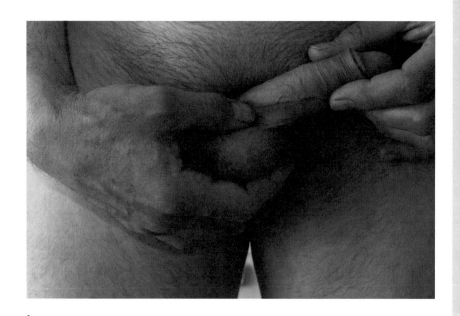

睪丸自我檢查可以提高男性對其生殖器的熟悉程度。

藍斯．阿姆斯壯的成就，彰顯出睪丸癌治療的高成功率。接受睪丸癌治療後，他連續七年贏得環法自行車賽冠軍，打破賽史紀錄。

　　男性的睪丸檢查為一般性身體檢查的重要一環，美國癌症協會更將睪丸檢查列為例行性癌症相關檢查的建議項目，然而男性是否應該定期進行睪丸自我檢查，目前仍然未有定論。美國癌症協會認為，必須使男性意識到睪丸癌的存在，並提醒他們任何睪丸腫塊皆應立即由醫師評估。部分醫師建議，所有男性皆應於青春期過後，每月施行睪丸自我檢查。美國癌症協會表示，以具有罹患睪丸癌平均風險的男性而論，目前並無醫學證據指出每月進行自我檢查的效果，會比單純意識病情、及時就醫更佳，但是否進行該檢查仍以個人決定最為合適。具有某些危險因子的男性，如曾罹患睪丸癌或有家族病史，應該考慮每個月自我檢查，並就此問題與醫師討論。超音波與血液檢查有時亦可當作診斷睪丸癌的工具。

　　治療　睪丸癌屬於治療可行性高的癌症類型。三種主要治療方式為手術、放射線治療、化療。罹癌的睪丸一經切除，即可於陰囊中裝入人工睪丸，接下來則開始放射線治療或化療。睪丸癌治療成功的一大顯例，為成就卓著的運動員——藍斯．阿姆斯壯（Lance Armstrong）。接受睪丸癌治療後，他在環法自行車賽的奪冠次數勇冠群雄，一九九九年至二〇〇五年間連續七年奪冠，打破賽史紀錄。

雖然所有類型的睪丸癌皆有非常高的治癒率（只要病情尚未廣泛轉移），罹癌男性的生育力卻往往成為主要的疑慮。不過體外人工受精（in vitro fertilization，簡稱 IVF）等輔助生殖方式的進展，使得睪丸癌存活者即使精子數量極低，亦有成為人父的可能。某些情況下，如其他懷孕選項皆失敗時，由睪丸切片組織（biopsy specimen）中取出的精細胞，亦可能成功受孕。[115]

| 陰莖癌

在美國，每十萬名男性中僅有一人罹患陰莖癌（Penile Cancer），且佔美國男性癌症病例的比例不及百分之一。美國癌症協會估計，二〇一二年美國約有一千五百七十件陰莖癌新增病例，約三百一十人因此死亡。[116] 陰莖癌在北美與歐洲相當罕見，非洲與南美洲部分地區則較為常見，占男性癌症病例的比例達到百分之十。陰莖癌的風險因子包括人類乳突病毒感染、吸菸、罹患愛滋病、正以紫外線與一種稱為補骨脂素（psoralen）的藥物治療牛皮癬（psoriasis），以及年齡（近三分之二的確診病例為六十五歲以上男性）。出於尚未完全釐清的原因，嬰兒時即接受包皮環割的男性，罹患陰莖癌的機會較其他人低百分之五十。長大成人後才割包皮的男性，罹患陰莖癌的風險並不會降低。美國兒科學會認為，要以醫療目的為由建議新生兒接受包皮環割，目前證據尚嫌不足。割包皮屬於非常個人的決定，往往更容易受到宗教、文化、族群傳統等影響。[117]

許多陰莖癌病例可以早期發現。男性應警覺到陰莖的異常增生，抑或其他陰莖異常情況。如果出現上述變化，男性應及時詢問醫師。治療方式包括手術、放射線治療與化療。早期陰莖癌多半可透過較小規模的手術完全根治，對陰莖不會造成太大傷害，甚至完全不傷陰莖。切除全部或部分陰莖屬於罕見病例，僅有晚期陰莖癌會作此處治。成年男性可透過避免會增加罹癌風險的已知因素，以降低陰莖癌罹癌風險。

| 男性乳癌

男性乳癌（Male Breast Cancer）個案為女性乳癌的百分之一，男性終其一生罹患乳癌的風險為千分之一。然而根據估計，二〇一二年美國約

有二千一百九十件男性乳癌新增確診病例，約有四百一十人死亡。[118]男性的乳房疾患與女性的相同，多半為良性。已知的風險因子包括老化（確診平均年齡約為六十七歲）、家族中男女性血親的乳癌病史、重度酒精使用、BRCA2 基因突變遺傳（此突變導致部分女性罹患乳癌）、克氏症候群（Klinefelter's syndrome）、輻射照射、肝臟疾病、身體不活動、肥胖、雌激素治療（如為治療攝護腺癌）等。男性乳癌的可能症狀包括乳房腫塊或腫大、皮膚凹陷或起皺紋、乳頭內凹（向內縮）、乳頭或乳房皮膚發紅或剝落、乳頭分泌物（discharge）等。診斷方式包含臨床乳房檢查、乳房攝影檢查、超音波檢查、乳頭分泌物檢查、切片檢查等。男性乳癌的治療方式有手術、放射線治療、化療等。男性乳癌如能及早發現，存活率非常高。男性與女性乳癌的各期別存活率大致相同。[119]

■　男性與女性肛門癌

雖然肛門癌的病例數多年來不斷增加，但此種癌症並非常見。美國癌症協會估計，二○一二年肛門癌的新增確診病例約有六千二百三十起，約七百八十人死亡。女性罹患肛門癌的機率略較男性高。[120]肛門癌罹癌率增加的可能原因，在於肛門性交行為更為普遍，以及人類乳突病毒感染的高盛行率。[121]另外，肛門癌的風險因子包括終生擁有多名性伴侶、曾為肛門性交時的接受方（尤其三十歲以前）、HIV 病毒感染、吸菸等。肛門部位疼痛、糞便直徑改變、肛門異常分泌物、肛門與腹股溝淋巴結腫大等，皆為肛門癌的主要症狀。一半以上的肛門癌病例會出血，且通常為罹病的首要徵兆。用於檢查攝護腺癌的直腸指診，可發現部分直腸癌病例。肛門癌如同許多其他癌症，以手術、放射線治療、化療為主要治療方法。[122]由於絕大部分肛門癌與人類乳突病毒有關，保險套將能提供部分病毒防護。美國食品藥物管理局近來已核准嘉喜疫苗，提供九至二十六歲男性與九歲至四十五歲女性接種，以預防肛門與生殖器疣，以及肛門、外陰、陰道、子宮頸癌及其癌前病變。[123]

女性生殖器切割：殘虐行為或重要習俗？

在近二十五個非洲國家、亞洲部分地區、中東地區，以及北美與歐洲部分移民社群中，女嬰、女孩或年輕女性可能接受女性生殖器切割（female genital cutting，簡稱 FGC）。根據估計，世界上約有一億至一億四千萬的女孩與女性曾接受女性生殖器切割，每年約三百萬人，亦即每日約六千人。一九七〇年代後期，世界衛生組織等數個國際組織開始以「女性生殖器殘割」（female genital mutilation）一詞指稱此一行為，強調該行為侵犯了女童與女性人權；聯合國兒童基金會（United Nations Children's Fund）與聯合國人口基金（United Nations Population Fund）則使用較不具價值評判的字眼：「女性生殖器殘割／切割」。[124] 此處為求討論方便，亦使用較不具評判的「女性生殖器切割」一詞。

其中一種女性生殖器切割方式為陰蒂切除（clitoridectomy），或稱女性割禮（female circumcision），指切開或割除整個陰蒂，並切除部分或全部陰唇，外陰或陰道口的兩側可能遭到縫合（此一過程稱為陰部縫合，infibulation），只留有一道供尿液與經血通過的小口。上述手術通常在衛生條件不佳的狀況下施行，使用刀子、剃刀，甚至錫罐蓋或碎玻璃片，且沒有醫療麻醉；術後可能塗抹抗菌藥粉或混合配方藥膏。女性生殖器切割在健康方面並無已知的益處；相反地，這種令人痛不欲生的手術，其影響包括出血、感染、不孕、留疤、無法享受性生活，以及並不算罕見的死亡。婚後的年輕女性，陰道由於陰莖進入導致皮肉撕裂而重新打開，可能出現相當程度的疼痛與出血。分娩時，舊傷口必須動手術重新打開，否則將導致撕裂。曾接受生殖器切割的女性及其嬰兒，較有可能於分娩時死亡。[125]

此種主要流傳於非洲的習俗，外人往往難以理解。為何慈愛的父母會允許其毫無防備的女兒受到如此待遇，甚至會在手術過程中壓住她？與許多其他習俗相同（包括男性的包皮環割），答案是「傳統」。施行女性生殖器切割手術有數個原因，例如可藉此控制女性的性生活；對於許多女性而言，生殖器切割確實影響了性方面的歡愉。然而，一項針對一千八百三十六名奈及利亞女性進行的研究發現，曾接受與未接受生殖器切割的女性相較，性行為與性高潮的頻率並無差異。[126]

減少女性生殖器切割的運動已在全世界取得進展，例如目前已有十七個非洲國家禁止該行為。然而，固有的習俗很難改變，許多地方仍奉行不輟。二〇〇八年，十個聯合國機構提出呼籲，希望在一個世代以內消滅全球的女性生殖器切割行為，

並能在二〇一五年時大幅減少。[127]

批判性思考

01. 女性生殖器切割行為應該完全在世界上消失，或是允許將其列為重要習俗的國家繼續施行？

02. 女性生殖器切割與女性生殖器殘割，哪一個用詞較好？為什麼？

03. 女性生殖器切割是否侵犯女孩與女性的人權？如果是，在哪些方面？如果否，為什麼？

女性生殖器切割常見於許多非洲、亞洲、中東國家。

其他性的健康問題

　　本節將討論兩種女性生殖系統疾患：毒性休克症候群與子宮內膜異位，以及其他性方面的健康問題。性感染疾病及其相關問題，將於本冊第五章與第六章中探討。

■　毒性休克症候群

　　毒性休克症候群（toxic shock syndrome，簡稱 TSS）為一種常見感染原──金黃色葡萄球菌（Staphylococcus aureus）引起之病症。此種細菌一般存在於體內，通常不構成威脅。衛生棉條（尤其超強吸收型）或月經期間阻塞陰道或子宮頸的其他用品，顯然可為金黃色葡萄球菌創造理想的培養環境，導致其過度滋生。各年齡階段的女性皆可能罹患毒性休克症候群，但三十歲以下女性的罹病風險更高，原因在於尚未產生該疾病的抗體。毒性休克症候群亦可能發生於男性，如由皮膚傷口與手術引起，但並不常見。

　　罹患毒性休克症候群的風險相當低，經過一九七〇年代晚期至一九八〇年代早期的初發流行，通報病例數已有明顯下降。現根據估計，每十萬名有月經的女性中約有三至四例。[128] 專家建議所有使用衛生棉條的女性，應小心依指示置入棉條，選用吸收力最低的棉條類型，提高棉條更換頻率，並減少規律使用棉條，以降低原本已相當低的罹病風險。[129]

　　一經發現罹患毒性休克症候群，即可有效治療。罹病的警兆為突發高燒（39°C 或更高）、腹瀉、嘔吐、昏厥或站起時近乎昏厥，與／或出現曬傷般的皮疹。早期發現至關重要，否則毒性休克症候群可能危及生命。女性應諮詢其衛生保健提供者，了解預防方面的新資訊。

■　外陰疼痛

　　有一種甚少受到大眾關注、鮮少有醫師討論的病症，稱為**外陰疼痛**（vulvodynia），指無明確原因的慢性外陰疼痛。[130] 外陰疼痛時常遭到誤診，其疼痛更經常久治不癒，產生嚴重灼熱感，且可能阻礙女性在性生活

上保持活躍。產生疼痛的位置、持續性、嚴重程度因人而異，某些女性僅會在外陰的一個區域出現疼痛，有些人則會在多處出現疼痛。生殖器區域有疼痛感的女性，應向其醫師諮詢，並考慮要求轉介至婦科醫師或皮膚科醫師。外陰疼痛目前仍無法可根治；部分或完全緩解症狀的治療方式，包括骨盆腔肌肉療法（pelvic muscle therapy）、心理治療、疼痛控制法等，但現時並無任何一種治療方式必定有效，抑或對於每位女性皆最為適用。

■　子宮內膜異位

子宮內膜異位（endometriosis）為最常見的一種婦科疾病，至少五百五十萬名美國女性罹患，十位生育年齡女性中有一位受其影響。[131] 子宮內膜異位乃因子宮內膜的組織（子宮內壁，uterine lining）向外增生，進入子宮周圍器官而引起。子宮內膜異位可能影響任何有月經的女性，月經初潮至更年期來臨間皆可能發生，與曾經生產與否、種族／族群、社會經濟地位皆無關。子宮內膜異位的確切原因仍尚未辨明。患有子宮內膜異位的女性中，約有百分之三十至四十不孕，成為女性不孕的三大原因之一。

子宮內膜異位的症狀包括疼痛（通常為骨盆腔疼痛，可能非常強烈）、非常痛苦的痙攣或經痛、月經過多（heavy periods）、腸道疼痛、性行為期間或之後產生疼痛、無法受孕等。部分女性不會出現症狀，且可能直到懷孕出現問題才發現罹患此種疾病。子宮內膜異位的診斷，通常透過影像學檢查（imaging tests，如超音波造影）產生身體內部的圖像，抑或透過腹腔鏡檢查（laparoscopic examination）。如疑似罹患子宮內膜異位，立即治療至關重要。子宮內膜異位目前尚無法可治，但有將其症狀減至最輕的方法，且由此疾病引起的生育能力問題，往往可透過荷爾蒙療法與手術成功治療。[132]

■　女同性戀的健康問題

專以女同性戀為對象的研究，直至一九五〇年代才開始。女同性戀的性傾向之起源及其心理運作，隨之成為主要研究課題。一九七〇年代期間，

開始有研究將女同性戀視為心理健康之人，一九八〇年代更有部分研究探
討了女同性戀終其一生的發展。[133]研究發現，女同性戀罹患子宮、乳房、
子宮頸、子宮內膜、卵巢等部位癌症的風險，可能較其他女性高，原因在
於她們較無可能懷胎生子，且酒精使用、肥胖、營養不良比率較高，亦較
不會前往醫療保健提供者處，接受子宮頸抹片等例行檢查。此外，如本冊
第五章的討論內容所示，有多種異性戀女性罹患的性感染疾病，部分同性
戀女性也有相同罹病風險。[134]

　　除了女性共通的許多醫療問題外，女同性戀還面臨其他挑戰。舉例
而言，女同性戀求醫時，會遭遇帶有偏見與歧視的對待：[135]第一，對方可
能假設其為異性戀，導致出現不恰當的問題、意見或療程，更排除適當的
醫療措施；第二，如果女同性戀公開性傾向，可能遭受帶有敵意的對待；
第三，對於女同性戀罹患性感染疾病與某些類型癌症的風險意識較低，減
少了早期發現與治療的機會。此外，因同性伴侶不納保而缺少健康保險的
保障，往往延誤就醫的適當時機。[136]由於上述的遭遇，同性戀女性尋求醫
療照護的可能性，因此較異性戀女性為低。除此之外，研究也顯示，同性
戀與雙性戀女性近期從事預防性健康行為的比率，低於全美國女性比率甚
多。[137]

■　攝護腺炎

　　許多男性的性健康問題皆與性感染疾病有關。有一種影響男性，但並
非性感染疾病的疾病，稱為攝護腺炎（prostatitis），指攝護腺出現發炎情
形。研究人員估計，約有百分之十至十二的男性會出現類似攝護腺炎的症
狀。[138]男性較易於年輕時罹患攝護腺炎，甚至四十歲前皆有可能。[139]

　　攝護腺炎通常由大腸中的細菌引起。急性攝護腺炎最常原發自攝護腺，
但偶爾亦會經由膀胱或尿道感染擴大而引起。感染 HIV 病毒的男性罹患細
菌性攝護腺炎的風險較大，但原因目前尚不清楚。攝護腺炎的症狀包括頻
繁、急切的排尿需求，排尿時感到疼痛或灼熱，且常伴隨骨盆腔、腹股溝
或下背部疼痛。攝護腺炎可能難以確診，因其症狀常與膀胱感染、膀胱癌、

攝護腺腫大等病症相似。目前並無證據表明攝護腺炎會增加罹患攝護腺癌的風險。直腸指診與尿液、精液檢查可用於診斷攝護腺炎；主要治療方式為抗生素與止痛藥治療，急性攝護腺炎可能需短暫住院。

攝護腺炎可能影響生育能力，因為會阻礙精細胞的活動，且可能影響射精。然而，患有攝護腺炎的男性不必然需要避免性交。攝護腺炎的病情通常不會因為性活動而加重，但患者在射精或性交時，有時會感到疼痛。如果太過疼痛，男性可能需考慮避免性行為，直至攝護腺炎症狀有所改善。[140]

結 語

本章由自我形象、身體形象出發，探究此二概念與社會上的美感與性方面觀念產生交互作用時出現的議題。接著本章探討了酒精與某些藥物對性生活的影響，最後則了解身體限制、身心障礙、癌症及其他健康方面的議題。本章的初衷在於向讀者提供資訊，協助讀者解決個人健康問題，並激發讀者思考社會如何應對性健康的某些層面。我們鼓勵讀者多了解自己的身體與性功能運作。如果事情進展不順利，如果感覺不舒服，或是未得到滿足，請諮詢醫師或其他醫療從業人員。如果諮詢後仍不滿意，可尋求第二意見。請透過閱讀，了解適用於自己與親近之人的健康議題。我們活在自己的身體裡面，所以要欣賞、尊重身體。在身體與心理上照顧好自己，我們才能在性與生活中得到最大的快樂。

摘 要

活在身體裡：追求完美體態

■ 我們的社會注重身體的完美。因此，飲食疾患漸趨常見，年輕女性當中尤為如此。飲食疾患有損健康、降低活力；飲食疾患行為往往不會顯露於外在；飲食疾患會伴隨執迷、憂鬱、焦慮、罪惡感等情緒；飲食疾患令人只關注自己、情緒不穩；飲食疾患之典型表現為缺乏控制感。

■ 神經性厭食症的典型表現是完全受制於對纖瘦體態的渴望。厭食症患者通常為女性青少年，無論她們實際上多瘦，都認定自己的體型過大。性功能困難常伴隨厭食症而生。厭食症患者執著於節食（與多運動）。厭食症可能危及生命。

■ 神經性貪食症的典型表現為不受控制的過度飲食（暴食）後，再以清除行為（嘔吐、節食、過度運動、服用瀉藥或利尿劑等）加以抵銷。

■ 暴食症與貪食症相似，差別僅在於沒有清除行為。

■ 使用蛋白同化類固醇提升身體外觀與運動表現，可能造成嚴重且永久性的身體傷害。

酒精、藥物與性

■ 藥物與酒精一般公認能提升性致，但實際上罕有此效果。

■ 研究人員逐漸相信，年輕族群的酒精使用，僅為整體風險偏高的健康行為模式中之一環。酒精使用並非高風險性行為的肇因，還有其他影響至鉅的風險因素。

■ 有些人透過使用酒精，允許自己發生性關係。有些男性可能藉著酒精合理化性暴力。受酒精或藥物影響的人，往往將自己置於危險的性行為情境中，例如身陷性感染疾病的風險。

性與身心障礙

■ 可能影響性生活的身心障礙與身體限制，類型相當廣泛。受到此種限制的人需要支持與教育，始能享有性方面的充分可能性。社會整體需意識到身心障礙人士的擔憂，並使其得以擁有與他人相同的性權。

■ 糖尿病、心血管疾病、關節炎等慢性疾病，對於性生活會造成特殊問題。患有這些疾病的人（及其伴侶），不妨了解自己在性方面可以有何期待，並學習如何以最佳方式應對自身的特殊狀況。

性與癌症

■ 當細胞生長開始出現異常，癌症（有多種形式）便會出現。大多數癌症會形成腫瘤。良性腫瘤生長緩慢，且會留在原處，惡性腫瘤則可能向全身擴散。惡性細胞釋放進入血液或淋巴系統時，會開始在遠離原發腫瘤之處發展，此過程稱為轉移。

■ 除皮膚癌以外，乳癌為女性最常見的癌症。雖然存活率逐步改善，存活下來的人卻可能承受心理痛苦。乳房攝影（低劑量 X 光篩檢）為主要檢測方法，但其風險與益處可謂難分軒輕。以外科手術方式切除乳房，稱為乳房

切除術；僅切除腫瘤與周圍淋巴結的手術，稱為乳房腫瘤切除術。放射線治療與化療亦可用於對抗乳癌。

■ 子宮頸上皮分化不良，亦稱子宮頸癌前期病變，指子宮頸出現異常細胞，可藉由子宮頸抹片檢查診斷，隨後並以切片檢查、電烙術、冷凍手術或其他手術治療。如果未經處理，子宮頸癌前期病變可能導致子宮頸癌。

■ 自一九九一年以來，卵巢癌新增病例持續緩慢減少。懷孕、餵哺母乳、避孕、輸卵管結紮、子宮切除術等，皆為降低卵巢癌風險的因素。

■ 一種稱為嘉喜的疫苗現在已可供男女性接種，可預防四種透過性感染疾病的人類乳突病毒株；此四種病毒株引起百分之七十的子宮頸癌與百分之九十的生殖器疣。此疫苗僅在未感染四種特定人類乳突病毒株中的任何一種時，方能生效。此人類乳突病毒疫苗已獲核准，亦可用於防治陰道癌、子宮頸癌、外陰癌、肛門癌。

■ 近乎所有子宮癌皆會波及子宮內膜，亦即子宮的內壁。子宮癌可用手術（子宮切除術）與放射線治療，或兩者並用。

■ 子宮切除術指以手術切除子宮。需施行子宮切除術的情況包括：癌性或癌變前期增生無法以較不具侵入性的療程治療時、非癌性增生妨礙其他器官時、大量出血且無法以其他方式止血時、嚴重感染且無法以其他方式控制時。其他問題有時亦可能需要施行子宮切除術。切除卵巢（卵巢切除術）將使雌激素供應停止，進而導致更年期癥候出現。

■ 陰道癌僅占女性生殖系統癌症的百分之二至三。

■ 攝護腺癌為皮膚癌之外最常見的男性癌症類型。如能早期發現，治癒率很高。專家建議男性應與醫師討論攝護腺癌篩檢的風險與益處。可能的治療方式包括手術、放射線治療、荷爾蒙治療、化療等。

■ 睪丸癌主要影響二十歲至五十四歲男性。如果及早發現，睪丸癌可以治癒；如未及早發現，睪丸癌則可能致命。睪丸自我檢查是發現罹癌的關鍵，即使有輕微症狀亦應立即回報。

■ 陰莖癌在美國僅有十萬分之一的男性罹患，早期癌症病例多半可完全治癒。男性亦可能罹患乳癌，但女性乳癌較男性乳癌常見百倍。

■ 肛門癌相當少見，但近年來男性與女性的病例皆有增加。

其他性的健康問題

■ 毒性休克症候群是一種可能危及生命的疾病，由金黃色葡萄球菌引起。如能早期發現，此疾病可用抗生素輕易治癒。

■ 外陰疼痛是一種無確切原因的慢性外陰疼痛。目前並無方法根治外陰疼痛。

■ 子宮內膜異位指子宮內膜組織長出子宮外，為不孕的主要原因。症狀包括劇烈骨盆腔疼痛與異常月經出血。治療方式取決於幾項因素，有多種荷爾蒙療法與手術可供運用。

■ 同性戀女性尋求醫療保健的可能性，較異性戀女性為低，部分原因在於可能面臨來自醫

療從業人員的敵意。由於害怕受到歧視，她
們可能無法及早診斷出乳癌等嚴重疾病。

■ 攝護腺炎指攝護腺出現發炎情形。治療攝護
腺炎的主要方式為抗生素與止痛藥物。目前
並無證據顯示攝護腺炎會增加罹患攝護腺癌
的風險。

問題討論

■ 我們的社會是否過於強調身體的完美？你／
妳有沒有朋友曾經採取極端做法，使自己的
身體符合文化理想？為達到某種體態而產生
壓力時，你／妳如何應對？

■ 你／妳與醫師討論自己的性與生育方面的健
康狀況時，自在程度為何？如果感到不自在，
你／妳認為自己為什麼有這種感覺？

■ 你／妳的同儕當中，是否有許多人將酒精當
作「性致潤滑劑」，希望喝了就有性活動發
生？你／妳是否曾聽說有人後悔自己酒後亂
性，因為喝了酒就無法做出負責任的決定？
在你／妳看來，酒精在約會中有何作用？

性與網路

癌症與性（Cancer and Sexuality）

　　美國癌症協會所架設的網站，廣泛提供癌症
的預防、風險因子、檢測、症狀、治療方式等詳
細資訊，生殖系統癌症亦包括在內。該網站亦探
討生殖器官癌症對性生活的影響。前往該網站
（http://www.cancer.org）對此議題進行研究。進

入該網站後，針對某特定癌症回答下列問題：

■ 此種癌症的危險因子為何？

■ 如何預防此種癌症？

■ 治療此種癌症有哪些方法？

■ 此種癌症有何後果與性生活有關？如何
治療？

推薦網站

■ Mautner Project（毛特納計畫組織網站）

http://www.mautnerproject.org
為罹癌的女同性戀者及其所愛之人服務的教
育暨支持組織。網站有英語與西班牙語版。

■ National Breast Cancer Coalition（美國乳癌
聯盟）

http://www.stopbreastcancer.org
此基層宣傳組織提供乳癌資訊，並支持研究、
醫療機會提供、發揮影響力等。

■ National Eating Disorders Association（美國飲
食疾患協會）

http://www.nationaleatingdisorders.org
此組織致力於提供教育、資源與支持，給予
受到飲食疾患影響的人。

■ National Institutes of Health（美國衛生研
究院）

http://www.nih.gov
提供一系列健康主題相關資訊，包括癌症。
（另見 www.cancer.gov。）

■ ZERO—The Project to End Prostate Cancer（歸零計畫：終結攝護腺癌計畫網站）

http://www.zerocancer.org
網站內有攝護腺癌資訊，以及社區延伸服務與宣傳資訊。

延伸閱讀

■ 刊載性健康相關文章的期刊，包括：*JAMA: Journal of the American Medical Association*、*The New England Journal of Medicine*、英國期刊 *Lancet* 等。

■ Dibble, S., & Robertson, P. (2010) *Lesbian health 101: A clinician's guide.*（《女同性戀健康入門：臨床醫學指南》）San Francisco: University of California Nursing Press.

本書以醫學用語撰寫，專為醫師、護理師及其他健康照護者所作，有興趣了解自身健康問題的女同性戀亦可參考。

■ Katz, A. (2009). *Woman, cancer, sex.*（《女人、癌症與性》）另見：*Man, cancer, sex*（《男人、癌症與性》）(2009).Pittsburgh, PA: Hygeia Press.

兩本書皆闡述男性及女性罹患癌症後體會到的種種變化，並針對如何因應這些變化，提供實用、良善的建議。

■ Kaufman, M., Silverberg, C., & Odette, F. (2007). *The ultimate guide to sexuality and disability* (2nd ed.).（《性生活與身心障礙終極指南》第二版）San Francisco: Cleis Press.

一本提供給身心障礙人士、慢性疼痛患者、慢性病患者的性生活指南。

■ Kuczynski, A. (2008). *Beauty junkies: In search of the thinnest thighs.*（《為美癡狂：尋找最纖瘦的大腿》）New York: Doubleday.

醫學美容產業的分析及其趨勢。

■ Love, S., & Lindsey, K. (2010). *Dr. Susan Love's breast book.* (5th ed.).（《蘇珊‧樂福醫師乳房寶典》第五版）Philadelphia, PA: Da Capo Press.

這本具權威性的參考指南，提出乳癌發現與治療方面，能帶來希望的改變。

■ Silver, M. (2004). *Breast cancer husband: How to help your wife (and yourself) through diagnosis, treatment, and beyond.*（《我的妻子是乳癌患者：如何透過診斷、治療等方式幫助妻子（與自己）》）New York: Rodale.

給男性及女性的實用參考指南，結合了資訊、智慧、幽默感與同理心。

性功能困難、
不滿、增強
與治療

本章重點

性功能困難：定義、類型與盛行率

性功能困難與不滿的生理原因

性功能困難與不滿的心理原因

性功能增強

治療性功能困難

學生們怎麼說

有時我的性慾會低到讓我幾個禮拜不跟女朋友親熱。又有些時候，我的性慾會高到控制不了自己。為什麼會這樣？

──十九歲，男性

跟新伴侶有性經驗的時候，我有時會對過去的交往對象感到內疚。這讓我在新的關係中很難好好表現。

──二十一歲，男性

我朋友有個問題，似乎每幾個月就會發生一次。他會突然沒辦法勃起。這種事好像很突然就發生了。

──十八歲，男性

我跟以前的男朋友在一起時，性慾總是非常低。我一直到了跟現任男朋友在一起，才明白為什麼：溝通是關鍵！我們彼此開誠布公，不會隱瞞自己的好惡。我現在的性慾可以突破天際！

──二十歲，女性

我從來沒有過性功能困難。但是話說回來，我跟男朋友在一起已經三年，只有過兩次高潮。就算不會每次都達到高潮，我也喜歡跟他做愛。有時候我真的樂在其中，但有時不會。我有時候的確會覺得有點不對勁，但我覺得這很正常，沒關係，只要我樂在其中就好。我想我大概太在意了，但就像我說的，不管高不高潮我都開心。

──二十一歲，女性

人的性生活品質，與生活及交往關係的品質密切相關。性慾是人的一部分，因此會反映我們的興奮與無聊、親密與疏離、情緒的苦與樂、健康與疾病等。正因如此，人的性慾望與性活動，會如潮水般高低漲落，有時充滿情慾，有時則性致缺缺。除此之外，許多具有性生活的人有時也可能遭遇性功能困難或問題，往往使人對自己、伴侶或雙方失望。研究顯示，許多男女性會偶爾或經常缺乏性慾，有性興奮或性高潮方面問題，還會在性交或非交媾性愛時感覺疼痛。以下「真實生活中」的事實，說明伴侶間的性愛，並不像媒體描繪的那樣，總是如此美好：[1]

- 感到幸福、性生活滿足的伴侶，表示在某特定性愛橋段中有相同的慾望、興奮、性高潮、歡愉者，不到百分之五十。

- 伴侶中的一方對於性經驗給予正面評價，另一方則認為「還可以」，但仍有利於培養親密關係；有時候其中一方會「做做樣子」，此一情形約占百分之二十五。

- 即使並無性功能問題，但性經驗令人感到平凡無奇；如果必須重來一次，兩人可能選擇做其他事情，這種情況約占百分之十五。

- 性經驗讓人不甚滿意，或是顯示有性功能問題者，約占百分之五到十五。

本章稍後將透過三個具全美代表性的研究發現，討論性功能困難的盛行率與預測資料，以闡述性方面問題的共同特性。人類性功能運作複雜多變，如果偶有性功能困難實屬「正常」現象。性治療師伯尼‧齊爾貝格（Bernie Zilbergeld）指出：[2]

> 性方面的問題實屬正常、典型的現象。我知道，我知道，你們的小傢伙表現都很完美，從來不會出問題。如果你真的這麼認為，我們就來聊聊堪薩斯那間還不賴的海濱住所吧。

這一章將檢視幾種常見的性功能困難及其起因，並了解提升性生活的方式，以求更大的愉悅與親密感。

性生活美好的時候，占一段關係中的百分之十。不好的時候，就占了百分之九十。

查爾斯‧繆爾（Charles Muir）

性功能困難：定義、類型與盛行率

　　近乎所有性功能困難或問題的相關文獻，皆以異性戀伴侶為探討對象，因此本章中的討論，大致會反映出此種偏頗情形。可惜的是，目前仍極少有研究探討男女同性戀、雙性戀、跨性別個體與伴侶的性功能困難。[3] 一般而言，異性戀個體、同性戀男性、同性戀女性有類似的性功能問題，但各自族群內部的性功能困難，仍需進一步的研究。

■　定義性功能困難：各種探討觀點

　　「正常」的性功能運作與性功能困難（sexual function difficulty）或性功能問題（sexual function problem）間的界線，並非時時皆清楚。各種性慾程度與性表達形式之間存在巨大的差異，且此種差異未必能顯示性功能困難。要斷定某種現象何時屬於性功能問題，恐有其挑戰性，因此要將特定性功能困難定義為問題時，必須謹慎為之。某些人對於自身或對方的性表達方式有僵化、不切實際的期待，且可能將自身不需當作「性功能問題」的行為認定為有問題。不過，人有時仍會遭遇性功能方面的持續性困難，此時便可獲益於性治療（sex therapy）。

性關係多半是心理性的──重點在於我們的雙耳間，而不在於雙腿間。

喬伊‧布朗恩（Joy Browne, 1944-2016）

　　醫療服務提供者，包括性治療師在內，需了解可能妨礙性生活滿意度與親密關係的不同性功能困難類型。因此，建立診斷與解決困難的架構可能有其價值。然而，性與心理健康專家之間，對於哪些用詞能準確描述性功能問題，以及如何分類性功能困難，卻仍存有爭議。[4] 雖然目前已有「障礙」（dysfunction）、「疾患」（disorder）、「困難」（difficulty）、「問題」（problem）等類別，本章仍會提出其他分類模式。

† 此一手冊的最新版本是第五版。──編註

　　性功能困難的標準醫學診斷分類，可參見美國精神醫學會（American Psychiatric Association）的《精神疾病診斷與統計手冊》†（*Diagnostic and Statistical Manual of Mental Disorders*）第四版修訂版（DSM-IV-TR, 2000），此手冊使用的專有名詞為「障礙」與「疾患」。由於此一手冊是受到最廣泛使用的分類體系，專業文獻中對於各種性功能困難的討論，便主要以此一手冊為基礎，並使用「性功能障礙」（sexual dysfunction）和「性功能疾

伴侶間遭遇性功能困難，可能導致對於性生活的不滿與挫折感。

患」（sexual disorders）等詞。因此，《精神疾病診斷與統計手冊》的專有名詞會經常於本章中出現，尤其是提及此一手冊中的性功能障礙類型時。

另一個可以替代「性功能障礙」的術語是**性功能不滿**（sexual function dissatisfaction）。性功能不滿是性功能困難的常見結果。相較於《精神疾病診斷與統計手冊》中廣泛著重於醫學性質的專有名詞，此用詞反映了個人觀感。換言之，個人或伴侶可能遭遇某些此一手冊上列出的性功能障礙，卻仍能滿足於性生活。性功能的困難只有在雙方皆感到不滿意，並斷定可能有問題時，才可能歸屬於「障礙」。此種「不滿」的概念是「女性性方面問題新觀點工作小組」（Working Group for a New View of Women's Sexual Problems）的性功能問題分類體系中的一大基本原則。[5] 該體系以女性中心角度出發，將性功能問題定義為「對於性經驗的情感、身體或關係等任何層面，感到不滿足或不滿意」，此定義亦適用於男性。除此之外，根據世界衛生組織二○一○年的「國際疾病與相關健康問題統計分類」（International Classification of Diseases and Related Health Problems，　即

ICD-10），性功能障礙涵蓋「導致個人無法按他／她之意願參與性關係的各種情形」。[6]

「性功能不滿」一詞的優點，在於承認性腳本的個別性質，且可避免以過度概括的方式定義何謂「正常」，又何謂「障礙」（即病態）。採用此種主觀與個人觀點，或許有助於使人對於自己的性生活感到更為自在，亦較不至於感到「在性方面有缺陷」。本書較傾向於使用「性功能困難」與「性功能不滿」等詞，並於本章中盡可能使用。然而，引用關於性方面困難的報告或研究時，則多以文獻中使用的專有名詞為主。

以醫學與女性主義模式為基礎，將性功能問題劃分為困難與不滿兩種類型，說明了探討性問題的起源與原因時，有不同的分析角度，例如《精神疾病診斷與統計手冊》與女性性方面問題新觀點工作小組。

｜　精神疾病診斷與統計手冊

美國精神醫學會的《精神疾病診斷與統計手冊》第四版修訂版（DSM-IV-TR, 2000），將性功能困難列為疾患，並依麥斯特斯與強生的四階段性反應模型（Masters and Johnson's four-phase model of sexual response）中的四個階段，界定其典型表現。[†]《精神疾病診斷與統計手冊》第四版將**性功能障礙**（sexual dysfunctions）定義為「性慾望障礙以及屬於性反應循環週期的特徵性過程有心理生理變化之障礙，並造成顯著痛苦或人際關係困難」（見表 4.1）。任何性功能疾患的臨床診斷，也必須適用「持續性」（persistent）或「再發」（recurrent）等敘述。此類疾患可能發生於一個以上的性反應週期階段中，代表經常可能出現不只一種疾患。《精神疾病診斷與統計手冊》指出，年齡、心理問題、性慾與性期望、族群與社會文化背景、性交期間的性刺激充分程度、藥物使用等其他因素，在進行性功能疾患的任何診斷時，皆應考慮在內。

針對每一種性功能障礙，《精神疾病診斷與統計手冊》根據障礙發生及其發生的情境，皆列有次類型。終身型障礙自性功能開始運作以來即已出現，後天型障礙發生於性功能正常運作一段時間之後；廣泛型的性功能

† 在目前最新的第五版《精神疾病診斷暨統計手冊》（*Diagnostic and Statistical Manual of Mental Disorders*，通稱 DSM-5）中，將性功能障礙的診斷類別做的大幅度的更動，在女性的性功能障礙方面，本於實證研究，採取了女性性反應的循環觀，揚棄了原本麥斯特斯與強生提出的四階段性反應模型，將過去的女性性慾望不足疾患（hypoactive sexual desire in women）剔除，並將女性的性慾望與性興奮障礙合併為女性性興趣／興奮障礙（sexual interest/arousal disorder），以有別於男性。DSM-5 也去除女性性嫌惡疾患（sexual aversion disorder），另將性交疼痛（dyspareunia）與陰道痙攣（vaginismus）整合為骨盆／性器疼痛／插入障礙（genital/pelvic pain/penetration disorder）。男性部分，以遲洩（delayed ejaculation）取代原先的男性性高潮障礙（male orgasmic disorder），相對於遲洩（delayed ejaculation），將原先的早洩（premature ejaculation）診斷英文名稱改為 early ejaculation。──審定註

表 4.1　性功能障礙分類

性慾望疾患	一般性慾缺乏：個人天生對性滿足的需求程度低（不必然屬於性功能障礙） 性慾望不足疾患 性嫌惡疾患：由與性活動相關的焦慮與恐懼引起
性興奮（血管充血）疾患	有達到適當程度性興奮方面之問題 男性勃起障礙 女性性興奮疾患：陰道潤滑度不足，一般性功能障礙
性高潮（血管充血回流）疾患	有引發性高潮、極度延遲性高潮方面之問題，或完全無法達到性高潮 男性性高潮疾患 女性性高潮疾患 早發性射精：男性無法控制射精
性疼痛疾患	陰道痙攣：女性陰道口肌肉組織出現痙攣 性交疼痛（性交痛）

資料來源：《精神疾病診斷與統計手冊》第四版，美國精神醫學會，一九九四年。

障礙幾乎發生於所有性情境中，情境型的性功能障礙則僅限於某些類型的情境、刺激或伴侶。大多數情況下，性功能障礙無論屬於廣泛型或情境型，皆發生於與伴侶從事性活動的期間。後天型與情境型的性功能障礙通常較能以性治療成功解決。

　　雖然《精神疾病診斷與統計手冊》的性功能疾患分類受到最廣泛的應用，卻很大程度上反映了精神醫學理論，並因此受到批評。該手冊一般只列出異性戀遭遇的問題，且著重於性慾、性興奮、性高潮等線性次序中的生殖器反應。[7]

｜ 女性對性問題的新觀點

　　近年來，提升對於女性性慾與性功能障礙的了解，愈加受到關注。[8] 女性性方面問題新觀點工作小組是一個由臨床醫師與社會科學家組成之團體，提出了一個新的分類系統，稱為「女性對性問題的新觀點」（A New View of Women's Sexual Problems）。[9] 此分類以女性自身的需求與性生活現實為基礎，將女性的性功能困難分類。「工作小組」認為，《精神疾病診斷與

統計手冊》的框架應用於女性時，有以下的缺點：

- 男女的性全然相同的錯誤概念。早期研究人員強調性活動中的男女有類似的生理反應，因此認定其性方面的問題必定也相同。少數要求女性描述自身經驗的研究，則發現顯著差異。

- 交往關係於性生活中的作用未獲認同。「工作小組」指出，《精神疾病診斷與統計手冊》並未著墨女性性生活的交往關係層面，而此層面往往是性功能滿足與性功能問題的基礎。「工作小組」認為，《精神疾病診斷與統計手冊》將「正常性功能運作」降為生理層面問題，此舉立意並不正確，相當於認定性功能不滿的治療，可以不考量性關係中的交往層面。

- 女性之間差異的整平化。「工作小組」認為女性各有不同，其性生活的多樣組成面向並不能適用性慾、性興奮、性高潮或性疼痛的分類。

　　「工作小組」提出以女性為中心的性功能問題定義為：「對於性經驗的情感、身體或關係等任何層面，感到不滿足或不滿意」；性功能問題可能源於以下四種類型因素中的一個或多個因素。

- 社會文化、政治或經濟因素。包括性教育不足、醫療服務缺乏、感覺自身無法符合正確或理想性生活的文化典範、因為次文化或所屬文化的性規範與主流文化衝突而感到壓抑、因家庭與工作義務而缺乏興趣、時間、精力等。

- 伴侶與交往關係問題。包括對性活動的慾望或各種性活動的偏好不一致、壓抑偏好方面的溝通、因日常衝突而失去興趣、因伴侶的健康狀況或性功能問題而壓抑等。

- 心理問題。包括過去曾受侵害；依附、拒絕、合作或權利問題；害怕懷孕與性感染疾病；害怕失去伴侶或良好的性名譽。

- 醫學因素。包括多種局部或全身疾病、懷孕、性感染疾病，以及服藥、治療與手術的副作用。

■ 盛行率與共同原因

　　針對性功能困難的盛行率及其相關因素，已有多國進行了全國性的研究。此處將簡單介紹英國、美國、丹麥的三項此類型研究之主要結果，再以較詳盡方式回顧美國的兩項主要研究。回顧上述研究的結果，將可大致了解某些性功能困難的常見與普及程度，以及相關因素。性功能困難的盛行率與共同原因，各項研究的關注範圍普遍相同。盛行率方面的差異，可能反映出不同的研究方法，如受訪者對性功能問題的定義或觀感、評估時段的變化等（如問題可能發生於過去一年、過去一個月，或上次的性行為），如此可能使各項研究間數據的比較難以進行。有一點必須注意：以下研究皆為橫斷面的研究（cross-sectional study），意指無法確定因果關係，研究中得出的部分因素（如社會人口因素、伴侶關係平等）可能導致性功能問題，其餘因素則可能為性功能問題的後果。

　　二〇〇〇年，英國進行了一項具全國代表性的調查，即「全國性態度與性行為調查」（National Survey of Sexual Attitudes and Behaviors，亦稱Natsal study），訪問一萬一千一百六十一名年齡介於十六歲至四十四歲、過去一年曾有至少一段異性戀交往關係的英國男性與女性。[10]研究發現，約有一半的受訪女性（百分之五十四）與三分之一的受訪男性（百分之三十五），表示過去一年曾遭遇持續至少一個月的性功能困難。有較小比例的女性（百分之十六）與男性（百分之六），表示過去一年曾有持續至少六個月的性功能問題。研究人員發現，研究中出現的性功能問題，與社會人口狀況、健康相關的性行為、態度等因素有顯著相關性。研究人員也指出，某些情況下，性功能問題並非個人問題，而可能僅限於特定伴侶關係。這代表任何性功能問題的治療，考量伴侶關係可能相當重要。

　　一九九九年與二〇〇〇年，金賽性、性別與生殖研究所（The Kinsey Institute）利用隨機電話調查建立全美女性樣本，研究性困擾的盛行率，以及此種困擾的預測因素。[11]該調查樣本包括八百三十五名年齡介於二十歲與六十五歲、曾有至少六個月異性戀關係的異性戀女性。這項研究中，約有百分之二十四的女性表示，曾因為過去一個月的性關係與／或自身的性生

活，而感受「明顯的困擾」。此研究提出警告，治療「性功能障礙」時，應考量性功能困難究竟是主要問題，抑或只是「對不同情況的反應」。心理健康且在性行為時感覺與其伴侶親近的女性，在性方面較可能獲得滿足，亦較少感到困擾。

　　二〇〇五年，丹麥進行了一項關於性功能障礙與性功能困難的研究，調查了四千四百一十五名年齡介於十六歲至九十五歲的丹麥人，此為「丹麥健康與疾病發病率調查計畫」（Danish Health and Morbidity Program）[12] 的一環。整體而言，各有百分之十一的男性和女性表示，過去一年至少有一種性功能障礙（頻繁發生，感覺上有問題的性功能困難），另有百分之六十八的男性與百分之六十九的女性，表示曾有不頻繁或不太嚴重的性功能困難。性功能障礙盛行率最高的族群，是六十歲以上的男性以及三十歲以下、五十歲以上的女性。此外，經濟困難與性功能障礙有關，女性尤為如此。

▎美國全國健康與社會生活調查：性功能障礙調查結果

　　美國全國健康與社會生活調查（National Health and Social Life Survey，簡稱 NHSLS）以全美年齡介於十八歲至五十九歲的一千七百四十九名女性與一千四百一十名男性為調查樣本，發現自行表示有性功能障礙的情形相當普遍，且同時受到健康與社會心理方面因素的影響。[13] 調查結果顯示，性功能障礙出現於女性的比率（百分之四十三）較男性普遍（百分之三十一），且在年輕女性與老年男性身上最為常見（見圖 4.1）。性功能障礙與生活品質低落有關，而女性似乎比男性更容易受到此因素的影響。有情緒或壓力方面問題的人，較有可能出現性功能困難。其他以性別區分的重要發現如下：

女性

- 女性性功能問題的盛行率，隨著年齡增加趨向於下降，有陰道潤滑問題者除外。
- 大學畢業的女性，出現低性慾、難以達到性高潮、性行為疼痛、性焦慮

圖 4.1 自陳過去十二個月內曾出現性功能困難的百分比率，依性別與年齡排列

資料來源：Laumann, E. O., Paik, A., & Rosen, R. C. (1999). Sexual dysfunction in the United States: Prevalence and predictors. *Journal of the American Medical Association*, 281, 537-544。

之可能性，約為高中未畢業女性的一半。整體而言，教育程度較低的女性，對性行為的愉悅感較低，性焦慮的程度較高。

■ 性經驗較少或對性較不感興趣的女性，較容易出現性慾低落與性興奮的

問題。

■ 曾有同性戀活動的女性與未曾有過的女性，發生性功能問題的比率
相同。

■ 所有類型的性功能困難，皆與身體及情感上的滿足與幸福感有關。

男性

■ 勃起問題與性慾缺乏的盛行率，隨著男性年齡上升而增加。

■ 大學畢業男性過早高潮的比率，為高中未畢業男性的三分之二；性行為
無快感與性焦慮的比率則為一半。

■ 健康欠佳的男性，出現各種性功能困難的風險會升高。

■ 男性從事性行為或性趣程度較低，與低性慾及性興奮問題無關。

■ 曾有同性戀活動的男性與未曾有過的男性相較，出現早洩與性慾低落的
可能性為兩倍。

■ 勃起困難與性慾低落的男性，其生活品質較差，早洩者則不受此因素
影響。

｜ 美國全國性健康與性行為調查

美國全國性健康與性行為調查（The National Survey of Sexual Health
and Behavior，簡稱 NSSHB，請參見本書第一冊第二章）以美國一批隨機
樣本為調查對象，評估了性功能的數項衡量標準。研究分析了取自三千九
百名年齡介於十八歲至五十九歲成人的資料，內容為上一次與性伴侶的性
行為事件敘述。此調查要求參與者評估該次性行為事件與快感、性興奮、
勃起／陰道潤滑困難、性高潮的相關性。[14] 參與者以上述四個項目衡量個人
的性經驗程度，結果如圖 4.2 所示。此調查發現，大多數的男性和女性，即
使已年屆五十歲，評量上一次性行為事件時，在快感與性興奮項目的量表
上仍舊給出高分。對男性而言，年齡增長與更嚴重的勃起困難、性活動期
間更嚴重的疼痛、達到性高潮的可能性降低有關。對女性而言，年齡增長
則與更嚴重的陰道潤滑問題、達到性高潮的可能性有關。研究亦發現，男
性在上一次性行為中，對方如為交往對象，與對方為非交往對象時相較，
性興奮程度較高、快感程度較高、性高潮頻率較高、較少有勃起問題，性

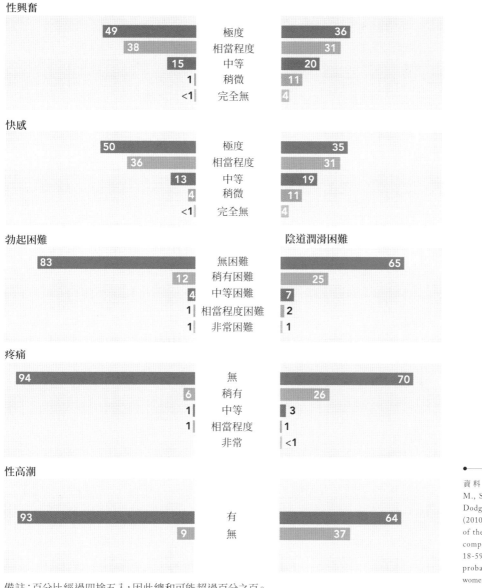

圖 4.2 二○○九年，十八歲至五十九歲美國成年人自我評估最近一次與伴侶的性行為中，各種性功能運作狀況的百分比率

備註：百分比經過四捨五入，因此總和可能超過百分之百。

資料來源：Herbenick, D., Reece, M., Schick, V., Sanders, S. A., Dodge, B., & Fortenberry, J. D. (2010c). An event-level analysis of the sexual characteristics and composition among adults ages 18-59: Results from a national probability sample of men and women. *Journal of Sexual Medicine*, 7, 346-361。

疼痛程度亦較小。女性在上一次性行為中，對方如為交往對象，與對方為非交往對象時相較，會出現較嚴重的性興奮與陰道潤滑問題，但對方較容易達到性高潮。

■　性慾望疾患

▎　性慾望不足疾患

《精神疾病診斷與統計手冊》第四版修訂版定義的性慾望不足（hypoactive sexual desire，簡稱 HSD），意指持續或反覆地缺乏性幻想與對性活動的慾望，導致明顯的情緒困擾或人際相處困難，有時亦稱為**性慾抑制**（inhibited sexual desire）或「低性慾」。此種疾患可能包含所有類型的性行為，亦可能僅限於一位伴侶或某項特定問題，如性興奮或性高潮困難。美國全國健康與社會生活調查中，約有三成女性表示對性行為缺乏興趣，儘管隨著年齡增長，比例略有下降；男性則較少表示有性慾望不足疾患（七位中約有一位），比例則隨著年齡增長而略顯上升（見圖 4.1）。一項網路研究亦發現，男性的性慾較女性高。身處同性戀交往關係的人，其性慾略高於身處異性戀交往關係者。[15]

美國伴侶間的頭號性功能問題為性慾抑制。（本書第 181 頁「就事論事」單元中探討的性慾落差，則為其次常見問題。）超過一半的已婚夫妻，在婚姻的某個時間點，會遭遇性慾抑制或性慾落差問題。性慾抑制在婚姻中引發的壓力，高於其他性功能問題。[16]

定義低性慾可謂相當棘手，通常為主觀定義，因為性慾的程度並無標準，僅能假設有一最佳的性慾高低程度。[17]當然，性方面「正常」的人，性幻想與慾望也各異其趣，且偶爾也會性致缺缺。低性慾經常是後天的；換言之，某個人原本有性慾，但不再能感受到慾望。好消息是，此種狀況往往歷時短暫。患有性慾望不足疾患的人，在性行為由伴侶發起時，往往不情願參與。事實上，一項針對六十三名年齡介於十八歲至二十四歲、處於穩定異性戀交往關係中人士的研究發現，所有的性活動中有百分之十七被評為服從／被迫，服從的一方則無男女之分。[18]成年時期發展出的性慾望不足疾患，最常與憂鬱症、生活緊張或人際相處困難所導致的心理困擾相關。性慾的喪失，無論為持續性或情境性，皆可能對交往關係產生負面影響。[19]交往關係中的憤怒情緒亦可能減低性慾。隨著時間過去，憤怒如無法解消，即可能會發展為厭惡或恨意，使交往關係的各方面完全改變。大多數人如

性慾是一種微妙、神秘的慾念。

麥克・凱瑟曼（Michael Castleman, 1950-）

如果你有自在、相容的愛情，卻沒有性火花，這樣不夠；如果你有性的熱度，卻沒有情誼，這樣不夠；光有慾望或愛情都不夠。你必須要有熱情。

卡洛・卡塞爾（Carol Cassell, 1936-）

果對某人感到生氣或深惡痛絕，即無法對其產生性慾。藥物、荷爾蒙缺乏、疾病等也會降低性慾。

　　有一點應當注意：如果沒有導致性慾低下的任何個人、情境或交往關係因素，大多數人的性慾仍會隨著時間下降。芬蘭一項針對二千六百五十名成年人的研究發現，性方面的慾望感受會隨著人的老化（見圖 4.3），以及交往關係經年持續而降低（圖 4.4）。[20] 男女同性戀者出現性慾望不足疾

圖 4.3　自陳每週至少感受到數次性慾的芬蘭成年人百分比例

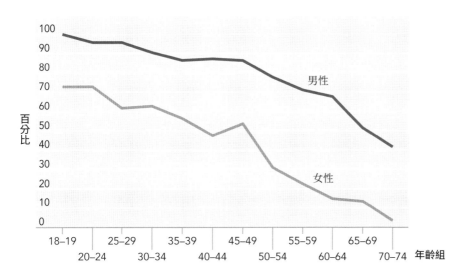

資料來源：Kontula, *Between Sexual Desire and Reality: The Evolution of Sex in Finland.* 2009. Helsinki, Finland: Vaestoliitto。

圖 4.4　如果可以自由選擇，自陳希望一週能至少性交兩次的芬蘭成年人百分比例

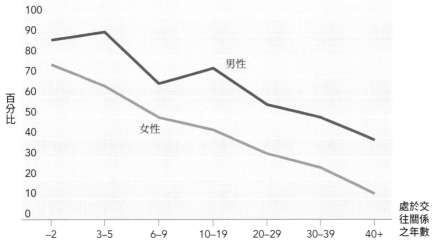

資料來源：Kontula, *Between Sexual Desire and Reality: The Evolution of Sex in Finland.* 2009. Helsinki, Finland: Vaestoliitto。

患的原因很多，其中一項可能為性傾向導致的困難。[21]

｜　性嫌惡疾患

根據《精神疾病診斷與統計手冊》第四版修訂版，**性嫌惡疾患**（sexual aversion disorder）指對於與伴侶的生殖器接觸產生持續與反覆性的嫌惡與避免，導致明顯的困擾。產生性接觸的可能性，會使患有此疾患的人出現焦慮、嫌惡或恐懼，部分患者則會想方設法躲藏起來（如出外旅行、睡覺或者高度參與工作），以避免性行為。[22] 僅僅一個吻、一次觸摸或是一次愛撫，亦可能會引發恐慌反應，因為這些動作可能導向性行為。上述反應有時會內化，有時則可能導致恐慌發作與出汗、噁心、嘔吐、腹瀉等生理反應。對於患有此種疾患的人，與伴侶產生性接觸的頻率極低，且可能導致嚴重的交往壓力。引起性嫌惡的因素，包含童年期間極度負面的父母教養態度、強暴或性侵等性創傷（女性尤為常見）、長期伴侶持續施加的性方面的壓力、男性的勃起困難病史，與／或性別認同混淆。[23]

巴瑞・麥卡錫（Barry McCarthy）及其妻艾蜜莉・麥卡錫（Emily McCarthy）於其著作《重燃慾望：幫助低性與無性婚姻的逐步計畫》（*Rekindling Desire: A Step-by-Step Program to Help Low-Sex and No-Sex Marriages*）一書中提及「無性婚姻」（no-sex marriages），他們稱其為極端的性慾問題，並將其定義為一年的性行為少於十次。[24] 麥卡錫夫婦指出，無性婚姻中的夫妻，會遭遇一種由預期性焦慮、負面經驗、最終避免性行為所構成的循環。此種循環於其婚姻中實屬始料未及。麥卡錫夫婦表示，約有五分之一的婚姻是無性婚姻。夫妻避免性接觸的時間愈長，週期愈難打破，且會更加責怪彼此。此外，夫妻的羞愧感愈深，亦愈難打破循環。然而，麥卡錫夫婦指出，透過自助與治療，有心的夫妻仍可重建性慾。

男女同性戀者與異性戀者相同，樂於從事某些活動，如親吻或相互自慰，對於某些活動則會感到嫌惡。男同性戀的性嫌惡，主要在於肛門性愛方面問題。[25] 女同性戀方面，性嫌惡主要在於舔陰，[26] 而這往往是她們為達性高潮，較常選擇的活動。

性慾望：當慾念有所不同

性慾要多高才屬「正常」？伴侶其中一人的性慾較高／較低時，又該怎麼辦？ 性治療師、臨床心理學家大衛・施納赫觀察：[27]

伴侶時常為了性慾低而吵架，但他們真正的問題其實是性慾上的差異。任何一方的性慾望都不見得特別低或高。性慾望的落差才是伴侶間最常見的抱怨。

大多數長期交往關係中，性方面的激情會消退，但伴侶雙方的消退速度不見得相同。大部分性治療師認為，性慾出現差異的原因，可能因為其中一方或雙方感到疲累、生病、受酒精或其他藥物影響，或因日常生活大小事而消磨精神。伴侶在性方面關係的問題也有可能為原因，例如憤怒情緒或雙方力量的不平衡。臨床心理學家、性治療師桑德拉・佩爾托於其著作《當性慾不合拍》（*When Your Sex Drives Don't Match*）中，則提出伴侶為何遭遇性慾變化的另一種探討角度。[28]她認為性方面的問題，包括至為常見的性慾望落差，通常不代表個人的病態表現或交往關係問題，反而能反映出不同的性慾類型，她稱之為「原慾類型」（libido types），如肉慾、情慾、壓力、抽離、冷漠等。有趣的是，她指出，「人不一樣，是因為人原本就各有不同，而不是因為有什麼問題」，並鼓勵接納不同的原慾類型，藉此把對彼此性慾的誤解降至最低。

曾獲獎的醫學作家麥克・凱瑟曼（Michael Castleman），於其著作《美好性愛指南：男性全身心投入性愛的秘密原則》（*Great Sex: A Man's Guide to the Secret Principles of Total-Body Sex*）中指出，伴侶中對性渴望較高的一方，往往可能出現一系列的感受，如排拒、困惑、憤怒等，可能感到自己沒有人愛、沒有吸引力，可能遭冠上「性愛癖」（sex fiend）的稱號。[29]想要更多性行為的人，可能會停止主動發起性行為，只為了觀察他／她的伴侶要過多久才會求愛；此一過程往往歷時甚久，使性慾高的一方更加沮喪或生氣。慾望較低的一方則可能會感到內疚、困惑，且因不斷感受到對方的性行為要求而不滿，亦可能認為對方並不愛他／她，只是想要性行為。凱瑟曼表示：「善意逐漸消蝕，求歡變得更加困難。伴侶間經常會陷入兩種模式：爭吵與沉默。」他繼續指出，雙方擁有的力量，使彼此瘋狂的力量，可能都比自己意識到的還高。持續的性慾望落差還可能導致另一種不幸的結果，性生活以外的感情退步：牽手、擁抱、坐在沙發上依偎等行為，往往會變得更為少見。

凱瑟曼表示，解決性慾差異沒有萬靈丹，但他提供了一些處理伴侶性慾差異的

建議：

■ 把握幸福。伴侶中性慾較高的一方，也許比性慾較低的一方更常想要性愛，但性慾較低的一方至少有時候也會想。有是不是總比沒有好？性慾差異會出現於大多數長期交往關係中，因此適應變化是關鍵。

■ 不要試圖改變伴侶的性慾。性慾有差異的伴侶，一方可能會希望對方改變，在性慾程度上才能得到相容，但這並非易事。性慾可以改變，不過必須由其發自內心為之。

■ 考慮自己的選擇，並彼此商量。長期有性慾望困難的伴侶，有三個選擇：（1）分手；（2）毫無作為，過著悲慘生活；或是（3）商量出彼此同意的妥協辦法。伴侶想要一起自在生活，除了妥協沒有別的選擇，要能彈性應變、展現誠意、願意為交往關係的幸福投資。

■ 安排性事時間表。自然而然發生的性愛，當然能帶來興奮感，但排出時間表的優點，在於能為面對嚴重性慾差異的伴侶消除性事方面的不確定感。雙方都知道何時會發生性行為，性慾高的一方或許就不會再如此主動積極，性慾較低的一方也不會遇到對方一再的要求。

■ 性生活以外的感情培養。性事一旦有了日期安排，性事以外的感情生活遭誤解、預設為有性意涵的可能性便會降低。相擁與身體接觸是培養交往關係的一大重要方式，了解到這麼做並不帶有性意涵，或許能帶來極大的輕鬆感。

■ 享受解決方法的成果。一旦伴侶商量出妥協辦法，關係往往會有所改善，怨恨亦會漸漸淡去。性慾較低的一方可能會變得更加自在，如此一來往往能夠提高敏感程度。性慾差異可能仍然存在，但有能力妥協，代表伴侶已經找到可行的解決方法。

性慾波動是人生中正常的一環，伴侶間的性慾差異亦然，因此自慰或許亦能成為可接受、可帶來愉悅的性慾出口。對於性功能運作的所有面向，有一項關鍵重點皆能適用：當性慾有了差異，唯有開誠佈公的溝通、珍惜對方為交往關係的付出，才能解決問題、使關係圓滿。透過規劃性事、善用想像力、學習親密玩鬧、認同伴侶的難言之秘、尊重對方的隱私等，皆能增加性慾。如果給予足夠的關注，慾望往往就會回來。[30]

值得注意的是，《精神疾病診斷與統計手冊》第四版修訂版並未包含「性慾過度疾患」（hyperactive sexual desire disorder），代表該手冊的作者群（心理衛生專家）認為性慾高並非心理疾患。此看法與支持性成癮概念的大眾及部分專家觀點，可謂背道而馳（見本書第二冊第三章）。性慾的高低為一連續性的概念，有些人的性慾非常低，有些人則很高，大多數人則介乎其中。

■　**性興奮疾患**

│　**女性性興奮疾患**

《精神疾病診斷與統計手冊》第四版修訂版中界定之**女性性興奮疾患**（female sexual arousal disorder），指持續或反覆無法達到或保持性興奮所需的陰道潤滑與膨脹程度，因而導致明顯的困擾或人際相處困難。此種疾患可能伴隨性慾望疾患與女性性高潮疾患。「性冷感」（frigid）一詞曾用於形容此種問題，但此一詞彙帶有貶意與價值判斷，已無專業人士使用。當女性有性慾，卻難以保持性興奮，這種性功能困難即可能發生，此時嘗試性交會導致陰道乾澀、緊繃與隨後的不適感。美國全國性健康與性行為調查中，百分之三十五的女性表示至少有某種程度的陰道潤滑問題（見圖4.2），此一問題隨著年齡增長而增加（見圖 4.1）。女性性興奮疾患往往伴隨性慾望與性高潮疾患，以及迴避性行為、性關係方面壓力等。如無生理或藥物使用方面原因導致潤滑程度低落，此種疾患的病源即為心因性。[31] 然而陰道缺乏潤滑可能造成誤導，部分表示陰道乾澀的女性，仍有性興奮的情形產生。上述女性經常使用潤滑液助性。此外，部分表示陰蒂充血與陰道潤滑的女性，心理上卻感受不到興奮。有鑑於上述經驗，許多性治療師認為，性興奮之於女性，比之於男性更接近一種心理上的過程；《精神疾病診斷與統計手冊》第四版修訂版並未考量到此項差異。[32]

│　**男性勃起疾患**

《精神疾病診斷與統計手冊》第四版修訂版定義之**男性勃起疾患**（male erectile disorder）或**勃起功能障礙**（erectile dysfunction），指持續或反覆無

吾之愛火，汝棄之叛之；吾之熱情，汝虛假與之；吾之名譽，汝擊而害之；何方妖術致汝淫邪下流至斯，用情不貞至斯？

約翰‧威爾默特（John Wilmot, 1647-1680）

法達到或維持適當的勃起，直至性活動完成，導致顯著的困擾或人際相處困難。此種疾患曾一度被稱為「陽痿」（impotence），但如同「性冷感」，此一詞彙帶有價值判斷與貶意，今已不再使用。此疾患為常見的男性性功能困難，威而鋼與其他處方壯陽藥物引進前，皆由治療師治療。性焦慮、對於失敗的恐懼、對表現的高標準、對於性事表現的疑慮、低性慾與性興奮程度，特定醫學疾病與藥物治療等，皆常與男性勃起疾患有關。[33]

　　美國全國性健康與性行為調查中，有百分之十八的男性表示，在最近一次與伴侶的性行為中，至少出現某種程度的勃起困難（見圖 4.2）。男性勃起疾患的盛行率隨年齡增長而增加，依據美國全國健康與社會生活調查，五十歲至五十九歲男性出現勃起問題的比率，為十八歲至二十九歲男性的兩倍（見圖 4.1）。然而，有一點必須注意：男性勃起疾患如同女性性興奮疾患，並非老化的必然結果，但老化經常伴隨的健康問題會增加該疾患的發生率。勃起困難的盛行率與某些疾病有直接關聯，如高血壓、糖尿病、心臟病等；與某些藥物有直接關聯，如心血管藥物與抗高血壓藥物，亦與造成心臟病與高血壓的吸菸、過度飲酒、壓抑與表達憤怒情緒、肥胖、憂鬱症等有直接關聯。[34]

　　男性勃起疾患的診斷通常以心因性為基礎。睡眠時或自慰時能勃起的男性，顯示身體有勃起能力，代表在兩人性活動中發生的勃起疾患，有其心理性病源。如同《精神疾病診斷與統計手冊》第四版中的其他性功能障礙，男性勃起疾患通常只有在該男性或其伴侶感到不滿或挫折時，診斷才算成立。[35]

　　性治療師、作家芭芭拉‧凱斯林（Barbara Keesling）對於勃起方面的期望，提出了警告。她指出，男性對於充分勃起的概念因人而有巨大差異，而如果看著對象的身體沒有反應或自發勃起，也不盡然代表該男性有勃起問題。[36]許多男性，甚至年輕男性，總是需要直接刺激始能勃起。她更表示：「期待自己能在性接觸的過程裡始終保持同樣的堅挺程度，恐怕也不切實際。」任何特定的性接觸過程中，男性的勃起程度可能在幾種層次間搖擺，端視受到刺激的量而定。

｜　持續性性興奮症候群

有一種《精神疾病診斷與統計手冊》第四版未提及，專業文獻中卻有描述的性功能問題，此問題為持續性性興奮症候群（persistent sexual arousal syndrome，簡稱 PSAS）。性治療師桑德拉‧利布倫（Sandra Leiblum）與雪倫‧奈森（Sharon Nathan）提出數個個案指出，女性表示自己的性興奮無法以正常方式消解，且持續數小時、數天，甚至數週。[37]性刺激、自慰、壓力、焦慮等，經常引發此症候群。[38]治療師表示，前來求診的女性，乃因受症狀困擾而來，但其他女性或許認為這些症狀並不會令其不安。迄今為止，並無明顯的荷爾蒙、血管、神經或心理方面的病因因素，證實與持續性性興奮症候群有關。出現持續性性興奮症候群的女性人數不詳，因為有些女性可能羞於向健康照護者啟齒，或不曾受其困擾。男性並無出現持續性性興奮症候群之情形，這或許代表某種偏見，認為許多男性皆具有高度性慾，任何持續性的性興奮皆屬「正常」，自然不是「症候群」。

■　性高潮疾患

｜　女性性高潮疾患

根據《精神疾病診斷與統計手冊》第四版，女性經正常性興奮後出現持續或反覆性的性高潮缺少或延遲，稱為**女性性高潮疾患**（female orgasmic disorder）。此為性治療師經手的第二常見性功能困難，僅次於低性慾。[39]此種疾患也被稱為無性高潮症（anorgasmia, inorgasmia, pre-orgasmia）、女性性高潮抑制（inhibited female orgasm）、帶有貶意的「性冷感」等。多數女性性高潮性疾患屬終身性疾患，而非後天的問題。女性只要學習到如何達到性高潮，很少會失去該種能力。[40]

女性性高潮並非普遍現象，有少數人從未或鮮少達到。美國全國性健康與性行為調查發現，有百分之三十五的女性表示在上一次與伴侶的性行為中，並未達到性高潮（見圖 4.2）。美國全國健康與社會生活調查則並未發現女性特定人格特質或精神病理因素與性高潮之間的關係。[41]

某些女性享受與伴侶的性活動，卻難以達到性高潮，因此時而在交往

關係中引起不滿或困擾。許多患有性高潮疾患的女性，對於性事與交往關係的困境，都抱持負面或內疚的態度。性刺激不充足亦為此種疾患的一項因素。[42]凱斯林指出：「部分女性出現性高潮困難的首要原因，在於缺乏碰觸自己身體的經驗。」[43]如同第 188 頁「想一想」單元「性交就足夠嗎？性高潮與性行為」中所敘述，研究發現女性與對象從事性行為時，過程中如能在性交之外包含更多種行為，達到性高潮的可能性更高。

部分女性不懂「做愛為什麼要大費周章達到性高潮？」並質疑女性是否需要在與對象進行性行為時達到高潮，才能對於性事感到滿意。如第 188 頁「想一想」單元中所述，許多接受美國全國健康與社會生活調查的女性表示，她們不需要達到性高潮，即能由性行為獲得身體與情感方面的滿足。

｜ 男性性高潮疾患

《精神疾病診斷與統計手冊》第四版定義的**男性性高潮疾患**（male orgasmic disorder），指持續或反覆的性高潮延遲或無性高潮（已經過麥斯特斯與強森性反應模式中的正常性興奮階段；請參見第一冊第三章），導致明顯的困擾或人際相處困難。由於射精與性高潮不見得同時發生（參見第一冊第四章），以延遲射精或無射精形容此種疾患更為精確。換言之，這些男性可能有性高潮（全身的反應），但缺少生殖器射精反應，或是反應出現延遲。**射精抑制**（inhibited ejaculation）為此種疾患的組成一環，指男性無論維持多長時間的刺激，仍無法射精。**延遲射精**（delayed ejaculation，亦稱遲洩）情形下的男性，則無法輕易射精，可能需要四十分鐘或更長時間的活塞運動，始能射精。

男性性高潮疾患最常見的形式，為男性於性交過程中無法射精，但可由對象以手部或口頭刺激射精。無法射精之問題不得由藥物濫用或疾病引起，始可認定為疾患。[44]焦慮引起的性情境可能妨礙男性的射精反射動作，身處令其感到內疚或衝突的情境中，亦可能使男性無法達到性高潮。一般而言，情境或對象改變、進行性幻想、受到額外刺激時，男性能克服此疾患。

▎ 早發性射精

《精神疾病診斷與統計手冊》第四版界定的早發性射精（premature ejaculation，亦稱早洩），指插入前或插入後不久，在受到最小性刺激的狀況下，出現持續與反覆性的射精，導致明顯的困擾或人際相處困難。此種疾患相當普遍，依據美國全國健康與社會生活調查，每十名男性即有三人出現（見圖 4.1）。部分專業人士使用「過早射精」（"early ejaculation" or "rapid ejaculation"）等詞，認為貶意不若「早洩」為高，有些人則使用「滑精」（involuntary ejaculation）一詞（參見下文）。

伴侶間時常因男方持續過早射精而感到困惑、徬徨與不快，儘管女方似乎比男方更易受到此疾患的困擾。女方可能會在性方面產生不滿，她的對象則可能會覺得她太苛刻。男方亦有可能感到相當程度的內疚與焦慮。雙方可能開始避免與對方產生性接觸。由於對過早射精的焦慮，男方可能出現勃起問題，並完全退出性活動。其他因素亦可能導致男性過早射精或滑精，如與性伴侶溝通經驗不足、對男性與女性的性反應理解不充分、自慰時不自覺地訓練自己快速射精、性交時無法深度放鬆、做愛時不帶情慾、性行為過程中僅專注於陰莖與性伴侶的生殖器等。[45]

大多數患有過早射精或滑精的男性，自慰時能延緩射精的時間，可能較性交時為長。隨著性經驗與年齡累積，許多男性會學習到如何延遲射精，但有些男性仍會過早射精，並可能尋求專業協助。[46]此種疾患時常發生於年輕與性經驗不足的男性，所處狀況多半需要快速射精（如避免被發現）的男性尤其容易發生。此為年輕男性頗有微詞的首要性功能問題。

早發性射精如同許多性功能困難，有定義上的問題，何謂早發性射精？部分性治療師依據性交時間長短、骨盆前後運動（pelvic thrust）次數、女性達到性高潮的頻率等，對其加以定義。治療師海倫・辛格・卡普蘭（Helen Singer Kaplan）表示，性高潮時缺乏自主控制是定義早發性射精的關鍵。[47]部分性治療師則指出，「滑精」（或稱「不自主射精」）為更精確的用詞，因為治療側重於學習自行控制（voluntary）原本無法自主控制（involuntary）的事情。[48]當男性或其伴侶對於男方射精的時間感到不滿，早發性射精便會

性交就足夠嗎？性高潮與性行為[49]

男女之間的性接觸中，陰莖—陰道性交提供的刺激，就足以產生性高潮嗎？眾所周知，男性與女性發生性接觸的過程中，男性幾乎總是能達到性高潮，且除非男性出現過早或延遲射精，否則就不構成性功能問題。然而，女性在性行為中達到性高潮的可能性較男性低，許多女性及其伴侶對此皆感到失望。有幾種個人與交往關係因素，如對於性的焦慮與羞恥感，以及對自己的伴侶缺乏信任，可能使女性或男性無法達到性高潮。但與身體較為相關的原因，如與男性對象的性接觸過程中接受的性刺激類型，亦起到重要的作用。

來自兩項美國的全國性研究資料，有助於回答這個問題：陰道性交是否就足夠，或是還有其他行為，對於男女在性行為中達到性高潮實有其必要。美國全國性健康與性行為調查通過網際網路，評估分析了參與者在前一次與伴侶的性行為，資料取自三千九百名年齡介於十八歲至五十九歲之美國成年人所構成的隨機樣本。[50]此調查針對參與者前一次的性行為，有以下的發現：

- 單一性行為事件的過程中，發生的行為呈現高度多樣性，雖然有百分之三十三的男性與百分之三十九的女性表示僅從事陰莖—陰道性交，此亦為最常見的行為。

- 參與調查的男性表示，如果性行為中包含陰莖—陰道性交，達到性高潮的頻率比沒有時更高。

- 參與調查的女性表示，如為對方口交、讓對方口交、進行陰莖—陰道性交或讓對方肛交，達到性高潮的可能性比沒有這些行為時更高。

- 男性和女性進行性行為的次數如愈多，達到性高潮的可能性皆更高。

澳洲的健康與關係研究（Study of Health and Relationships）為一項全國性的電話訪問研究，調查了由五千一百一十一名十五歲至五十九歲澳洲人組成的代表性樣本，亦評估分析了參與者上一次性接觸過程中的行為。[51]各有百分之九十五的男性與女性表示，前一次的性接觸中包含陰道性交，約百分之八十表示會由男性以手刺激女性，約百分之七十表示會由女性以手刺激男性，約四分之一表示有舐陰與吮陽，另有不到百分之十表示進行了肛交。該研究的其他發現如下：

- 在前一次性接觸中，百分之九十五的男性與百分之六十九的女性達到性高潮。

- 幾乎所有男性（百分之九十五）進行包含陰道性交的性接觸時，皆曾達到性高潮，表示僅進行陰道性交的女性，達到性高潮的可能性（百分之五十）則較低。

- 對於女性而言，性交加上對方施以手部刺激，或性交加上舔陰，達到性高潮的機率較高（約百分之七十），雖然進行上述行為的過程中，性高潮不必然會發生；性交時如果同時接受手部與口部刺激，達到性高潮的可能性更高。

　　澳洲研究的研究人員提出警告，我們不應該假定發生性接觸的每個人都想達到性高潮。換言之，有些人不需要達到性高潮，即能由性行為獲得身體與情感方面的滿足。研究人員指出，女性性高潮機率較低的其中一項可能原因在於，女性有時為滿足男伴，可能只會與其進行僅有性交的性接觸（「快速打一炮」〔quickie〕或「隨便來一發」〔freebie〕）。此外，部分參與者提到的非性交橋段，可能會由男性滿足女性；換言之，男性可能為女性提供手部與口部刺激，但他自己並無興趣達到性高潮。美國全國健康與社會生活調查發現，僅有百分之二十九的女性表示過去一年與對象發生性行為時，總是能達到性高潮，但有百分之四十一的女性表示性行為令她們「身體上極度滿意」，百分之三十九則表示「心情上極度滿足」。[52] 或許與達到性高潮相比，溫柔、親密與情感才是決定滿足感更重要的因素。

批判性思考

01. 對於你／妳這個年齡層的大多數人而言，性接觸過程中達到性高潮有多重要？

02. 你／妳這個年齡層的人是否有興趣為對方提供性交之外的性刺激？大多數人是否不怕尷尬，願意提出這樣的要求？

03. 人在性行為中未達到性高潮，在生理上能獲得滿足嗎？女性與男性對此是否有同樣的感受？

04. 情感上的滿足感是否比達到性高潮，更能表現出柔情？請解釋你／妳的答案。

05. 性高潮有時是否比插入的性行為帶來更多滿足感？

成為問題。有些伴侶希望性交時間更持久，有些人對此則並不在意。

值得注意的是，《精神疾病診斷與統計手冊》第四版並沒有女性早發性高潮等病別。部分女性確實很快就達到性高潮，而且可能不想再繼續性活動，但有些女性則願意持續接受刺激，並可能再度達到性高潮。

■ 性疼痛疾患

▎ 陰道痙攣

根據《精神疾病診斷與統計手冊》第四版，陰道靠外側三分之一處（恥骨尾骨，pubococcygeus）之肌肉產生持續性或反覆性的非自主痙攣，干擾性交，並導致明顯的困擾或人際相處困難，稱為陰道痙攣（vaginismus）。出現陰道痙攣時，陰道開口周圍肌肉進入不自主的痙攣性收縮，使陰莖、手指、衛生棉條或鴨嘴無法插入。在性活動或骨盆腔檢查過程中，部分女性會出現陰道痙攣，較常見於年輕女性。[53]極少數情況下，陰道入口會變得過於緊繃，使陰莖或其他物體無法插入。[54]陰道痙攣可能與性慾望不足疾患或性交疼痛等性功能困難同時出現，或與伴侶的性功能困難同時出現，如勃起或射精問題。

▎ 性交疼痛

《精神疾病診斷與統計手冊》第四版定義之**性交疼痛**（dyspareunia，又稱性交痛），指與性交有關的持續或反覆的生殖器疼痛，程度自輕度至重度不等，且導致明顯的困擾或人際相處困難。《精神疾病診斷與統計手冊》第四版定義的一大關鍵在於，疼痛必須具持續性或反覆性。性行為過程中偶發的生殖器暫時疼痛，不符合此項定義。男性和女性皆可能出現此疾患。舉例而言，依據美國全國性健康與性行為調查，有百分之三十的女性與百分之六的男性表示，在上一次與伴侶的性行為中，至少出現某種程度的疼痛（見圖 4.2）。許多女性於性交過程中會偶感疼痛，但持續的性交疼痛，可能代表有需要解決的性功能困難。有些疼痛僅是因為醫學疾病或生理狀況而發生，如性感染疾病、骨盆腔部位的急性感染、更年期等，此人得到的並非性交疼痛，而是「一般性醫學狀況造成的性功能障礙」或「物

與合格醫療保健專業人員討論性的問題，並了解相關知識，有時可助人解決疑問、煩惱或困擾。

質誘發之性功能障礙」。[55]此種干擾問題並不單單由陰道痙攣或陰道缺乏潤滑引起。性交疼痛的診斷通常具有強烈的心因性成分。[56]

有一種《精神疾病診斷與統計手冊》第四版中沒有，但與性行為有關的疼痛，稱為**肛交疼痛**（anodyspareunia），指肛交過程中發生的疼痛。男同性戀有時會體驗到此種疼痛，通常由於缺乏足夠的潤滑。陰莖插入肛門的深度、活塞運動的速度、對於情境的焦慮或尷尬情緒，往往與肛交疼痛有關。[57]一項針對四百零四位有同性性行為的男性進行之研究發現，五十五名受訪者（百分之十四）曾有肛交疼痛。這些男性表示，此種疼痛造成終身痛苦與心理上的挫折，並會避免肛交一段時間。[58]

■　其他疾患

有兩種疾患，由於純屬身體方面疾病，《精神疾病診斷與統計手冊》第四版中並未提及。這兩種疾患為佩洛尼氏症與陰莖異常勃起，亦可能導致其他性功能困難。

| 佩洛尼氏症

佩洛尼氏症（Peyronie's Disease）是一種陰莖海綿體內產生鈣質與纖維組織沉積的疾病。此問題主要發生於老年男性（原因通常不明），可能相當疼痛。此疾病會導致陰莖彎曲，情況嚴重時會妨礙勃起與性交。[59]透過治療可減輕不適感的來源，有時甚至不需治療，病症即會消失。德國一項針對四千四百三十二名男性的研究發現，佩洛尼氏症的盛行率為百分之三點二。[60]（確切來說，陰莖很少完全筆直，多半會朝一側彎曲。）

| 陰莖異常勃起

血液無法由陰莖排出，導致長期、痛苦的勃起，稱為**陰莖異常勃起**（priapism）。此種可持續數小時至數日的問題，與性方面的想法或活動皆無關，反而來自某些藥物，如某些抗憂鬱藥物、勃起藥物、為求勃起的過量陰莖注射等。鐮狀細胞疾病與白血病等醫學疾病，亦可能導致陰莖異常勃起。[61]

性功能困難與不滿的生理原因

直至近年以來，研究人員一直認為，大多數性功能問題的病源幾乎完全屬於心因性。如今隨著對於性生理複雜性的更多了解，如荷爾蒙的微妙影響，現今的研究已開始挑戰此一觀點。人的血管、神經與內分泌系統，對於變化與干擾相當敏感。如此一來，這些系統出現的各種疾病或失調，便可能會對性功能運作產生負面影響。[62]某些處方用藥，如治療高血壓或憂鬱症的藥物，亦可能影響性反應。治療癌症的化療與放射線治療，以及癌症的疼痛，也會影響性慾與性反應。

■ 男性的生理原因

糖尿病與酗酒是男性勃起困難的主要原因。在此二因素的共同作用下，導致數百萬起病例。糖尿病會損害血管與神經，亦包含陰莖內的血管與神經。性功能困難的其他原因，包括椎間盤突出症（lumbar disc disease）與多發性硬化症（multiple sclerosis），影響神經發送調節勃起的脈衝信號。

工作與養兒育女的需求，可能造成疲勞與壓力，導致伴侶的其中一方或雙方對性生活冷淡。

除此之外，動脈粥樣硬化（atherosclerosis）會造成動脈阻塞，包括勃起所需的血液流動。脊髓損傷與攝護腺癌的治療，亦可能影響勃起能力。酗酒與藥物使用亦與性功能困難廣泛相關。吸菸也可能導致勃起困難。[63] 一項研究發現，大量吸菸的男性患有勃起問題的可能性，比非吸菸者高百分之五十。[64] 自行車引起的性功能困難，則主要導因於陰莖主動脈扁平化，從而暫時阻斷勃起所需的血流。心臟與循環系統疾病亦可能與勃起困難有關：一項針對四個國家、二千四百名男性進行的研究發現：「勃起功能障礙與糖尿病、心臟病、下泌尿道疾病（lower urinary tract disease）、重度吸菸、憂鬱症等有關，且年齡每增加一歲，患病率便增加百分之十。」[65]

■　女性的生理原因

女性性高潮疾患的生理原因包括：糖尿病、心臟病等醫學疾病，荷爾蒙缺乏、神經系統疾患，以及一般性的身體欠佳、極度疲勞、吸毒、酗酒等。脊髓損傷亦可能影響性反應。多發性硬化症可能降低陰道潤滑程度與性反應。

引起性交疼痛的可能原因，有處女膜閉鎖或增厚、陰蒂沾黏、感染、疤痕疼痛、陰蒂包皮緊縮、外陰疼痛（vulvodynia，請參見本冊第三章）、

恥骨尾骨（pubococcygeus ／ P.C.，圍繞尿道與陰道的骨盆底肌肉）肌肉無力等。用於治療感冒與過敏的抗組織胺藥物，可能降低陰道潤滑程度，大麻亦有類似影響。子宮內膜異位（Endometriosis）與卵巢、子宮腫瘤、囊腫等，皆可能影響女性的性反應。

覆蓋陰蒂的皮膚可能遭受感染。自慰過於劇烈的女性，可能造成陰蒂發炎，使性交產生疼痛。伴侶對女性施以性刺激時，亦可能過於粗暴，引起陰道、尿道或陰蒂部位疼痛。手部不潔亦可能導致陰道或尿道感染。

性功能困難與不滿的心理原因

可能造成性功能困難的心理因素不一而足，一部分源於直接性原因，一部分來自內心的自我衝突，另有一部分來自特定的性關係。

■　直接性原因

性功能障礙的直接性原因，包括疲勞、壓力、無效性行為與性焦慮。

｜　疲勞與壓力

許多性功能困難的原因相當簡單。人可能感覺自己的身體為了應付日常生活而感到疲憊。疲勞可能導致對性行為冷淡或不感興趣。「我今天太累了，不想做愛」，可能就是這些人心中感受的真實寫照。此一類型的伴侶可能不需要治療或諮詢，但他們需要暫時從日常生活中解放。

長期壓力亦可能造成性慾與性反應降低。舉例而言，一個人如專注於維持家計、養育子女，或照顧長期患病的家人，有可能會暫時喪失性慾。

｜　無效性行為

無知、無效的性交流、資訊錯誤等，會使伴侶雙方無法有效發生性行為（見本書第二冊第一章）。解釋某些女性在性互動中無法達到高潮的原因時，無效的性刺激尤為關鍵因素，如同稍早「想一想」單元「性交就足夠嗎？性高潮與性行為」中所述。

由於缺乏經驗，部分男女同性戀並未學習到有效的性刺激行為。他們從小到大可能皆無法輕易獲得性方面的資訊，亦無正面榜樣可供學習。

▍性焦慮

多種焦慮形式，如表現焦慮（performance anxiety），可能導致性功能困難與不滿。[66] 男性無法勃起或女性無法達到性高潮，可能令其產生焦慮與恐懼感。此種焦慮可能阻礙期望中的反應。

表現焦慮可能引發**旁觀心態**（spectatoring），指某人成為她／他自己性表現的旁觀者。[67] 當人成為自身性活動的旁觀者，會對於自己的表現是否「良好」或是舉止是否「正確」，進行嚴厲的評估與批判。卡普蘭與霍維斯（Melvin Horwith）認為，旁觀心態與大部分性高潮困難有關。[68]

表現焦慮在男同性戀當中可能更為普遍。[69] 性研究者雷克斯·瑞斯（Rex Reece）寫道：「許多男同性戀遊走的社交與性環境，期望遇見某人後，性興奮能來得即時或迅速。如果反應來得不夠快，很可能遭到拒絕。」[70]

▍取悅伴侶的過度需要

焦慮的另一個來源，為取悅伴侶的過度需要。感受到如此需要的男性，有時在他人眼中是努力的「快槍俠」，想要迅速勃起，以取悅（或打動）他的對象。[71] 此男性可能認為自己必須憑藉著專業做愛技巧「給她高潮」，或是總是忍到他的對象達到性高潮後，自己才高潮。感受到此種焦慮的女性，可能想要快速達到性高潮，以取悅她的對象。她可能擔心自己不夠有吸引力，或是性方面能力有所不足。

需要討好對方的其中一個結果，便是男女性皆可能假裝達到性高潮。（梅格·萊恩在電影《當哈利遇上莎莉》〔*When Harry Met Sally*〕中即有一著名橋段，她在一家熟食店裡示範如何假裝性高潮。）女性假裝性高潮，最常為了避免令對象失望，或是傷害對方的感情。性治療師凱瑟琳·霍爾（Kathryn Hall）也表示，此舉「等於完全落入了一項迷思：男人真正關心的，只有滿足自我」。[72] 男性和女性都會為了呈現出性表現的虛假形象，而假裝性高潮。遺憾的是，一個人如假裝性高潮，會令對方誤以為此

一九九〇年代有個女權主義笑話這麼問：「為什麼女人要假裝性高潮？」答案是：「因為男人假裝有前戲。」這個笑話的大男人主義版本則是：「為什麼女人要假裝性高潮？」答案是：「因為她們以為男人在乎。」

安格斯·麥克拉倫（Angus McLaren）

人也同樣滿足。由於性高潮問題未獲解決，負面情緒可能隨時爆發。最明智的決定，絕非假裝出未曾有過的感受、興趣或快感。[73]（大學生假裝性高潮的相關討論，請參見第一冊第三章的「想一想」單元「性高潮所扮演的角色」。）

■　內心的自我衝突

父母對性的負面態度，往往與後來的性功能困難有關。長大的過程中，多半都在擺脫童年時期被灌輸的，關於性方面的內疚與負面想法。有些人害怕在情感上與另一個人太過親密。這樣的人或許可以享受性行為，但害怕隨之而來的脆弱感受，因而會在情感上開始與對方親近前，便退出性關係。[74]對於男同性戀、女同性戀者、雙性戀者而言，**內化恐同**（internalized homophobia，因自身的同性戀傾向而自我仇恨）是造成衝突的主要來源，其中有多項因素，包括保守的宗教背景。[75]

嚴重性功能困難的起源，包括童年時期的性侵、成人性侵害、強暴等。內疚與衝突通常並不會消除人的性慾，而是會抑制性驅力，使人與其性慾漸行漸遠。他／她可能會將性視作不好的東西或「不潔之物」，而非愉快之事。

治療師羅伯特・費雷斯東（Robert Firestone）、麗莎・費雷斯東（Lisa Firestone）與喬伊斯・卡特列特（Joyce Catlett），提出了另一種觀點，探討長期關係與婚姻中的激情減退問題。[76]三位專家認為，此種減退不能歸因於熟悉程度、性別差異、經濟困難、其他壓力來源等尋常理由，而是因為關係的動態變化、童年時期的痛苦感受出現、害怕遭到拒絕等，致使伴侶退回到較具防衛性的姿態。許多男性和女性皆難以維持令人滿意的性關係，「因為過去的關係中的傷害與挫折，使他們遠離愛與親密關係，變得多疑、保護自我」。三位治療師對於身處長期關係的伴侶，提出了以下建議：

> 為了保持有愛情的性關係，人必須願意面對愛人與被愛的概念對防禦系統挑起的威脅。為了能夠接納真正的情感、溫柔、愛與圓滿的性經驗，使其成為長久關係的一部分，人必須勇於挑戰自己的負面心聲，修改自

愉悅是所有理性生物之目的、責任與目標。

伏爾泰（Voltaire, 1694-1770）

己在家庭中形成的形象，並放棄根深柢固的防禦。此舉將導致極大的焦慮感。

■ 關係性原因

性功能困難不會空穴來風，而是會出現自一段關係的情境中。所有伴侶在某個時間點，皆會遭遇性關係方面的困難。性治療師大衛‧施納赫（David Schnarch）寫道：「一切正常的健康夫妻，有性功能問題實屬常見。正因為如此常見，這些問題可以說是正常的象徵。」[77] 最常見的情況是，已婚的夫妻之所以求診是因為在關係中的付出，比約會或同居情侶更多。性功能困難在約會或同居關係中通常不會浮上表面，與其改變導致性功能問題的行為，談分手有時更容易些。

性治療師伊瑟‧帕瑞爾（Esther Perel）於其著作《在束縛中結合》（*Mating in Captivity*）中，針對婚姻中的性慾望困難提出一項頗具爭議的觀點，一反性治療師的普遍認知。[78] 她認為，情慾會在始料未及中到來，日漸親密的關係則往往導致性慾減退。帕瑞爾指出，愛情因為了解伴侶的一切而受到滋養，性慾需要的卻是神秘感；愛情想縮小兩人間的距離，性慾則因距離而迸發。接著她主張：「性慾既然要能表達渴望，便需要難以捉摸。」帕瑞爾認為，夫妻如想更成功地保持、培養性慾，必須豐富各自的生活，而不是永遠如膠似漆。對於許多夫妻而言，挑戰之處在於相聚與分離間的平衡，因為兩者皆為相愛關係當中重要的組成部分。

性功能問題如果未獲解決，失望、憤怒、惱火、怨恨、力量衝突與敵意往往會永遠成為伴侶間互動的一環。

性功能增強

提升性關係的品質，稱為**性功能增強**（sexual function enhancement）。有幾個性功能增強的課程，針對性功能良好，卻仍想改善性互動與性關係品質的人而設。此種課程的目標，一般包括提供性生活方面的確切資訊、

> 如同齊聲合唱的歌手，和諧的性生活不見得要兩個人想一樣的事、做一樣的事，而是要融合各自的長處，創造愜意、愉悅的性生活。
>
> 桑德拉‧佩爾托（Sandra Pertot, 1950-）

發展溝通技巧、培養正面態度、透過性方面的作業練習治療中討論到的技巧、增強自我覺察等。[79]

■ 培養自我覺察

●
良好的性牽涉到非言語層面（透過笑聲和具正面意涵的肢體語言、臉部表情）以及言語層面的良好溝通能力。

意識到自身的性需求，對於提升性功能往往至為關鍵。

｜ 何謂良好的性？

性方面的刻板印象，會呈現出人在性方面應有的樣貌。「性方面負責主導」的男性形象與「有性慾，但不能太多」的女性形象，可能妨礙人展現表達自身性感受、需求、慾望的能力。我們遵循的是社會化後能夠接受的性腳本與刻板印象，而非自身獨有的性反應。順從上述的文化形象，可能阻礙我們擁有治療師卡洛‧艾里森（Carol Ellison）所說的，享有「良好的性」（good sex）的能力。在一篇講述以親密關係為基礎的性治療文章中，艾里森寫道，如果對自身、伴侶、關係、性行為的感覺良好，人便能知道自己正擁有良好的性。[80] 此外，人在與伴侶進行性行為的前、中、後，對性皆能感覺良好。[81] 良好的性不見得包括性高潮或性交，而可能有親吻、擁抱、自慰、口交或肛交等等。專注於良好的性，且經常心懷期待的人可能會問，此種與伴侶進行的性行為是否有其成本。請參閱第 199 頁的「想一想」單元，其中提出了一種可替代良好或「完美」性行為的模式。

｜ 發現自己的良好性關係條件

伯尼‧齊爾貝格曾經表示，要完全享受性生活，我們需要探索自己的「良好性關係條件」。[82] 任何活動都需要條件，這一點也不奇怪。針對良好性關係的條件，齊爾貝格寫道：[83]

「夠好的性」：通往伴侶終身滿意之路

「性提供了琳瑯滿目的體驗：有些時候的性，熱情、愉快、色情、使人滿足；有的時候，性則平淡無奇。」

——梅茨和與麥卡錫[84]

著名的性治療師、作家麥克・梅茨（Michael Metz）與巴瑞・麥卡錫（Barry McCarthy）於其著作《情慾長久指南：如何卿卿我我過一生》（*Enduring Desire: Your Guide to Lifetime Intimacy*）中（2011），針對長期發展、關係穩定的伴侶提出另一種概念，挑戰現有「完美的性」與「完美的性交」的文化模式，此為「夠好的性」（good enough sex）模式。[85] 兩位專家認為，性理當完美的普遍觀念實為有害，可能導致失望與幻滅。對性不切實際的期望會引起失敗的感受，因為「良好的性」並不平衡且會變化，在穩定的交往關係中尤為如此。梅茨與麥卡錫表示，「夠好的性」模式有生理、心理、人際關係三個面向，並非避重就輕，最終也不會走向平凡無奇、無趣、機械式的性，而是「一個路標，通往終身幸福、有意義的性，一個不是在虛幻的世界，而是在現實生活中幫助你／妳在性方面感到滿意的指南」。兩人引述研究指出，規律、具變化、靈活、能完全融入現實生活中的伴侶性生活，才是最好的性。「夠好的性」模式不會導向差強人意的妥協或「被出賣」的感受，而是放鬆、肯定與鼓舞的感覺；此模式所尋求的，是立基於實質的喜悅之上、「符合現實的良好性生活」，伴侶性生活隨著時間推移會產生的種種變化，皆屬健康且必要的改變。

當一個人對「夠好的性」模式的三個面向、性的正反定義、性對自我的意義等，發展出實際、靈活、準確、正面的看法時，「夠好的性」理論才能發揮最大的功效。伴侶有「夠好的性」時，會接受以下概念：

▦ 性的滿足程度隨著不同經驗而有所不同。

▦ 達成高品質的性是一生的追尋。

▦ 性功能障礙是提升合作與親密關係的機會。

▦ 幸福的伴侶如團隊一般合作無間。

▦ 高品質的性有其靈活度，能適應無可避免的變動性與困境。

▦ 性與現實生活息息相關，且現實生活理應納入性關係當中。

- 最好的性要有親密的相處，以及有情慾的伴侶雙方。
- 高品質的性屬於合作關係。

「夠好的性」有許多好處。個人會對於身在情慾之中感到自信與自豪，而且了解到正向、符合現實的期望，可降低對於自己身體與性慾的尷尬與羞恥感。個人會將性視為坦誠、真實人生中，正常、真實、正向的一部分，認為性既「體面」又狂放，而有激情的伴侶性生活「很好」。個人會接納性的變化性質，並想出靈活的方法將變化性整合進兩人的生活情境中，以提升彼此的愉悅。伴侶雙方結成密不可分的團隊，發現性的意義，並平衡情慾與親密關係。梅茨與麥卡錫表示：「你將不必再受羞恥感的束縛，不必再改變自己、不必再焦慮地懼怕失敗、不必再追求完美；你會感到自信、篤定、滿足。」

批 判 性 思 考

01. 社會以何種方式強調「完美的性」？

02. 你／妳認為採用「夠好的性」理論，是否會使性流於平庸與無趣？

03. 「夠好的性」理論在大學生看來，是否符合現實？為什麼？

04. 如果你／妳曾經有過性關係，你／妳是否體驗過「良好的性」與「平淡的性」？如果有，你／妳如何自處？「夠好的性」理論是否為處理性關係的變化的一帖良方？

來電與斷電：大學生怎麼說[86]

　　何種因素會讓男女大學生在性方面「來電」或「斷電」？是否有性別上的差異與相似處？性研究學者羅賓‧米爾豪森（Robin R. Milhausen）進行了一項網路研究，對象為八百二十二名隨機抽選的異性戀大學生（四百四十位女性、三百八十二位男性），年齡介於十八歲至三十七歲，皆來自於美國印第安納大學。米爾豪森認為，更加了解使男女性「來電」或「斷電」的因素，對於提升性福、改善性關係皆有其寶貴作用。以下為此項研究的主要發現。

男性與女性有共識的重要因素

促進男性與女性興奮程度的因素

- 良好的幽默感、自信、智慧
- 感覺自己是受到對方渴望的對象
- 自發性與多樣性（如每次都有不同的性活動，在不同的場合進行性行為）
- 幻想並期待性接觸
- 一起做開心的事情

使男性與女性「斷電」的因素

- 性行為過程中，付出與接受比例不等
- 伴侶太過在意自己的身體
- 擔心性方面的名聲敗壞
- 擔心性感染疾病
- 使用保險套

男性與女性意見相左的重要因素

- 女性更關心自己的性功能運作（例如想當表現好的情人、擔心花太長時間達到性興奮、感到害羞或太在意自己的身體）。
- 認為關係中的信任感與情感寄託比性興奮更重要的女性比男性多。
- 表示「感覺被用過」一詞是重大「斷電」因素的女性比男性多。

- 男性較常認為各種性慾刺激因素（例如想到某個他們認為有性吸引力的人、「開黃腔」、思想談吐皆與性有關、肢體上與對象拉近距離）會提升性興奮程度。

- 女性較常認為對象的特質與行為（例如有才能、善於待人接物、會做家事的對象）會提升性興奮程度。

- 女性較常認為性行為的場合因素（例如在可能被看到或聽到的地方發生性行為）會抑制性興奮程度。

- 女性更了解荷爾蒙對性興奮的作用。

- 女性較常認為性互動因素（例如對方察覺不出性行為過程中的信號、不確定對方感覺如何）會抑制性興奮程度。

- 不同意性行為過程中「直接跳到生殖器步驟」是重大「斷電」因素的男性比女性多。

批 判 性 思 考

01. 你／妳對這些發現感到驚訝嗎？哪一項？為什麼？

02. 研究結果中是否有部分「來電」與「斷電」因素與你／妳想的相同？

03. 你／妳從這項研究中是否學到了什麼，可以在未來的性接觸中派上用場？

04. 研究對象若是男同性戀、女同性戀，你／妳認為結果是否會相同？

當我們內心最深處的慾望現形，並由我們所愛的人以包容與肯定接納，羞恥感便會冰消瓦解。

伊瑟・帕瑞爾（Esther Perel, 1958-）

在性情境中，條件指的是能讓你更輕鬆、更自在、更有信心、更興奮、更能對體驗敞開心胸的任何事情。用另一種方式說，條件能清除神經系統中不必要的混亂，使其能以令你快樂的方式，接收與傳遞性方面的訊息。

　　每個人的「良好的性」都有自己獨有的條件，可能包括對伴侶在情感上產生親密感、對伴侶感到信任、身心的敏銳警覺、擁抱自身的性慾與慾

念等因素。[87]如果你目前擁有或曾經擁有性生活，為了解自己的良好性關係條件，不妨想想最近幾次有性慾且高度性興奮的時刻，再將它們與其他性興奮程度較低的經驗比較。[88]找出構成性興奮要素的需求，並將這些需求傳達給你的伴侶。

｜　回家勤練功課

性功能增強課程常指定伴侶可私下練習的項目。這樣的練習「功課」需要人們及其伴侶的時間投入。典型的功課包括以下練習：

- 鏡子檢查。使用全身鏡檢視自己的裸體，使用手鏡查看生殖器。以不帶批判的態度觀察自己所有的身體部位；以接納眼光看待自己。

- 身體放鬆與探索。花三十分鐘至六十分鐘完全放鬆。以悠閒的淋浴或泡澡開場，接著保持裸體，找一個舒適的地方，觸碰與探索自己的身體與生殖器。

- 自慰。在放鬆情況下，用身體護理油或乳液提高感覺，探索出能帶來快感的身體與生殖器觸摸方式。練習數次，不要達到性高潮，目標在於體驗未達性高潮的情慾快感。如果即將達到性高潮，減少刺激。經過幾次練習且未達高潮後，繼續愛撫自己，直到達到性高潮。

- 帶有情慾的聲音。每個人都有自己的「淫聲浪語」，並通過發現、培養、融入與伴侶的性生活風格中，以提升其效果。傳統上，許多女性皆依隨男性的情慾，性方面由男性主導，女性不應有自己的淫聲浪語。[89]發展出自己聲音的女性，因此便能與伴侶擁有更滿足、更豐富的性經驗。

- 男性與女性的凱格爾運動。凱格爾運動（Kegel exercises）最初的發展目的，在於幫助女性控制排尿，內容為鍛鍊稱為恥骨尾骨肌（pubococcygeus，或稱 P.C.）的骨盆底肌肉。由於恥骨尾骨肌環繞陰道外緣生長，有女性表示鍛鍊此處肌肉有一個愉快的副作用：提升性意識。男性來練顯然也有相同結果：鍛鍊此處肌肉能改善勃起功能，幫助男性學習射精控制。事實上，一項英國研究發現，經過三個月的凱格爾運動，男性的勃起功能有顯著的改善。[90]凱格爾運動基本上可使恥骨尾骨肌繃緊，如同阻止排尿時收緊肌肉一般。欲了解更多關於凱格爾運動的鍛鍊

方法，請詢問醫療保健專業人士或有信譽的醫療網站。

■　情趣用品。設計用以提高情慾反應的產品，如振動按摩器（vibrator）、假陽具（dildos）、G 點刺激器（G-spot stimulators）、人工陰道與陰唇、陰蒂刺激器（clitoral stimulators）、振動式乳頭夾（vibrating nipple clips）、露骨影片、油液、乳液等，皆稱為**情趣用品**（erotic aids），亦稱**性玩具**（sex toys），強調其玩具的性質。振動按摩器與假陽具似乎為最常見的性玩具，一般認為是「女性的玩具」。但性玩具當然適用於各性別，可以單獨使用或與伴侶一同使用。美國近期兩項針對十八歲至

六十歲男女性進行的全國研究，評估分析了振動按摩器的終身使用情形：百分之四十四點八的男性曾於性行為中使用振動按摩器；百分之五十二點五的女性曾經用過振動按摩器。[91] 與伴侶一起自慰或單獨自慰時，不妨嘗試一下性玩具或淋浴按摩，也可以觀賞色情 DVD、上網搜尋性露骨圖片，或是念有情色意涵的詩或故事給自己或伴侶聽。

假陽具與振動按摩器是常見的性玩具，可用於提升性興奮程度與達到性高潮。

■　**加強情趣**

提升性行為體驗的其中一大要素，在於加強性興奮程度。加強性興奮程度的重點在於提升情趣，而非提升性功能。有多種方式可以達到此目標。

|　**發展通往性慾的橋樑**

性治療師巴瑞・麥卡錫與作家艾蜜莉・麥卡錫指出，性慾是健康性生活的核心要素，而且發展與維持性慾對於建立滿意的伴侶性關係類型相當重要。[92] 伴侶偏好體驗一段新情慾關係的浪漫／激情性關係／理想化階段中，自發性行為帶來的快樂與活力。這個階段的伴侶聚在一起時，幾乎每次都有性行為。但對於已度過六個月至兩年激情階段的伴侶而言，尤其工作要求高、有子女、房貸者，大部分的性接觸都經過規劃，許多伴侶的性

比起磨蹭，性關係更要緊的是想像力。

埃麗卡・容（Erica Jong, 1942-）

有些人會與伴侶使用振動按摩器、假陽具、影片、身體按摩油、乳液等情趣用品提升性趣與性反應。

慾也開始降低。發生這種情況的原因在於，伴侶無法由激情性關係階段，轉變為持久的親密與情慾性關係類型。此時解決問題的關鍵，即為透過「搭建通往性慾的橋樑」，融合親密關係與情慾。

麥卡錫夫婦表示：「搭建通往性慾的橋樑，需要改變思考、期望、體驗性接觸的方式，藉此使性關係更誘人。」最重要的通往性慾的橋樑，牽涉到伴侶雙方預期中的性接觸，要能讓伴侶參與、付出，並感到性興奮。伴侶雙方皆應發揮創意，以搭建、維護通往性慾的橋樑。即使個人的橋樑很重要，發現獨特、互通的橋樑，亦可當作寶貴的伴侶資源。橋樑愈多樣，保持性慾就愈容易。除此之外，性慾的橋樑愈多，通過接觸連接與重新連接的方式就愈多。搭建性慾橋樑的其中一種方式，是由每位伴侶告訴對方，他／她最喜歡的兩種性接觸發起方式，以及最喜歡的兩種性接觸受邀方式。

┃ 性興奮

性興奮是指與性期望及活動有關的生理反應、幻想、慾望等。人各有不同的性興奮程度，不必然與特定類型的性活動有關。有時候，親吻或自慰產生的性興奮，程度會高於性交或口交。

> 最棒的春藥，是一位專注投入、性致勃勃的伴侶。
>
> 巴瑞・麥卡錫（1943-）與艾蜜莉・麥卡錫（1945-）

提升性興奮程度的頭號要素，是達成良好性關係的條件。如果需要隱私，可找個地方獨處；如果需要浪漫的場合，可來一場輕鬆的散步，或在燭光下聆聽音樂；如果想為性活動設定限制，記得通知對方；如果需要某種類型的身體刺激，告訴伴侶自己喜歡什麼，或示範給對方看。

提升性興奮程度的第二個要素，是注意自己的感覺體驗。一旦開始按摩或接吻等情慾活動，不可分心。親吻時，不要想接下來做什麼，或即將到來的考試。相反地，要專注於嘴唇與心的感覺經驗。

｜ 性交的替代方案

准許我游移的手，放它們自由，向後、向前、向上、向中間、向下。

鄧約翰（John Donne, 1572-1631）

等待、延遲、面對障礙，皆可能增強性興奮程度。此為禁慾的一大樂趣，這個樂趣可能在開始性交後不久就忘記了。著名性治療師、作家盧尼‧巴爾巴赫（Lonnie Barbach）認為，有性生活的人可能透過禁止性交一段時間，以加強性興奮程度。[93] 如果你是男同性戀或女同性戀，可以為偏好的性活動加諸類似的禁令。在此期間，不妨探索其他引起情慾或性慾的方式，如一起淋浴、給予或接受不含生殖器刺激的情慾按摩、分享自己的性幻想、一起跳充滿情慾的舞蹈等。（請參見第二冊第二章「想一想」單元「給予和接受愉悅的觸摸：『接觸的檔位』」。該文探討以快感為導向、不強加於人的觸摸，涵蓋範圍從充滿情感的觸摸到性交觸摸。）

■ 改變性愛關係

著名性治療師大衛‧施納赫（David Schnarch）於其著作《讓性愛復甦》（*Resurrecting Sex*）中，探討伴侶間常見的性功能困難，並提出解決這些問題的實用建議。[94] 施納赫表示，每對伴侶到了某些時刻，皆會出現性功能問題，儘管大多數伴侶都沒有料到，他們竟會遭遇性功能不滿。他在一段看似驚世駭俗的敘述中指出：「如果你的性關係保持不變，你會比較可能出現性功能障礙（而且會無聊至死）。」施納赫主張，改變性關係對於有性功能問題的伴侶而言實屬必要，並提出二十二種「復甦性關係」的方法。他解決性功能困難的概念與策略包含以下幾點：

- 放些心力在關係中與性無關的層面上。專注於做好自己每天要分擔的日常大小事。

- 擴充性行為的花樣、「調調」、風格與意義。驅策自己嘗試似乎需要費一番工夫的性行為。復甦性關係代表要做些不同的事情。

- 解決你與伴侶掩蓋起來的任何問題。生氣、沮喪或怨懟時，還要嘗試保持親密與性慾，往往會徒勞無功。

- 處理尚未解決的個人問題。這些問題會妨礙性興奮，使你容易出現性功能困難。

- 不要過度在意性功能問題可能有的潛意識意涵，也不要為了充當業餘精神分析學家而分心。個性特質或生活經驗並非絕對會導致性功能問題。注意自己的具體情況，並專注於實際發生在自己身上的事情。

- 了解到改變性關係通常牽涉到接受更深層次的聯繫。有鑑於許多伴侶不會透過性行為得到多少情感聯繫，這可以是一項挑戰。性行為過程中要保持親密、深層的聯繫，需要與伴侶建立一種感官與情感的羈絆。

有一件事，施納赫能打包票：要想復甦或改善親密關係，必須改變目前的關係。他指出，這並非簡單的任務。相反地，這牽涉到提高刺激水平、接受關於你與伴侶的新事實、變得更親密，並在過程中改變自己。復甦性關係需要能夠積極做出改變，並且不能因為挫折感就對伴侶出氣，即使你覺得她／他活該。

> 真令人驚訝，最常見的性功能問題竟然不是性慾低下、早洩，或性高潮困難；最大的問題是人還沒準備好面對性慾的個別差異。
>
> 桑德拉・佩爾托

治療性功能困難

有數種以心理學為基礎的性治療方法，其中最重要者當屬行為改變治療法（behavior modification therapy）與性心理治療法（psychosexual therapy）。威廉・麥斯特斯與維吉尼亞・強森為認知行為方法的先驅，海倫・辛格・卡普蘭則為最具影響力的性心理治療師之一。醫學方法對於某些性功能問題亦有效果。

■　麥斯特斯與強森：認知行為治療法

由麥斯特斯與強森發展出的性功能困難治療方案，為當代性治療的濫觴。兩位專家不僅拒用佛洛伊德學說中，將性功能問題追蹤至童年時期的方法，更將性功能問題重新命名為性功能障礙，不再以精神官能症的面向觀之。麥斯特斯與強森認為，絕大部分的性功能問題是性無知（sexual ignorance）、技巧錯誤、關係問題的結果。[95] 他們運用認知與行為技巧的結合來處理性功能困難，且不治療個人，只治療伴侶。

｜　有性功能困難的伴侶

認知行為治療師透過諮詢伴侶雙方而非個人，嘗試更了解勃起與性高潮困難。認知行為治療師將性視為人際現象，而非個人現象。事實上，他們會告訴委託人，個人不會有性功能困難，伴侶間才會有。性治療師桑德拉・佩爾托（Sandra Pertot）指出：「即使以前過得很安全、很幸福，人還是有可能遇到不滿意的性關係，因為你的個人性慾與你伴侶的相互作用，才能定義什麼是問題，什麼不是。」[96] 在這個模式中，任何性功能不滿並非個人之過；反而因為兩人的交互作用，才會出現困難，也才能解決問題。麥斯特斯與強森稱這個原則為「中立性與相互性」（neutrality and mutuality）。[97]

｜　感覺焦點法

一種常見的治療方法為感覺焦點法（sensate focus），指專注於觸摸，以及快感的給予與接受（見圖 4.5）。其他感官，如嗅覺、視覺、聽覺、味覺等，皆為間接加強觸摸體驗的手段。為了加強伴侶的感覺焦點，兩人回家都有「功課」要做。在擁有隱私的自己家中，伴侶雙方要脫掉衣服，以免限制感覺。一方必須給予快感，另一方負責接受。給予者觸摸、愛撫、按摩，並輕輕撫遍其伴侶的身體，唯獨不碰生殖器與乳房。此舉目的不在引起性興奮，僅是單純的感覺意識。

｜　治療男性性功能困難

性治療法利用不同的技巧，治療特定問題。

一絲不掛！一切歡樂皆由於汝，靈魂既無肉體，肉體既無蔽衣，歡樂必能盡嘗。

鄧約翰

圖 4.5　感覺焦點法

勃起困難　性功能問題為勃起困難時，伴侶會了解恐懼與焦慮問題的主要原因，而去除這樣的恐懼是治療的第一步。恐懼與焦慮一經去除，男性便比較不會扮演觀察自己性慾的角色；他能成為參與者，而非旁觀者或裁判。

將感覺焦點融入伴侶的行為中之後，兩人接著則要逗弄對方的生殖器，但不要試圖引發勃起。由於男方沒有接到指令，因此勃起通常可能會發生，但此時他被鼓勵使自己的陰莖弛軟下來，接著再度勃起，而後又弛軟下來，藉以證明他可以成功勃起。此舉能建立男性的信心，且其伴侶知道自己仍能令對方興奮，亦能產生信心。

治療師也會試圖破除諸多勃起方面的迷思。雖然絕大多數的勃起困難係結合多項因素而引起，如關係問題、心血管問題與憂鬱症等，但了解更多相關知識，並以更實際態度看待勃起，是克服勃起困難的重要步驟。常見的勃起迷思如下：[98]

- 勃起要努力才會達成。陰莖不是靠用力就能勃起，正好相反。做愛愈有感覺，愈有可能勃起。

- 男性是性機器，總是蓄勢待發，全力以赴。男人可以真正享受性愛，但如果少了某些條件，陰莖就可能興奮不起來。與其把性行為當成表演，

> 陰莖可不是身披重甲、深藏不露的騎士；事實上，它的喜怒全形於色。
>
> 蘇珊・博爾多（Susan Bordo, 1947-）

不如當成遊戲，兩個人都能放輕鬆時，成效最好。

■　性接觸過程中，只有一次機會能勃起。性接觸過程中，勃起程度改變是非常普遍的現象。如果性行為途中勃起消下去了，男人不必緊張，不要覺得這樣就結束了，應該要深呼吸，保持信心，並要求對方提供感覺刺激。

■　我上次失敗了；我永遠站不起來了。將單一性經驗放大成終生的勃起困難，實為錯誤。小題大作會導致壓力，有時真的就一語成讖了。

■　如果我不能勃起，我的伴侶就不能獲得性滿足。有很多方式能為伴侶提供性刺激，不見得要靠勃起。如果男人有勃起問題，關心他們的伴侶又怎麼會一走了之？多半都會想要幫忙解決。

圖 4.6　擠壓法

過早射精　認知行為治療師治療過早射精或早洩的方式，最初與治療勃起困難相同。治療師會著重於降低恐懼與焦慮，並提升感覺焦點與溝通。接著治療師會用到一項稱為**擠壓法**（squeeze technique，見圖 4.6）的簡單活動：陰莖以手部刺激至完全勃起，即將射精時，由伴侶以拇指與食指壓住龜頭冠下方位置。勃起消退三十秒後，伴侶再次施以刺激，並於射精前再次擠壓。伴侶反覆使用此一技術，持續十五分鐘至二十分鐘後，再讓男方射精。

部分性治療師建議，男性可以藉由提升延長性反應週期中高原期階段的能力，來學習射精控制，主要在自慰過程中學習延遲射精。治療師鼓勵男性應掌握好高原期階段；如自慰時已到「無法回頭」的臨界點，男性應該停止撫摸陰莖，但並非完全停下來。此種「復起又止」的技巧，男性可單獨做到，或於與伴侶的性行為過程中嘗試。男性也應該加強鍛鍊恥骨尾骨肌，到達射精臨界點時始能夾緊以延遲射精。接下來男性可以繼續自慰，並重複循環數次。男性如要學習射精控制，性治療師建議一週自慰數次，每次約三十至六十分鐘。數週後，許多男性皆能夠盡可能長時間保持在高原期階段。此外，只要男性能延遲射精達十五分鐘，接著想延遲多久就能延遲多久。[99]

男性性高潮疾患　此疾患亦稱為延遲射精，治療方式是讓男性的伴侶操控其陰莖。伴侶了解如何以言語和肢體方式刺激後，盡量帶給他最大的快感。男性第一次射精之前，同樣過程可能需要反覆數次。此療法的概念在於以快感與性慾來辨別男方的伴侶。男方被鼓勵放鬆，恥骨尾骨肌保持輕鬆，並感受刺激。此刺激不僅由伴侶施加，男方也會感受到伴侶對他產生的情慾反應。男方藉由手部刺激達到性高潮候，便可以進行陰道性交或肛交。有了進一步的指導與回饋，男方的性功能應該能夠正常發揮，不必再擔心延遲射精。

性治療師芭芭拉・凱斯林表示：「射精該發生時就會發生。」[100] 男性只要專心注意能導致射精的感覺，不要強求，自然就會射精。

| 治療女性性功能困難

每項女性性功能困難皆以不同的行為改變治療法治療。

女性性高潮障礙　感覺焦點法做完後，女性的伴侶開始碰觸、撫摸其外陰，她則引導伴侶的手，示範她喜歡的方式。然而，伴侶不得直接刺激陰蒂，因為此舉可能造成極度敏感，刺激可能會導致疼痛，而非快感。反之，伴侶需輕撫與刺激陰蒂周圍、陰唇、大腿上部等。這段時間裡，雙方都會受到告知，不要嘗試達到性高潮，因為會對女性造成過度的表現壓力。上述行為只是為了探索女性的情慾可能性，並了解如何能帶給她最大的快感。

在此特別告知有性高潮困難女性的伴侶：務必支持她以任何方式產生性高潮。性伴侶不會給對方性高潮，情人才是兩人情慾之旅的良伴。[101] 性治療師、作家馬蒂・克萊因（Marty Klein）提供有性高潮困難女性的伴侶以下這番話：「你可以創造一個環境，你的情人在這裡能足夠放鬆，性興奮程度也夠，可以產生一次（性高潮）。但是，性高潮是她自己創造的。你給不了她。」[102] 克萊因認為女性的高潮由自己創造，此觀點獲得了研究的支持：一項針對二千三百七十一名女性進行的研究顯示，許多女性在性行為過程中的某些行為，不只為了獲得特定的身體刺激，而是要助其達到

性高潮。[103] 此研究中女性最常進行的活動，見表 4.2。舉例而言，十名女性中有九名表示會調整體位，以獲得她們需要的刺激。

　　陰道痙攣　　陰道痙攣是最容易克服的性功能問題之一。女性使用一組有直徑大小之分的陰道擴張器（vaginal dilators，塑膠製，狀似陰莖的棒子）。晚上睡前插入一根，早上起床時取出。只要能放入某種尺寸的擴張器，且沒有產生陰道痙攣，則使用大一號的擴張器。大多數情況下，隨著時間過去，陰道痙攣便會消失。

■　卡普蘭：性心理治療法

　　海倫・辛格・卡普蘭修正麥斯特斯與強森的行為治療方案，加入了性心理治療法。[104] 認知行為方法適用於輕度至中度性焦慮引起的性興奮與性高潮困難，但如果患者因關係緊張、精神上的衝突、童年遭到性侵或強暴等因素，而產生嚴重焦慮情緒，單靠行為療法往往起不了作用。此種嚴重的焦慮情緒，通常表現為性嫌惡疾患或性慾望不足。

表 4.2　女性於性交時為促使性高潮產生，最常進行的活動

活動	百分比
調整我的體位，以獲得我需要的刺激	90
注意身體的感覺	83
收緊、放鬆我的骨盆肌	75
使我的動作節奏與伴侶同步	75
要求或鼓勵我的伴侶滿足我的需要	74
讓自己在事前進入情慾的情緒中	71
專心讓我的伴侶有快感	68
感覺到／想到我有多愛我的伴侶	65
進入我自己的幻想	56

資料來源：Ellison, C. R. (2006). Women's sexualities: Generations of women share intimate secrets of sexual self-acceptance. Read File Publications, 2006。

至少有一半的受訪女性，在回答調查問題「除了獲得特定的身體刺激，我還經常做下列事情，幫助我在與伴侶發生性行為時達到高潮」時，由列出十四個可能答案的列表中選出了以上答案。

■　其他非醫學方法

　　認知行為治療法與性心理治療法的費用都不低，且需要相當多的時間。為了因應上述限制，「簡潔有力」的性治療法、自助與團體治療法已然形成。

｜　PLISSIT 治療模式

　　性治療師最常使用的治療方法是以 PLISSIT 模式為基礎。[105]「PLISSIT」是以四種漸進式治療層次的英語首字字母組成的縮略詞：允許（permission）、適量知識（limited Information）、明確建議（specific suggestions）、密集治療（intensive Therapy）。約有百分之九十的性功能困難可於前三個層次成功解決，僅有約百分之十的患者需要繼續治療。

　　PLISSIT 模式中的第一個層次為允許。曾經有一段時間，性行為多半由重要人物下令禁止。由於幻想或自慰等慾望與活動未經核可准許，我們經常質疑其「正常性」或「道德性」。我們為這些行為蓋上神秘面紗，以羞恥感加以包裝。沒有獲得允許表達性慾，我們即可能遭遇性功能困難與不滿。性治療師此時便充當「給予許可之人」，同意我們表達性慾。

　　第二個層次為提供適量的知識。此種知識僅限於特定範圍的性功能困難。舉例而言，如果女人患有性高潮疾患，治療師可能提出解釋，如沒有在生殖器插入前、插入過程中、插入後另外以手刺激，並非所有女性都能在性交時達到性高潮。

　　第三層次為提出明確的建議。如果已得允許，有了適量知識卻並不足夠，治療師接下來便會提出明確的練習「功課」。舉例而言，如果一位男性遭遇過早射精或滑精，治療師可能建議他與其伴侶嘗試擠壓法。有性高潮疾患的女性，可能收到由伴侶陪同自慰或單獨自慰的指示，以了解伴侶如要協助她達到性高潮，以何種方式協助為最佳。

　　第四層次為密集治療。若有人至此仍遭遇性功能問題，則其需要進入密集治療，如性心理療法。

｜ 自助與團體治療

PLISSIT 模式提供了良好的治療基礎，有助於了解伴侶、朋友、書籍、性教育影片、自主活動、小組療法如何派上用場，協助處理前三層次（允許、適量知識、明確建議）的治療。舉例而言，伴侶、朋友、書籍、性教育影片、集體治療課程等，在治療師的指導下，可「允許」我們從事性探索與性發現。從這些來源，我們便可學習到，許多性幻想與行為皆非常普遍。

處理性功能困難的第一步，可以先由自己的近處發掘資源。首先可與伴侶討論該問題，了解其想法。討論可能有用的具體策略。有時候，僅僅是傳達出你／妳的感受與想法，就能解決性功能不滿問題。尋找可以分享感受與焦慮的朋友，了解他們的想法，再問他們是否有類似經驗。如果有，再問他們如何處理。盡量保持你／妳的洞察力與你／妳的幽默感。

■ 醫學方法

性功能困難往往是生理與心理的綜合問題。即使困難屬於生理性，嘗試處理困難時，也可能產生心理或關係問題。因此，生理方面的治療也可能需要加入心理諮商。綜合性的醫療與心理介入有幾個優點，例如治療效果與患者滿意度較高。[106]

由潤滑程度不足與陰道壁變薄引起的陰道疼痛，經常導因於更年期雌激素減少。潤滑凝膠或雌激素療法可能有幫助。陰道炎、子宮內膜異位、骨盆腔炎亦可能造成性交疼痛。潤滑液或短期更年期荷爾蒙治療法（相關討論請參見第一冊第七章）通常可以解決困難。性慾與性功能喪失、體力與力氣低落、憂鬱情緒、自信心低落等，原因有時可能來自睪固酮缺乏。睪固酮缺乏情形顯著的人，其性生活可能需要睪固酮補充劑的幫助（見第一冊第四章）。

大部分的男性內科與外科治療，皆以勃起困難為主。治療方法包括以顯微手術改善血液流動問題、以抽吸裝置（suction device）誘導與保持勃

陰莖以前還擁有自己的意志。現在沒有了。壯陽產業已經重新調整了那個器官，換掉過分講究的原創品，換上更耐操的新品。

大衛・弗雷德曼（David Friedman, 1949-）

起、在陰莖與腹部植入人工陰莖體、陰莖藥物注射等。由於不切實際又會惹人不快，輝瑞藥廠（Pfizer）於一九九八年引進壯陽藥物威而鋼（Viagra）之後，上述治療方法便形同過時。威而鋼為西地那非枸橼酸（sildenafil citrate）商品化後的名稱，是史上第一種治療男性勃起困難的口服藥物，無論心因性或醫學疾病引起的勃起困難皆可治療，有效又安全。威而鋼徹底改變了勃起困難的治療方式，代表了以藥理學方法治療性功能困難的開端。醫學文獻顯示，威而鋼為一種有效、耐受性良好的勃起困難治療方法，男性即使長期服用此種藥物亦復如此，更能提高勃起困難患者及其伴侶的性滿意度。[107] 二〇〇三年，美國食品藥物管理局核准通過另外兩種藥物，用於治療勃起問題，包括：葛蘭素史克公司（GlaxoSmithKline）與拜耳公司（Bayer）的樂威壯（Levitra，成分為鹽酸伐地那非，vardenafil HCl），以及禮來公司（Eli Lilly）的犀利士（Cialis，成分為他達拉非，tadalafil）。此三種藥物是製藥業歷史上最受歡迎的藥物種類之一。二〇一二年四月，美國食品藥物管理局批准了一種新壯陽藥 Stendra（成分為 avanafil）。美國全國性健康與性行為調查發現，十八歲至五十九歲的男性中，有百分之三曾於上一次性行為時使用壯陽藥物，五十歲至五十九歲年齡區段的男性使用比率（百分之八）比年輕族群更高（如十八歲至二十四歲男性比率低於百分之一）。[108] 威而鋼與樂威壯的藥效可達數小時，犀利士的藥效則達到二十四小時至三十六小時。壯陽藥物的其中一項好處，在於通常能有效治療因攝護腺癌治療與手術，包括完全切除攝護腺，而產生的勃起困難。

　　壯陽藥物能使陰莖肌肉放鬆，陰莖動脈擴張，從而擴大勃起組織，擠壓並關閉陰莖的靜脈。此種藥物需於性行為之前服用，藥效持續時間因不同藥物而異。壯陽藥物不會提高性慾，也不會自行導致勃起，勃起仍必須經過性刺激。性行為結束後，勃起便會消退。壯陽藥物產生的主要心理作用，在於能消除對於性交的預期與表現焦慮，最終藥物本身將導致勃起，信心亦會增加。[109] 部分男性把此種藥物當作暫時性問題的「短效藥」，或是「保險藥」，儘管可能並非真正需要。由於威而鋼會增加骨盆腔的血液流量，剛上市即有許多女性開始服用，以期增加感覺與性高潮程度。此種使用經驗與醫學研究的結果卻無法達成一致：血管充血不足並非女性性高

潮困難的唯一原因。為製出治療女性性功能困難，尤其低性慾問題的有效藥物，相關單位持續投注心力，但仍無進展。[110]

美國食品藥物管理局指出，如果按指示服用，壯陽藥物可供大部分男性安全使用，服用硝酸鹽（常為治療胸痛的處方藥）、心血管健康欠佳的男性則為例外。頭痛、視覺障礙與閃光有時會發生，極少數情況下會出現勃起時間延長與勃起疼痛。[111] 有部分男性會隨意使用壯陽藥物，如用作派對藥物或防止酒精影響的保險藥，希望藉以增強「實力」。[112] 混合街頭毒品與壯陽藥有其危險性。另外，他人的壯陽藥物不應使用，使用此類藥物，應有醫師開立的處方箋。

有些專家提出警告，不可過分依賴醫學方法來解決性功能困難（見下頁「想一想」單元「性功能問題的醫療化」）。性治療師、臨床心理學家朱利安‧斯洛文斯基（Julian Slowinski）指出：「一個男性的性功能由他的健康決定。他的身體、生活方式、個人情緒狀態、交往關係的品質，生活與環境壓力，皆會影響他的性功能。」[113] 大部分性功能困難可以通過個人與伴侶治療來解決。使用藥物的最佳方式，是配合心理治療。

以下亦為警語：許多順勢療法（homeopathic）產品，通常稱為「天然壯陽藥」，正在網路上與健康食品商店、便利商店、藥局大肆銷售，且承諾能「為你的生活增添性趣」、「重燃慾望」、「改善性表現」。這些憑藉沒有根據的說法與個人見證的膠囊、草本壯陽霜、噴霧劑、潤滑液、凝膠、滋補劑等，保證用了有更高的性興奮程度，以及堅如磐石的勃起。這些產品並不受美國食品藥物管理局管轄，可能含有或不含包裝上列出的成分，更可能對人體有害，尤其是對患有醫學疾病的人。此種天然壯陽藥能治療男女性性功能問題的證據，目前仍未成立。總之，沒有什麼天然的「魔法」子彈，能夠把你／妳瞬間變成完美的愛情機器。[114] 如同本書所建議的，提升情緒與身體的健康，以及與伴侶的關係，通常就是性生活圓滿的最佳途徑。

性功能問題的醫療化

自一九八〇年代初期以來，一些藥理治療法已經引入治療男性的性功能問題。壯陽藥物威而鋼、樂威壯、犀利士、Stendra 等，透過增加流向陰莖的血液量，使某些受高血壓、糖尿病、攝護腺問題所苦的男性，只要有性刺激便得以勃起。然而，藥物無法治好破碎的關係，使人更能以感性愛人，也不能增大陰莖，或解決所有複雜的性功能問題。[115] 壯陽藥物的一項問題，在於加強了一個廣為流傳，但實屬錯誤的說法：能夠勃起對於男性和女性而言，就等於擁有令人滿意的性經驗。此說法延續了來自色情影片的觀點，認為性就是把那根直挺挺的東西插進那個色色的洞裡，就是這麼回事。[116] 性治療師馬蒂・克萊因表示：「勃起得跟石頭一樣硬，性愛還是有可能很糟糕。」[117]。壯陽藥往往能助人延後或避免接受自我與伴侶分析。有些專家認為，壯陽藥物因此將性功能問題醫療化，導致流行的醫學模式開始提倡一種性功能的特定標準：正確的生殖器表現。[118] 醫學上的解決辦法，就是吃藥治療勃起問題，導致關注的焦點脫離了個人與交往關係的動態層面。[119] 然而，使用威而鋼（樂威壯、犀利士、Stendra）的最佳方式，卻是由性治療師進行全面的評估與介入，關注該男性的身體、情緒、關係等層面。[120]

「威而鋼現象」此一男性性慾醫療化的最新事件，有其正面效應，亦有其負面後果：威而鋼使數百萬男性勃起無虞，但也引起要求提升女性性反應藥物的聲浪。金賽研究所高級研究員約翰・班克羅夫特（John Bancroft）博士，談到治療女性性功能問題的藥理學方法時，認為醫學中常用的「性功能障礙」一詞，易招致誤導與風險；將性功能困難描述為障礙，「鼓勵醫師開藥改變性功能，但應該注意的其實是女性生活的其他面向」。[121] 班克羅夫特表示，威而鋼這類藥物可能影響女性的性反應與愉悅程度，但治療方式不應該將性表達與疲勞、壓力、來自伴侶的威脅行為等其他影響女性性功能的因素分開。[122]

性治療師、紐約大學醫學院精神病學教授利奧諾・提費爾（Leonore Tiefer）表示，[123] 已有無數的專門與科學會議探討女性性功能障礙，且背後有製藥公司的熱烈支持。她強調，這是出賣女性的性功能問題，將其當作一種藥物治療可以解決的新醫學疾患。為了因應此風潮，她與其他專家發展出另一個女性性慾的探討面向，即本章先前討論的「女性性方面問題新觀點」，以挑戰女性性慾的醫療化現象。

就
事
論
事

Practically
Speaking

[

尋求專業協助

]

　　治療師說那兒「沒有正常運作」，不見得代表有問題。你/妳需要根據自己與伴侶的滿意程度，以及你/妳在性關係中賦予的意義，來衡量你/妳的性生活。如果這樣做之後，你/妳仍無法自行解決性功能困難，請尋求專業協助。有一點很重要：尋求此種協助不代表個人的軟弱或失敗。反之，這是堅強的象徵，因為這證明了勇於求助、願意改變的能力。這是一個訊號，代表你/妳關心你/妳的伴侶、你/妳的關係，和你/妳自己。當你/妳打算接受治療，請考慮以下幾點：

■　你/妳的治療目標是什麼？你/妳願意在交往關係中做出改變，來實現你/妳的目標嗎？

■　你/妳想要個人、伴侶，或團體治療？如果你/妳處於交往關係當中，你/妳的伴侶是否願意參與治療？

■　你/妳重視治療師擁有什麼樣的特質？你/妳比較傾向找女性還是男性治療師？你/妳是否重視治療師的年齡、宗教或族群背景？

■　治療師有哪些專業認證？目前獲得認證的性治療課程很少，處理性功能困難的治療師多半各有其專業背景，如精神病學、臨床心理學、精神分析學、婚姻與家庭諮詢、社會工作等。美國性教育者、諮詢師與治療師協會（American Association of Sexuality Educators, Counselors, and Therapists）負責性治療師的認證核發，而且在其網站上依州別與郡別，提供了通過認證的性治療師名單與聯絡方式。[124] 性治療領域因為沒有執照制度，務必找受過訓練、在其所屬領域領有執照的治療師。

■　治療師採用的治療方法是什麼？是行為學、性心理學、精神分析、醫學、宗教、

靈性、女權主義，或是其他方法？你／妳對這個方法感到滿意嗎？

- 如果有必要，治療師是否能根據你／妳的收入水平，斟酌收取費用？

- 如果你／妳是男同性戀、女同性戀或雙性戀者，治療師是否尊重你／妳的性傾向？治療師是否了解男同性戀、女同性戀、雙性戀者面臨的特殊問題？

- 經過與治療師的一、兩次會面，你／妳對他／她是否有信心？如果沒有，請與治療師討論你／妳的感受。如果你／妳認為自己的性功能不滿並非防衛機制，請更換治療師。

大部分性治療師認為他們的工作成果相當成功。並非所有的問題都可以完全解決，但往往會有不錯的改善。十次療程以下的短期療法能幫助某些人，但大部分人都需要治療四個月或更久。[125] 治療的成功與否，多半與願不願意面對痛苦感受，並做出改變有關。這需要時間、心力，往往還需要金額可觀的費用。但辛苦付出終究會有回報，伴侶間會有更滿足的性生活，以及更深遠的關係。

■ 男同性戀、女同性戀、雙性戀的性治療

直至最近，性治療師對於性功能困難的治療，仍心照不宣地一律當作異性戀問題處理。事實上，過去性功能的運作模式一向認為異性戀性交才有性高潮，幾乎未曾提及男同性戀、女同性戀、雙性戀、跨性別者的性問題。

對男同性戀者、女同性戀者、雙性戀者而言，性問題與異性戀者有以下幾點不同。首先，男同性戀與女同性戀雖然也可能有性興奮、性慾、勃起、性高潮等困難，但困難出現的情境可能與異性戀有顯著的差異。[126] 異性戀者的問題往往聚焦於性交，男同性戀、女同性戀、雙性戀者的性功能不滿，則聚焦於其他行為。舉例而言，男同性戀在性治療中最常對肛門性愛表示嫌惡。[127] 女同性戀在性治療中則時常抱怨對於舔陰的嫌惡感。然而

女性性高潮困難並不常被視為問題。[128] 相較之下，異性戀女性則經常抱怨缺乏性高潮。

衝動滿溢而出，而且感覺在氾濫、激情在氾濫，甚至瘋狂也在氾濫：這氾濫取決於水流的力量，屏障的高度與強度……感覺潛伏於慾望與圓滿間的時間間隔。

阿道斯・赫胥黎（Aldous Huxley, 1894-1963）

其次，女同性戀、男同性戀、雙性戀者必須面對社會恐同與內化恐同。由於對暴力的恐懼，使男同性戀、女同性戀、雙性戀者難以如異性戀一般公開表達自己的感情。因此，男同性戀、女同性戀、雙性戀者皆學會在公開場合壓抑自己的感受，此種壓抑可能延續到私領域。內化恐同可能導致性慾減退，產生性嫌惡，並對性活動萌生內疚與負面感受。

第三，男同性戀者必須在性關係與 HIV 病毒感染的關聯中自處，此現象已在男同性戀社群中劃下一道致命傷痕。朋友、戀人、伴侶的死亡，身後留下許多人鬱鬱度日，此種情緒會反過來影響性慾，並造成高度性焦慮。許多男同性戀即使從事安全性行為，仍害怕感染 HIV 病毒。而 HIV 病毒呈現陽性反應的男性即使從事安全性行為，也經常害怕傳染給親愛之人。

男同性戀、女同性戀、雙性戀者獨特的擔憂，需要性治療師擴大對性功能問題的了解與治療範圍。如果治療師不是男同性戀或女同性戀，他／她便必須對於性傾向議題與同性戀的世界有全盤的了解。治療師還需要意識到自己對於同性戀的預設想法與感受，不可帶有偏見與價值判斷。

結 語

我們思考自身的性生活時，務必了解到性功能困難與不滿實屬常見。但是性不僅只是性高潮或某些類型的活動。即使我們有某方面的性功能困難，還是在其他方面，我們仍能充分展現性慾。如果有勃起或高潮問題，可以利用想像力來擴大情慾活動的花樣。我們可以帶著慾望觸摸彼此，單獨或與伴侶一起自慰、撫摸、親吻、挑動情慾，用手指與舌頭探索我們的身體。只要能把性視為情慾快感的相互給予與接受，而非一場表演，我們便可以提升性生活。透過重視良好性關係的條件，維持親密關係，並專注於自身與伴侶的情慾感受，就能改變我們的性關係。

摘要

性功能困難：定義、類型與盛行率

■ 「正常」性功能與性功能困難之間的界線往往並不明確。

■ 性功能運作的困難通常稱為性功能問題，性功能疾患，或性功能障礙。

■ 《精神疾病診斷與統計手冊》第四版修訂版將性功能障礙分為四類：性慾望疾患、性興奮疾患、性高潮疾患、性疼痛疾患。根據另一個以女性為中心的新分類體系，性功能困難源自文化與關係因素，並非醫療問題。

■ 性功能困難可定義為伴侶的一方或雙方，對性功能感到失望。

■ 數項全國研究顯示，許多男性與女性有時會遭遇性功能困難。美國全國性健康與性行為調查發現，男性的年齡增長與更嚴重的勃起問題、性活動期間更嚴重的疼痛、達到性高潮的可能性降低有關。對女性而言，變老則與更嚴重的陰道潤滑問題、達到性高潮的可能性增加有關。

■ 性慾望不足指性慾低下。此疾患通常於成年期發病，與生活狀況下的心理壓力有關。性嫌惡疾患指對於性活動或其概念產生持續性恐慌反應。

■ 女性性興奮疾患指無法達到或保持伴隨性興奮而來的陰道潤滑與膨脹程度。此疾患通常伴隨性慾望與性高潮疾患而來。

■ 男性性功能問題通常集中在性興奮階段。男

■ 性勃起疾患指無法達到或保持勃起，直至性活動完成依然如此。勃起困難可能因為疲勞、過度飲酒、吸菸、憂鬱、衝突、某些醫學疾病，或其他暫時性原因而發生。

■ 持續性性興奮症候群，一種新出現的女性性功能困難，指持續性的性興奮，無法以普通方式消除，且會持續數小時、數日，甚至數週。

■ 女性性高潮疾患指無法達到性高潮的病症。負面或內疚的性態度、性刺激不充分、交往關係困難等，會導致此種疾患。女性在性接觸過程中，如加入性交以外的性行為，會更可能達到性高潮。

■ 男性性高潮疾患指經過性興奮後的延誤射精或無射精。心理社會因素會造成這種疾病。射精抑制指陰莖勃起，但男性無法射精。延遲射精指男性在性交過程中無法輕易射精。

■ 早發性射精又稱過早射精或早洩，指無法隨心所欲控制或延遲射精，導致個人或人際相處困擾。

■ 陰道痙攣指陰道開口周圍的肌肉進入痙攣性收縮。陰道痙攣實質上是反映恐懼、焦慮或痛苦的條件反應。性交疼痛即性交時疼痛，經常因為女性在伴侶嘗試性交前未完全達到性興奮而發生。性抑制、與伴侶關係低落、荷爾蒙失衡等，皆有可能導致性交疼痛。

性功能困難與不滿的生理原因

■ 糖尿病與酗酒等健康問題可能引起勃起困難。有些處方藥會影響性反應。

■ 由於潤滑程度不足與陰道壁變薄而引起的性
交疼痛，經常因為更年期雌激素減少而發生。
潤滑液可以解決此困難。

性功能困難與不滿的心理原因

■ 性功能困難可能的心因性起源不一而足。此
種困難的立即性原因，在於當前的情況，包
括疲勞與壓力、無效性行為、性焦慮、過度
需要取悅對方等。由宗教教養、內疚、負面
學習、內化恐同引起的內心衝突，可能造成
性功能不滿，且可能使關係產生衝突。

性功能增強

■ 許多人與所有伴侶有時會遭遇性功能困難與
不滿。性慾的差異為伴侶最常見的抱怨。性
功能廣泛的變化性代表偶爾出現性功能困難
實屬「正常」。

■ 性功能增強指改善性關係的品質。性功能增
強課程通常提供準確的性方面資訊、發展溝
通技巧、培養正面態度、增強自我覺察。對
自己性需求的覺察，對於提升性生活至關重
要。性功能增強包括性興奮的加強。

■ 天然的壯陽成藥大增，但沒有一種在科學上
證實有效。

治療性功能困難

■ 麥斯特斯與強森發展出認知行為療法，治療
性功能困難。他們將性功能問題重行命名為
性功能障礙，不再以精神官能症或病症稱之，
利用直接行為改變法，並以治療伴侶為主，

不治療個人。治療包括沒有性交的感覺焦點
法、「功課」活動、最後則「允許」性交。
卡普蘭的性心理治療法課程，結合行為學活
動與洞察治療。

■ PLISSIT 治療模式指四種治療層次：允許、
適量知識、明確建議、密集治療。個人與伴
侶往往可以透過與伴侶或朋友交談、閱讀勵
志書籍、參加性治療團體等方式，解決性功
能困難。如果無法以此種方式解決性功能困
難，則應該考慮密集的性治療。

■ 威而鋼於一九九八年引入美國，為第一種
治療男性勃起困難的口服藥物，有效又安
全。隨後另有三種處方藥樂威壯、犀利士、
Stendra，皆經由美國食品藥物管理局批准。
這些藥物不會增加性興奮程度，而是使陰莖
更容易充血。

■ 部分性學專業人士聲稱，製藥公司誇大了性
功能困難，並將其「醫療化」，以促進銷售。

■ 男同性戀、女同性戀、雙性戀者的性治療有
三項關注的重點。第一，問題發生的背景可
能與異性戀者差異顯著，肛門性愛與舔陰即
為可能的問題。第二，他們／她們必須同時
應對社會恐同與內化恐同。第三，同性戀男
性必須在性行為與 HIV 病毒／愛滋病的關聯
間自處。

■ 為解決性功能問題尋求專業協助時，務必了
解到尋求幫助並非個人的軟弱或失敗，而是
堅強的象徵。

問題討論

■ 你／妳是否認為性功能困難應由美國精神醫學會此類醫學團體認定，或由個人與／或伴侶依不滿之處認定？

■ 如果你／妳曾與他人發生性行為，你／妳是否曾遭遇性功能不滿或困難？讀完這一章後，你／妳認為這個經驗是一種「性功能障礙」，或者可能是因為對於性不切實際的期望而產生的不滿？你／妳是否曾與伴侶談過此一失望情緒？

■ 你／妳認為與伴侶有怎樣的性經驗才算令人滿意？本章的資訊是否讓你／妳重新評估自己與伴侶認為的「良好性關係」為何？

■ 如果你／妳有性功能困難，你／妳對於尋求性治療師協助的自在程度如何？

■ 如果你／妳或你／妳的男性伴侶有勃起困難，你／妳會尋求處方藥（威而鋼、樂威壯、犀利士或 Stendra）來治療這個問題嗎？男性若無法勃起，是否可能與他的伴侶有良好的性關係？

性與網路

性功能困難（Sexual Difficulties）

　　網站 WebMD 提供各種健康問題的資訊，包括性功能困難。前往此網站（http://www.webmd.com），找到「搜索」欄位。輸入各種性功能困難的專有名詞，如「性功能障礙」、「勃起功能障礙」、「早發性射精」、「女性性高潮疾患」、「性交疼痛」等。查看各項主題的資訊。

■ 網站提供的資訊是否適合非醫療背景的人閱讀？

■ 提供了哪些新資訊？

■ 是否有連結通往其他提供性資訊的網站？

推薦網站

■ American Family Physician（美國家庭醫師網站）

http://www.aafp.org
提供有關男性與女性性功能困難的資訊。

■ New View Campaign（新視野運動宣導網站）

http://www.newviewcampaign.org
提倡以其他角度了解女性性功能困難，挑戰製藥產業，並呼籲進一步研究此種困難。

■ Sexual Problems in Men on Medicine.com（男性性問題醫學網）

http://www.medicinenet.com/sexual_sex_problems_in_men/article.htm
提供男性性功能問題的類型、原因、治療等資訊。

■ Women's Sexual Health（女性性健康網）

http://www.womenssexualhealth.com
解決女性及其伴侶關於女性性功能困難的問題與疑慮，網站並有「醫師定位器」，幫助找到治療此種困難的本地醫師。

延伸閱讀

- Cassell, C. (2008). *Put passion first: Why sexual chemistry is the key to finding and keeping lasting love.* （《激情至上：為何性的化學效應是愛情長久的關鍵》）New York: McGraw-Hill.

  本書為女性而寫（但也對男性有價值），幫助讀者了解性激情在關係中的重要性與作用，並強調提升伴侶間的親密關係。

- Castleman, M. (2004). *Great sex: A man's guide to the secret principles of total-body sex.* （《美好性愛指南：男性全身心投入性愛的秘密原則》）New York: Rodale.

  一本非常容易閱讀、實用的男性書籍，作者於書中大量引用備受尊敬的性治療師之言，列出治療師對於各種性功能問題的建議。

- Keesling, B. (2006). *Sexual healing: The complete guide to overcoming common sexual problems* (3rd ed.). （《性治療：克服常見性問題的完整指南》第三版）Alameda, CA: Hunter House.

  經典書籍的大幅擴增版，內容講述性的治癒力量，提供超過一百二十五個活動，有助於治療各種類的性功能困難。

- McCarthy, B. W., & McCarthy, E. (2009). *Discovering your couple sexual style.* （《發現伴侶間的性愛風格》）New York: Routledge.

  透過提供性方面的相關資訊、活動、實用工具等，重點幫助伴侶增強親密感與性滿意度。

- McLaren, A. (2007). *Impotence: A cultural history.* （《陽痿文化史》）Chicago: University of Chicago Press.

  一本嚴肅但有趣的文化歷史，主題為過去與現在如何圍繞勃起而建構男性的性行為。

- Metz, M. E., & McCarthy, B. W. (2011). *Enduring desire: Your guide to lifelong intimacy.* （《情慾長久指南：如何卿卿我我過一生》）New York: Routledge.

  一本教導在長期關係中創造、保持滿足性生活的絕佳指南。

- Moynihan, R., & Mintzes, B. (2010). *Sex, lies & pharmaceuticals.* （《性、謊言、藥》）Vancouver, British Columbia: Greystone Books.

  探討女性性功能不滿的原因，以及全球藥廠如何致力於將女性的性問題醫療化。

- Ogden, G. (2008). *The return of desire: A guide to discovering your sexual passions.* （《找回慾望：性激情探索指南》）Boston: Trumpeter.

  本書由經驗豐富的性治療師寫成，是一本以女性為主題，著重於增強其性慾與激情的智慧指南。

- Perel, E. (2006). *Mating in captivity.* （《在束縛中結合》）New York: Harper.

  在探索家庭生活與性慾的矛盾結合之中，提出了親密與性的大膽觀點。

- Pertot, S. (2007). *When your sex drives don't match.* （《當性慾不合拍》）New York: Marlow & Company.

  介紹十種原慾類型及其如何影響伴侶，並提

供理性的方式，幫助伴侶解決性慾的差異
問題。

■ Schnarch, D. (2002). *Resurrecting sex.* （《讓性
愛復甦》）New York: HarperCollins.
處理伴侶的性問題，並以坦率的方式談論性、
親密情感、交往關係。

性感染疾病

Sexually Transmitted Infections

本章重點

學生們怎麼說

截至目前為止，我跟十三個男生上過床。我最近收到的「警告訊號」，來自一位可能對象的威脅，還有學校的人類的性課程。我去做了 HIV 病毒檢查，結果是陰性。但是我確實感染了生殖器疣，還傳染給我的前男友。當時我只假裝自己從來沒跟別人上過床，劈腿的不是我，是他。我過去從來沒有因為自己有感染 HIV 病毒的風險而感到害怕。我下了新的決心：我要教育我的家人、朋友、同儕關於性方面的事情，對於跟可能對象發生性行為採取積極主動的態度，並跟我的母親開誠布公討論性這件事。

——二十三歲，女性

性感染疾病和 HIV 病毒，正是我從事性活動時會謹慎行事的原因。我根本不想得到性感染疾病，寧願再也不發生性行為，也不要感染 HIV 病毒。

——二十四歲，男性

為什麼男生常說服女生從事沒有適當保護的性行為？我真的不懂。性感染疾病的風險永遠都會在，我確定女生跟男生一樣，都很常會思考這種事情，但為什麼男生好像都滿不在乎呢？

——二十一歲，女性

我跟對象想使用保險套，防止得到性感染疾病。但是我們親熱的時候，我會覺得不夠滿足，他也無法勃起到能戴保險套的程度。跟他討論這個情況，我會覺得超尷尬，所以我們都帶著一點失望心情走開了，他是因為不能保持勃起，我是因為沒有花時間幫助他，也沒有勇氣幫他。我覺得他如果以前就戴著保險套自慰，說不定就能解決他現在的表現焦慮問題。

——二十二歲，女性

對於自己性方面的關係，我向來非常小心，以免得到性感染疾病，但曾經有那麼幾次，我喝了很多酒，並沒有實行安全的性行為。曾有那樣的行為讓我很害怕，我也嘗試著不讓這種事再次發生。性感染疾病實在是讓人感覺非常不舒服的話題。

——二十七歲，男性

「性感染疾病」（sexually transmitted infections，簡稱 STIs），指超過二十五種具傳染性的致病生物體，主要透過性接觸於人際間傳播。性感染疾病曾有花柳病（venereal diseases，venereal 一字源自羅馬愛情女神維納斯）之稱，晚近則由「性傳染病」（sexually transmitted diseases，簡稱 STDs）一詞取代「花柳病」。事實上，雖然目前仍有許多衛生專業人士繼續使用「性傳染病」一詞，然而部分人士認為，「性感染疾病」是較為準確、批判意味較低的用詞。換言之，人可能會受到性感染疾病的致病生物體所感染，但並未發展出與該生物體相關的疾病。因此本書將使用「性感染疾病」一詞，但「性傳染病」仍可能於引用其他參考來源時出現。

廣義的性感染疾病有兩種類型：（1）細菌性且可治癒之類型，如衣原體與淋病，以及（2）病毒性且無法根治之類型（但仍可治療），如 HIV 病毒感染、生殖器皰疹等。性感染疾病為美國嚴重的健康問題，導致為數可觀的人患病受苦。

本章與下一章將討論美國性感染疾病的**發病數**（incidence，指疾病新增病例數）與**盛行率**（prevalence，或稱流行率，指疾病的總病例數），特重探討青少年族群之情形、性感染疾病對某些人口群體的不同影響、導致性感染疾病流行的因素，以及性感染疾病的後果。本章亦將討論美國主要性感染疾病的發病數、傳播、症狀、治療等；HIV 病毒／愛滋病則為下一章的主題，不在本章探討範圍。性感染疾病的防治，包括保護性健康行為、更安全的性行為、溝通技巧等，亦將於本章討論。

玫瑰啊，妳病懨懨！有飛蟲肉眼看不見，利用夜色掩護，趁著雨嘯風呼，找到妳的床，樂趣緋紅魂蕩漾，黑暗中秘密戀情，斷送妳的性命。†

威廉・布萊克（William Blake, 1757-1827）

†引自呂健忠教授譯文。——譯註

性感染疾病的傳布

美國聯邦醫學研究所（Institute of Medicine，簡稱 IOM）將性感染疾病描述為「美國境內導致嚴重衛生與經濟後果的隱性流行病」，並補充：「性感染疾病對國家（美國）衛生的威脅日益嚴重，急需國家方面採取行動。」美國聯邦醫學研究所指出，性感染疾病因其「隱性」的性質，實為棘手的公共衛生問題。IOM 復又指出：「社會、文化的性方面禁忌，是性感染疾病防治的阻礙。」[1] 性感染疾病「默默無聞」的傳染方式，使其成為

嚴重的大眾威脅，需要個人更加關注，並增加醫療資源。

■　性感染疾病：最常見的通報傳染疾病

　　性感染疾病於美國相當常見，但確切病例數的多寡不可能確定，甚至估計總病例數亦屬困難。性感染疾病時常「默默無聞」，換言之，因為缺少早期症狀或症狀遭到忽視、未獲治療，性感染疾病常未經確診，醫療保健獲取途徑有限的人士尤為如此。無症狀的感染可透過檢查加以確診，但常規篩檢方案並不普遍，且社會上的汙名化與大眾對性感染疾病的認識缺乏，可能導致患者向醫療保健專業人員求診時，並未進行檢查。即使確診患有性感染疾病，通報的規定亦各有不同。僅有少數性感染疾病（淋病、梅毒、衣原體感染、A 型與 B 型肝炎、HIV 病毒／愛滋病、軟下疳等）必須由醫療服務人員向當地或州立衛生部門通報，並通報聯邦層級的美國疾病控制與預防中心，其他常見的性感染疾病，如生殖器皰疹、人類乳突病毒、滴蟲病等，則不存在此種通報規定。除此之外，性感染疾病的確診通報情形並不一致。舉例而言，部分私人醫師不會向所在地的州立衛生部門通報性感染疾病病例。[2] 儘管有病例低報與未確診等情形，有幾項重大指標仍說明了美國的性感染疾病問題：

■　性感染疾病是美國最常見的通報傳染疾病。二〇〇八年，通報頻率最高的前五大傳染病中，性感染疾病占了其中四種（見圖 5.1）。[3]

■　每年估計有一千九百萬起性感染疾病新病例。[4]

■　性感染疾病對逾六千五百萬美國人的生活造成負面影響。[5]

■　二十五歲前，每兩名年輕人中就有一人患有性感染疾病。[6]

■　超過一半有性生活的男性與女性，在人生中某個時間點將染上性感染疾病。[7]

■　美國有四分之一的女生（三百二十萬）至少患有一種常見性感染疾病：HPV 病毒、衣原體感染、生殖器皰疹、滴蟲病等。[8]

■　誰受到感染：群體落差

　　任何人，無論性別、種族／族群、社會地位或性傾向，皆可能得到性

圖 5.1　二〇〇八年美國列出的法定疾病

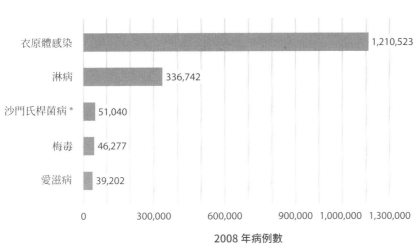

* 因感染沙門氏桿菌而引起，會導致腹瀉疾病。

資 料 來 源：Centers for Disease Control and Prevention. (2010d). Summary of notifiable diseases— United States, 2008. Morbidity and Mortality Weekly Report, 57(54), 1-94.

感染疾病。人的行為（而非其身分）會使其接觸到導致性感染疾病的致病生物體。然而，部分人口群體受性感染疾病影響的比例高出甚多；此種落差反映出性別、年齡、種族／族群的差異。[9]

｜　性別差異

總體而言，性感染疾病對女性產生的後果，往往較男性更為嚴重。一般而論，女性較男性容易得到性感染疾病，病情對於健康與生殖功能的傷害，亦較男性嚴重。性感染疾病往往較容易由男性傳染給女性，反之則可能性較低。女性得到無症狀性感染疾病的可能性較高，會導致診斷與治療延誤。[10]

此種「生物上的性別歧視」，意味著接觸到性感染疾病的致病生物體時，女性在身體上較男性容易受到影響。女性的身體構造，使其染上性感染疾病的可能性增加：溫暖、濕潤的陰道與子宮內部，為多種致病生物的理想生長環境。陰唇內部薄而敏感的皮膚，以及陰道分泌黏液的粘膜上皮，亦可能比覆蓋男性生殖器的皮膚更容易接收到具傳染性的生物體。女性性感染疾病的症狀通常非常輕微或無症狀，且女性的性感染疾病因其生殖系統的生理機能之故，較難診斷出來。性感染疾病對女性的長期影響，可能

包括骨盆腔炎（pelvic inflammatory disease，簡稱 PID）、子宮外孕、不孕、子宮頸癌、慢性骨盆腔疼痛等，且可能對胎兒或新生兒造成嚴重傷害，如自然流產、死產（stillbirth）、低出生體重、神經損傷、死亡等。[11]

　　女同性戀與雙性戀女性亦可能面臨性感染疾病的風險。美國一項具全國代表性的研究發現，生殖器皰疹與生殖器疣的自主通報比率，雙性戀女性為百分之十五至十七，女同性戀為百分之二至七，[12] 兩組女性年齡皆在十五歲至四十四歲之間。另一項針對女同性戀與雙性戀女性的研究則發現，許多人低估了自身面臨的性感染疾病風險，傳染潛在可能性方面的知識有限，且甚少表示會與女性伴侶採取防治行動，如洗手、使用橡膠手套、清潔情趣用品等。[13]

　　澳洲雪梨的一項研究則指出，曾與同性發生過性行為的女性，患有細菌性陰道炎的比率（bacterial vaginosis，簡稱 BV）較異性戀女性高。曾與其他女性發生性行為的女性當中，有百分之九十三表示過去曾與男性產生性接觸；這些女性終生的男性性伴侶數量之中位數為十二個（落在一組數字的上半部與下半部中間的數值），異性戀則為六個。因此，女同性戀恐無法免於性感染疾病的風險，因為會與同性發生性關係，且自我認同為同性戀的女性，許多人一生中也會與男性發生性關係。[14] 一項針對三十五名年齡介於十六歲與三十五歲的女同性戀與雙性戀女性進行之研究發現，對方患有細菌性陰道炎、使用陰道潤滑液，以及雙方共用性趣用品時，即有染上細菌性陰道炎的可能。[15] 多項研究發現，與男、女性皆會發生性行為的女性，得到細菌型性感染疾病的可能性較大，且與僅和男性發生過性關係和女性相比，罹患 HIV 病毒／性感染疾病的行為風險因子較多。[16] 一項個案研究則發現，女性對女性的梅毒傳染，多透過口交發生。[17]

　　與數種性感染疾病有關的監測資料指出，有愈來愈多的男男性行為者（men who have sex with men，簡稱 MSM）得到性感染疾病。舉例而言，近年來美國的梅毒預估病例數中，男男性行為者所占的比例已經逐漸增加。二〇一〇年，美國有百分之六十七的梅毒病例為男男性行為者。[18]（男男性行為者的 HIV 病毒／愛滋病方面資料，將於本冊第六章中介紹。）

｜　年齡差異

與老年人相比，年齡介於十二歲至十九歲的青少年，以及二十歲至二十四歲的年輕成人，若有性生活，得到性感染疾病的風險亦較高。性感染疾病新增病例中，約有一半為十五歲至二十四歲的個人，儘管此族群僅占有性生活人口的四分之一左右。[19] 年輕人得病風險較高，可能原因包括擁有多重性伴侶、從事具風險的行為、選擇高風險的對象、取得性感染疾病防治優質產品與服務時面臨阻礙等。[20]

｜　種族與族群差異

在美國，種族與族群為性感染疾病的風險指標，與其他健康狀況的基本決定要素（貧窮、獲得優質醫療保健途徑、尋求保健行為、非法藥物使用、居住於性感染疾病率高的社區）皆有相關。弱勢種族與族群的性感染疾病感染率較高。（二〇〇〇年至二〇〇九年，衣原體感染、淋病等兩種性感染疾病依種族／族群區分的感染率，見圖 5.2、5.3。）相較於內在因素，貧困、醫療保健途徑缺乏等社會因素，更能導致此種差異。

■　性感染疾病的傳布因素

美國聯邦醫學研究所指出：「性感染疾病是屬於與行為有關的疾病，由無保護的性行為引起。」行為、社會、生物等因素，皆有助於其散播。[21] 以下因素皆為美國管制性感染疾病之障礙。

圖 5.2　二〇〇〇年至二〇〇九年美國人的衣原體感染率，依種族／族群區分

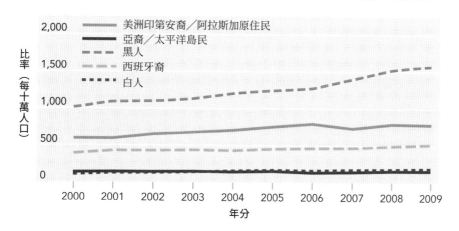

資料來源：Centers for Disease Control and Prevention. (2010e). 2009 Sexually transmitted diseases surveillance slides. Available: www.cdc.gov/std/stats09/slides.htm (Last visited 11/29/11).

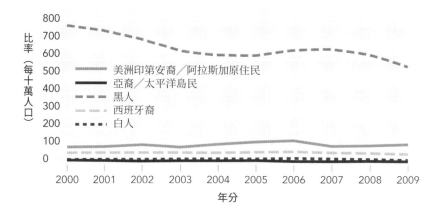

圖 5.3　二〇〇〇年至二〇〇九年美國人的淋病感染率，依種族／族群區分

資 料 來 源：Centers for Disease Control and Prevention. (2010e). 2009 Sexually transmitted diseases surveillance slides. Available: www. cdc.gov/std/stats09/slides.htm (Last visited 11/29/11).

｜　行為因素

過早開始親密性活動　在年紀較輕時即有性生活者，得到性感染疾病的風險較大，原因在於過早開始會增加性生活的總體時間，且較有可能發生非自願性交、擁有較多性伴侶、較不會持續使用保險套。[22] 舉例而言，美國一項以九千八百四十四名受訪者為樣本、具有全國代表性的研究發現，現年十八歲，初次性交年齡為十三歲的人士，得到性感染疾病的機率為現年十八歲，初次性交年齡為十七歲者的兩倍以上。[23]

連續的性關係　在一段時間內累計愈多單一性伴侶者（稱為**連續一夫一妻制**，serial monogamy），染上性感染疾病的機率愈高。（連續一夫一妻制方面探討，請參見第一冊第七章。）舉例而言，美國一項全國研究顯示，已感染性感染疾病的受訪者當中，百分之一表示過去一年有一位性伴侶，百分之四點五表示有二至四位，百分之五點九表示有五位以上。[24] 此外，受訪者的性伴侶愈多，愈有可能結交不熟悉、非單一的性伴侶。對象為不熟識之人（尤其認識不到一個月即發生性關係）、對象為非單一的性伴侶等，皆與性感染疾病發病數的增加密切相關。美國全國男性調查（National Survey of Men）與全國女性調查（National Survey of Women）資料發現，染上性感染疾病的可能性，隨著終生性伴侶數量的增加而提高：表示有二或三位性伴侶之人，與有一位性伴侶者相比，得到性感染疾病的

可能性為五倍，一生中有超過十六名性伴侶的人，可能性更高達三十一倍。[25]一項研究發現，十五歲至四十四歲具有性生活的女性當中，有百分之三十四因為性伴侶超過一位（百分之二十一）或其對象曾有兩位以上性伴侶（百分之二十三），而有染上性感染疾病的風險。值得注意的是，對象曾擁有多重性伴侶的女性當中，其中百分之二十認為目前的性關係是單一的性關係。年齡介於十八歲至二十四歲的男性當中，有百分之二十四由於有兩位以上的性伴侶，面臨得到性感染疾病的風險。[26]

　　並行的性關係　並行的性關係（concurrent sexual relationship，指同時有多段性伴侶關係），使性感染疾病更容易散布。研究顯示，並行的性關係與個體的性感染疾病風險相關。[27]急性 HIV 病毒感染期間，病毒的傳染性最強，此類性關係尤其具有風險。美國一項以男性為對象、具全國代表性的研究發現，有百分之十一的受訪者表示過去一年曾保持並行的性關係，且大多涉及女性。上述男性在前一次性接觸時使用保險套的可能性較低，已婚的可能性較低（低於沒有並行的性伴侶之人），行為帶有多種風險因素的可能性則較高，如性交過程中發生藥物或酒精中毒、非一夫一妻制的女性與男性對象、與男性性交等。[28]美國一項具全國代表性的研究中，女性維持並行性關係的普遍程度為百分之十二，近期結婚的人保持該種關係的普遍程度則最低。[29]一項針對性感染疾病門診病患（半數表示過去三個月有並行的性伴侶）的研究發現，受訪男性與女性皆認為有並行性伴侶實屬正常。該研究的受訪者認為人不可能只專屬於某個人，且根據過去與非排他性對象的相處經驗，他們／她們感覺自己難以信任對方，亦不願在情感上投資該段關係。該研究的參與者，尤其是女性，大多曾尋求單一的性關係。[30]

　　高風險性伴侶　與曾有多名性伴侶之人發生性關係，會增加得到性感染疾病的風險，擁有雙性戀男性伴侶的女性即為其中一例：她往往並不知道其男伴亦曾與男性發生性關係。另一個例子為年齡較大、有性經驗之人，與年輕、經驗較少的對象發生性關係。[31]此外，一項針對一千五百一十五名年齡介於十八歲至三十五歲、前往健康中心求診的男性進行之調查發現，

曾經買春的人染上性感染疾病的可能性，為未曾買春者的兩倍。[32] 人經常由自己的社交網絡中選擇新的性伴侶。如果其中一人得到了性感染疾病，其社交網絡即可能屬於性感染疾病的高盛行族群，從而增加該人未來得到性感染疾病的機會。研究顯示，在社交網絡之外選擇新對象，可能降低重複染上性感染疾病的風險。[33]

高風險性行為　某些與對象進行的性行為，得到性感染疾病的風險高於其他的性行為。舉例而言，一項以一千零八十四名前往性感染疾病診所的異性戀男性及女性患者為對象之研究發現，曾經肛交的人較可能有性感染疾病病史。[34] 一項針對美國南部偏鄉地區女性的研究發現，表示過去十二個月曾從事較高風險行為的受訪者，較有可能也表示於同一段時間中得到性感染疾病。[35]

未持續、正確地使用保險套　每次性接觸的過程中，以及陰莖接觸到伴侶的任何時候，正確使用男用乳膠保險套能顯著降低性感染疾病的風險。數項研究結果顯示，正確、持續使用保險套可能降低男女性得到性感染疾病的機率，[36] 以及女性出現骨盆腔炎的機率。[37]（請參見本冊第六章「想一想」單元「『你知道你在套什麼嗎？』大學生常見的保險套錯誤使用方式」，該單元回顧近期研究，探討大學生錯誤使用保險套的情形及其問題。）

藥物濫用　酒精、藥物的濫用與高風險性行為有關，但研究者仍不能確定酒精藥物使用與危險性行為之間，是否存在因果關係。藥物可能影響性行為之前與過程中的認知、應對能力，從而降低雙方防止性感染疾病與懷孕的可能。[38] 一項回顧研究探討了十一種關於酗酒問題與性感染疾病的研究，發現酒精使用問題與得到性感染疾病之間，有整體性的關聯。[39]

性要脅　進入性關係時，並非人人皆出於自願，女性尤為如此。美國二〇〇九年的青年高風險性行為調查（Youth Risk Behavior Survey）顯示，百分之八的受訪青少年曾經被迫進行性交，女性（百分之十一）遭到要脅的比例高於男性（百分之六）。[40] 遭遇暴力者較無法防止自己得到性感染

疾病。

　　缺乏性感染疾病方面的知識與關注　與伴侶有性生活者，對於範圍廣泛的性感染疾病及其傳染、防治之方式，必須具備相關的知識。隨著網際網路上、學校健康教育課程中的性感染疾病資訊增加，大多數人皆已擁有性感染疾病方面的基本知識，且了解藉由風險行為染上性感染疾病的可能性。然而，某些人群當中存在知識的落差。舉例而言，一項針對三百九十三名青少年的研究發現，研究對象僅具備非 HIV 病毒型性感染疾病方面的粗略知識，儘管他們皆表示曾接受關於性感染疾病的教育。[41] 一項以三百名具有性生活的青春期女性為對象（部分曾被診斷有性感染疾病，且由醫療院所召集）之研究，其結論指出她們對於先前得到的性感染疾病（包括不知情狀況下感染者）之了解，高於其他性感染疾病。換言之，上述研究對象似乎大多在確診染上性感染疾病後，才開始了解性感染疾病，論及有效防治作為、早期發現或迅速治療，皆為時已晚。[42] 最後，一項女同性戀、雙性戀女性焦點小組研究發現，針對性感染疾病的女性間潛在傳染性，以及細菌性陰道炎等，研究對象具備的相關知識皆屬有限。[43] 一項針對一千一百零一名年齡介於十八歲至二十五歲的女性進行之研究發現，百分之七十五的受訪者認為她們隔年得到性感染疾病的風險很低，即使大多數人皆有過未保護的性行為。有些女性認為性感染疾病「沒什麼大不了」，且對於感染性感染疾病的風險渾然不覺。[44]

　　對於伴侶的性感染疾病狀況有錯誤認識　人也經常並未充分認識到其性伴侶是否已確診得到性感染疾病。南加州一項針對性感染疾病門診患者的研究中，參與者表示，認為新認識的性伴侶沒有性感染疾病時，便沒有使用保險套。該研究的參與者並不直接討論其對象的性史，而是仰賴眼睛所見與言語上的暗示，判斷對方是否患病。此種評估方式反映出嚴重的判斷錯誤，因為該研究的參與者實際上大多感染了性感染疾病。[45] 近年一項針對異性戀伴侶門診病患的研究發現，百分之十的女性與百分之十二的男性不知道其伴侶近來已確診得到性感染疾病；百分之二的女性與百分之四的男性不知道其伴侶為 HIV 病毒陽性反應。[46] 上述資訊凸顯出溝通與誠實確

預防性感染疾病：男、女用保險套的作用[47]

數十年以來，公共衛生當局人員持續推廣男用保險套，視其為具有性生活者預防性感染疾病的重要用品。然而，保險套預防 HIV 病毒與其他性感染疾病的效果究竟如何，至今仍有大量討論。部分懷疑論者強調保險套的失敗率太高，且保險套的有效性實屬誤導、誇張的說法。有趣的是，儘管懷疑論者有其主張與譴責，一次針對五百一十七位美國印第安納州居民進行的隨機電話訪查發現，近百分之九十二的受訪者認為，保險套至少在某種程度上能有效防治 HIV 病毒與性感染疾病。[48]

美國疾病控制與預防中心已對男用保險套、女用保險套、性感染疾病防治等議題發表聲明與建議，供公共衛生人員參考。

男用保險套

美國疾病控制與預防中心針對男用乳膠保險套與性感染疾病防治（包括 HIV 病毒）的建議，以各種性感染疾病的傳染方式資訊、保險套的物理性質、保險套提供的覆蓋／防護範圍、保險套使用與性感染疾病的流行病學研究等層面為基礎。[49] 關於性感染疾病預防與保險套，美國疾病控制與預防中心有以下的說法：

> 對於自身性行為使其面臨性傳染病風險的人士而言，正確、持續使用男用乳膠保險套，可降低性傳染病的傳染風險。然而，百分之百有效的防護方式並不存在，且使用保險套無法保證能絕對預防任何性傳染病。除此之外，塗抹殺精劑的保險套，其防止 HIV 病毒與其他性傳染病傳染的效果，已然不再優於其他塗抹潤滑液的保險套。為求達成保險套的保護作用，必須以正確、持續方式使用。不正確的使用可能導致保險套滑脫或破損，從而減少其保護作用。未持續的使用（如並未每次性交時皆使用保險套）可能導致性傳染病的傳染，因為僅需一次性交，即可能發生傳染。

特定的性感染疾病方面，美國疾病控制與預防中心表示，持續、正確使用乳膠保險套，HIV 病毒的性傳染防治效果相當高，並能降低淋病、衣原體感染、滴蟲病的傳染風險。僅有潛在風險區域或部位受到保護時，正確、持續使用乳膠保險套始可降低感染生殖器皰疹、梅毒、軟下疳的風險。生殖器潰瘍症（genital ulcer diseases）與人類乳突病毒感染，可能發生於受到乳膠保險套覆蓋／保護的男、女性

生殖器部位，未覆蓋／保護部位亦可能感染。保險套的使用，可能降低 HPV 病毒感染及其相關疾病的風險，如生殖器疣、子宮頸癌等。另外有兩種非乳膠保險套可供選擇：一種以聚氨酯或其他合成材質製成，提供性感染疾病的防護。對乳膠過敏者，可以此種保險套代替乳膠保險套。另一種為天然膜（natural membrane）保險套，不建議用於防範性感染疾病。[50]

女用保險套

研究顯示，女用保險套如使用得當，性交過程中能與男用保險套產生同樣的精液屏蔽效果。[51]持續、正確使用時，女用保險套可大幅降低 HIV 病毒感染等性感染疾病的風險。美國疾病控制與預防中心建議，男用保險套無法確實使用時，性關係的雙方應考慮使用女用保險套。女用保險套在女性接受肛門性交時，亦用於防範性感染疾病／HIV 病毒。[52]

為性感染疾病防治的必要一環。

┃ 社會因素

貧窮與邊緣化　低階社會經濟群體當中的個人，以及所處社交網絡中高風險行為普遍、健康照護取得途徑有限的人士，受到性感染疾病影響的比例甚大。此種群體包括性工作者（以性行為交換金錢、毒品或其他物品之人）、青少年、生活貧窮之人、移民勞工、遭監禁之人等。性感染疾病、藥物濫用與性工作之間有密切的相關性。[53]美國一項針對十八歲至二十七歲成年人，具全國代表性的資料分析研究發現，背景條件（contextual condition）與性感染疾病的盛行率及近期感染情形有關。隨著背景條件的數量增加，性感染疾病的盛行率同樣增加。與性感染疾病有關的背景條件，包括居住未獲保障、接觸犯罪行為、曾經遭到逮捕、幫派參與、童年遭受性侵、頻繁使用酒精、憂鬱症等。[54]

有性生活的人對於各類型性感染疾病及其傳染、防治之方式，必須具備相關的知識。

健康照護取得　獲得高品質、具文化敏感性的健康照護服務，對於性感染疾病的早期發現、治療、預防諮詢等，皆屬必要。遺憾的是，性感染疾病的醫療保健服務，在許多性感染疾病普遍的低收入地區皆屬有限，且公共衛生方案的補助不足。缺少此種方案，許多身處高危險社交網絡的人士，皆缺乏取得性感染疾病醫療服務的途徑。

性方面的保密與道德衝突　文化上對性感染疾病的汙名化，以及普羅大眾對於性方面議題的不自在這些因素，使美國未能進入低性感染疾病盛行率國家之列。（對於汙名化問題的進一步探討，請參見本冊第六章「想一想」單元「HIV 病毒與其他性感染疾病的汙名化」）。歷史上，對於性感染疾病所抱持的道德主義與批判立場，阻礙了公共衛生機構管制性感染疾病的努力。舉例而言，愛滋病研究的資金援助，直至證明異性戀人士與男同性戀確實受到威脅，才開始大量挹注。[55]

┃ 生物性因素

性感染疾病的無症狀性質　性感染疾病大多不會產生任何症狀，或是僅引發輕微症狀，以致未獲注意或遭到忽視。染上性感染疾病與出現重大健康問題之間，經常存在很長的時間間隔（有時歷時數年）。性感染疾病的無症狀期間，人亦可能於不知情狀況下感染其他性感染疾病。患者可能不會尋求治療，致使性感染疾病對生殖系統造成損害。

對治療產生抗藥性或缺乏治療方式　由於病毒、細菌及其他病原體會持續發展出抗藥性菌株（resistance strains），過去有效的抗生素，現在或不再能有效治療性感染疾病。遭受感染者可能繼續散播性感染疾病，原因在於認為自己已獲治癒，或是目前沒有症狀。另外，部分性感染疾病，如生殖器皰疹、生殖器疣、HIV 病毒等，沒有治療方式可治癒。患有上述任

何一種病毒感染者，理論上會永遠具有傳染能力。

女性易受影響 青少年女性極易得到衣原體感染與淋病，因為其子宮頸尚未成熟。[56]有灌洗陰道習慣（vaginal douching）的女性，得到骨盆腔炎與性感染疾病的風險亦較高。[57]

其他生物性因素 科學文獻大多似乎支持包皮環割對於多種性感染疾病的防治價值；然而仍有研究反駁此種發現。經過包皮環割的陰莖，可能降低染上 HPV 病毒、淋病、HIV 病毒、生殖器皰疹、梅毒等性感染疾病的風險，[58]另有一項研究發現，男性接受包皮環割，可能令其女性伴侶感染 HPV 病毒的風險降低。[59]其他研究則發現包皮環割與梅毒、生殖器皰疹盛行率降低無關；[60]更有一項研究發現，兒童早期接受包皮環割，並未顯著降低一般人得到生殖器皰疹的風險。[61]除此之外，針對男性包皮環割與女性得到性感染疾病的研究發現，伴侶接受包皮環割的女性，感染衣原體、淋病、滴蟲病的風險仍相同。[62]

國際性觀察研究、非洲臨床試驗的結果，皆顯示男性包皮環割與 HIV 病毒感染風險降低有關。世界衛生組織表示，上述兩項研究「皆出現令人信服的證據，顯示包皮環割可降低男性因異性性接觸感染 HIV 病毒的風險，降低幅度約百分之六十」。[63]世界衛生組織並與聯合國愛滋病聯合規畫署（Joint United Nations Programme on HIV ／ AIDS，簡稱 UNAIDS）共同提出建議，表示男性包皮環割在異性戀感染型 HIV 病毒流行、HIV 病毒盛行率高、男性包皮環割率低的國家與區域，應視為有效的 HIV 病毒介入防治方式。兩組織更指出，男性包皮環割僅提供部分防護，乃屬 HIV 病毒全面防治計畫的一環，仍需包含 HIV 病毒檢驗與諮詢、性感染疾病治療、安全性行為宣導、供應男女用保險套、推廣正確與持續使用保險套等。美國疾病控制與預防中心指出，是否建議美國任何男性人口接受包皮環割，至今仍未有定論。美國疾病控制與預防中心聲明指出，任何男性實施包皮環割手術，建議以自身意願為準，且最終應由個人與雙親決定。[64]

對於男男性行為者而言，支持包皮環割能預防 HIV 病毒／性感染疾病

的證據甚少。一項包含十五項研究，範圍廣及八個國家、五萬三千五百六十七名男同性戀與雙性戀男性的回顧研究中，未能證實接受包皮環割有益於防治 HIV 病毒感染。[65]

　　男性包皮環割是否應成為常規手術，作為 HIV 病毒／性感染疾病的防治措施，本書英文原書付梓出版時仍然存在爭議。一方面，部分男性擔心割包皮會減少性方面的快感；大多數研究皆發現，包皮環割與否，在性感覺與性功能方面的差異不大。[66]

■　性感染疾病的後果

　　性感染疾病引起的問題，似乎連綿而無止境。女性與嬰兒因各種性感染疾病而承受的健康傷害，較男性更為嚴重。缺少醫療照護時，部分性感染疾病可能導致失明、癌症、心臟疾病、不孕、子宮外孕、流產，甚至死亡。[67]

　　性感染疾病的一大嚴重後果在於，如又出現其他性感染疾病，會增加 HIV 病毒感染、傳播的可能性。已得到另一種性感染疾病之人，如經由性接觸而遭遇 HIV 病毒，遭受感染的可能性為未得到另一種性感染疾病者的二至五倍。研究亦顯示，如果 HIV 病毒感染者也患有他種性感染疾病，此人透過性接觸傳染 HIV 病毒的可能性，比未得到他種性感染疾病者為高。[68]

　　除人命損失外，二〇一〇年美國健保體制下的性感染疾病治療成本，估計為一百六十九億美元。該成本並未計入間接、非醫療的成本，如因疾病導致薪資損失與生產力下降、實際開銷、傳染給嬰兒的相關成本等。[69]

性感染疾病態度量表[70]

此量表由威廉・亞伯（William L. Yarber）、穆罕默德・托拉畢（Mohammad Torabi）與哈洛德・韋恩克爾（C. Harold Veenker）所發明，用以衡量年輕成年人的態度，判別其可能傾向於性感染疾病的高／低風險群。本單元介紹的量表為已發表初版量表的更新版本。依照使用方法，以符號表示你／妳對下列陳述的回應，接著依照評分方式算出你／妳的風險。

使用方法

詳細閱讀各項陳述。依照你／妳的第一反應，寫出與答案對應的字母符號。

字母符號

SA= 強烈同意　　　　A= 同意　　　　U= 不一定

D= 不同意　　　　SD= 強烈不同意

01. 我的性表達方式，與性感染疾病無關。
02. 利用預防方法減少得到性感染疾病的機會，並非難事。
03. 負責任的性行為是最能降低性感染疾病風險的其中一種途徑。
04. 及早獲得治療是防範性感染疾病有害影響的主要關鍵。
05. 選擇合適的性伴侶，對於降低我得到性感染疾病的風險相當重要。
06. 性感染疾病的高度盛行，是所有人都應該關心的問題。
07. 如果我得到性感染疾病，我有責任讓性伴侶去尋求醫療。
08. 讓我的性伴侶接受性感染疾病治療的最佳方式，是帶著他／她一起去看醫生。

09. 一旦知道出現性感染疾病，我有必要改變在性方面的行為。
10. 我不喜歡按照醫療步驟進行性感染疾病治療。
11. 如果我有性生活，性行為前後採取措施以預防得到性感染疾病，會令我感到不自在。
12. 如果我有性生活，對象建議我們使用保險套以避免性感染疾病，我覺得這樣很侮辱人。
13. 我不喜歡和同儕討論性感染疾病。

14. 除非確定患有性感染疾病，否則我不知道該不該去看醫生。

15. 如果認為自己患有性感染疾病，我會覺得應該找性伴侶一起去診所。

16. 如果我有性生活，與對象討論性感染疾病會令我感到尷尬。

17. 如果我準備發生性行為，想到與一個以上對象發生性關係，便可能得到性感染疾病，我會感到不安。

18. 我同意禁慾（不發生性行為）最能避免性感染疾病的想法。

19. 如果我患有性感染疾病，我會與公共衛生人員合作，發現我的感染來源。

20. 如果我患有性感染疾病，接受治療期間我會避免接觸別人。

21. 如果我曾與一個以上對象發生性行為，我會定期進行性感染疾病檢查。

22. 決定與任何人發生性行為之前，我會注意自己是否有任何性感染疾病的跡象。

23. 我會因為有得到性感染疾病的可能性，而限制自己僅與一個對象發生性行為。

24. 即使認為得到性感染疾病的可能性很小，我也會避免性接觸。

25. 我會因為可能得到性感染疾病，而不發生性關係。

26. 如果我有機會，我會支持社區的性感染疾病管制工作。

27. 我願意與大家合作，讓我所在地區的人關注性感染疾病的問題。

評分 ＿＿＿＿

分數計算方式如下：

第一項、第十項至第十四項、第十六項與第二十五項：強烈同意得五分，同意得四分，不一定得三分，不同意得二分，強烈不同意得一分

第二項至第九項、第十五項、第十七項至第二十四項、第二十六項與第二十七項：強烈同意得一分，同意得二分，不一定得三分，不同意得四分，強烈不同意得五分。

分數愈高，代表傾向於高風險性行為的態度愈強。亦可使用三種次級量表計算自己的分數：第一項至第九項代表「信念分數次級量表」；第十項至第十八項為「感覺分數次級量表」；第十九項至第二十七項則為「行動意圖次級量表」。

主要的細菌型性感染疾病

本章節將討論衣原體感染、淋病、尿道感染、梅毒等主要細菌型性感染疾病。如前所述，細菌型性傳染感染可以根治。表 5.1 總結所有主要性感染疾病的相關資訊，其中包括細菌型傳播感染、病毒型性感染疾病、陰道感染、其他性感染疾病、**外寄生蟲侵擾**（ectoparasitic Infestations，指寄生於表皮的寄生蟲發動侵擾）等。

表 5.1　主要的性感染疾病

性感染疾病與致病生物體	症狀	
細菌型性感染疾病		
衣原體感染（砂眼衣原體，_Chlamydia trachomatis_**）**	女性：百分之七十五無症狀；其餘可能出現異常陰道分泌物或排尿疼痛。男性：約一半無症狀；其餘可能出現陰莖分泌物、尿道口周圍出現灼痛或發癢，或是出現持續低度發燒。	
	接觸至發病時間	七天至二十一天。
	治　療　方　式	抗生素
	描　　　述	如未治療，可能導致骨盆腔炎，進而使女性不孕。二十五歲以下有性生活的女性需每年接受檢查。
淋病（淋病雙球菌，_Neisseria gonorrhoeae_**）**	女性：高達百分之八十無症狀；其餘可能出現近似衣原體感染之症狀。男性：部分無症狀；其餘可能出現陰莖發癢、灼熱或疼痛，排尿時帶有分泌物（「陰莖滴液」）。	
	接觸至發病時間	女性：通常無顯著症狀。男性：通常二天至五天，但亦可能三十天以上。
	治　療　方　式	抗生素
	描　　　述	如未治療，可能導致骨盆腔炎，進而使女性不孕。患有淋病者較易感染 HIV 病毒。
尿道炎（多種致病菌）	排尿疼痛與／或頻尿；出現陰莖分泌物；女性可能無症狀。可能出現陰道分泌物與排尿疼痛。	
	接觸至發病時間	一週至三週。
	治　療　方　式	抗生素
	描　　　述	適當的治療方式需由檢驗結果斷定。

梅毒（梅毒螺旋體，*Treponema pallidum*）		第一階段：病菌進入點出現紅色、無痛潰瘍（下疳，chancre）。 第二階段：身上出現皮疹，包括雙手手掌與腳底。
	接觸至發病時間	第一階段：十天至九十天（平均二十一天）。 第二階段：下疳出現後六週。
	治療方式	抗生素
	描述	容易治癒，但未治療可能導致內臟受損。如已感染梅毒，感染 HIV 病毒的機率會增加二至五倍。
病毒型性感染疾病		
HIV 病毒感染與愛滋病（人類免疫缺乏病毒，human immunodeficiency virus）*		可能出現類似流感的症狀，但早期階段往往沒有症狀。其後出現的各種症狀，包括體重減輕、持續發燒、夜晚盜汗、腹瀉、淋巴結腫大、形似瘀傷的皮疹、持續咳嗽。
	接觸至發病時間	數月至數年。
	治療方式	無法根治，但新型治療藥物已能改善健康狀況，並延長許多 HIV 病毒感染者的生命。
	描述	HIV 病毒感染的診斷，通常透過 HIV 病毒抗體檢驗。帶有病毒的人當中，有五分之一不知自己遭到感染。
生殖器皰疹（單純皰疹病毒，herpes simplex virus，簡稱 HSV）		生殖器或直腸處出現小潰瘍或發癢的硬結，轉為可能破裂的水泡，形成產生疼痛的瘡口；初次發作時會出現類流感症狀。
	接觸至發病時間	兩週內
	治療方式	無法根治，但抗病毒藥物可緩解疼痛，縮短、防止發作，且服藥可降低傳染給性伴侶的機率。
	描述	病毒留在體內，且可能復發具傳染性的潰瘍。確診為初次發作的患者，一年可能有四至五次症狀性復發，但第一年的復發最為明顯，頻率亦隨時間推移而降低。
生殖器人類乳突病毒感染（病毒群）		超過四十種類型的人類乳突病毒感染，包括生殖器疣在內，皆感染生殖器、直腸、口腔、喉部等處。
	接觸至發病時間	大多數生殖器人類乳突病毒感染患者並不知道自身遭到感染；部分患者出現可見的生殖器疣。百分之九十的病例，身體會於兩年內自然清除 HPV 病毒。
	治療方式	可見的生殖器疣，可由患者自己或醫療服務人員以處方藥物去除。

	描　　述	部分類型的 HPV 病毒可能導致子宮頸癌。HPV 病毒通常會自行消失，不會造成健康問題。大多數人於一生中某個時期，皆會經由性行為，使自身帶有 HPV 病毒。疫苗可防止女童與女性染上生殖器疣與子宮頸、肛門、陰道、外陰等處癌症，亦可防止男童與男性得到生殖器疣與肛門癌。
病毒性肝炎（A 型肝炎或 B 型肝炎病毒）	由於肝功能受損，導致疲勞、腹瀉、噁心、腹痛、黃疸，尿液顏色變深。	
	接觸至發病時間	一個月至四個月
	治　療　方　式	無可用的藥物治療方式；疾病痊癒前，醫囑多建議休息與流質飲食。
	描　　述	B 型肝炎較常經由性接觸傳染。A 肝、B 肝皆可透過接種疫苗預防。
陰道感染		
陰道炎（陰道加德納菌，*Gardnerella vaginalis*；陰道毛滴蟲，*Trichomonas vaginalis*；白色念珠菌，*Candida albicans*）	陰道與／或外陰劇烈發癢；不尋常的陰道分泌物，帶有汙穢或難聞氣味；性交出現疼痛。帶有致病體的男性可能無症狀。	
	接觸至發病時間	數天內至四週
	治　療　方　式	取決於致病生物體；可使用口服、局部施用、陰道藥物等。
	描　　述	並非總是經由性接觸感染。其他原因包括壓力、避孕藥物、懷孕、褲子或內褲過緊、抗生素、陰道灌洗、陰道產品、不良飲食等。
外寄生蟲侵擾		
陰蝨、蟹蝨（陰蝨病，*Pediculosis pubis*）	出現發癢、青色與灰色斑點，陰部出現蟲子或蟲卵；有些人可能沒有症狀。	
	接觸至發病時間	蟲卵孵化期間六至十天。
	治　療　方　式	乳霜、乳液、洗髮精──成藥或處方藥皆可。
	描　　述	避免與身上出現不尋常斑點，或是生殖器區域有蟲子或蟲卵的人產生性接觸。亦避免接觸遭到汙染的衣物、床單、毛巾等。

* 本冊第六章對 HIV 病毒感染與愛滋病有詳細的探討。

■　衣原體感染

　　美國最普遍的細菌型性感染疾病，由一種稱為砂眼衣原體（*Chlamydia trachomatis*）的生物引起，俗稱**衣原體感染**（chlamydia），亦為美國最常接獲通報的傳染性疾病（見圖 5.1）。二〇一〇年，美國疾病控制與預防中心共接獲一百三十萬七千八百九十三起衣原體感染病例通報，顯示與二〇〇九年相比，增加率約為百分之五。美國二〇一〇年的全國衣原體感染率，為每十萬人中有四百二十六例。據估計，每年約有二百八十萬人感染衣原體。自一九九〇年以來，衣原體感染的通報率逐年遞增，青少年與年輕女性仍為受衣原體感染影響最大之人口群體（見圖 5.4）。[71]

　　衣原體感染相當常見於年輕美國女性：有性經驗的女性當中，百分之五十皆能證明三十歲前曾於某個時期感染衣原體。[72] 感染衣原體三次以上的女性，不孕的機會高達百分之七十五。未治療衣原體感染的女性當中，有百分之十至十五出現骨盆腔炎。研究亦顯示，感染衣原體的女性如接觸 HIV 病毒，有五倍的感染機會。[73] 衣原體感染如未治療，可能相當痛苦，且可能導致需要住院的病情，如急性關節炎。感染衣原體的母親，其嬰兒可能出現危險的眼部、耳部、肺部感染。

　　任何有性生活的人皆可能感染衣原體。此點尤其適用於正值青春期的少女與年輕女性，因為其子宮頸尚未完全成熟，可能更容易受到感染。衣

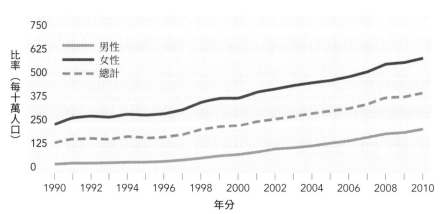

圖 5.4　一九九〇年至二〇一〇年美國人經性行為感染衣原體之比率

比率（每十萬人口）

男性
女性
總計

年分

資料來源：Centers for Disease Control and Prevention. (2011f). *Sexually transmitted disease surveillance 2010.* Atlanta, GA: U.S. Department of Health and Human Services.

原體感染可於陰道、肛門或口部性交過程中傳染，亦可能由受感染的母親於陰道分娩過程中傳染給胎兒。男男性行為者也有衣原體感染的風險，因為此種感染可能於口交或肛交過程中傳染。衣原體有「沉默疾病」之稱；約四分之三受感染的女性與一半左右的受感染男性沒有症狀。如果症狀確實發生，通常於接觸後的一週至三週內出現。

女性出現早期症狀時，可能包括異常陰道分泌物、排尿時有灼熱感、頻尿、經期之間的陰道不明原因出血等。其後感染由子宮頸蔓延至輸卵管時，症狀包括下腹疼痛、下背疼痛、經期之間的出血、低度發燒、性交疼痛等。有三分之一至一半的男性，初感染時並無症狀。男性的症狀可能包括異常陰莖分泌物、排尿時有灼熱感、尿道口周圍發癢與灼痛（尿道炎）、睪丸疼痛與腫大、低燒等。上述症狀中的最後兩種，可能代表出現與衣原體感染有關的**附睪炎**（epididymitis），指附睪發炎。附睪炎未治療可能導致不孕。衣原體感染對抗生素治療有良好的反應。男性或女性於接受肛交的過程中感染衣原體，可能出現直腸疼痛、流膿或出血等症狀。一項於倫敦的 HIV 病毒診所進行，以三千零七十六名男男性行為者為對象的研究發現，直腸衣原體感染的盛行率為百分之八，尿道衣原體感染為百分之五。HIV 病毒與直腸衣原體合併感染率為百分之三十八。大部分直腸感染（百分之六十九）並無症狀，如未篩檢則不會發現。[74] 如與衣原體感染患者口交，喉部亦可能受到感染。[75]

美國疾病控制與預防中心建議，所有二十五歲以下、有性生活的女性，以及受風險因素（有新的性伴侶或多重性伴侶）影響的較年長女性、懷孕女性等，應每年接受衣原體檢驗。衣原體檢驗有兩種類型，一種檢驗尿液樣本，一種則檢驗男性陰莖／女性子宮頸排出的液體。子宮頸抹片檢查無法檢查是否感染衣原體。[76]

■ **淋病**

淋病（gonorrhea）為美國通報率第二高的常見法定疾病，有性生活的青少年、年輕成人、非裔美籍人士的通報感染率最高。美國疾病控制與預

防中心預估，美國每年有超過七十萬人感染淋病，其中不到一半會向美國疾病控制與預防中心通報。二〇一〇年，美國疾病控制與預防中心接獲的淋病通報病例為三十萬九千三百四十一起，感染率為每十萬人中有一百零一例。[77] 淋病普遍習稱「野雞病」（the clap）或「滴液病」（the drip），由淋病雙球菌（*Neisseria gonorrhoeae*）引起。口腔、咽喉、陰道、子宮頸、尿道、直腸黏液內膜的溫暖、潮濕環境，可供此種病菌蓬勃生長。淋病會在與染病者進行陰道、肛門或口部性交的過程中傳染。傳染或感染淋病，不見得需要射精。

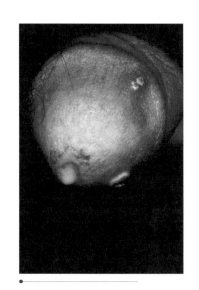

男性淋病感染的典型症狀常為陰莖排出的分泌物。

男性往往比女性更容易出現淋病症狀，其中尤為顯著者，為陰莖排出的水狀分泌物（「陰莖滴液」），是罹患尿道炎的首要徵象。（「淋病」一詞來自希臘語，意為「精子流動」。）部分男性感染淋病，可能完全沒有症狀。有些男性於感染後兩天至五天，會出現患病跡象與症狀，但亦可能三十天後始出現症狀。[78] 除水狀分泌物外，出現於男性的症狀亦可能包括尿道口發癢或灼痛、排尿時感到疼痛等。如未治療，其他症狀會迅速產生，如濃稠的黃色或綠色分泌物、排尿不適或疼痛增加、睪丸疼痛或腫大等。

感染淋病的女性當中，高達百分之八十未出現症狀，或是症狀非常輕微，患者往往將其忽略。淋病如未治療，如同衣原體感染未經治療一般，可能導致骨盆腔炎。女性對於症狀不可不慎，且如果認為自己可能感染淋病（舉例而言，如果曾有多位性伴侶），則必須接受治療。女性可能出現的淋病症狀，包括濃稠的黃色或白色帶血陰道分泌物、排尿時出現灼熱感、月經過程中出現異常疼痛、嚴重下腹痛等。女性、男性的肛門皆可能排出黏液、糞便中帶有血與膿液、肛門有刺痛感、輕度喉嚨痛等。

淋病能以數種抗生素治癒。然而，具抗藥性的淋病菌株在美國與世界許多地區皆逐漸增加，使治療成功更加困難。淋病患者應接受其他性感染疾病的檢查。淋病未經治療，可導致男女不育、女性子宮外孕、男性攝護腺受損、附睪炎、男性尿道結瘢、睪丸疼痛等。淋病可能於分娩過程中傳

染給嬰兒，引起結膜炎（眼睛感染），如不治療甚至會失明。淋病患者較容易感染 HIV 病毒。同時感染 HIV 病毒與淋病的人，比單獨感染 HIV 病毒者更可能將 HIV 病毒傳染給他人。[79]

■ 尿道感染

尿道炎（urethritis，尿道的發炎症），可能由性接觸與非傳染性病症引起。導致感染的數種生物當中，最常見、最嚴重者，當屬衣原體。尿道感染有時亦指非淋菌性尿道炎（nongonococcal urethritis，簡稱 NGU）。男性確診得到非淋菌性尿道炎的頻率較高，主要原因在於身體結構。男性患有尿道炎時，可能產生排尿灼熱、陰莖開口周圍發癢、陰莖出現白色或淡黃色分泌物、內褲有汙垢等情形。女性尿道炎則可能無症狀，直至其男性伴侶確診患病後，始發現自身亦遭感染。如果女性確實出現症狀，可能包括排尿時發癢或灼痛，以及不尋常的陰道分泌物等。

陰莖或陰道出現不尋常的分泌物時，接受檢驗非常重要，始能開立適當的抗生素。抗生素通常對非淋菌性尿道炎有效。非淋菌性尿道炎如未治療，可能導致男性、女性生殖器官的永久受損與受孕問題。引起男性非淋菌性尿道炎的生物體，亦可能導致其他女性的感染疾病，如本章稍後將討論的子宮頸炎。[80] 女性最常見的尿道感染——膀胱炎，本章稍後亦將簡要討論。

■ 梅毒

梅毒（syphilis）為一種生殖器潰瘍性疾病，由稱為梅毒螺旋體（*Treponema pallidum*）的細菌引起。二〇一〇年，美國衛生單位通報了四萬五千八百三十四件梅毒病例，其中一萬三千七百七十四件為一期與二期梅毒（一期與二期梅毒之解釋，詳見如下）。二〇一一年的梅毒病例，多半好發於二十歲至三十六歲的人士。雖然美國的梅毒感染率在一九〇〇年至二〇〇〇年期間穩定下降，但二〇〇一年至二〇〇九年間逐年上升，二〇一〇年始降至每十萬人中有四點五例。梅毒在美國南部、南部以外城市

我有幸接受，更糟的運氣！來自某位皇后沸騰的熱尿。

腓特烈二世（Frederick the Great, 1712-1786）

而他於一四二〇年去世。他死於梅毒，很多很多的梅毒。

弗朗索瓦·拉伯雷（François Rabelais, 1490-1553）

地區，以及男男性行為者當中，仍為嚴重的問題。[81] 二〇一〇年，百分之六十七的一期與二期（primary and secondary，簡稱 P&S）梅毒通報病例來自男男性行為者族群，原因大致在於其高 HIV 病毒感染率與高風險性行為。

梅毒螺旋體為一種螺旋形細菌（**螺旋體**，spirochete），需要溫暖、潮濕的生長環境，如生殖器或口腔內黏膜。梅毒螺旋體透過陰道、肛門、口部性行為的過程中，直接接觸梅毒潰瘍而傳染，無法經由接觸馬桶圈、門把、游泳池、熱水盆、浴缸，共用衣物或餐具而傳播。受感染母親的梅毒病菌可能在懷孕期間感染嬰兒。孕婦患者生出死胎或嬰兒出生後不久夭折的風險可能相當高，取決於受到感染的時間長短。遭受感染的嬰兒，出生時可能不會出現任何徵象或症狀，但如果不立即治療，嬰兒可能於幾週內出現嚴重健康問題。未經治療的嬰兒可能發展遲緩、癲癇發作或死亡。成人染上梅毒如未治療，可能導致腦部損傷、心臟疾病、失明、死亡等。

梅毒時常被稱為「偉大的模仿者」（the great imitator），因為梅毒的諸多徵象與症狀，與其他疾病並無區別。然而，感染梅毒多年未出現症狀者雖所在多有，如果不治療，仍存有併發症的風險。雖然一期與二期梅毒患者身上的潰瘍才具有傳染力，但此時的潰瘍經常無法分辨，或是隱而未現。因此，不知道自己遭受感染者，亦可能傳染梅毒。梅毒的病情進展分為三個離散階段，但最常於前二階段受到治療：

■　第一階段：一期梅毒（primary syphilis）。梅毒的最初症狀，接觸受

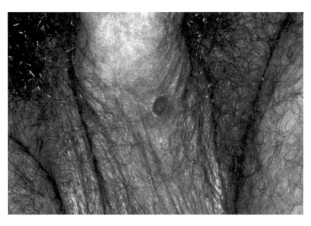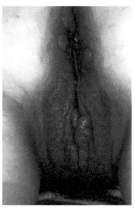

梅毒的最初症狀，為紅色、豌豆大小，稱為下疳的硬結，出現於病菌最初進入身體之處。

感染對象後的十天至九十天（平均二十一天）開始出現。症狀表現為小而紅的豌豆大小硬結，會迅速發展為圓形、無痛的潰瘍，稱為**下疳**（chancre）。患者的淋巴結也可能出現腫大情形。下疳可能出現於陰唇、陰莖體、睪丸或直腸，亦可能見於陰道內、口腔內或嘴唇。除非下疳出現於可見部位，否則可能不會受到注意。如未治療，下疳會於三週至六週內消失，但病菌仍存於身體內，且患者仍具高度傳染性。

■ 第二階段：二期梅毒（secondary syphilis）。一期梅毒如未治療，會於下疳消失後六週發展為二期梅毒。此階段的主要症狀為不癢、不疼痛的皮疹。皮疹可能出現於雙手手掌與腳底，亦可能見於身體其他部位。患者亦可能發燒、淋巴結腫大、斑塊狀脫髮（patchy hair loss）、頭痛、體重減輕、肌肉疼痛、疲勞等。皮疹或其他症狀可能非常輕微，或是未受注意。患者此時仍具傳染性。

■ 第三階段：潛伏期（latency）梅毒。如二期梅毒未獲治療，症狀會於二至六週內消失，開始潛伏階段。患者可能多年不會出現進一步症狀，甚或不再出現症狀。約一年後，病菌將無法再傳染給性伴侶，雖然孕婦仍可能將疾病傳染給其胎兒。梅毒未經治療的患者當中，約有百分之十五會發展成晚期梅毒，且可能於感染後十年至二十年才病發。梅毒進入晚期後，可能時隔多年才開始損害內部器官，如大腦、神經、眼睛、心臟、血管、肝臟、骨骼、關節等，亦可能出現肌肉運動難以協調、癱瘓、麻木、逐漸失明、失智症等，甚至死亡。一期、二期與潛伏早期的梅毒，可使用抗生素成功治療。據估計，患有梅毒時如接觸 HIV 病毒，感染機會恐增加二到五倍。[82]

主要的病毒型性感染疾病

四種主要病毒型性感染疾病：HIV 病毒感染與愛滋病、生殖器人類乳突病毒感染、生殖器皰疹、肝炎，將於此章節討論。如前所述，由病毒引起的性感染疾病可以治療，但無法根治。

塔斯基吉梅毒研究：種族與醫學的悲劇

　　一九三二年，美國公共衛生局（U.S. Public Health Service）在塔斯基吉大學（Tuskegee Institute，一所著名的黑人大學）的協助下，於阿拉巴馬州梅肯郡（Macon County）招募了六百名非裔美籍男性參與一項實驗，內容涉及未經治療的梅毒對黑人的影響。該批實驗對象當中有三百九十九人確診為梅毒，另外二百零一人為對照組。該研究原本預計持續六至九個月，但「滿足科學好奇心的動力，導致一場為期四十年的實驗，跟隨這些男性直到『終點』（屍檢）」。[83] 該實驗令人不寒而慄的歷史，包括催生實驗的種族偏見、推動實驗的犬儒思想、任由實驗繼續的冷酷態度等，皆由詹姆斯‧瓊斯（James Jones）的著作《髒血：塔斯基吉梅毒實驗》[†]（*Bad Blood: The Tuskegee Syphilis Experiment*，1993 年出版）與蘇珊‧雷維比（Susan Reverby）的作品《檢視塔斯基吉實驗：惡名昭彰的梅毒研究及其影響》（*Examining Tuskegee: The Infamous Syphilis Study and Its Legacy*，2009 年出版）記錄了下來。

該書中譯本於二〇一七年由群學出版。——編註

　　該研究之目的，在於確認梅毒病情的發展進程是否存在種族差異。此種動機背後的種族偏見，如今似乎難以理解，但種種影響仍如吾人所見，至今仍於非裔美籍社群中餘波盪漾。[84]

　　該研究最初的資金，泰半由朱利爾斯‧羅森沃德基金會（一個致力於改善非裔美籍社區處境的慈善組織）所資助，並認定治療將為研究的一部分。雖然阿拉巴馬州法律規定花柳病一經確診需及時治療，但當時的美國公共衛生局設法暫緩參與者的治療。即使一九五一年後，青黴素（penicillin，或稱盤尼西林）已成為梅毒的標準治療方式，美國公共衛生局仍拒絕治療塔斯基吉研究的「實驗對象」，理由是該實驗是一次「錯過便不能再遇的機會」。[85]

　　塔斯基吉研究的參與者未曾得知自己患有梅毒。美國公共衛生局假設這些參與者不懂醫學術語，稱之為「髒血」（bad blood）；此詞曾用於描述美國南部農村的多種疾病。研究參與者未曾得知自己患的病為性感染疾病，也不知道此種疾病會由母傳子。

　　一九六六年以前，美國公衛體系中仍未有人針對該研究表達過任何道德方面的疑慮。國會中以參議員泰德‧甘迺迪（Edward Kennedy）為首的小組委員會，於一九七三年開始舉辦聽證會。聽證會結果包括修改衛生、教育、福利部法規中，關於

科學實驗使用人類受試者之規定，並代表塔斯基吉研究的參與者及其後代，提出賠償金額達十八億美元的集體訴訟。全案最終以一千萬美元達成庭外和解。每名倖存者獲得三萬七千五百美元的賠償金，每名死難者的後代獲得一萬五千美元。此外，由國會授權的塔斯基吉健康福利計畫（Tuskegee Health Benefit Program），為受到塔斯基吉梅毒研究影響的孀婦與後代提供全面的終生醫療福利。[86]

目前美國公共衛生當局為管制 HIV 病毒感染、愛滋病及其他性感染疾病所做的努力，仍在非裔美籍社群中勾起種族屠殺的陰霾，並引發陰謀論的看法。針對居住於美國的非裔美籍人士之研究發現，有極大比例的受訪者贊同 HIV 病毒／愛滋病陰謀論；亦即，HIV 病毒／愛滋病為美國聯邦政府所製造，要用以殺死、消滅非裔美國人。非裔美籍男性的陰謀論調更為激烈，且與該群體對於保險套的負面態度、較低的保險套使用可能性顯著相關。[87]

目前許多非裔美籍人士相信 HIV 病毒／愛滋病是種族屠殺的一種形式，究其原因，皆歸於塔斯基吉梅毒研究，在生理與心理層面上，皆仍有大量傷痛尚待撫平。儘管時至今日，進行如此研究已屬不可想像之事，但仍需努力確保全人類皆能免受此種悲劇的戕害。

關於塔斯基吉研究對後世影響的反思，已有多種資料可供參考；[88] 多個網站皆提供此一可怖實驗的進一步資訊，包括一九九七年時任美國總統的柯林頓向研究參與者正式道歉的致詞稿全文。

批 判 性 思 考

01. 今日的美國，是否有可能再度出現類似塔斯基吉梅毒研究的醫學實驗？解釋你／妳的看法。

02. 怎麼樣才能防止另一個塔斯基吉梅毒研究的出現？

03. 美國醫界與科學界該怎麼做，才能獲得全體美國人的信任？

資料來源：《費城詢問報》（*The Philadelphia Inquirer*），一九七二年。

■　人類免疫缺乏病毒與愛滋病

一九八一年六月五日，美國政府發布了一份報告，針對一種罕見疾病提出警告；此疾病最終命名為後天免疫缺乏症候群（acquired immunodeficiency syndrome），或稱愛滋病（AIDS）。[89] 自當時起，此種疾病便開始對美國與全球公共衛生構成巨大的挑戰。人類免疫缺乏病毒（human immunodeficiency virus，簡稱 HIV 病毒，為引起愛滋病的病毒）與愛滋病，已奪走全球數百萬人的生命，成為人類歷史上一大致命流行病。儘管醫學上的檢驗、治療、預防方面皆有所進展，HIV 病毒／愛滋病仍為重大的公共衛生問題。有鑑於 HIV 病毒／愛滋病的重大全球性衝擊，及其對醫療與預防方面的持續挑戰，本書於本章之後的第六章，以完整一章的篇幅探討 HIV 病毒與愛滋病。

■　生殖器人類乳突病毒感染

生殖器人類乳突病毒感染（genital human papillomavirus infection），或稱生殖器 HPV 病毒感染，為包括超過一百種不同菌株的病毒群體，其中超過四十種屬於性感染型，並可感染生殖器、直腸、口腔、咽喉等處。美國目前至少有二千萬人感染 HPV 病毒，每年有六百萬新增病例通報，占所有性感染疾病新增病例的三分之一。HPV 病毒是年輕、有性生活者中最為常見的性感染疾病，在女性之中尤為普遍。美國已有性經驗的男女性當中，至少一半曾於一生中某個時期得到生殖器 HPV 病毒感染；至少有百分之八十的女性在五十歲以前會得到生殖器 HPV 病毒感染。[90]

感染生殖器區域的 HPV 病毒類型，主要經由與感染者發生性接觸而傳染。極少數情況下，孕婦可能於陰道分娩過程中將 HPV 病毒傳給其嬰兒。病毒潛伏期（incubation period，指首次接觸某種疾病至症狀出現間的時間段）通常為六週至八個月。HPV 病毒無以得見；感染生殖器 HPV 病毒的人多半不知道自己遭到感染，且感染大多屬於暫時性。

有時候，某些類型的 HPV 病毒可能導致男、女性出現**生殖器疣**（genital warts）。有些 HPV 病毒類型則可能導致子宮頸癌與較少見的外陰、陰道、

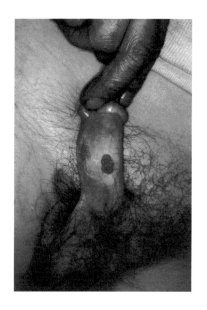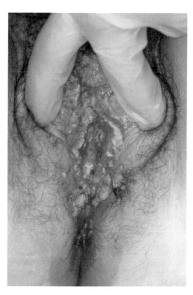

生殖器疣以多種型態出現。

肓門、陰莖等癌症。能導致生殖器疣的 HPV 病毒種類，與可導致癌症的 HPV 病毒類型不同。HPV 病毒類型可分為「低風險型」（導致疣）或「高風險型」（導致癌症）。百分之九十的病例中，身體的免疫系統能於兩年內自然清除 HPV 病毒，高風險與低風險型病毒皆然。高風險型 HPV 病毒感染如未能由免疫系統清除，可能留存長達多年，並隨著時間的推移，將異常細胞轉為癌症。子宮頸感染高風險型 HPV 病毒的女性當中，約有百分之十將發展出長期的 HPV 病毒感染，使其面臨子宮頸癌的風險。[91]

　　子宮頸抹片檢查可辨別子宮頸中的異常或癌前病變組織，以便發展成癌症前即行移除。HPV 病毒的基因檢查，可於女性子宮頸上找到高風險型 HPV 病毒，某些情況下亦可與子宮頸抹片檢查同時進行。針對男、女性的整體「HPV 病毒狀況」，並無通用的檢查方式，亦無經過批准的 HPV 病毒檢查，可用於發現生殖器上或口腔、咽喉內的 HPV 病毒。HPV 病毒通常會自行消失，不會構成健康問題；即便現下發現感染 HPV 病毒，於一、兩年後消失的可能性很大。因此，沒有理由為了知道現在是否有 HPV 病毒而接受檢查。但如果出現 HPV 病毒可能引起的疾病（如子宮頸癌）之徵象，則應該接受檢查。[92]（有關進行子宮頸抹片檢查的建議頻率，請參見本冊第三章。）

一項全美八千八百四十九名男女性的生殖器疣病史抽樣研究發現，百分之七的女性與百分之四的男性表示曾確診患有生殖器疣。[93] 美國具有性生活的成年人當中，約百分之一曾於一生中某個時期染上生殖器疣。生殖器疣的型態通常為柔軟、濕潤、粉紅色或肉色的腫脹，好發於生殖器區域。生殖器疣亦可能呈扁平狀，數量、大小不一，有時則會形成花椰菜的形狀。生殖器疣可能出現於陰莖與陰囊上、陰道或肛門的內部或周圍、子宮頸上，或是腹股溝或大腿上。可見的生殖器疣，可由患者自己或健康照護者以處方藥物去除。有些人選擇不加以治療，而是觀察疣是否自行消失。各種治療之間並無高下之分。如果生殖器疣引起不適或問題（如妨礙排尿），可藉由冷凍手術（cryosurgery）或雷射手術將其去除。去除疣並不會消除患者身體中的 HPV 病毒。由於病毒可能於細胞中休眠，部分情況下，生殖器疣可能於治療後的數月，甚至數年間復發。患者去除可見的生殖器疣後尚能傳染 HPV 病毒的程度大小，目前仍屬未知。

† 目前已開發出三種 HPV 病毒疫苗。── 審定註

近年來醫學上一項重大的突破，保護數以千計的女性與男性，對抗 HPV 病毒感染對健康有害的後果。兩種 HPV 病毒疫苗現已開發出來 †，且由美國衛生及公共服務部（Department of Health and Human Services）強烈推薦使用。二〇〇六年六月，美國食品藥物管理局核准了 HPV 病毒疫苗嘉喜（Gardasil，默克藥廠），供九歲至二十六歲女性使用；二〇〇九年十月，該疫苗獲得許可，可供九歲至二十六歲男性使用。嘉喜疫苗可預防 HPV 病毒六型與十一型（百分之九十生殖器疣的病因），以及十六型與十八型（百分之七十的子宮頸癌病因）。嘉喜疫苗亦可預防與肛門、外陰、陰道癌相關的 HPV 病毒。二〇〇九年，另一種 HPV 病毒疫苗保蓓（Cervarix，葛蘭素史克藥廠）獲得核准，可用於預防 HPV 病毒十六型與十八型。上述兩種疫苗皆於六個月間注射三劑。[94] 一項研究發現，自二〇〇七年澳洲開始接種嘉喜疫苗以來，為治療生殖器疣而求診的女性減少了百分之五十九。[95] 儘管疫苗具有顯著的健康價值，但要促使全體年輕人接種卻面臨困難。舉例而言，美國具有全國代表性的資料顯示，十三歲至十七歲的女孩當中，僅有三分之一接種疫苗。[96] 研究證實，部分接種 HPV 病毒疫苗的女孩，並未於六個月的時間內完成各劑疫苗接種，或並未全數接種

完畢，[97] 又或者即使免費，亦不願接種疫苗。[98] 除此之外，雙親對於 HPV
病毒疫苗的接受程度亦各有不同。[99] 儘管許多父母能接受 HPV 病毒疫苗接
種，仍有一些家長認為，讓女孩接種 HPV 病毒疫苗，相當於容許婚前／青
少年性行為。為提倡 HPV 病毒疫苗的價值（尤其家長方面），教育方面仍
需進一步努力。

　　如果你／妳患有 HPV 病毒，不要責怪目前的性伴侶，或假設自己並非
你／妳的對象的單一性伴侶。請記住：大多數人只要有性行為，便會於一
生中的某個時期染上 HPV 病毒，且可能經過很長一段時間才檢查出來。多
數人並不知道自己遭受感染，或是會將病毒傳染給性伴侶。性伴侶通常會
共享 HPV 病毒，相處已久者尤為如此。患有生殖器 HPV 病毒感染不需感
到羞愧，亦不必怪罪他人；此種病毒至為常見。

■　生殖器皰疹

　　生殖器皰疹是由**單純皰疹病毒**
（herpes simplex virus，簡稱 HSV）
第一型（HSV-1）和第二型（HSV-
2）引起的性感染疾病。生殖器皰疹
多由 HSV-2 型病毒引起。美國具全
國代表性的資料顯示，生殖器皰疹感
染在美國相當常見，十四歲至四十九
歲的人當中有百分之十六點二的患病
率，亦即六人中約有一人患有生殖器

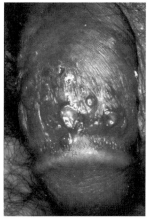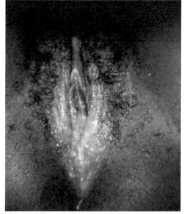

皰疹病變可能出現於陰
莖、會陰、肛門、外陰，
或是陰道內。

HSV-2 型病毒感染。過去十年間，美國生殖器皰疹患者的比例一直保持穩
定。生殖器 HSV-2 型病毒感染較常見於女性（十四歲至四十九歲女性中約
五分之一患病），較不常見於男性（十四歲至四十九歲男性中約九分之一
患病），其原因可能在於男對女傳染的可能性高於女對男傳染。皰疹可能
使人更容易感染 HIV 病毒，且使得 HIV 病毒感染者更具傳染性。[100] 事實
上，許多 HIV 病毒感染者也會合併感染 HSV-2 型病毒。[101]

HSV-1 與 HSV-2 型病毒會出現於其所導致的潰瘍中，並從中釋放出來，但亦可能於兩次發作之間，由看似未破皮或出現潰瘍的皮膚上釋放。[102] 一般而言，與生殖器 HSV-2 型病毒感染患者發生性接觸時，才可能感染 HSV-2 型病毒。此處必須了解一點：即使遭受感染的性伴侶未出現可見的潰瘍，且可能不知道自己遭受感染，仍會導致病毒傳染。HSV-1 型病毒可能引起生殖器皰疹，但更常引起口腔與嘴唇感染，亦即俗稱的唇皰疹（fever blister）。生殖器的 HSV-1 型病毒感染，可能因為與 HSV-1 型病毒感染者產生口腔—生殖器或生殖器—生殖器接觸而引起。生殖器 HSV-1 型病毒復發的規律程度，較生殖器 HSV-2 型病毒為低。

大多數 HSV-1 與 HSV-2 型病毒的感染者，並無徵象或症狀，或是僅有最輕微的表症。徵象確實出現時，通常於傳染病毒後兩週內發生，於生殖器、直腸上或其周圍出現一個或多個水泡。水泡破裂，留下敏感的皮膚潰瘍（ulcers/sores），初發時可能需要兩週至四週方能癒合。確診為生殖器皰疹初次發作的患者，多半會於一年內發作數次（通常四或五次），但情況與初次發作相比，症狀較輕，發作期較短。即使感染可能永遠留存體內，發作次數也會在幾年內趨於減少。[103]

｜　處置 HSV 病毒

皰疹沒有方法能根治，但有藥物可幫助控制病毒。[104] 抗病毒藥物可緩解疼痛，縮短潰瘍的持續時間，防止開放性潰瘍的細菌感染，並防杜服藥期間的發作。其他可能有助於預防復發、縮短復發持續時間，或是減輕復發之嚴重程度的方式，包括充足休息、保持均衡飲食、不穿過緊的衣物、保持患部陰涼乾燥、服用阿斯匹林或其他止痛藥、減少壓力等。

患有皰疹的人應告知其性伴侶，並共同決定適合雙方的防備措施。由於在明顯發作期間或其他症狀出現時（如類流感症狀、腺體腫大、發燒等），發生性行為會使未受感染的伴侶面臨風險，口腔或生殖器皰疹的徵象與症狀出現時，應戒除性行為。男用乳膠保險套有助於預防感染，但僅限於保險套能覆蓋住潰瘍時。兩次皮膚潰瘍發作之間，應使用保險套。此外，針對症狀性皰疹的每日抑制療法，可降低傳染給伴侶的機會。感染

HSV 病毒的孕婦或其伴侶，必須與其醫師討論防範程序。

■　病毒型肝炎

肝炎（hepatitis）為一種病毒性疾病，指肝臟的發炎症。最常見的性感染型肝炎病毒，為 A 型肝炎（hepatitis A）與 B 型肝炎（hepatitis B）病毒。第三種常見類型則為 C 型肝炎病毒，主要經由接觸感染的血液而傳播；來自性伴侶的感染風險或出生時由母親傳給子女的風險皆相當低。

A 型肝炎主要藉由口腔接觸受汙染的食物或水而傳播，或是經由性接觸傳播，尤其口部—肛門性行為。二〇〇九年，美國的 A 型肝炎新增病例估計為二萬一千例，少於二〇〇四年的五萬六千例。有一種高效疫苗可預防 A 型肝炎，所有兒童、前往某些國家的旅客、該疾病的危險群等，按慣例皆應接種。雖然 A 型肝炎的症狀與 B 型肝炎類似，但一般認為 A 型肝炎不似 B 型肝炎危險。感染 A 型肝炎的人通常會短暫經歷病痛，其後完全康復，並產生免疫抗體。[105]

B 型肝炎的傳染性為 HIV 病毒的五十倍至一百倍。此疾病常經由性接觸、血液、精液、唾液、陰道分泌物、尿液傳染。在美國，三分之二的急性肝炎病例皆因性接觸時感染 B 型肝炎病毒而導致。使用遭受汙染的針頭與注射器，包括穿耳洞、針灸、刺青使用之針具，以及與感染者共用牙刷或刮鬍刀，亦可能感染 B 型肝炎。B 型肝炎與 A 型肝炎不同，不會經由食物或水傳染。共用餐具、餵哺母乳、擁抱、親吻、牽手、咳嗽、打噴嚏等，皆不會傳染 B 型肝炎。根據估計，美國現有七十萬至一百四十萬人受到 B 型肝炎病毒的慢性感染。逐年新增病例數已由一九八〇年代的平均二十六萬例，大幅下降至二〇〇九年的三萬八千例。[106] 任何人皆可能感染 B 型肝炎，但十幾歲與二十幾歲的人面臨較大風險。由於 B 型肝炎「默默地」傳播（換言之，沒有容易引起注意的症狀），許多人不知道自己的社區內存在此種疾病。慢性 B 型肝炎屬於嚴重疾病，可能導致長期健康問題，甚至死亡。美國每年約有二千至四千人死於與 B 型肝炎有關的肝臟疾病。[107]

B 型肝炎可藉由一種簡單、用途廣泛的疫苗來預防。美國疾病控制與

預防中心指出，風險最高的族群，包括其性生活為非長期關係，非單一性伴侶者、男男性行為者、共用藥物注射針具者、性伴侶患有 B 型肝炎者、HIV 病毒感染者等，應接受常規疫苗接種。[108] 此外亦建議產婦接受 B 型肝炎篩檢，其新生兒始能於必要時立即接種疫苗。B 型肝炎疫苗通常於六個月期間注射三或四劑，安全有效，並提供長效保護。進行刺青、身體穿孔等行為時，應選擇會徹底消毒穿刺皮膚之器械的店家。

二〇〇九年，美國的 C 型肝炎病毒感染新增病例，估計有一萬六千例。據估計，美國約有三百二十萬人患有慢性 C 型肝炎，感染 C 型肝炎者約有百分之七十五至八十五會發展成慢性肝炎。每年約有八千至一萬人死於與 C 型肝炎有關的肝臟疾病。[109] 經由性活動感染 C 肝的風險偏低，除非涉及血液接觸；性伴侶眾多、未使用保險套、有性感染疾病病史、性活動涉及身體創傷（如「粗暴」的性行為）等，皆會增加風險。約有百分之五十至九十的 HIV 病毒感染者，因使用注射藥物，也感染 C 型肝炎。C 型肝炎病例多半可追溯至一九九二年以前的輸血、使用注射藥物過程中共用針頭、意外遭受針刺等。C 型肝炎有「沉默的流行病」之稱，出現症狀前便會開始損害肝臟，過程長達數年，甚至數十年之久。

所有形式的肝炎皆包含疲勞、腹瀉、噁心、腹痛、黃疸、尿液顏色變深、肝臟腫大等症狀。約有百分之十五至二十五的 C 型肝炎患者，不需治療即能清除體內病毒，且不會出現慢性感染。C 型肝炎醫學上沒有治療方式，亦無疫苗，偶爾會導致嚴重肝損傷或死亡。

陰道感染

陰道感染，或稱**陰道炎**（vaginitis），四分之三的美國女性一生至少會感染一次。此種感染時常經由性行為而來，但並非必然，亦可能因壓力、生育控制藥物、抗生素、尼龍褲襪、陰道灌洗等因素，導致陰道微生物的正常平衡產生紊亂，從而引發此疾。三種主要陰道炎類型為細菌性陰道炎、生殖器念珠菌症、滴蟲病。

■　細菌性陰道炎

細菌型陰道感染，一般指細菌性陰道炎（bacterial vaginosis，簡稱BV），可能由多種不同生物體引起，最常見者為陰道加德納菌（*Gardnerella vaginalis*），通常是健康陰道內的正常居民。然而，加德納菌的量如果過多，可能導致陰道出現分泌物、異味、疼痛、發癢或灼熱感。細菌性陰道炎為生育年齡女性最常見的陰道感染，在美國亦好發於懷孕女性。美國十四歲至四十九歲的女性當中，估計約有百分之二十九（二千一百萬）目前患有細菌性陰道炎，但絕大多數並未向其醫療服務人員通報症狀。[110] 女性如何感染細菌性陰道炎，至今所知不多，且對於有害病菌在致病方面發揮的作用，以及性活動在病情發展方面扮演的角色，仍有諸多疑問尚未解答。任何女性皆可能得到細菌性陰道炎，儘管有些活動可能擾亂陰道內細菌的正常平衡，使女性面臨患病風險，包括有新的性伴侶或對象眾多、陰道灌洗習慣等。研究證實，每個月至少灌洗陰道一次，可能導致細菌性陰道炎，但大部分的女性衛生行為，如選擇內褲類型、月經保護、使用衛生噴霧或濕巾等，經研究發現皆與感染細菌性陰道炎無關。[111] 細菌性陰道炎亦可能於女性性伴侶之間傳播。從未有過性行為的女性也可能感染細菌性陰道炎。此種感染通常不會引起併發症，但可能使女性更容易感染 HIV 病毒與衣原體感染、淋病等性感染疾病；患者本身如已感染 HIV 病毒，則可能增加將病毒傳染給性伴侶的機會。細菌性陰道炎亦可能增加懷孕中女性發生某些併發症的風險。

即使細菌性陰道炎有時不需治療即可排除，所有出現症狀的女性，仍應使用抗生素治療，以求細菌性陰道炎的致病細菌不會感染子宮與輸卵管，導致所謂的骨盆腔炎。男性伴侶一般不需要接受治療。[112] 一項針對性感染疾病高風險女性進行的研究發現，持續使用保險套的女性感染細菌性陰道炎的風險，較未持續使用保險套者低了百分之四十五。[113]

■　生殖器念珠菌症

生殖器念珠菌症（genital candidiasis），又稱「酵母菌感染」（yeast

性愛是一種愉快的探索活動，但要小心，不然你的排水管裡會長滿酵母。

麗塔・梅・布朗（Rita Mae Brown, 1944-）

infection），為常見的真菌感染症，因一種稱為白色念珠菌（*Candida albicans*）的真菌過度生長而引起。念珠菌為常駐人體內（如陰道、口腔、腸胃道等處）的真菌，數量甚少，但生長環境發生不平衡狀況，如陰道正常酸度改變或荷爾蒙平衡出現變化時，念珠菌可能大量繁殖。患有陰道酵母菌感染的女性，陰道通常會出現發癢或灼熱感，且有可能產生「乾酪狀」的分泌物。男性感染生殖器念珠菌症屬於罕見情況，陰莖可能出現發癢的皮疹。近百分之七十五的成年女性，一生中至少會得到一次陰道酵母菌感染。陰道酵母菌感染極少經由性活動傳染。大多數病例由患者自身的念珠菌生物體引起，使用避孕藥物或抗生素、頻繁灌洗陰道、懷孕、糖尿病等因素，則可能促使酵母菌感染發生。人的免疫系統減弱時，生殖器念珠菌症的發生頻率會增加，症狀也會更為嚴重。

口服、直接塗抹於受影響部位，或是用於陰道內的抗真菌藥，為陰道酵母菌感染的首選藥物，治癒可能性達八至九成。由於非處方（over-the-counter，簡稱 OTC）成藥的可得性漸增，愈來愈多女性會自行診斷出陰道酵母菌感染，並使用稱為「唑族」（azoles）的藥物加以治療。然而自行判斷經常出現誤判，且研究顯示，市售治療陰道酵母菌感染的非處方成藥當中，多達三分之二用於沒有患病的女性，如此可能導致具抗藥性的感染症出現。具抗藥性的感染症以現有藥物非常難以治療，因此以非處方成藥或其他抗真菌藥物治療之前，確認診斷正確與否相當重要。[114]

■　滴蟲病

滴蟲病（trichomoniasis）由一種單細胞寄生性原生蟲，陰道毛滴蟲（*Trichomonas vaginalis*）所引起。滴蟲病是有性生活的年輕女性最常見的可根治型性感染疾病。據估計，美國每年有七百四十萬滴蟲病男女新增病例。[115] 一項針對前往三家性感染疾病診所、共一千二百零九名女性所進行之研究發現，滴蟲病與其他性感染疾病不同，較常見於年齡稍長的女性，而非年輕女性。[116] 女性的滴蟲病最常感染陰道，男性滴蟲病則最常感染尿道。此種寄生蟲為性感染疾病型，與感染者發生陰莖—陰道性交或外陰—

外陰接觸的過程中,便會向外傳染。女性可能由受到感染的男性或女性身上傳染到該疾病,但男性通常僅受女性感染。女性比男性更常出現症狀,但仍有高達一半的女性感染者無症狀。部分女性通常於接觸後五天至二十八天內出現徵象與症狀,包括泡沫狀、黃綠色的陰道分泌物,帶有強烈氣味。此種感染亦可能導致性交與排尿時感到不適,以及女性生殖器區域的發癢、刺痛感,罕見情況下會出現下腹部疼痛。某些男性可能會短暫出現陰莖內部刺痛、輕度排液等症狀,或是排尿或射精後產生輕微灼痛感。女性與男性皆可利用身體檢查與疾病檢驗診斷是否患有滴蟲病,但男性的滴蟲病較難發現。[117]

處方藥用於治療滴蟲病相當有效。為防止再次感染,即使伴侶雙方皆無症狀,亦必須接受治療。

其他性感染疾病

有其他多種性感染疾病亦於美國出現,但出現頻率較部分開發中國家為低。以下介紹這幾種性感染疾病:

- 軟性下疳(chancroid)是陰莖上一種能引發疼痛的潰瘍或群聚型潰瘍,由杜克來氏嗜血桿菌(*Hemophilus ducreyi*)引起。女性可能攜帶此種病菌,但一般不會出現症狀。
- 巨細胞病毒(Cytomegalovirus,簡稱 CMV)屬於皰疹病毒,藉由壓制免疫系統對人產生影響。胎兒可能在子宮內感染巨細胞病毒。
- 腸道感染(enteric infections)是由細菌、病毒、原生動物或其他腸道內常駐生物引發的腸道感染。阿米巴病(amebiasis)、梨形鞭毛蟲症(giardiasis)、志賀桿菌病(shigellosis)皆為典型的腸道感染。此種感染通常由肛交或口部—肛門接觸引起。
- 腹股溝肉芽腫(granuloma inguinale)通常見於生殖器,會出現單一或多個結節,後轉為塊狀但無痛的皮膚潰瘍,經碰觸會出血。
- 花柳性淋巴肉芽腫(lymphogranuloma venereum,簡稱 LGV)由小型、無痛的感染部位病變開始,接著發展成疼痛的膿腫,伴隨腹股溝疼痛與

腫大。

- 傳染性軟疣（molluscum contagiosum）由病毒引起，典型表現為光滑、圓形、具有光澤的病變，出現於軀幹、生殖器上，或是肛門周圍。

外寄生蟲侵擾

雖然本身不帶有傳染疾病，但疥蟎、陰蝨等寄生蟲，可經由性接觸傳播。疥蟎與陰蝨皆屬於生活於皮膚表面的體外寄生蟲，其侵襲稱為外寄生蟲侵擾。

■　疥瘡

由幾乎看不見的蟎，人疥蟎（*Sarcoptes scabiei*）引起的紅色、強烈發癢的皮疹，稱為疥瘡（scabies）。疥瘡通常出現於生殖器、臀部、腳、手腕、指關節、腹部、腋窩、頭皮等處，因蟎蟲鑽入皮下產卵、幼蟲設法鑽至體表而引起。一般而言，一名人類宿主的全身，出現的人疥蟎數量在十至十五隻以下。人疥蟎在人的身上可存活一至二個月，但離開人類宿主後，通常活不過四十八至七十二小時。人疥蟎具有很強的傳播性，能在進行親密接觸的人之間迅速散布，是否有性行為無關緊要。長時間接觸受侵擾的床單、家具或衣物，亦可使此種蟎轉移他處。疥瘡通常以處方藥乳液治療，睡前塗抹，早上洗去。人的衣物、毛巾、寢具上如出現人疥蟎，應以熱水洗滌、高溫烘乾、乾洗等方式除蟲。[118]

■　陰蝨

體型細小的**陰蝨**（pubic lice，學名為 *Phthirus pubis*），俗稱「蟹蝨」（crab），能經由人的毛髮，由一個人身上輕鬆移動至另一個人身上（可能還帶著幾個親戚）。陰蝨通常見於生殖器區域的陰毛上，但亦可見於其他粗糙的體毛上，如腿毛、腋毛、鬍鬚等。為了生存，蝨子必須吸食血液。陰蝨交配時，雄性與雌性會分別攫住鄰近的毛髮；雌性迅速開始產下蝨卵（nits），將其附著於毛髮之上，並以一天約三顆卵的速度，持續產卵七至

十天。蟲卵於六至十天內孵化，並於
二至三週內開始繁殖，產生非常棘手
（或癢）的局面。雖然陰蝨與蟲卵可
以長大到足以用肉眼看見，但平常要
尋找其蹤跡，恐怕仍需要放大鏡。

　　與身上有陰蝨的人進行性接觸
時，陰蝨便可能向外傳播，由一個人
的陰毛移動至另一個人的陰毛。牠們
亦可能落入內衣褲、床單或毛巾中，
並能在該處生存長達一天，更會產下
一週後孵化的蟲卵。因此，只需在宿主的床上睡覺、穿著他／她的衣服，
或共用一條毛巾，即有可能令蟹蝨上身。

陰蝨，又稱「蟹蝨」，容易於親密接觸過程中向外傳播，亦可能經由寢具、毛巾或內衣褲傳播。

　　身上有陰蝨時，人通常都會知道：身體會開始強烈發癢，經檢查後便
會發現細小、蒼白、如螃蟹般的蟲子，或其微小、附著於陰毛根部附近的
珍珠狀卵。處方藥與非處方成藥皆能整治陰蝨。遭受侵擾的人不需要剃光
其陰毛以擺脫蟹蝨。除殺死身上所有陰蝨與蟲卵外，受到侵擾的人必須以
熱水清洗所有寢具與衣物，並以高溫烘乾，否則蟹蝨仍可能存活下來。[119]

性感染疾病與女性

　　除了性感染疾病對身體的直接影響外，女性也極易受到性感染疾病的
併發症侵襲，致使其生育能力受到威脅。如前所述，此與生物性因素有關，
使女性較容易受到性感染疾病的影響，且導致女性染上性感染疾病比男性
更難以察覺。

■　骨盆腔炎

　　如同本冊第二章的討論所述，**骨盆腔炎**（pelvic inflammatory disease，
簡稱 PID），亦稱輸卵管炎，是導致女性不孕的一大主因。女性急性骨盆

腔炎的病例每年皆高達七十五萬例，其中百分之十至十五的比例可能導致不孕。

當細菌由女性的陰道或子宮頸向上移動，進入子宮、輸卵管與其他生殖器官，便會出現骨盆腔炎。數種病菌皆可能引發骨盆腔炎，但許多病例皆與淋病、衣原體感染有關。前一次的骨盆腔炎感染會增加下一次感染的風險，原因在於生殖器官可能在初次感染時受到損傷。有性生活的生育年齡女性風險最高，二十五歲以下女性出現骨盆腔炎的可能性亦高於二十五歲以上女性。由於少女與年輕女性的子宮頸尚未完全成熟，受到與骨盆腔炎有關的性感染疾病影響之機率便會增加。骨盆腔炎曾重複發生的女性，與僅發生過一次的女性相比，較容易產生不孕、子宮外孕、慢性骨盆腔疼痛等情形。可能導致骨盆腔炎的風險行為，包括擁有多名性伴侶、結交曾有一位以上性伴侶的對象、陰道灌洗等。

骨盆腔炎的症狀從無症狀到輕微症狀，以至嚴重症狀皆有。由於缺少症狀或症狀輕微，且多種症狀不易察覺，故骨盆腔炎往往難以確診。女性及其醫療服務人員無法辨認出骨盆腔炎的機率，約為三分之二。由於沒有精確的骨盆腔炎檢查，診斷通常基於臨床發現。骨盆腔炎的症狀包括下腹部疼痛、發燒、不尋常的陰道分泌物（可能帶有異味）、性交疼痛、排尿疼痛、月經不規則出血等，罕見情況下會出現右上腹疼痛。骨盆腔炎可利用幾種類型的抗生素治癒。[120]

■　子宮頸炎

子宮頸炎（cervicitis），為子宮頸（子宮下端）出現的發炎症。子宮頸炎可能為上生殖器感染的徵象，最常見的病因為性感染疾病，如淋病或衣原體感染。子宮頸炎經常毫無徵象，但部分女性會出現陰道分泌物異常、排尿疼痛、經期之間（如性交後）的陰道出血等。女性如進行高風險性行為，如不使用保險套、與多名對象發生性行為、開始性行為的年齡過早等，得到與子宮頸炎有關的性感染疾病之風險便會提高。有性感染疾病病史亦為一項風險因素。由於子宮頸炎的徵象時常不會受到注意，僅可能於定期

子宮頸抹片檢查的過程中發現遭到感染，此即為定期進行骨盆腔檢查與子宮頸抹片檢查的其中一項重要原因。如果子宮頸炎並非由性感染疾病引起，女性或不需接受治療。如果由性感染疾病引起，該女性及其伴侶則可能需要治療。處方藥物用於治療子宮頸炎的發炎情形，往往能藥到病除。[121]

■　膀胱炎

膀胱炎（cystitis）為主要影響女性的膀胱感染症，往往與性活動有關，但並不會在伴侶間傳染。膀胱炎的典型表現為排尿時感到疼痛、灼熱，且幾乎時時需要小便。

通常存在於下部腸道與排泄物中的大腸桿菌（*Escherichia coli*）等細菌，如遭引入尿道中，便會發生膀胱炎。此種狀況可能發生於連續摩擦（來自性交或手部刺激）尿道區域，致使組織損傷，且令附近細菌進入尿道之時。膀胱炎時常發生於有性行為的關係剛開始時，因為此時性活動的頻率增高（因此有「蜜月膀胱炎」（honeymoon cystitis）之別名）。膀胱炎如未及時以抗生素治療，將出現下腹部疼痛、發燒、腎臟疼痛等更為嚴重的症狀。如果延誤治療，可能對腎臟造成損害。

性感染疾病防治

性感染疾病應屬容易預防的疾病，至少理論上是如此。但性感染疾病的防治，實際上牽涉到知識、心理因素、伴侶間互動狀況、行為等層面的微妙交互作用。

■　避免性感染疾病

性感染疾病的傳染方式，包括與受感染的對象產生性接觸、接觸藥物注射針具上受感染的血液、受感染的母親傳染給其子女等。既知性感染疾病係透過特定行為傳染，便知道究竟如何避免得病。了解上述行為尤為重要，舉例而言，研究證實許多人低估自己得到性感染疾病的風險，以及性

伴侶的潛在風險行為；另一項研究更顯示，大多數有性行為的約會中異性戀情侶，在過去四週並未設法避免性感染疾病。[122] 以下為避免性感染疾病的方式：

- 實行禁慾。最接近萬無一失的性感染疾病防治方法是避免親密的性接觸，尤其陰莖—陰道性交、肛交與口交。擁抱、親吻、愛撫、相互自慰皆為表達親密感的方式，且傳染性感染疾病的可能性極小。禁慾是能自由運用的預防措施，是個人在性行為方面的合法選擇。如欲持續禁慾，需要清楚向約會對象傳達自身想法，不可拐彎抹角。

- 貫徹性行為的專一性。長期關係或婚姻中，能在性行為貫徹專一性的未感染者，不會經由性接觸得到性感染疾病，除非其中一方在性接觸開始時已患有性感染疾病。誠然，某人是否染病，或是他／她是否專一，並非一定可以確知。因此，與未感染的對象尚未建立信任關係前，避免性活動始為明智之舉。

- 減少性親密時的風險。除非確定對象並未受到感染，否則不應讓對方的血液、精液或陰道分泌液碰到自己的生殖器、口腔或肛門。防止上述體液進入自己體內的其中一種上佳方式是適當使用男用乳膠保險套（如對乳膠過敏，可使用聚氨酯保險套）。（保險套的正確使用準則，請參見本冊第一章。）研究顯示，青少年發展包含性行為的關係時，如一開始即使用保險套，往往會停止使用，並轉而採取荷爾蒙避孕法。當然，如果上述年輕情侶的其中一方在性方面不專一，不用保險套會使雙方容易受到性感染疾病的侵襲。性交後灌洗陰道、沖洗、排尿等，皆為可能降低性感染疾病風險的方式，但其有效性尚未得到證實。

- 慎選對象。想知道對象是否可能已染上性感染疾病，恐怕並非易事。因此，此項策略往往不甚可靠。不過，遇到性感染疾病的高風險人士，例如過去伴侶眾多、曾腳踏多條船之人，與／或曾注射毒品之人，當然應該避免與之發生性接觸。人不一定會老實交代自己的性伴侶或吸毒行為。研究顯示，僅憑某人的外表或其聲響，通常不可能斷定其是否染病。一項研究計畫顯示，最具吸引力的人，往往給人最沒有性感染疾病／HIV 病毒風險的觀感。[123] 另有一項研究顯示，研究參與者會以眼

睛所見與言語上的暗示，來判斷其對象是否沒病。但此時他們的判斷顯
然有誤，因為其對象多半曾得到性感染疾病。[124] 一項針對性感染疾病門
診患者的研究則發現，許多人會以伴侶特質與交往性質（家庭、信任、
對伴侶性史的了解）當作評估伴侶安全性的指標；對照其伴侶關於自身
風險的說法，可發現研究參與者的評估並不準確。[125] 如果雙方不了解彼
此，交往僅止於交換電話是明智之舉，以免發生性感染疾病或其他問題；
最好等到彼此更熟悉後，再發起性活動。

- 避免結交多名對象。如同本章所述，擁有多名性伴侶（長時間的連續性
關係）會增加性感染疾病的風險。

- 避免注射毒品與其他毒品。另一種避免染上 HIV 病毒與 B 型肝炎的方
法是不使用注射毒品；如使用注射型藥物，則不與他人共用針頭與注射
器。當然，如果需要共用，藥物針具需清洗乾淨。毒品不僅有害健康，
且會改變判斷能力。

- 接種疫苗。遺憾的是，只有 HPV 病毒、A 型肝炎、B 型肝炎有疫苗。
HPV 病毒疫苗已由美國食品藥物管理局核准，提供男孩女孩與年輕男
女接種。

- 保護嬰兒。大多數性感染疾病可能在分娩過程中由母親傳給子女。大多
數情況下，適當的醫療方式可以保護嬰兒，使其免受永久性傷害。感染
HIV 病毒的母親不應給嬰兒餵哺母乳。患有性感染疾病且已懷孕的女
性，應通知其醫師；所有孕婦皆應接受性感染疾病檢查。

- 做個好的溝通者。人需要與另一人在性方面保持親密關係，才有可能染
上性感染疾病。欲避免性感染疾病，甚至需要有更親密的關係，因為這
往往代表雙方必須談談。人皆需要學習如何以最佳方式與可能的性伴侶
討論預防方式，並傳達自身想法、感受、價值觀、需求、性方面的行為
規定等。好的溝通者較不可能做出違反其價值觀或信仰的事情。另外，
絕不可與不願討論性感染疾病防治的人發生性關係。

- **治療性感染疾病**

如果染上了性感染疾病，可能傳染給其他人。實踐促進健康的行為，

較安全與不安全的性行為

　　較安全的性行為是良好健康習慣不可或缺的一環。（許多人偏好「較安全的性行為」一詞，而非「安全性行為」，因為無論多麼小心謹慎，所有性接觸至少都帶有輕微的風險，如保險套可能破損。）

較安全的行為

- 擁抱
- 按摩
- 親吻（並非深吻、法式接吻）
- 愛撫
- 自慰（單獨或互相自慰，除非生殖器或手上有傷口或擦傷）
- 情色影片、書籍等等

可能安全的行為

- 深吻，即法式接吻，除非口腔有傷口
- 戴上乳膠保險套進行陰道性交（如對乳膠過敏則使用聚氨酯保險套）
- 戴上乳膠保險套進行吮陽
- 女方非處於經期或無陰道感染時，進行舔陰（口腔保護膜可提供額外防護）
- 戴上乳膠保險套進行肛交（專家不同意此種行為屬於「可能安全」，即使用了保險套亦然，因為肛交是最具風險的性行為，其餘皆難以相比）

不安全的行為

- 未戴上乳膠保險套進行陰道或肛門性交
- 未戴上乳膠保險套進行口交
- 女方月經來潮、患有陰道感染，未使用口腔保護膜，進行舔陰
- 未使用口腔保護膜進行口部—肛門接觸
- 接觸血液，包括經血
- 精液進入口腔
- 使用振動按摩器、假陽具、其他「玩具」等，兩次使用之間卻未清洗乾淨

將能防止他人也得到性感染疾病。

- 認識性感染疾病的症狀。有高風險性行為或注射毒品的人，應注意可能出現的性感染疾病症狀，尤其如果與有性感染疾病風險的對象發生性行為時。為避免性感染疾病，應知曉自己與他人身上會出現何種症狀。生殖器的變化表示可能感染，但某些性感染疾病的症狀可能在任何地方出現，且某些身體變化可能代表性感染疾病以外的健康問題。如果懷疑自己受到感染，不應嘗試自行診斷病情，而應該諮詢醫師或醫療服務人員。一般而言，性感染疾病的症狀為生殖器或直腸分泌物、腹痛、排尿疼痛、皮膚變化、生殖器發癢、類流感症狀等。然而，部分性感染疾病可能等到病情充分進展後才有症狀，症狀經常消失後復又出現，且大多數性感染疾病即使症狀不明顯、未出現或消失，仍有可能傳染給他人。實際上，大多數染上性感染疾病的人，皆無明顯的症狀。男性可能會比女性更早、更頻繁注意到症狀。如果懷疑自己受到感染，應停止性行為，停止注射藥物，立即就醫，並要求性伴侶也去找醫師或前往診所。

- 尋求治療。如果懷疑自己可能染上性感染疾病，應該立即就醫。在公立的性感染疾病與 HIV 病毒／愛滋病診所、私人醫師、家庭計畫診所、醫院等地，皆可獲得治療。不可使用偏方、郵購產品治療，或是由網際網路或友人處取得藥物。

- 讓對方接受治療。自身接受性感染疾病治療是正確的做法，但也需要鼓勵性伴侶與一同注射藥物的人立即尋求專業治療。此舉有助於防止對方感染嚴重疾病，預防再感染，並有助於管制性感染疾病的傳布。由於女性得到性感染疾病的最初信號，往往為發現其男伴出現症狀，因此尤其建議女方一同就醫。即使另一方未出現性感染疾病症狀，仍應就醫。

我們葬送自己，以求世代枝繁葉茂。

鄧約翰（John Donne, 1572-1631）

結 語

　　美國曾舉辦一場全國座談，與會者為公共衛生官員與年輕世代。該座談於二〇〇四年提出的報告《我們的聲音，我們的生活，我們的未來：青年與性感染疾病》（*Our Voices, Our Lives, Our Futures: Youth and Sexually Transmitted Diseases*）中，提及十五歲至二十四歲年輕族群的性感染疾病問題，並於結論中強調年輕世代在遏止美國性感染疾病問題方面的重要性與作用。這一份如今看來仍屬中肯的報告指出：[126]

> 　　總而言之，年輕人需要參與保護自身健康的行動，與其伴侶和其他人討論性方面的問題，了解接受醫學檢驗的方式與時機，並在成長過程中做出明智的選擇。廣大社群民眾有責任提供充足、容易取得的性傳染病資訊，以支持年輕人。年輕人不是這個國家性病流行統計資料中的唯一一批受害者，他們也並非唯一可能感染性傳染病的族群。年輕族群在設計、運行、評估青少年性傳染病防治方案方面，發揮著至關重要的作用。與雙親、政策制定者、醫療服務人員、宗教領袖、教育者等各方人士合作，青年族群掌握了美國社會克服此種流行病的關鍵。當年輕人能夠預防性傳染病，並為自己做出有益健康的選擇，其結果不僅對年輕人自身有益，更能造福整個社會，甚至未來的世世代代。

摘要

性感染疾病的傳布

- 性感染疾病在美國是一種「隱性」的流行病，在五種通報最頻繁的傳染性疾病當中占了四種。超過六千五百萬美國人遭受性感染疾病的負面影響。女性、青少年、年輕成年人、少數種族／族裔群體等，皆大幅受到性感染疾病的影響。

- 性感染疾病是與行為相關的疾病，主要由無保護的性接觸引起。行為、社會、生物性因素皆會導致性感染疾病的散播。行為方面的風險因素，包括過早開始親密的性活動、連續的性關係、高風險性伴侶、高風險性行為、未持續與正確使用保險套、藥物濫用、性要脅、個人缺乏性感染疾病方面的知識與關注、對於伴侶的風險有錯誤認識等。社會方面的風險因素，包括貧窮與邊緣化、缺乏取得醫療保健的途徑、性方面的保密與道德衝突等。生物性因素包括性感染疾病的無症狀性質、對治療產生抗藥性、缺乏治療方式等。

- 如未經治療，性感染疾病可能導致嚴重的健康問題，包括不孕、癌症、心臟疾病、失明、子宮外孕、流產、死亡等。患有性感染疾病時，如接觸 HIV 病毒，感染病毒的風險會增加。性感染疾病的直接成本，為每年一百六十九億美元。

主要的細菌型性感染疾病

- 細菌型性感染疾病可以根治，包括衣原體感染、淋病、尿道感染（非淋菌性尿道炎）、梅毒等。

- 衣原體感染為美國最常見的細菌型性感染疾病，年輕女性當中至為常見。年輕女性如重複感染衣原體，可能導致不孕。

- 淋病為美國第二常見的法定疾病。男性感染淋病，往往比女性更容易出現症狀。淋病如未經治療，可能導致骨盆腔炎。

- 男性與女性均可能出現尿道感染，有時指非淋菌性尿道炎。非淋菌性尿道炎如未經治療，可能對男、女性的生殖器官造成傷害。

- 梅毒為一種生殖器潰瘍性疾病，感染者如接觸感染 HIV 病毒之人，得到 HIV 病毒的機率會增加二至五倍。

主要的病毒型性感染疾病

- 病毒型性感染疾病無法根治，但可以治療，包括 HIV 病毒與愛滋病、生殖器人類乳突病毒感染、生殖器皰疹、肝炎等。

- HIV 病毒與愛滋病已成為人類歷史上一大致命流行病。由於此種疾病仍屬於醫療與公共衛生方面的巨大挑戰，本冊將於第六章以一整章的篇幅探討之。

- 生殖器人類乳突病毒感染，或稱 HPV，是有性生活的年輕族群最常見的性感染疾病，尤其常見於女性。部分感染 HPV 病毒的人會出現生殖器疣。持續的 HPV 病毒感染為子宮頸癌的關鍵風險因素之一。HPV 病毒疫苗已獲核准，男女性皆可受疫苗保護，防範可導致子宮頸癌、肛門癌、生殖器疣的 HPV 病毒株。

- 年齡介於十四歲至四十九歲的男性及女性之

中，約有五分之一的女性、九分之一的男性
感染生殖器皰疹。生殖器皰疹可能使人更容
易感染 HIV 病毒，且使已感染 HIV 病毒者
更具傳染性。

- 肝炎為一種影響肝臟的病毒性疾病。最常見
的性感染型肝炎為 A 型肝炎與 B 型肝炎。

陰道感染

- 陰道感染，或稱陰道炎，時常經由性行為傳
染（但並非必然），包括細菌性陰道炎、生
殖器念珠菌症、滴蟲病等。

- 細菌性陰道炎是生育年齡女性最常感染的陰
道炎。任何女性皆可能染上細菌性陰道炎，
即使從未性交過亦有可能。

- 生殖器念珠菌症，亦稱「酵母菌感染」，導
因於一種正常存在於體內的真菌過度生長。
近百分之七十五的成年女性，一生中至少會
得到一次陰道酵母菌感染。

- 滴蟲病為有性生活的年輕女性當中最常見的
可治癒型性感染疾病。美國每年的新增男女
病例，據估計有七百四十萬萬例。

其他性感染疾病

- 有數種性感染疾病，在美國出現的頻率不似
開發中國家高：軟性下疳、巨細胞病毒、腸
道感染、腹股溝肉芽腫、花柳性淋巴肉芽腫、
傳染性軟疣。

外寄生蟲侵擾

- 外寄生蟲侵擾，指受到生活於皮膚表面的寄
生蟲侵襲，可經由性行為向外傳播，包括人
疥蟎與陰蝨。

- 疥瘡由一種勉強可見的蟎引起，且具高度傳
播性。此種蟎會在進行親密接觸的人之間迅
速散佈，是否有性行為無關緊要（如長時間
接觸受侵擾的寢具）。

- 陰蝨，俗稱「蟹蝨」，可由一個人的陰毛上
輕鬆移動至另一人的陰毛上。

性感染疾病與女性

- 女性往往比男性更容易染上性感染疾病，且
會出現更嚴重的後果，如骨盆腔炎感染輸卵
管，可導致不孕與子宮外孕；子宮頸炎為子
宮頸的發炎症，最常由性感染疾病引起。對
外陰施加強烈刺激，會刺激尿道，導致膀胱
炎（膀胱感染）。

性感染疾病防治

- 性感染疾病的防治，牽涉到知識、心理因素、
伴侶相處情形、避免風險的行為等層面。避
免性感染疾病的方法包括禁慾、性方面貫徹
專一性、慎選對象、使用男用保險套、避免
結交多名對象、避免藥物／毒品注射等。有
風險行為的人，應注意可能出現的性感染疾
病症狀，如果懷疑染上性感染疾病，需立即
尋求治療，並將已知或疑似的性感染疾病告
知伴侶。

問題討論

- 有鑑於保險套是降低性感染疾病之傳染風險的一大重要措施，且許多年輕人不喜使用保險套，怎麼樣才能使保險套更具吸引力？

- 如果你／妳剛得知自己得到了性感染疾病，你／妳最大的疑慮會是什麼？你／妳會跟誰說？你／妳會需要什麼資源？你／妳可以去哪裡尋求協助？

- 如果要告訴過去的性伴侶自己有性感染疾病，你／妳是否覺得難以啟齒，而且他／她可能也染上了？你／妳會以什麼樣的「開場白」開啟討論？

推薦網站

- CDC National Prevention Information Network（美國疾病控制與預防中心全國防治資訊網）
  http://www.cdcnpin.org
  全美最大的 HIV 病毒／愛滋病、性感染疾病、結核病防治資訊網站。

- Centers for Disease Control and Prevention（美國疾病控制與預防中心）
  http://www.cdc.gov/hiv
  提供 HIV 病毒／愛滋病資訊。
  http://www.cdc.gov/std
  提供性感染疾病資訊。

- Joint United Nations Programme on HIV/AIDS（聯合國愛滋病聯合規劃署）
  http://www.unaids.org

本網站包含世界各地的 HIV 病毒／愛滋病流行病學資訊，以及 HIV 病毒／愛滋病相關議題的觀點探討。

- Kaiser Family Foundation（凱撒家庭基金會）
  http://www.kff .org
  本網站提供性感染疾病與 HIV 病毒／愛滋病的現況說明與新聞。

- Rural Center for AIDS/STD Prevention（愛滋病／性傳染病偏鄉防治中心）
  http://www.indiana.edu/~aids
  本網站提供偏遠農村社區的 HIV 病毒／性感染疾病防治議題相關資訊。

- World Health Organization（世界衛生組織）
  http://www.who.int/topics/sexually_transmittedinfections/en
  本網站提供性感染疾病相關主題的現況說明、出版品、資訊等。

延伸閱讀

- Brandt, A. M. (1987). *No magic bullet: A social history of venereal disease in the United States since 1880.*（《靈藥不靈：一八八〇年後的美國性病社會史》）New York: Oxford University Press.
  本書就社會與政治層面探討性感染疾病的歷史，資料豐富，可讀性高。

- Dizon, D. S., & Krychman, M. L. (2011). *Questions and answers about human papillomavirus*

(HPV). （《人類乳突病毒問答集》）
Burlington, MA: Jones & Bartlett.

本書由兩位醫師撰寫，提供了 HPV 病毒方面最常見問題的權威解答。

■ Ebel, C., & Wald, A. (2007). *Managing herpes: Living and loving with HSV*. （《與皰疹共處：皰疹患者的人生與愛情》）Research Triangle Park, NC: American Social Health Association.

對於正找尋更多生殖器皰疹的傳染、治療等主題方面資訊，且欲告訴伴侶自己遭到感染的人而言，本書提供的資源必不可少。

■ Hayden, D. (2003). *Pox: Genius, madness, and the mysteries of syphilis*. （《天才、狂人與死亡之謎》）Boulder, CO: Basic Books.

從貝多芬到王爾德，從梵谷到希特勒，本書描述梅毒對十五至二十世紀重大人物的人生與作品之影響。

■ Lowry, T. P. (2005). *Venereal disease and the Lewis and Clark expedition*. （《花柳病及路易斯與克拉克遠征》）Lincoln: University of Nebraska Press.

本書描述性行為與花柳病如何影響路易斯與克拉克遠征（Lewis and Clark Expedition）中的男性與任務。

■ Marr, L. (2007). *Sexually transmitted diseases: A physician tells you what you need to know*. （《性感染疾病：醫生開講》）Baltimore, MD: The Johns Hopkins University Press.

一本探討性感染疾病預防、診斷與治療的綜合性指南，同性戀、異性戀皆適用。

■ Reverby, S. M. (2009). *Examining Tuskegee: The infamous syphilis study and its legacy*. （《檢視塔斯基吉實驗：惡名昭彰的梅毒研究及其影響》）Chapel Hill, NC: University of North Carolina Press.

本書剖析美國公共衛生局一項為期四十年、牽連數百名非裔美籍男性的梅毒實驗。

人類免疫缺乏病毒與愛滋病

本章重點

學生們怎麼說

我知道 HIV 病毒和性感染疾病的存在，而且不會等閒視之。我的交往關係中，信任和誠實是關鍵，我們會事先討論交往歷史，充分了解後再做出決定。

──二十歲，女性

我的父親患有愛滋病。他發現患病時，我才四歲。我的父母選擇保密，不告訴我和我的兄弟。那時候我和父親住在一起，雖然他有時候身體會不舒服，但在我的童年時光裡，我們就跟正常的家庭無異。我十二歲時，他的病情急轉直下，住進醫院，我和母親一起繼續生活。我爸出院後，他去和我的祖父母住在一起。都已經這樣了，還是沒有人告訴我他怎麼了。兩年後，我媽終於告訴我爸有愛滋病，而且很快就要死了。我當時很震驚，而且很氣我的父母沒有早點跟我說。我媽不讓我去看他，因為他病容憔悴，而且非常痛苦。他過世之前，我都沒有機會去看他，或跟他講話。如果我早就知道他快死了，我一定會想辦法去看他。

──十九歲，女性

我已經不再恨你，也不再為了你（愛滋病）而憤怒。我現在已經了解，你早已成為我生命中的正面力量。你是一位信使，讓我重新認識我的生命與我自己。為此我感謝你，原諒你，並放下你。因為你，我學會了愛自己。

──二十一歲，男性

HIV 病毒和性感染疾病是我不亂搞關係的最大原因。我當然很樂意跟多重性伴侶發生關係，嘗鮮一下，但即使每次都用保險套，我還是會覺得自己面臨極大風險。所以我談關係只能是一對一。

──二十歲，女性

你要面對的不只是疾病（愛滋病），還有每天會遭遇的偏見。

──二十六歲，男性

　　很少有現象能如同三十多年前出現的微病毒——HIV 病毒，或稱**人類免疫缺乏病毒**（human immunodeficiency virus）一般，使性的面貌產生巨幅的改變。一九八〇年代初期，舊金山、紐約、洛杉磯等地的醫師注意到某些過去罕見的疾患，開始反覆好發於年輕、相對健康的男性族群。男性出現卡波西氏肉瘤（Kaposi's sarcoma，一種發生於血管的癌症），以及肺泡囊蟲肺炎（*Pneumocystis carinii* pneumonia，簡稱 PCP，一種通常不具危險性的肺部感染）等症狀時，由於造成免疫系統崩壞，因而成為致命疾病。[1]甚至在發現 HIV 病毒導致免疫系統崩壞之前，此種疾患便已經有了名字：後天免疫缺乏症候群（acquired immunodeficiency syndrome/AIDS，或稱愛滋病）。造成愛滋病的病原體 HIV 病毒，則於一九八〇年代中期發現。

　　起初，美國境內的愛滋病似乎主要限於三個族群：同性戀男性、海地人、血友病（hemophilia）患者。然而未過多久，愛滋病顯然已不僅限於某幾個族群；此種疾患蔓延至靜脈注射毒品使用率高的群體，並進入普羅大眾之中，包括社會經濟水平各異的異性戀男女性（及其子女）。愛滋病的深遠影響，除了患病直接引發的疼痛與傷損外，更包括蔓延的恐懼、迷思、汙名化、偏見、仇恨等。對於愛滋病傳播方式的無知，已助長部分人士的恐同氣焰。對於某些人而言，愛滋病則令其普遍產生性表達方面的恐懼。

　　時至今日，大多數人都知道 HIV 病毒如何傳播。然而出於各種原因，許多人仍繼續從事使其陷入風險的行為。希望本章的內容將有助於讀者為自己做出健康、明智的選擇，並成為社群中積極倡導教育與正面變革的人。由於目前仍有大量的愛滋病研究正在進行，此處介紹的部分資訊，尤其是關於 HIV 病毒／愛滋病的發生率與盛行率，於本書付梓出版時可能已非最新資料。如欲了解 HIV 病毒／愛滋病研究的最新發現與消息，可聯繫美國疾病控制與預防中心，或洽詢本章最後列出的任一機構或網站。

　　本章一開始將由生物學角度切入，描述愛滋病與免疫系統，接著討論 HIV 病毒的流行病學與傳播，以及愛滋病流行的人口學議題；即 HIV 病毒／愛滋病對於各個族群與社群造成的影響。接下來則探討 HIV 病毒的防治、檢查、當前治療方式等，最後則討論如何與 HIV 病毒／愛滋病共處。

愛滋病永遠改變了我們，帶出人性最好與最糟的一面。

邁克爾・戈特利布醫師（Michael Gottlieb, 1947-）

我們在瘟疫時期學到的東西（是）：人性的可佩之處，多過於可鄙之處。

卡繆（Albert Camus, 1913-1960）

何謂愛滋病？

　　AIDS，是後天免疫缺乏症候群（acquired immunodeficiency syndrome）的縮寫。這種醫學疾病之所以有此名稱，原因在於 HIV 病毒屬於後天罹患型（而非遺傳型），且隨後將影響人體的免疫系統，使其經常於對抗致病生物時出現缺陷，導致一連串症狀出現，共同構成／表現為一種疾患／症候群。

　　為透過國家監控體系監測愛滋病的散布，美國疾病控制與預防中心已確立了愛滋病的一項定義。如欲在美國疾病控制與預防中心的分類體系下接受愛滋病診斷（從而獲得其他管道無法獲得的接受治療、參與治療計畫、保險給付之資格），大多數情況下，血液檢查結果必須呈現陽性反應，代表 HIV 抗體存在且 T 細胞計數（稍後討論）低於二百。若 T 細胞計數較高時，患者如具有一種或多種與愛滋病有關的疾患或病症（稍後討論），仍可能診斷為愛滋病。如患者的血液檢查顯示為帶有 HIV 病毒抗體，但並未符合其他衡量標準，則會將此人診斷為「有 HIV 病毒」、「HIV 病毒陽性」、「感染 HIV 病毒」、「HIV 病毒帶原」等。感染 HIV 病毒，會產生一系列疾患，由潛伏／無症狀狀態持續進展，發展至晚期則表現為愛滋病。病情以此方式發展的機率因人而異。[2]

　　一九九三年，美國疾病控制與預防中心對於愛滋病的罹患定義，增加了 T 細胞計數、子宮頸癌／子宮頸上皮分化不良（cervical dysplasia or cervical intraepithelial neoplasia，簡稱 CIN，又稱子宮頸癌前期病變）、肺結核（pulmonary tuberculosis）、復發型細菌性肺炎（recurrent bacterial pneumonia）等項目。[3] 增加上述條件使得愛滋病「正式」患者的數量急遽增加。

■　愛滋病相關疾病

　　美國疾病控制與預防中心列出了二十多種用於診斷愛滋病以及 HIV 病毒陽性狀態的臨床徵狀，[4] 分為數種類別：伺機性感染、癌症與愛滋病相關的特定徵狀，以及某些情況下**可能**診斷為愛滋病的徵狀。

伺機性感染

因免疫系統弱化而趁虛而入的疾患，稱為**伺機性感染**（opportunistic infection，簡稱 OI）。一般狀況下，此種感染不會在健康的人身上發展，或是不會危及生命。與 HIV 病毒有關的常見伺機性感染，包括某些類型的結核病、一種侵襲大腦與中樞神經系統的寄生蟲病、某些類型的肺炎（如肺泡囊蟲肺炎，由常見的生物引起，可能為原生動物或真菌）等，在一般人身上通常不致產生危害。

對於背負汙名的恐懼，導致了沉默，而對抗愛滋病時，沉默就代表死亡。

聯合國前秘書長，科菲·安南
（Kofi Annan, 1938-）

癌症

某些類型的癌症常與愛滋病有關，如淋巴系統發生的癌症、侵襲型子宮頸癌，以及一種稱為**卡波西氏肉瘤**（Kaposi's sarcoma）的血管方面癌症。子宮頸癌與子宮頸上皮分化不良（CIN）較常見於 HIV 病毒檢查呈現陽性的女性；卡波西氏肉瘤在健康的人身上相當罕見，會導致皮下出現紅色或紫色斑塊。

卡波西氏肉瘤（Kaposi's sarcoma）是一種發生於血管的癌症，一般與愛滋病有關。此疾會導致皮下出現紅色或紫色斑塊。

臨床徵狀

與愛滋病尤為相關的徵狀，包括消耗症候群（wasting syndrome，其症狀包括體重大量減輕，附帶虛弱、持續性腹瀉等）與愛滋感染失智（AIDS dementia，其典型表現為心理與身體機能出現障礙，以及情緒、行為變化）。

其他感染

某些情況下出現下列感染，可能確診為愛滋病：念珠菌症（鵝口瘡，thrush，一種影響呼吸系統與陰道的真菌感染）、生殖器皰疹、巨細胞病毒（cytomegalovirus，一種往往透過性行為傳播的皰疹病毒）。

由於 HIV 病毒感染者的免疫系統可能無法正常發揮作用（晚期愛滋病患者更是如此），此種人即使遇上一般不足為慮的小病，如感冒、流感、腸道感染等，也可能非同小可。本章稍後將討論 HIV 病毒感染者的預防保健措施。

HIV 病毒與其他性感染疾病的汙名化

　　人類社會對性的深刻矛盾心理，由我們看待 HIV 病毒與其他性感染疾病的方式，便可見一斑。我們如果覺得自己喉嚨發炎，一定會抓緊時間前往健康中心或去看醫生，以獲得適當的藥物治療。但如果發現自己出現排尿不適的情況，且有不尋常的排泄物，我們又會如何？首先，我們可能會忽略此種症狀。很快地，我們會感覺到疼痛，並且知道事情一定有些不對勁。心中懷著憂慮與恐懼，我們會溜進診所或醫師的診間，希望別遇到任何認識的人，這樣才不必解釋我們為什麼去那裡。拿到處方箋時，我們不敢直視藥劑師的眼睛。接下來我們則要面臨是否將此一窘境告訴伴侶的困擾（更糟的是伴侶可能不只一位）。

　　這些因性感染疾病而起的種種情緒，為何喉嚨發炎時就沒有？恐懼、否認、尷尬、內疚、羞愧、羞辱等感受從何而來？為什麼性感染疾病是唯一以傳染模式界定，而非以致病生物類型界定的疾病分類？上述問題皆出自共同的根源：針對 HIV 病毒或其他性感染疾病患者的汙名化。聯合國愛滋病聯合規劃署（The Joint United Nations Programme on HIV/AIDS，簡稱 UNAIDS）描述了 HIV 病毒汙名化的起源與部分負面後果：

　　HIV 病毒的汙名源於恐懼，以及愛滋病與性行為、疾患、死亡的關聯，亦與某些非法、禁止、禁忌行為有關，如婚前與婚外性行為、性工作、男性間性行為、靜脈注射毒品使用等。此種汙名也源於缺乏 HIV 病毒方面的意識與知識。HIV 病毒的汙名可能激發眾人尋找代罪羔羊，並責怪、懲罰某些人或族群。汙名會併入現存的偏見與排斥形式中，並進一步使原本便較有可能感染 HIV 病毒的人陷入邊緣化。

　　對於遭到汙名化的恐懼與羞恥的感受，皆為導致 HIV 病毒與其他性感染疾病蔓延的主要因素。[5] 舉例而言，一項以七個美國城市的淋病、HIV 病毒高風險臨床病患與民眾為對象的抽樣研究顯示，羞恥與汙名感皆與尋求性感染疾病方面的醫療照護有關，但汙名感可能對取得該種醫療照護造成更強力的阻礙。[6] 一項研究以美國阿拉巴馬州中西部公衛診所發生的汙名化情形為主題，指出在該地區的小鎮診所「撞見患者」（patient spotting，指附近住宅大樓中的鄰居看見某患者進出性感染疾病診所後，製造流言加以中傷），被當地人視為一項消遣。為避免「被撞見」，許多男患者轉而尋求替代療法、延遲就醫，或是未能回診持續治療。[7] 阿拉巴馬州的一項電話民調發現，性感染疾病籠罩著神秘感與羞恥感，且遭受感染的女性比男

性更易受到汙名化，即使散布性感染疾病的人是男方。[8]

　　聯合國愛滋病聯合規劃署表示，汙名與其他導致 HIV 病毒感染風險與易感染性的社會因素，已成為全世界 HIV 病毒防治的障礙，需要由「權利本位」角度出發，因應此種疾病的流行。[9] 該組織表示：「如欲在因應此種疾病的流行上取得長足成功，需要持續減少與之相關的人權侵害，包括性別不平等、汙名、歧視等。」

批 判 性 思 考

01.　你／妳如何觀察到朋友或社會上其他人背負了 HIV 病毒／性感染疾病的汙名？此種汙名如何展現出來？

02.　在你／妳看來，該怎麼做才能消除 HIV 病毒／性感染疾病的文化汙名？

03.　如果你／妳感染了 HIV 病毒或其他性感染疾病，你／妳是否會擔心汙名與羞恥感的問題？如果會，你／妳要如何處理？你／妳會循何種資源管道尋求幫助與支持？

■ HIV 病毒感染與愛滋病症狀

感染 HIV 病毒的數週內，部分患者會出現類似流行性感冒的症狀，持續一至二週，有些人則無症狀。HIV 病毒的感染者在受到感染後，可能在外表上並無異狀，自身亦感覺身體健康。但即使感到健康，HIV 病毒仍會對身體產生影響。及早診斷對於有效治療 HIV 病毒感染至為重要，本章將於稍後探討。

伺機性感染如已出現，可能有以下的晚期 HIV 病毒感染症狀：

- 呼吸問題
- 口腔問題，如鵝口瘡（白色斑點）、潰瘍、味覺變化、口乾、吞嚥困難或牙齒鬆動
- 發燒持續二天以上
- 體重減輕
- 視力變化或出現飛蚊症（floater，指視野內出現移動的線條或斑點）
- 腹瀉
- 皮疹或瘙癢

人無法僅憑症狀來確認其是否感染愛滋病。每一種症狀皆可能與其他疾病有關。請記住：愛滋病的診斷，需由醫師以特定的疾病管制機關之診斷標準進行。[10]

■ 了解愛滋病：免疫系統與 HIV 病毒

血液的主要成分為血漿（plasma，血液中的流體基質）、紅血球（red blood cell）、白血球（white blood cell）、血小板（platelet）等。

｜ 白血球

白血球（leukocyte，或稱 white blood cell）可分為數種，在保護身體、抵禦入侵的生物體或突變（癌變）細胞方面，皆發揮重要作用。由於 HIV 病毒入侵人體後，最終將殺死某幾種白血球，HIV 病毒會削弱人體抵禦感染的能力，對於其他有害但通常不足為慮的病症，抵抗能力亦會降低。本

章所討論的白血球類型主要為淋巴細胞。

| 巨噬細胞、抗原與抗體

一種稱為巨噬細胞（macrophages）的白血球，會吞噬外來細胞，並呈遞（display）入侵者的抗原，如同在自身表面上豎起信號旗幟。**抗原**（antigen，抗體的引發者）為大分子細胞，能刺激免疫系統，隨後與釋放出來與之對抗的抗體產生反應。**抗體**（antibody）能與抗原結合，使其失去活性，並將其標記起來，交由殺手細胞破壞。如果身體先前曾接觸某種致病生物體（曾抵抗成功或接種疫苗），反應速度則會加快，因為記憶細胞（memory cell）中已編入做出反應的生物化學指令。

| B 細胞與 T 細胞

對於免疫系統運作至關重要的**淋巴細胞**（lymphocyte，一種白血球），為 **B 細胞**（B cell）與數種類型的 **T 細胞**（T cell）。**輔助 T 細胞**（helper T cell）一如巨噬細胞，細胞中編入的指令為「讀取」抗原，接著開始引導免疫系做出反應。輔助 T 細胞會傳送化學信號給 B 細胞，B 細胞則開始製造針對呈遞之抗原的抗體。輔助 T 細胞亦會刺激 B 細胞與 T 細胞的增殖（基因中原本即編入自我複製的指令），

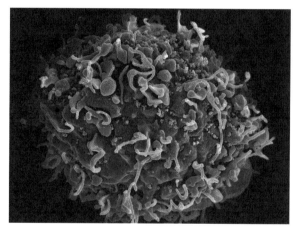

感染 HIV 病毒的 T 細胞會開始複製病毒，病毒由細胞冒出，最終殺死宿主細胞。

並同時活化巨噬細胞與**殺手 T 細胞**（killer T cell），將其轉化為毀滅者，唯一目標為攻擊、消滅敵人。輔助 T 細胞的表面會出現一種稱為 CD4 的蛋白質受體。人體內的輔助 T 細胞數量，為免疫系統運作狀態的重要指標，本章將於稍後討論。

■ 病毒

病毒（virus）為一組被覆蛋白質的基因，會侵襲細胞，改變細胞自我複製的方式。病毒無法獨立存活，且除非進入宿主細胞內，否則無法繁殖。如要在一根針的針頭上覆蓋一層人類免疫缺乏病毒，將需要一萬六千個病

毒。HIV 病毒以極高放大倍數觀察，其形如同球形針插，帶有細小的針狀突起（見圖 6.1）。此種突起即為抗原，含有稱為 GP 120 的蛋白質；輔助 T 細胞上的 CD4 受體，會受到 GP 120（可謂致命的）吸引。病毒的蛋白質核內，有攜帶繁殖所需訊息的遺傳物質（即核糖核酸，RNA）。蛋白質核內亦有一種稱為**反轉錄酶**（reverse transcriptase）的酵素，使病毒得以將其 RNA（遺傳軟體或程式）「寫入」某個細胞的基因中。具有逆轉正常基因寫入過程之能力的病毒，稱為**反轉錄病毒**（retroviruses）。多種 HIV 病毒變異株，皆為病毒突變的產物。HIV 病毒一旦感染到某個人，便開始產

圖 6.1　CD4 細胞感染 HIV 病毒之過程

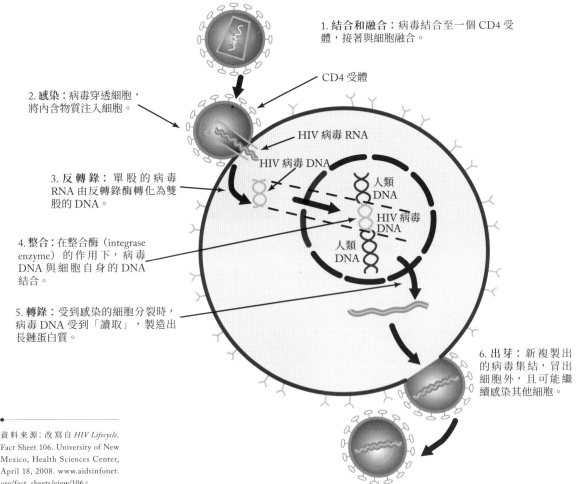

1. **結合和融合**：病毒結合至一個 CD4 受體，接著與細胞融合。

CD4 受體

2. **感染**：病毒穿透細胞，將內含物質注入細胞。

HIV 病毒 RNA

HIV 病毒 DNA

人類 DNA

HIV 病毒 DNA

3. **反轉錄**：單股的病毒 RNA 由反轉錄酶轉化為雙股的 DNA。

人類 DNA

4. **整合**：在整合酶（integrase enzyme）的作用下，病毒 DNA 與細胞自身的 DNA 結合。

5. **轉錄**：受到感染的細胞分裂時，病毒 DNA 受到「讀取」，製造出長鏈蛋白質。

6. **出芽**：新複製出的病毒集結，冒出細胞外，且可能繼續感染其他細胞。

資料來源：改寫自 *HIV Lifecycle*. Fact Sheet 106. University of New Mexico, Health Sciences Center, April 18, 2008. www.aidsinfonet. org/fact_sheets/view/106。

生基因變異，此過程甚至在抗體出現前即行開始。此種發生突變的傾向，是 HIV 病毒難以破壞的其中一項因素。

｜　對 T 細胞的作用

HIV 病毒進入血液時，輔助 T 細胞會湧向入侵的病毒，彷彿專為此刻而生。一般而言，此階段的 T 細胞會解讀抗原，刺激 B 細胞產生抗體，並開始消滅入侵生物體的程序。然而遭遇 HIV 病毒時，儘管抗體確實開始產生，但免疫過程幾乎會隨即開始停擺。HIV 病毒會將其內含物質注入宿主 T 細胞，並將自己的基因編碼複製到 T 細胞的遺傳物質（即去氧核醣核酸，DNA）中。因此免疫系統啟動時，T 細胞不會自我複製，而會開始製造 HIV 病毒，並於此過程中被殺死。HIV 病毒亦會針對其他類型的細胞，如巨噬細胞、樹突狀細胞（dendritic cells，指出現於皮膚、淋巴結、腸黏膜中的白血球）、腦細胞等。

｜　HIV-1 與 HIV-2

幾乎所有美國的 HIV 病毒感染病例，皆涉及稱為 HIV-1 的 HIV 病毒類型。另一種類型的 HIV 病毒 HIV-2，研究發現主要存在於西非。HIV-1 與 HIV-2 具有相同傳染模式，且同樣與多種伺機性感染及愛滋病有關。

■　愛滋病發病機制：病況的進展

正如前面所討論，病毒進入人體時，會立即由輔助 T 細胞攝取，並迅速移至淋巴結。HIV 病毒進入宿主細胞後，會立即開始複製。大多數人會於接觸後二至八週內，產生針對 HIV 病毒的可檢測抗體（平均為二十五天）。人產生抗體的過程稱為**血清抗體轉換**（seroconversion）。如果未檢測到 HIV 抗體，受檢者的**血清狀態**（serostatus）為 HIV 病毒陰性；如果檢測到抗體，則為 HIV 病毒陽性。

｜　T 細胞（CD4）計數

T 細胞計數，亦稱 CD4 計數，指每立方毫米血液中輔助 T 細胞的數量。一個健康的人，其 T 細胞計數平均值約為一千，但其範圍可能介於五

百至一千六百之間，取決於整體健康狀況，以及是否正在對抗疾病。

｜ 感染階段

病情進展的速度因人而異，從感染 HIV 病毒到愛滋病發病，經過時間從數月到數年不等，取決於治療方案、患者的基因組成、健康狀況等數項因素（見圖 6.2）。幸運的是，HIV 病毒感染者如服用適當藥物，可於免疫系統受損程度足以使愛滋病發病前，存活相當長的時間。某個人感染 HIV 病毒時，首先可能出現嚴重的類流感症狀，此時免疫系統進入高效率運作

圖 6.2　HIV 病毒感染的一般模式

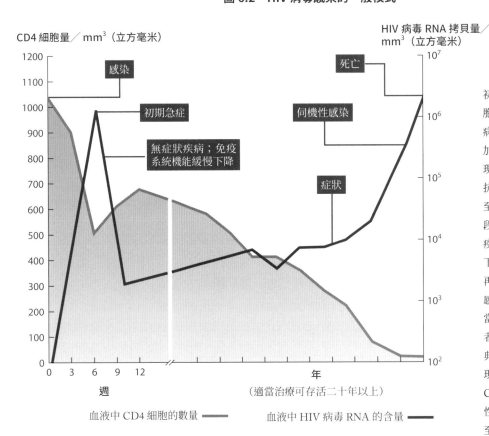

初期急症階段期間，CD4 細胞量（綠線）急遽下降，HIV 病毒的 RNA 量（紅線）則增加；許多感染者在此期間會出現類流感症狀。HIV 病毒的抗體通常於最初感染後的二至八週出現。隨後的無症狀階段期間，CD4 細胞量（顯示免疫狀態系統的一項指標）逐漸下降，HIV 病毒的 RNA 量則再次上升。由於免疫力下降，感染者終究會開始出現症狀；當 CD4 細胞量降至低點，患者將更容易遭受愛滋病引起的典型、嚴重伺機性感染侵襲。現代治療方式可延緩／減慢 CD4 細胞量的下降速度。慢性或復發性疾病仍會出現，直至免疫系統失敗、導致死亡為止。

資料來源：改寫自 Fauci, A. S., et al. (1996). Immunopathogenic mechanisms of HIV infection. *Annals of Internal Medicine*, 124, 654-663。

狀態，以阻止入侵者。此種症狀通常一週至一個月內消失，且常遭誤認為受到他種病毒感染。HIV 病毒一旦進入成人體內後，可能經過十年或更長時間，仍不會出現持續、嚴重的症狀。[11]患者的 T 細胞計數，可能隨著病毒開始迅速複製而暫時急遽下降。在此期間，病毒會散布至整個淋巴結；病毒複製之處，會出現一種稱為「播種」（seeding）的過程。該病毒可能持續潛伏多年，但會繼續複製並破壞 T 細胞。研究顯示，病毒負荷量（viral load）是 HIV 病毒傳播的主要預測因子；病毒負荷量攀至最高點時，HIV 病毒感染者最具傳染性。[12]及早檢測出遭到感染並開始治療，可減少病毒負荷量，亦可能降低患者的傳染力，並使存活機率大增。[13]隨著時間的推移，T 細胞數量將逐漸減少，遭到新複製出的 HIV 病毒破壞。此階段期間，隨著受感染的細胞數量上升，T 細胞的數量一般會下降至每毫升血液中二百個至五百個之間。

愛滋病進入晚期階段時，T 細胞與免疫系統中其他的戰鬥細胞，將不再能夠阻擋外來侵略者的腳步。受感染的細胞繼續增加，且 T 細胞計數下降至二百個以下，血液中亦能測得 HIV 病毒。此時患者的病情可能已達相當程度，亦可能已病入膏肓，但有些人可能沒有症狀。愛滋病患者的 T 細胞計數可能繼續暴跌至零，最終將死於一種或多種伺機性感染。

HIV 病毒的流行病學及其傳播

流行病學（epidemiology）是指探討疾病之發生率、流行過程、分布、管制的研究，流行病（epidemic）則指傳播範圍廣、傳播速度快的傳染性疾病。聯合國愛滋病聯合規劃署（UNAIDS）與世界衛生組織指出，全世界有超過六千萬人感染 HIV 病毒，另有超過三千萬人死於愛滋病，使此一流行病成為有史以來最具毀滅性的疾病之一。根據估計，二○一○年有一百八十萬人死於愛滋病。聯合國愛滋病聯合規劃署指出，全世界估計有三千四百萬人目前感染 HIV 病毒，二○一○年的 HIV 病毒新增感染人數則為二百七十萬人。每天全球都出現超過七千件新增感染病例。[14]

聯合國愛滋病聯合規劃署指出，HIV 病毒／愛滋病的流行已經獲得遏

制，且疫情的反轉已然開始。每年的 HIV 病毒感染新增病例自一九九〇年代後期以來持續穩定下滑，二〇一〇年的數字與全球流行高峰期的一九九七年相比，已下降了百分之二十一。二〇一〇年，HIV 病毒的發病數在三十三個國家中有所下降，其中二十二國位於撒哈拉以南的非洲地區，此區域受愛滋病疫情的影響最大（見圖 6.3）。二〇一〇年與愛滋病有關的死亡人數（一百八十萬人），低於該數字創下新高的二〇〇〇年代中期（二百

圖 6.3　全世界成人感染 HIV 病毒之百分比（盛行率），依區域劃分

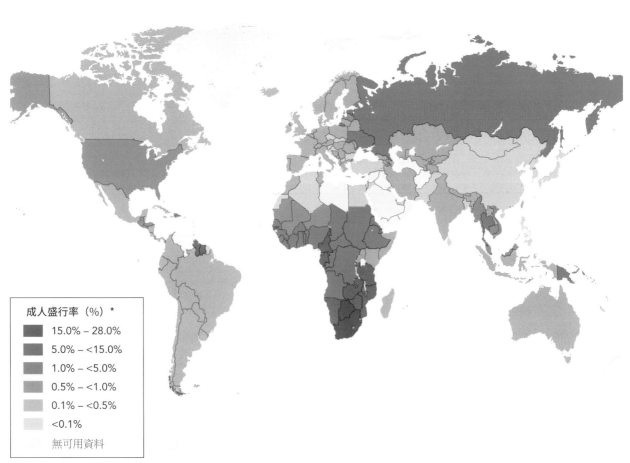

成人盛行率（%）＊

- 15.0% – 28.0%
- 5.0% – <15.0%
- 1.0% – <5.0%
- 0.5% – <1.0%
- 0.1% – <0.5%
- <0.1%
- 無可用資料

＊ 二〇〇九年十五至四十九歲人口感染 HIV 病毒的估計人數，除以二〇〇九年十五至四十九歲的人口數，而得出此百分比率。

參考來源：UNAIDS, Joint United Nations Programme on HIV/AIDS. [2010]. Figure 2.4 (p. 23)。

二十萬人），主要原因在於抗反轉錄病毒療法的可得性，已於先前幾年開始增加。聯合國愛滋病聯合規劃署指出，雖然新增感染人數持續下降，但全世界的新增感染病例總數仍居高不下。除此之外，雖有新治療方式出現，全世界感染 HIV 病毒的人數仍在增加，且僅有少數國家的醫療水平足以實行 HIV 病毒健康照護，以及其他遏止此疾流行所需的服務。[15]

■　美國 HIV 病毒／愛滋病的流行病學

美國自三十餘年前首例愛滋病確診病例出現以來，已確診與未確診的成年人、青少年 HIV 病毒感染人數，已由幾十人增至一百二十萬人，二〇〇九年累計死亡人數將近六十萬人。根據估計，自一九九〇年代後期以來，每年的 HIV 病毒感染新增病例數（HIV 病毒發生率）持續保持相對穩定。[16] 二〇〇九年估計有四萬八千一百人感染 HIV 病毒。[17] HIV 病毒感染病例的性別比例如下：二〇〇九年，男性占 HIV 病毒感染確診病例的百分之七十六。各性別的病毒傳播類型亦各不相同（見圖 6.4）。約有四分之三的成人與男性青少年 HIV 病毒／愛滋病病例，可歸因於男性之間的性接觸，而有百分之八十五的成人與女性青少年 HIV 病毒／愛滋病病例則歸因於高風險的異性間性接觸。[18]

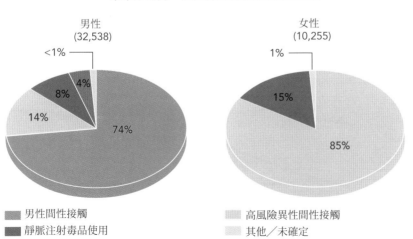

圖 6.4　二〇〇九年美國成年人與青少年 HIV 病毒感染確診比例，依性別與病毒傳播類型區分

備註：資料取自美國四十州與五個領地，提供保密或具有姓名的 HIV 病毒感染通報紀錄。由於數據經四捨五入，總百分比大於百分之百。

資料來源：Centers for Disease Control and Prevention. (2011r). HIV surveillance—Epidemiology of HIV infection (through 2009): Slide set.

　　愛滋病確診病例的百分比分布，如依病毒傳播類型區分，自開始流行以來已有所變化（見圖 6.5）。因男性間性接觸而感染的病例百分比先減少，而後於二○○九年上升，占所有愛滋病確診病例的百分之四十九；因高風險的異性間性接觸而感染的病例百分比先增加，而後呈現平緩。愛滋病確診病例的百分比分布，如依種族／族群區分，自開始流行以來亦已經有所變化（見圖 6.6）。白人愛滋病確診病例持續下降；非裔美籍人士與西班牙裔／拉丁美洲裔人士的確診病例百分比則持續增加。[19] 圖 6.7 的圓餅圖闡明了二○○九年美國四十個州中，依種族／族群區分的 HIV 病毒通報確診病例分布情形，以及相同地區依種族／族群區分的人口分布情形，為保密、基於姓名提供的 HIV 病毒感染通報紀錄。非裔美籍人士與西班牙裔人士受到愛滋病流行影響的比例極高，與其人口百分比相較之下，可謂不成比例。[20]

　　研究人員利用美國疾病管理機關針對三十三個州的 HIV 病毒監測與人口統計資料（保密、基於姓名提供的 HIV 病毒感染通報記錄），分析並預估了確診感染 HIV 病毒的終生罹病風險（見表 6.1）。針對癌症等其他

圖 6.5　一九八五年至二○○九年美國成年人與青少年愛滋病病例數變化，依病毒傳播類型與確診年分區分

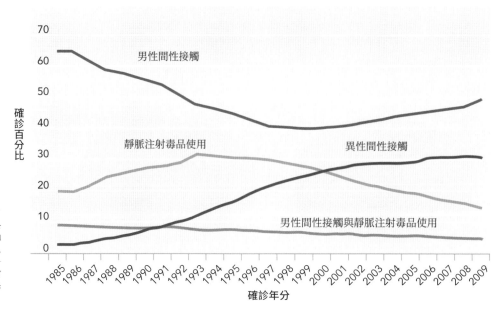

資 料 來 源：Centers for Disease Control and Prevention. (2011r). HIV surveillance— Epidemiology of HIV infection (through 2009): Slide set.

圖 6.6　一九八五年至二〇〇九年美國愛滋病病例數變化，依種族／族群與確診年分區分

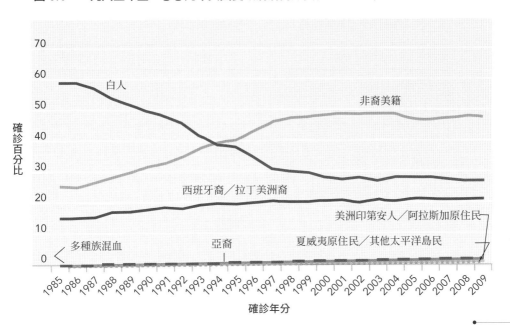

資料來源：Centers for Disease Control and Prevention. (2011r). HIV surveillance—Epidemiology of HIV infection (through 2009): Slide set.

圖 6.7　二〇〇九年 HIV 病毒感染確診比例與人口比例，依種族／族群區分

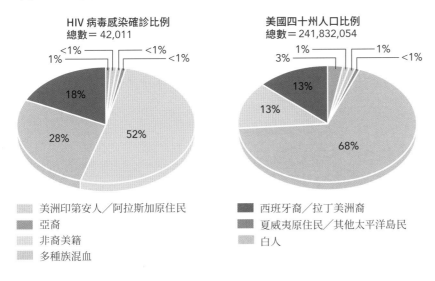

備註：資料取自美國四十州與五個領地，提供保密或具有姓名的 HIV 病毒感染通報紀錄。列入資料中的 HIV 病毒感染確診人員，未考量其確診時的病情進展階段。

資料來源：Centers for Disease Control and Prevention. (2011s). HIV surveillance by race/ethnicity (through 2009).

備註：本表資料取自美國
疾管機關針對三十三州的
HIV 病毒監測與人口統
計資料，提供保密或具有
姓名的 HIV 病毒感染通
報紀錄。

資料來源：改寫自 Hall, H. I.,
Qian, N., Hutchinson, A. B., &
Sansom, S. (2008). Estimating the
lifetime risk of a diagnosis of the
HIV infection in 33 states, 2004-
2005. *Journal of Acquired Immune
Deficiencies Syndromes*, 49, 294-297

表 6.1　二○○四年至二○○五年，美國三十三個州確診感染 HIV 病毒的預估終生罹病風險，依性別區分

種族／族群	男性	女性
所有合計	1.9%（1 人／ 53 人）	0.7%（1 人／ 141 人）
白人	1.0%（1 人／ 104 人）	0.2%（1 人／ 588 人）
黑人	6.2%（1 人／ 16 人）	3.3%（1 人／ 30 人）
西班牙裔	2.9%（1 人／ 103 人）	0.9%（1 人／ 114 人）
美洲印第安人／阿拉斯加原住民	1.0%（1 人／ 103 人）	0.4%（1 人／ 278 人）
亞裔美籍／太平洋島民	0.6%（1 人／ 169 人）	0.2%（1 人／ 500 人）

疾病的終生罹病風險評估，常見於大眾媒體報導與科學文獻中，但該種評估直至最近仍未以 HIV 病毒為對象。**終生罹病風險**（lifetime risk）一般指為需要多少人接受終生追蹤，才能發現某種疾患發生於一個人身上。如表 6.1 所示，二○○四年至二○○五年男性確診感染 HIV 病毒的終生罹病風險為百分之一點九，即五十三人中有一人，女性則為百分之零點七，即一百四十一人中有一人。上述估計值因種族／族群之別而各有不同。研究人員亦經由觀察發現，確診感染 HIV 病毒的最高風險群，出現於三十至四十歲族群中。此種預估數值著重於感染 HIV 病毒的風險，有助於加強防治教育。[21]

■　病毒傳播的迷思及其模式

由於研究的發現，目前在 HIV 病毒的傳播方面，已累積大量珍貴的醫學、科學、公共衛生資料，HIV 病毒的傳播方式亦已經可以確知。然而，沒有科學根據的錯誤資訊仍在外流傳。有鑑於此，美國疾病控制與預防中心已說明 HIV 病毒傳播的方式，並糾正關於 HIV 病毒的誤解。美國疾病控制與預防中心指出，HIV 病毒的傳播方式包括與感染者發生性接觸、與感染者共用毒品注射針具與／或注射器等，其他甚為罕見的傳播方式，包括接觸遭受感染的血液、血液製品、器官移植等（在血液與捐贈器官需接受 HIV 病毒抗體篩檢的國家更屬罕見）。上述病毒傳播方式為最常見傳播

途徑，並與感染 HIV 病毒的精液、陰道分泌物或血液有關。美國疾病控制與預防中心亦表示，感染 HIV 病毒的女性所生下之嬰兒，可能於生產前或生產過程中、攝取母親預先咀嚼過的食物時、產後餵哺母乳時，感染到 HIV 病毒。（本章稍後將更詳盡介紹上述幾種傳播途徑）。

時至今日，大多數人對於 HIV 病毒／愛滋病已具備更為精確的知識，亦了解實際傳播途徑與傳播迷思之間的差異。此處簡要回顧：科學與流行病學證據顯示，透過接觸環境表面（例如馬桶座）、在未牽涉性行為的家戶環境或其他場合接觸 HIV 病毒感染者、一般社交接觸（例如擁抱、握手）、餐飲服務場所、閉口或社交型親吻、昆蟲（例如蚊子）咬傷、牽涉到血液的運動意外、捐血等途徑，感染 HIV 病毒的機會近乎為零。至於接觸 HIV 病毒感染者的唾液（例如被 HIV 病毒感染者吐口水）、淚液或汗水，則從未經研究證實可導致病毒的傳播。美國疾病控制與預防中心從未證實 HIV 病毒能經由刺青或人體穿環而傳播，雖然此二種行為的過程中有時確實會傳播 B 型肝炎病毒。此外，咬人亦非傳播 HIV 病毒的常見方式。醫學文獻中少數疑似因咬傷而傳播 HIV 病毒的記載中，皆出現大範圍組織撕裂與受損的嚴重創傷、出血等情形。[22]

部分人士擔憂輸血與器官捐贈可能感染 HIV 病毒。理論上，捐贈的血液、血漿、身體器官、精液等，皆能維持 HIV 病毒存活。有鑑於此，牽涉到上述醫療資材的醫療程序，現已納入 HIV 病毒篩檢或摧毀病毒的步驟，由上述醫療程序感染 HIV 病毒的機會非常低。為求絕對安全，有些得知自己即將接受手術的人，會於手術前數週內捐出自己的血液，以利手術期間需要時使用。捐贈的器官會經過 HIV 病毒篩檢，捐出精液用於人工授精方面，亦有其參考準則。

■　性感染

HIV 病毒可能出現於感染者的精液、尿道球腺液（預射精液）、陰道分泌液或血液之中。乳膠隔離、保險套、口腔保護膜（dental dam）、手術手套等器具，如果使用得當，可提供良好防護，防止 HIV 病毒傳播。

覺醒吧。不要輕信他人所言，也不要害怕提出疑問。自己去了解吧。

瑞安・懷特（Ryan White, 1971-1990）

┃ 肛交

　　無保護的肛交（未使用保險套），一般認為屬於非常危險的行為，肛交行為的雙方皆可能於過程中感染 HIV 病毒。雖然肛交的雙方皆可能感染 HIV 病毒，但一般而言，接受精液的一方感染 HIV 病毒的風險較大，原因在於直腸內膜相當薄，可能使病毒得以於肛交過程中進入人體。然而，男性將陰莖插入已遭受感染的性伴侶肛門內，也會陷入感染風險中，因為 HIV 病毒可能經由尿道，或是陰莖上的小傷口、擦傷、開放性潰瘍等處進入身體。部分人士有錯誤的認知，以為只有與同性發生性行為的男性，才有經由肛交感染 HIV 病毒的風險，但美國二〇〇六年至二〇〇八年的全國家庭成長調查（National Survey of Family Growth）中，有一項針對十五歲至四十四歲男女性的全國研究發現，百分之三十六的女性與百分之四十四的男性曾與異性對象進行肛交。[23] 第二冊第二章的表 2.2，即援引二〇〇九年美國全國性健康與性行為調查（National Survey of Sexual Health and Behavior）之資料，列出十個年齡組男性與女性於過去一年的肛交盛行率。[24] 研究顯示，男女間的異性戀性交往往沒有保護措施（亦即未使用保險套），且與其他 HIV 病毒／性感染疾病的風險行為有關，亦可能導致罹患性感染疾病。[25]

┃ 陰道性交

　　陰道性交亦為頗具風險的 HIV 病毒傳播途徑，對女性而言尤為如此，且為世界大部分地區最常見的 HIV 病毒傳播途徑。女性的陰道內膜可能出現撕裂，使 HIV 病毒得以進入身體。HIV 病毒亦可能透過陰道與子宮頸的黏膜，直接遭到身體吸收。由生物學層面視之，青少年女性比年長女性更容易感染 HIV 病毒，因為其子宮頸尚未成熟，可能較容易遭受感染。[26] 另一方面，女性身上的 HIV 病毒可能經由尿道，或是陰莖上的小傷口或開放性潰瘍，進入男性伴侶的血液中。含有 HIV 病毒的經血，亦可能使病毒更容易傳播給性伴侶。

教會對於性方面的事，已經緘默太久。

第十六任美國衛生總署署長，大衛・薩徹醫師（David Satcher, 1941-）

┃ 口交

　　HIV 病毒可能於吮陽、舔陰或舔肛（口腔—肛門接觸）過程中傳播，

但證據顯示其風險低於無保護的肛門或陰道性交。目前已有一些為感染者進行口交，進而傳播 HIV 病毒的案例。[27] 口交行為的雙方都可能透過為對方進行口交或接受對方口交，而感染 HIV 病毒。如出現以下情況，HIV 病毒的傳播風險會增加：進行口交的一方，其口腔／喉嚨的內部／周圍有傷口；接受對方口交的男方射精在進行口交的一方口中；接受口交的一方染有其他性感染疾病。如果進行口交的一方已感染 HIV 病毒，來自其口腔的血液可能經由接受口交之人的尿道、陰道、子宮頸或肛門內膜進入體內，或是直接經由小傷口或開放性潰瘍進入身體。接受口交的一方如染有 HIV 病毒，其血液、精液、尿道球腺液、陰道分泌液可能含有病毒；進行口交的一方，可能讓 HIV 病毒經由口腔內膜細胞進入自己的體內。

｜ 親吻

親吻由於牽涉到唾液交換，對於不確定 HIV 病毒如何傳播的人士而言，是時常令人疑慮的問題。正如本章所述，HIV 病毒並不會隨意傳播，因此親吻臉頰非常安全。目前仍未有人因閉唇式親吻（closed-mouth kiss）而受到感染。[28] 極其罕見的案例中，HIV 病毒會透過「法式」的深吻傳播，但受感染血液的交換皆因牙齦出血或口腔潰瘍而起。持續時間長的開口式接吻，可能對口部或嘴唇造成損傷，並使 HIV 病毒得以由感染者傳至伴侶身上，接著經由傷口或口腔潰瘍進入身體。有鑑於上述風險的可能性，美國疾病控制與預防中心建議，應避免與遭到感染的對象進行開口式親吻。[29]

｜ 性玩具

雖然可能性頗低，但 HIV 病毒可能透過假陰莖、振動按摩器等用具上的陰道分泌物而傳播。因此，此種用品務必避免共用，使用前亦需徹底清洗。

■ 靜脈注射毒品使用

共用針具或其他用於注射毒品的用具，會為 HIV 病毒提供理想的傳播途徑。靜脈注射毒品使用者（injection drug user，簡稱 IDU）的免疫系統，可能早已由於健康狀況不佳、營養不良、性感染疾病等因素而弱化。感染

HIV 病毒的靜脈注射毒品使用者，往往會將病毒以性行為傳播給其伴侶。

　　每次靜脈注射毒品開始時，血液會進入針具與注射器中。另一位注射毒品使用者重複使用受血液汙染的針具或注射器（有時稱為「直接共用注射器」，direct syringe sharing），會使 HIV 病毒傳播的風險升高，原因在於受到感染的血液可能直接注入血流中。使用受血液汙染的注射器來製備毒品、重複使用水，以及重複使用瓶蓋、湯匙或其他容器將毒品溶在水中並加熱毒品溶液時，可能使受病毒感染的血液進入毒品溶液中。此外，用以濾除堵住針頭之雜質的棉製過濾布如重複使用，亦可能引入受感染的血液。販售注射器的「街頭販子」可能將用過的注射器重新包裝，當作無菌針具出售。因此，持續注射毒品的人士應由可靠來源處取得無菌注射器，如藥局或清潔針具交換計畫（Needle Exchange Programs）。共用任何用途的針具或注射器，包括皮下注射（skin popping）、類固醇注射等，可能陷入感染 HIV 病毒與其他血源性感染（blood-borne infection）的風險之中。

　　一般想到靜脈注射毒品使用時，通常會想到精神藥物（psychotropic drugs），如海洛因或古柯鹼。我們的腦海中可能浮現破敗的公寓房間或「shooting gallery」（毒品注射場所），針具則在該處交替使用著。但上述場所並非吸毒的唯一地方。與娛樂性注射藥物使用有關的 HIV 病毒傳播，亦出現於中產階級或上流社會中。除此之外，靜脈注射藥物使用現象亦存在於運動員與健美運動員之中，也可能共用針具以注射類固醇。HIV 病毒在燈火通明的更衣室或高檔起居間裡的傳播機率，與在暗巷中如出一轍。

■　母子垂直感染

　　女性可能在懷孕、分娩、生產過程中，將 HIV 病毒傳染給嬰兒。此現象稱為 **HIV 病毒（母對子）垂直感染**（perinatal HIV transmission (mother to child)），是兒童感染 HIV 病毒最常見的途徑，亦為美國幾乎所有兒童愛滋病病例的罹病來源。兒童愛滋病患者多半屬於少數種族／族群人士。所有感染 HIV 病毒，但未接受治療的孕婦中，約有四分之一至三分之一會感染其生下的嬰兒。HIV 病毒傳播給嬰兒的方式，還包括食用感染病毒的

母乳、食用感染 HIV 病毒的照顧者預先咀嚼的嬰兒食物等。感染 HIV 病毒的女性，如於懷孕期間以特定藥物治療，可大大降低其嬰兒感染 HIV 病毒的機率。如果孕婦接受治療，且其嬰兒以剖腹產術生產，嬰兒染上病毒的機率可降至百分之一。因為自發性接受產前 HIV 病毒檢查與醫療，新生兒的 HIV 病毒感染在美國已近乎根除，但每年仍有一百至二百名嬰兒感染 HIV 病毒，其中許多病例牽涉到孕婦未及早接受檢查，或未接受防治服務。[30]

■ 感染因素

研究人員發現，某些生理或行為因素會增加感染 HIV 病毒的風險。上述因素包括先前已探討過的行為，如肛交、多重性伴侶、靜脈注射毒品使用等，對於兩性而言皆然。目前已有為數眾多的生物學證據，顯示其他性感染疾病的存在，會使傳播與感染 HIV 病毒的可能性增加。[31]無論是能引起開放性潰瘍（例如梅毒、皰疹等）或不會令皮膚開瘡破口（例如衣原體感染、淋病等）的性感染疾病，上述說法皆屬事實。患有其他性感染疾病時，感染 HIV 病毒的可能性為未患病時的二至五倍。除此之外，同時患有性感染疾病的 HIV 病毒感染者，經由性接觸將病毒傳出去的可能性為其他 HIV 病毒感染者的三至五倍。雖然單次性接觸即可能傳播 HIV 病毒，但通常需要多次接觸，才可能使人感染病毒。此外，病毒負荷量達到最高時，HIV 病毒的傳播可能性較高，感染病毒的早期階段期間尤為如此。[32]

愛滋病人口統計學

人類人口在數據上的特性，稱為人口統計學（demographics）。公共衛生研究人員經常由年齡、社會經濟地位、居住區域、族群、性別等角度，來檢視人口族群，以求了解疾病傳播的動態狀況及其防治方式。牽涉到性感染疾病時，研究人員自然亦會檢視性方面的行為。隸屬於或不屬於特定族群，並不能使任何人免於感染 HIV 病毒。但某些族群就整體而言，面臨的風險確實較其他人為高，因為該族群在 HIV 病毒／愛滋病防治、診斷、

治療方面面臨特殊的挑戰。然而，許多屬於該族群的人，由於並未從事風險行為，便不至於身陷風險。

■　少數種族／族群與 HIV 病毒

　　一九八〇年代初期的美國，一般認為 HIV 病毒／愛滋病是白人同性戀會得的疾患。然而時至今日，疫情已然擴大，愛滋病病例在少數種族／族群中的比例分布亦產生轉變；如先前章節所述，黑人與西班牙裔人士受到影響的比例極高，可謂不成比例（見圖 6.7）。隸屬於某個少數種族／族群的事實本身，並非感染 HIV 病毒與其他性感染疾病的風險因子。然而在美國，種族／族群卻成為風險的指標，與其他更基本的健康狀況決定因素有所關聯，如貧窮、無家可歸、缺乏高品質醫療保健管道、不願就醫、藥物濫用、居住於 HIV 病毒與性感染疾病盛行率高的社區等。

　　貧窮本身雖然並非風險因素，但研究發現，較高愛滋病的發生率與較低收入之間，存在直接關係。一項以市區衛生所中各種求診女性為對象的樣本研究發現，社會經濟地位（而非種族／族群）與 HIV 病毒感染風險行為之間，兼有直接關係與間接關係；收入較低的女性具有風險較高的性方面行為。[33] 數種與貧窮相關的社會經濟問題（例如居無定所、取得醫療保健的管道有限等）皆直接或間接提高了 HIV 病毒感染風險。[34] 部分少數種族／族群社群不願正視同性戀、藥物濫用等敏感議題。

｜　非裔美籍人士

　　美國所有種族／族群當中，非裔美籍人士受到 HIV 病毒／愛滋病的影響最為嚴重（見圖 6.7）。美國的 HIV 病毒／愛滋病流行使非裔美籍人士面臨健康危機，年輕的黑人同性戀與雙性戀男性尤其身陷風險之中。在 HIV 病毒／愛滋病所有的病情進展階段中（由感染 HIV 病毒到死於愛滋病），黑人受到的影響與其他種族／族群人士相比，可謂不成比例。其原因與種族或族群並無直接關聯，而在於許多非裔美籍人士面臨的阻礙：貧窮、其他性感染疾病的高發生率、HIV 病毒防治教育有限、背負感染 HIV 病毒／愛滋病的汙名等。HIV 病毒防治的另一項障礙在於恐懼、隱瞞男性

間的性行為。恐同與汙名化可能導致部分非裔美籍的男男性行為者對外表示自己為異性戀，或是不公開其同性性行為。黑人男性與其他男男性行為者相比，較可能抗拒男同性戀的身分認同。此種不公開自我身分認同的現象，可能會使 HIV 病毒防治教育更難以適當施行。其他致使非裔美籍人士風險較高的因素，包括性感染疾病的患病機率高於美國其他種族／族群、對 HIV 病毒感染狀況缺乏認識，以及傾向與同種族／族群對象發生性行為，導致每經過一次性接觸，便面臨更高的 HIV 病毒感染風險。[35]

二〇〇九年，非裔美籍人士與其他種族／族群人士相比，占 HIV 病毒感染新增確診病例數的比例較高（百分之五十二）（見圖 6.7）。[36] 此外，患有 HIV 病毒／愛滋病的黑人往往壽命不長，且死亡率更高。黑人確診感染 HIV 病毒的預估終生罹病風險，高於白人與西班牙裔人士：黑人男性為百分之六點二，即十六人中有一人，黑人女性則為百分之零點九，即三十人中有一人。二〇〇九年，所有非裔美籍人士的 HIV 病毒感染預估新增病例當中，黑人男性占了百分之七十。HIV 病毒感染新增病例的預估發生機率，黑人男性是白人男性的六點五倍以上，是拉丁美洲裔男性與黑人女性的二點五倍。黑人男男性行為者受到的影響尤鉅，二〇〇九年，黑人男男行為者占了黑人男性新增感染病例中的百分之七十三，以及所有男男性行為者中的百分之三十七。出現於黑人男男性行為者（年齡十三至二十九歲）的 HIV 病毒感染新增病例，高於任何其他年齡與種族／族群的男男性行為者。此外，年輕黑人男男性行為者的 HIV 病毒新增感染人數，二〇〇五年至二〇〇九年間增加了百分之四十八。二〇〇九年，所有黑人預估新增感染病例當中，黑人女性占了百分之三十。大多數黑人女性（百分之八十五）透過異性間性行為感染 HIV 病毒。HIV 病毒感染新增病例的預估發生機率，黑人女性是白人女性的十五倍以上，是拉丁美洲裔女性的三倍以上。[37]

│ 西班牙裔／拉丁美洲裔人士

西班牙裔／拉丁美洲裔社群是族群、文化的多元混合體，是美國增長最快、規模最大的族群，HIV 病毒／愛滋病的流行已對此社群構成嚴重威脅。靜脈注射毒品使用、性感染疾病、貧窮、教育、文化信仰等因素，使

其面臨 HIV 病毒防治方面的挑戰。

二○○九年，西班牙裔／拉丁美洲裔人士占了 HIV 病毒感染新增確診病例的百分之十八（見圖 6.7）。[38]同一期間 HIV 病毒感染新增病例的發生機率，西班牙裔／拉丁美洲裔人士是白人的三倍。西班牙裔男性確診感染HIV 病毒的預估終生罹病風險為百分之二點九，即一百零三人中有一人；女性為百分之零點九，即一百一十四人中有一人。二○○九年，所有拉丁美洲裔人士的 HIV 病毒感染新增病例中，拉丁美洲裔男性占了百分之七十九。HIV 病毒感染新增病例的發生機率，拉丁裔美洲男性為白人男性的二點五倍。二○○九年，男男性行為者占了所有拉丁美洲裔男性新增感染病例的百分之八十一，以及所有男男性行為者當中的百分之二十。拉丁美洲裔男男性行為者當中，有百分之四十五的 HIV 病毒感染新增病例出現於三十歲以下男性。拉丁美洲裔女性雖然僅占二○○九年拉丁美洲人士 HIV 病毒感染新增病例的百分之二十一，新病例發生機率卻為白人女性的四倍以上。[39]有鑑於美國的西班牙裔／拉丁美洲裔社群增長，HIV 病毒／愛滋病於此族群中的盛行率將逐漸影響美國民眾的健康狀況。防治方案必須特別關注此社群與其他多元社群的文化多樣性。

｜ 亞裔人士／夏威夷原住民／其他太平洋島民

即便亞裔人士、夏威夷原住民與其他太平洋島民僅占二○○九年 HIV病毒感染新增確診病例總數的百分之二不到，此一百分比卻可能因為這些人口群體在美國不斷增長而上升。由於語言與文化障礙、缺乏取得管道等諸多問題，這些少數族群時常未充分利用醫療保健與防治服務。

亞裔人士、夏威夷原住民、太平洋島民當中，有著許多不同國籍的人士，如中國人、菲律賓人、韓國人、印度人、日本人、薩摩亞人、越南人等等，更有一百多種語言與方言。由於許多生活在美國的人皆於境外出生，接收公共衛生訊息時會遭遇文化與語言障礙，致使防治教育非常具有挑戰性。[40]大部分 HIV 病毒感染者皆為男男性行為者。上述人口群體中的女性，感染 HIV 病毒的方式主要為高風險的異性間性接觸。

┃ 美洲印第安人與阿拉斯加原住民

在美洲印第安人與阿拉斯加原住民族群中，HIV 病毒／愛滋病已成為日益嚴重的問題。此人口群體的 HIV 病毒感染新增確診病例，占美國新增通報確診病例總數的百分之一以下。男性最大宗的病毒傳播類型來自男性間性接觸，女性則為高風險性行為。[41] 美洲印第安人與阿拉斯加原住民感染 HIV 病毒的共同風險因子，包括貧窮、教育程度較低、取得醫療保健的管道較少等。美洲印第安人與阿拉斯加原住民的酒精、非法藥物使用率，高於其他種族／族群人士；此現象使美洲印第安人與阿拉斯加原住民較易面臨額外健康壓力，包括感染 HIV 病毒。

為求產生效果，HIV 病毒／愛滋病的防治教育，必須考量聚居於多處的美洲印第安人與阿拉斯加原住民，針對個別部族的文化與信仰，量身打造教育方案。美洲印第安人與阿拉斯加原住民人口，至少組成了五百六十二個美國聯邦承認的部落，以及至少五十個由州承認的部落。由於每個部落皆各有其文化、信仰、習俗，且可再細分為不同語言的群落，要為各地部族制訂出有效的防治教育方案，可謂一大挑戰。[42]

■ 同性戀社群

美國全國男女同性戀特別工作小組（National Gay and Lesbian Task Force）成員羅伯特・布雷（Robert Bray）表示：「愛滋病為原本見不得人的弱勢族群，掛上了人的面孔。」自 HIV 病毒／愛滋病開始在美國流行以來，所受影響與其所占人口比例最不相符者，當屬男男性行為族群。雖然流行病學專家並不確定 HIV 病毒一開始如何進入男同性戀社群，確定之事只有此種疾病如同野火一般傳播，主因在於肛交是一種高效的病毒傳播方式。除此之外，由於政府與大眾對於所謂的「同性戀疾病」缺乏興趣，使得初步研究、教育與防治工作受到嚴重阻礙。[43] 距離 HIV 病毒首次出現三十多年後的現在，男同性戀社群仍持續因愛滋病造成的反覆重挫而搖搖欲墜。

男男性行為者一詞，是對於一個多元族群的行為描述，此族群中有許

多人私下或公開表明自己為同性戀或雙性戀，另外有些男性與同性發生性關係，卻認為自己不是同性戀或雙性戀。即便男男性行為者的愛滋病病例數於一九八〇年代、一九九〇年代期間有所下降，晚近的資料卻顯示出增加的趨勢。二〇〇九年，此族群的愛滋病確診病例數，占所有愛滋病確診病例數的百分之四十九（見圖 6.5）。男男性行為仍是二〇〇九年最大的傳播類型，占成人與青少年愛滋病病例加總的百分之七十四。

即使美國疾病控制與預防中心估計，同性戀男性、雙性戀男性、其他男男性行為者約占美國人口的百分之二，自一九九〇年代初期以來，此族群的 HIV 病毒感染新增病例仍持續增加。二〇〇六年至二〇〇九年間，每年的 HIV 病毒感染新增病例中，男男性行為者皆占百分之五十以上。二〇〇九年，男男性行為者占 HIV 病毒感染確診病例的百分之五十七。如先前所述，HIV 病毒／愛滋病已嚴重影響非裔美籍男男性行為者，尤其年輕人。二〇〇六年至二〇〇九年間，此族群是美國唯一在 HIV 病毒感染新增病例數據上出現顯著增加的風險族群。年齡十三歲至二十九歲的男男性行為者，其 HIV 病毒發病數由二〇〇六年至二〇〇九年間顯著增加（百分之四十八），每年約增加百分之十二。圖 6.8 顯示出十三歲至二十四歲的非裔美籍男男性行為者與其他種族相較，在 HIV 病毒感染確診數上呈現遽增趨勢。[44]

高風險的性行為是大多數男男性行為者感染 HIV 病毒的原因。未使用保險套的肛交仍持續為男男性行為者面臨的主要健康威脅，隨意與多名性伴侶進行無保護的肛交（barebacking）尤其危險。進行無保護性行為的原因至今仍並未完全明朗，但研究已指出數個因素，包括對於 HIV 病毒的治療改善抱持樂觀態度、藥物濫用、性方面的決策混亂錯雜、上網尋找性伴侶、未能實施安全性行為等。[45] 上述男性中有一部分可能進行**血清分類**（serosorting），亦即認定對象的 HIV 病毒血清狀態與自己相同，並與之發生性行為／無保護性行為。對於有多名性伴侶的男性而言，單單利用血清分類的效果，恐怕不如持續、正確使用保險套，因為有些男性並不知道自己的 HIV 病毒血清狀態，或是不願透露。[46] 事實上，一項使用數學模型

我認為上帝降下愛滋病，確實有其用意：愛滋病顯示出一個健康的人對待一個生病的人時，能夠多刻薄、多惡毒。

喬・鮑伯・布里斯（Joe Bob Briggs, 1953-）

圖 6.8　二〇〇六年至二〇〇九年，十三歲至二十四歲男男性行為者的 HIV 病毒感染確診病例數變化，依種族／族群區分

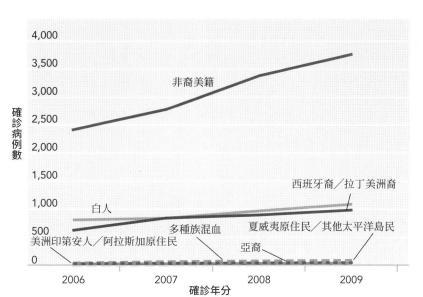

備註：資料取自美國四十州與五個領地，提供保密或具有姓名的 HIV 病毒感染通報紀錄。

資 料 來 源：Centers for Disease Control and Prevention. (2011s). HIV surveillance by race/ethnicity (through 2009)。

（mathematical modeling）的研究發現，血清分類對於男男性行為族群可能毫無裨益，且在 HIV 病毒檢測度低的情況下，可能使感染風險加倍。[47]

　　HIV 病毒流行三十多年以來，證據顯示男同性戀與雙性戀男性低估了其中的風險，且難以維持較安全的性行為。新醫療方法的成功，可能意外導致男男性行為者的風險行為漸增，原因在於部分男同性戀似已放棄較安全的性行為。研究已指出治療方式改善所導致的幾項後果，包括對於感染 HIV 病毒的負面想法降至最低，相信接受新療法的性伴侶不具傳染力、更加願意進行無保護肛交等。[48]

　　除了高風險的性行為外，致使男男性行為者感染 HIV 病毒之風險增加的因素，包含高機率患有其他性感染疾病、社會歧視、貧窮、缺乏醫療保健管道、汙名化、同時發生的各種心理問題、缺乏風險評估、不知遭受感染、兒童性侵、酒精與非法藥物使用、恐同、滿足於感染 HIV 病毒的現狀、伴侶暴力等。有鑑於美國男男性行為者族群的嚴重 HIV 病毒／愛滋病感染問題，美國政府已開始著重於對抗 HIV 病毒／愛滋病對該族群造成的

毀滅性影響。舉例而言，美國疾病控制與預防中心已配置大量預算，支持
州與地方的衛生部門以及社區組織，為男男性行為者提供防治服務，包括
少數種族／族群中的男男性行為者。美國疾病控制與預防中心亦支持多項
以男男性行為者為重心的 HIV 病毒防治介入措施，為其提供訓練與技術援
助。[49]

■ 女性與 HIV 病毒／愛滋病

　　HIV 病毒／愛滋病流行初期，確診感染的成年與青少年女性相對較
少。現今已知實有許多女性因靜脈注射毒品使用而感染 HIV 病毒，卻未能
接受診斷。二〇〇九年，女性占了 HIV 病毒感染新增確診病例的百分之二
十三（一萬一千二百例）；新增感染病例中，有百分之八十五源自高風險
的異性間性接觸。據估計，一百四十一名女性當中有一人會確診感染 HIV
病毒。黑人與拉丁美洲裔女性較有可能確診感染 HIV 病毒，且在 HIV 病
毒所有病情進展階段中所受到的影響，與其他種族／族群女性相較可謂不
成比例。罹病風險方面，三十位黑人女性中有一位、一百一十四名西班牙
裔女性中有一名會確診感染 HIV 病毒，白人女性則為五百八十八位當中有
一位，美洲印第安人／阿拉斯加原住民女性為二百七十八位中有一位，亞
裔美籍／太平洋島民女性為五百人中有一位。二〇〇九年美國女性 HIV 病
毒感染新增病例總人數方面，百分之五十七為黑人女性，百分之二十一為
白人女性，百分之十六為西班牙裔／拉丁美洲裔女性。

　　有數項因素使女性面臨更大的 HIV 病毒感染風險。無保護的陰道性交
與肛交，皆會造成病毒傳播風險，但無保護肛交的風險較大。部分女性可
能未意識到其男性伴侶傳染 HIV 病毒的風險因子，例如曾先後／同一段時
間與多位伴侶發生無保護性行為、曾與男性發生性行為、靜脈注射毒品使
用、已確診染上 HIV 病毒與其他性感染疾病等。[50] 其他風險因子包括曾遭
受性侵、靜脈注射毒品與其他藥物使用、患有某些性感染疾病、與貧窮有
關的社會經濟問題、取得高品質醫療服務的管道有限、以性行為換取金錢
或滿足其他需求等。[51] 部分感染 HIV 病毒的女性指出更多風險因素，除此

處引用的以外，又加上交往關係中的不平等、社會經濟壓力、心理困擾等。舉例而言，一項以美國北卡羅萊納州黑人女性 HIV 病毒感染者為對象的研究發現，此女性族群從事風險行為的最常見原因，包括經濟上對男性伴侶的依賴、感覺自己百毒不侵、自卑感等，加上需要感受到男性的愛、酒精與藥物濫用等因素。[52]

　　確診感染 HIV 病毒，可能對女性的性方面興趣、性活動、對性吸引力的感知、對性伴侶的吸引力等方面，產生劇烈的負面影響。一項以女性 HIV 病毒感染者為對象的樣本研究中，許多女性表示性生活自此籠罩於焦慮、擔憂、危機、壓力之中，已無法令人感到愉快。當女性感覺自己再也不能挑起對方性慾、沒有吸引力、不再迷人，對於她們而言非常痛苦。許多女性會開始希望男性單純陪伴，不要有性方面的關係。[53]

　　女性傳染給女性的 HIV 病毒似乎甚為少見，但亦有病例報告出現。針對女性間 HIV 病毒的傳播風險，有充分紀錄顯示，陰道分泌物與經血可能包含病毒，如接觸到黏膜（如口腔、陰道等處），即有可能導致 HIV 病毒感染。如欲降低 HIV 病毒的傳播風險，與同性發生性行為的女性，應避免讓口腔等處的黏膜接觸陰道分泌物與經血。每次性接觸或使用性玩具時，皆應正確、持續使用保險套，性玩具則不得共用。此外，天然橡膠隔膜、口腔保護膜、開口式保險套、乳膠手套、保鮮膜等，皆可於口交過程中提供保護，防止接觸到體液，並可降低 HIV 病毒傳播的風險。[54]

■　兒童與 HIV 病毒／愛滋病

　　二〇〇六年，美國共有九千八百七十八件兒童（十三歲以下）感染愛滋病的通報案例。二〇〇九年間，美國出現一百四十一件兒童 HIV 病毒感染新增通報病例，與二〇〇六年的二百零四例相比有所減少。上述一百四十一件病例中，有一百零七例牽涉非裔美籍兒童，二十例牽涉西班牙裔／拉丁美洲裔兒童，白人兒童占十例，亞裔兒童有三例，另有一例牽涉多種族混血兒童，美洲印第安人／阿拉斯加原住民、夏威夷原住民／其他太平洋島民則無兒童病例出現。[55]

兒童愛滋病的發生率，經美國疾病控制與預防中心提出建議後，已經大幅降低。美國疾病控制與預防中心的建議包括例行性諮詢、自發性參加孕婦產前 HIV 病毒檢測、利用藥物治療預防病毒於產期前後傳播等。

■　年輕族群中的 HIV 病毒／愛滋病

美國有太多年輕人皆面臨感染 HIV 病毒的風險。年輕的同性戀、雙性戀男性與其他男男性行為者面臨的風險特別顯著，其中年輕非裔美籍與拉丁美洲裔男男性行為者，以及所有少數種族／族群的年輕人士，面臨之風險尤甚。二〇〇九年美國所有 HIV 病毒感染新增病例中，十三歲至二十九歲者占百分之三十九（一萬四千二百四十五例，見圖 6.9），但全美人口中，十五歲至二十九歲人口占了百分之二十一；十三歲至二十九歲的男男性行為者，在所有 HIV 病毒感染新增病例中占了百分之二十七，在所有十三歲至二十九歲的新增感染病例中則占百分之六十九。年輕非裔美籍男男性行為者的 HIV 病毒感染新增病例，二〇〇六年至二〇〇九年間增加了百分之四十八。二〇〇九年，HIV 病毒感染新增確診病例中，有百分之七十五出現於二十歲至二十四歲族群；此年齡群體的 HIV 病毒感染確診病例數與確診率方面，皆為各年齡層之冠（每十萬人中的 HIV 病毒感染新增確診

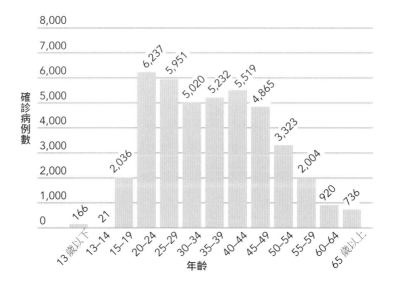

圖 6.9　二〇〇九年美國 HIV 病毒感染確診病例數，依年齡區分

> 我從來沒跟別人共用過針具。而且我很明顯不是男同性戀。我唯一做過的事情，你們每個人不是已經做過，就是以後會做。
>
> 克莉絲塔・布雷克（Krista Blake），青少年時期感染 HIV 病毒

資 料 來 源：Centers for Disease Control and Prevention. (2011x). HIV among youth。

病例是三十六點九人）。二〇〇九年，十三歲至二十四歲的 HIV 病毒感染通報確診病例中，非裔美籍人士占了百分之六十五（五千四百零四例）。[56]

年輕族群在性方面的風險因素包括：初次性交年齡過早、無保護性行為、性伴侶年齡過長等。二〇〇九年美國疾病控制與預防中心發表的全國青年高風險性行為調查發現，許多青少年開始性交的年齡皆過早：百分之四十六的高中學生已有性經驗，百分之六表示初次性交發生於十三歲之前。此外，有百分之三十四的受訪學生表示接受調查前的三個月間曾有性行為，其中百分之三十九未使用保險套。[57] 年輕人結交較年長的性伴侶時，感染 HIV 病毒的風險可能增加。[58]

美國疾病控制與預防中心的一項研究顯示，年輕男男性行為者與來自弱勢族群的男男性行為者，較可能不知道自己感染 HIV 病毒。年輕的男男性行為者可能面臨風險，原因在於無法接觸到有效的 HIV 病毒介入措施或防治教育；更有甚者，許多性教育計畫沒有納入性傾向方面的資訊。其他 HIV 病毒感染風險因素，包括曾遭受性侵、患有其他性感染疾病、高度濫用酒精與其他藥物等。逃家、無家可歸與依賴毒品的年輕人，如以性行為交換毒品、金錢或住所，感染 HIV 病毒的風險相當高。此外，年輕族群中有許多人不擔心感染 HIV 病毒，往往導致其並未採取措施保護自己，防範 HIV 病毒。[59]

■ 較年長成人與 HIV 病毒／愛滋病

二〇〇九年，美國五十歲以上成年人的 HIV 病毒感染新增確診病例為六千九百六十三例，占新增確診病例總數的比例超過百分之十六。[60] HIV 病毒流行初期，較年長成人病例多半經由輸血遭到感染，現在則有較多病例導因自無保護性行為與靜脈注射毒品使用。導致較年長男女性的感染率一致攀高之因素，包括愛滋病症狀與其他年齡相關疾病類似、有性生活的離婚單身人口增加、醫師方面缺乏意識、較年長成人感覺自己不會感染愛滋等。由於老齡化社會現象漸趨嚴重，以及晚近出現的性能力增強處方藥物（如威而鋼），較年長人士的 HIV 病毒與其他性感染疾病防治，已獲得

較高的關注度（見圖 6.9）。[61] 二○○六年，美國五十歲以上人士的愛滋病確診病例數，為七千五百四十八例。

■ 地理區域與 HIV 病毒

二○○九年 HIV 病毒感染確診病例的分布情況顯示，新增感染病例中的成年人與青少年（百分之七十九；三萬二千八百五十四例），確診當時多半居住於人口超過五十萬的都會地區。二○○九年，近百分之十三（五千二百六十三例）的新增通報確診病例來自人口五萬至五十萬的都會區；百分之八（三千三百四十例）來自非都會地區。較小的都會區與非都會地區（尤其美國南部地區），共同承受愛滋病流行的重大負擔。[62] 有數項因素可能導致偏鄉社區出現愛滋病病例：醫療保健服務的可得性與取得管道缺乏、缺乏 HIV 病毒檢測、貧窮、高風險性行為、靜脈注射毒品使用、政治上的阻礙、汙名化等。在偏鄉地區，以上障礙尤其難以克服。[63]

甚少有研究比較偏鄉與城市居民的高風險性行為。美國全國機率（national probability）資料分析顯示，偏鄉地區居民與都會區居民相較，出現健康問題的風險較大。[64] 然而，由於偏鄉地區的觀念往往較為保守，一般認為其居民對於可能導致感染 HIV 病毒／性感染疾病的性方面風險，會採取預防性的態度，都市地區居民則不然。美國一項以成年人為對象、具全國代表性的調查中，針對所得之資料加以分析，比較了偏鄉地區與城市地區的單身、年輕成年男女性，在性方面的風險行為的差異。偏鄉地區與非偏鄉地區的男性和女性，在陰莖─陰道性交終生對象人數、過去三個月內的陰莖─陰道性交對象人數、過去四週間的無保護性行為頻率、上一次性接觸的保險套使用情形、是否曾接受 HIV 病毒檢查、上次檢查時是否與醫療健康專業人員討論如何正確使用保險套等方面，皆未出現顯著差異。上述資料顯示，美國無論在偏鄉或城市地區，皆有必要提供有效的 HIV 病毒防治教育。[65]

HIV 病毒預防態度量表[66]

印第安納大學研究人員穆罕默德・托拉比（Mohammad Torabi）與威廉・亞伯（William L. Yarber）制訂出一種衡量針對 HIV 病毒及其預防的態度量表。完成此量表有助於確認可能需要採取何種作為，以改進自身的 HIV 病毒預防態度。

使用方法

詳細閱讀每項陳述。依照你／妳對各項陳述的直接反應，寫下與你／妳的答案對應之字母符號。各項陳述皆無正確或錯誤答案。

A= 強烈同意　　　　　　B= 同意　　　　　　C= 不一定

D= 不同意　　　　　　E= 強烈不同意

01. 我確信自己能夠支持感染 HIV 病毒的朋友。
02. 我覺得感染 HIV 病毒的人是罪有應得。
03. 我很能接受性行為時使用保險套的概念。
04. 我不喜歡為了避免 HIV 病毒感染，就將性伴侶限制為一個的概念。
05. 接受 HIV 病毒抗體檢查讓人很尷尬。
06. 有些人感染 HIV 病毒是命中注定。
07. 使用保險套避免感染 HIV 病毒太麻煩了。
08. 我相信愛滋病是可以預防的疾患。
09. 因為可能感染 HIV 病毒，使用靜脈注射毒品顯得很愚蠢。
10. 人有辦法影響自己的朋友，從事安全的行為。
11. 我願意與感染 HIV 病毒的人握手。
12. 如果對象約略顯出已感染 HIV 病毒的可能，我會避免與之發生性行為。
13. 如果要發生性行為，我會堅持使用保險套。
14. 如果使用靜脈注射藥物，我不會與他人共用針具。
15. 我打算與朋友分享 HIV 病毒方面的事實。

評分_____

使用以下計分值，將各項陳述加總，計算出總分：

第一項、第三項、第八項至第十五項：強烈同意得五分，同意得四分，不一定得三分，不同意得二分，強烈不同意得一分

第二項、第四項至第七項：強烈同意得一分，同意得二分，不一定得三分，不同意得四分，強烈不同意得五分

分數愈高，代表預防態度愈積極正面。較為積極正面的預防態度，往往與較低的 HIV 病毒風險行為機率有關。

性方面健康防護溝通量表[67]

性方面健康防護溝通量表（Health Protective Sexual Communication Scale，簡稱 HPSCS）**評估人與首次邂逅的對象討論健康防護、安全性行為、性史、保險套／避孕法使用之頻率。HPSCS 量表獲得高分，代表有強烈可能出現多重性伴侶、未正確與持續使用保險套、性行為前使用酒精等性方面的高風險行為。以下的 HPSCS 量表為改編版本。**

HPSCS 量表適用於在過去十二個月中結交新的性伴侶之人。如果你／妳現在用不到，未來仍可能用到。此量表可提醒你有哪些重要的健康防護問題需要討論，不妨繼續往下看，了解量表中的題目。

使用方法

詳細閱讀各題目，依照你／妳的直接反應，寫下最適用的數字。

1= 總是　　　　2= 幾乎總是　　　　3= 有時

4= 從未　　　　5= 不知道　　　　6= 拒絕回答

備註：男女同性戀者不需回答第九題與第十題。

過去十二個月當中，你／妳是否經常從事以下行為：

01　在與新的性伴侶發生性行為前，詢問他／她對於使用保險套的看法？⋯⋯⋯⋯

02. 詢問新的性伴侶，有關他／她過去的性伴侶數量？ ☐
03. 告訴新的性伴侶，自己過去的性伴侶數量？ ☐
04. 告訴新的性伴侶，除非使用保險套，否則不會與之發生性行為？ ☐
05. 在與新的性伴侶發生性行為前，討論雙方是否皆需要接受 HIV 病毒檢測？ ☐
06. 與新的性伴侶討論，想等到彼此認識久一點後再發生性行為？ ☐
07. 詢問新的性伴侶，他／她是否曾患有某種類型的性傳染病，如生殖器皰疹、生殖器疣、梅毒、衣原體感染、淋病等？ ☐
08. 詢問新的性伴侶，他／她是否曾經注射使用海洛因、古柯鹼、安非他命等毒品？ ☐
09. 與新的性伴侶討論，自己或對方是否曾有過同性間的性經驗？ ☐
10. 在與新的性伴侶首次發生性行為前，討論避孕的問題？ ☐

評分＿＿＿＿＿

　　將所有項目的分數相加，以計算出總分。分數愈低，代表你／妳與新的性伴侶在性方面的健康防護溝通程度愈高。

預防與治療

　　整體而言，我們的社會仍舊對 HIV 病毒感染風險的現實抱持矛盾態度。一方面，事實上，對愛滋病有所耳聞而且相信這是美國面臨之最迫切健康問題的人口比例，近年來持續下降。[68] 許多人認為自己的伴侶沒有感染 HIV 病毒，因為他們看上去很健康、「乾淨」、且／或具有吸引力。另一方面，有些人認為美國聯邦政府未能提供足夠的資源，用以對抗 HIV 病毒／愛滋病的流行。每年皆有數以萬計的美國人感染 HIV 病毒，其中許多為青少年與年輕成年人，而無所作為與冷漠以對，儼然已成為對抗此疾患的大敵。如欲評估自己對 HIV 病毒預防的態度，請參閱第 313 頁的「就事論事」單元。

｜　自我保護

　　為防止我們與我們關心的人感染 HIV 病毒，除了病毒傳播與防治方面的基本事實外，仍有幾件事情需要了解：第一，為求自我保護，有必要誠實評估自身的風險，並採取行動保護自己。第二，我們需要發展溝通技巧，如此始能與伴侶或可能對象討論風險與預防方式。（如欲評估與新對象討論安全性行為、性史、使用保險套或避孕法等健康防護問題，請參閱第 314 頁的「就事論事」單元。）如果我們希望我們的對象能透露過去的高風險行為，我們也必須願意做同樣的事情。

　　研究顯示，能如實透露 HIV 病毒的陽性感染狀態至關重要，原因在於人對其性伴侶的 HIV 病毒感染狀態，判斷力往往相當差。[69] 一項針對到診所求醫的女性患者及其固定男性伴侶所進行的研究顯示，百分之二的女性與百分之四的男性並不知道其伴侶的 HIV 病毒反應是否為陽性。[70] 一項研究發現，受到彼此吸引的戀愛中性伴侶，往往感覺對方不太可能染上 HIV 病毒／愛滋病或其他性感染疾病。[71] 研究指出，許多人會與自己感覺「安全」的對象發生高風險的性行為，與經判斷後認為風險較高的對象則會進行「較安全」的性行為。[72] 另一項研究顯示，許多人評估性伴侶的 HIV 病毒／性感染疾病狀況時，往往仰賴對方的性格特質與交往關係特性。了解程度高、值得信賴的對象，其評估結果往往為安全，但此種對於伴侶在性方面風險的評估，與對方自行提出的風險相對照時，卻顯得不甚準確。研究人員在結論中指出，一段關係中如已經「建立」信任，即便存在風險行為的證據，有些人仍會認為自己的伴侶在性方面安全無虞。[73]

　　第三，我們有必要掌握 HIV 病毒檢測方面的資訊。如果曾進行高風險行為，我們或許會希望接受檢查，以求自己與伴侶能夠安心。如果 HIV 病毒檢查結果呈現陽性，我們便需要就自身健康、性行為、生活方式等方面，做出重大的決定。事實上研究顯示，HIV 病毒的感染者如果知道自己遭受感染，與不知道自己染病的人相比，較有可能採取預防措施，以防止 HIV 病毒傳播。[74]

　　最後，如果我們曾與一個以上的長期、特定對象進行性方面的活動，

則需要開始正確、持續使用保險套。許多人仍不相信自己會身受 HIV 病毒感染之害，亦不相信保險套在阻止病毒傳播方面的作用。持續、正確使用男性乳膠與聚氨酯保險套時，可大幅降低 HIV 病毒與其他性感染疾病的風險。（請參閱本冊第 318 頁「想一想」單元：「『你知道你在套什麼嗎？』大學生常見的保險套錯誤使用方式」）然而，保險套的效果近年來已出現爭議。（為釐清目前關於保險套的想法，請見本冊第五章「就事論事」單元的「預防性感染疾病：男、女用保險套的作用」一文，了解美國疾病控制與預防中心的立場。）

　　二〇一二年七月，美國食品藥物管理局核准首批用於降低 HIV 病毒感染風險的藥物，代表了 HIV 病毒防治方面的重大突破。此種稱為舒發泰（Truvada）的藥物必須每日服用；此藥物的最佳效果是較能集中防護有極高風險經由性活動感染 HIV 病毒的未感染人士（如性伴侶已感染 HIV 病毒者）此一族群。

■　以預防拯救生命

｜　防治計畫

　　美國疾病控制與預防中心指出，全美各地的 HIV 病毒防治工作目前為止相當成功，但仍有許多工作尚待完成。[75] 一項分析研究衡量了美國 HIV 病毒的年傳播率，此一衡量標準 **HIV 病毒傳播率**（HIV transmission rate），指每年每一百名 HIV 病毒患者中的新增感染人數。[76] 研究人員發現，自流行初期以來，HIV 病毒傳播率已經急遽下降。舉例而言，一九八〇年時尚未發現此疾患，當時的傳播率為百分之九十二，代表每一百名 HIV 病毒感染者會出現九十二次傳播紀錄（見圖 6.10）。確認出愛滋病的存在，其後發現 HIV 病毒，並實施防治計畫與 HIV 病毒檢測後，傳播率即開始下降。隨著防治工作的擴大，以及經過改善的 HIV 病毒治療方式出現，傳播率下降了百分之三十三（由一九九七年每一百名感染者預估出現八次傳播記錄，降至二〇〇六年的五次）。二〇〇六年，每一百名 HIV 病毒感染者出現五次傳播記錄，代表該年有超過百分之九十五的 HIV 病毒感

「你知道你在套什麼嗎？」大學生常見的保險套錯誤使用方式[77]

對於希望防止性感染疾病與懷孕的人而言，所有的性行為狀況下皆有必要使用保險套。但持續使用僅是解答的一部分，保險套必須正確使用，始能發揮效果。

甚少研究探討正確的保險套使用方式，而以大學男生為對象所進行的首次全面性研究，出現了令人吃驚、擔憂的結果。美國印第安納大學金賽性、性別、生殖研究所暨愛滋病／性傳染病偏鄉防治中心（The Kinsey Institute for Research in Sex, Gender, and Reproduction and the Rural Center for AIDS/STD Prevention）的研究人員，以美國中西部一所大型公立大學為研究地點，歸納出男性保險套的使用盛行率，包括使用錯誤、使用問題等，調查樣本為曾經自行戴上保險套的單身、自認為異性戀的大學部男學生（人數 =158），以及曾為其男性伴侶戴上保險套的單身、自認為異性戀的大學部女學生（人數 =102）。該研究詢問參與者，過去三個月發生性行為（定義為男方將陰莖插入伴侶的口腔、陰道或直腸）的過程中，是否至少出現過一次保險套的使用錯誤或問題。研究發現，無論男性自行戴上保險套，或是由女性伴侶為其戴上，至少曾出現一次使用錯誤或問題的百分比例皆甚為相近。下表指出了一部分最為緊要的使用錯誤與問題。

錯誤／問題	戴保險套者為男性	戴保險套者為女性
性行為開始後戴保險套	42.8%*	51.1%*
未捏住保險套頂端，預留空間	40.4%	45.7%
保險套戴反（必須將內面翻出）	30.4%	29.6%
使用未塗抹潤滑液的保險套	19.2%	25.8%
性行為結束前除下保險套	15.3%	14.8%
陰道、口部、肛門性行為交替進行時，未更換新保險套（針對確實交替進行者）	81.2%	75.0%
保險套破損	29.0%	19.3%

性行為過程中保險套滑落	13.1%	19.3%
戴上保險套前無法勃起	21.6%	14.3%
戴上保險套且性行為開始後無法勃起	19.6%	20.2%

* 表示過去三個月至少出現一次使用錯誤或問題的百分比例。

　　接續在後的焦點團體研究，仍以大學部學生為對象；參與者皆表示過去一個月的異性間性行為中，（自己或對方）曾使用男用保險套。研究發現，參與者對於男用保險套心懷疑慮，包括兩性皆對於保險套取得與妥善使用方面存有不信任、使用保險套時潤滑不足、性行為過程中保險套部分或完全滑脫、保險套部分或完全「弄丟」在陰道內、耽誤使用時機、產生刺激不適感、快感下降等。[78] 一項針對男性的網路研究，則檢視了保險套使用的另一問題，保險套的尺寸不符。表示保險套尺寸不合的男性，較有可能出現保險套破損、滑脫、未理想使用（耽誤使用時機與／或提前除下保險套）等情形。有趣的是，該研究亦發現，在陰莖—陰道性交過程中，尺寸不合的保險套會使男女方的性功能與快感盡皆下降。[79]

　　研究人員作出結論指出，以上研究中出現的保險套使用錯誤與問題，顯示出參與者染上 HIV 病毒／性感染疾病與意外懷孕的風險可能相當高。研究人員亦指出，保險套對於防止 HIV 病毒／性感染疾病與意外懷孕的有效程度，取決於使用方式是否正確。

批 判 性 思 考

01. 以上研究中出現的各類型保險套使用錯誤與問題，以及其發生頻率，是否令你／妳感到意外？請加以說明。

02. 你／妳認為這些錯誤與問題為何會發生？

03. 正確使用保險套是否真的那麼困難？為什麼？

04. 該怎麼做才能促進保險套的正確使用？

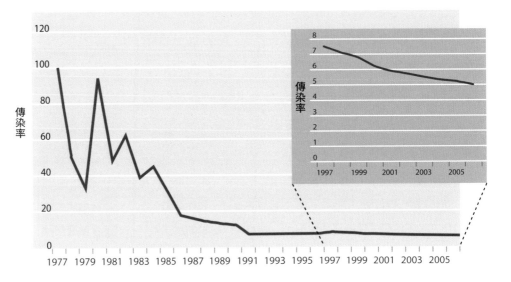

圖 6.10　一九七七年至二〇〇六年，美國每一百名 HIV 病毒感染者的年傳染率

資料來源：Holtgrave, D. R., Hall, H. I., Rhodes, P. H., & Wolitski, R. J. (2008). Updated annual HIV transmission rates in the United States, 1977-2006. *Journal of Acquired Immune Deficiency Syndromes*, 50, 236-238。

無知會孕育出被動、悲觀、屈服的態度，抑或使人認為愛滋病是別人的問題。

保羅・法瑪爾醫師（Paul Farmer, 1959-）

染者並未傳染病毒。二〇〇六年至二〇〇九年，HIV 病毒確診病例數維持穩定，反映了美國疾病控制與預防中心制訂的防治措施持續發揮效果。[80]

　　研究人員以全國預估資料分析選定的 HIV 病毒感染風險行為，發現美國目前從事該種風險行為的人數，已漸趨減少。二〇〇六年至二〇一〇年，約有百分之十的男性與百分之八的女性表示有過至少一項 HIV 病毒風險相關行為。二〇〇二年，百分之十三的男性與百分之十一的女性表示曾有一種以上的風險行為。[81]

　　一項研究回顧了十八種以降低性方面風險的介入措施為主題的後設分析（meta-analysis），發現保險套使用情形顯著提升，無保護性行為則顯著減少。[82] 另一項針對 HIV 病毒預防介入措施進行的後設分析回顧研究，探討了介入措施是否不僅使人減少了高風險的性行為，更可能無意間增加了性方面的行為。此回顧研究分析了一百七十四種以降低 HIV 病毒感染風險的介入措施為主題之研究，發現 HIV 病毒防治方案並未增加人從事性活動的頻率。部分以行為理論為基礎的研究指出，防治 HIV 病毒的介入措施降低了人從事性活動的頻率，且使性伴侶數量減少。[83]

　　近年來有多項研究，探討了讓未受感染者於接觸病毒前每日口服

HIV 病毒治療藥物（稱為抗反轉錄病毒療法，antiretroviral therapy，簡稱 ART），是否有助於預防 HIV 病毒感染。此方法稱為接觸前預防措施（pre-exposure prophylaxis，簡稱 PrEP），已證實在異性戀男女族群中，此法可使 HIV 病毒傳播率降低百分之六十三，在男男性行為者、與男性發生性行為的跨性別女性族群中，則可使傳播率降低百分之四十四。美國疾病控制與預防中心表示，上述發現代表了 HIV 病毒防治研究上的一大進展。在本書英文原書付梓印刷期間，美國疾病控制與預防中心正特別針對異性戀男女性與高風險男男性行為者，制訂接觸前預防措施（PrEP）的使用指導方針，在病患急需使用接觸前預防措施時，對醫療人員提供指引。[84] 如欲了解接觸前預防措施的最新發展，請參考美國疾病控制與預防中心的 HIV 病毒／愛滋病網站，網址為 http://www.gov.hiv。

｜ 防治上的阻礙

仍有許多人將 HIV 病毒／愛滋病視為「邊緣化」族群的疾患，感染者身處主流美國人族群的生活之外。非白人、非中產階級、非異性戀者等，常被投以懷疑的眼光。男同性戀或女同性戀經常遭到忽視或唾罵，即使在自己的族群社群中亦然；毒品使用者常遭認定是無用、毫無價值與有罪的。性工作者頻繁遭指責為散播性感染疾病的始作俑者，儘管將疾病傳染給

社區外展服務計畫（community outreach program）提供防治相關資訊，並為 HIV 病毒高風險族群提供援助。

性工作者的無疑是客人，甚至連其伴侶或眾多對象皆可能已經或即將遭受感染。

愛滋病的另一項影響在於，使男同性戀者更加容易遭受由仇恨衍生的暴力攻擊。曾身受惡性攻擊之害的男同性戀表示，襲擊者指控他們造成愛滋病。將愛滋病流行的責任歸咎於某些族群，不僅汙名化隸屬於這些族群的人士，更侮辱了當中對於自身風險行為嚴加注意的人。此種否定抗拒的態度，是愛滋病防治專家面臨的一大阻礙，不僅影響成年人，更影響其子女。

｜ 注射器交換計畫

注射器交換計畫（syringe exchange program，簡稱 SEP），尤其是提供感染風險與 HIV 病毒防治資訊者，亦發揮重要的作用。許多文獻回顧研究的結論皆指出，注射器交換計畫透過減少 HIV 病毒感染等血源性疾病的傳播，以及降低高風險注射行為，明顯改善了靜脈注射毒品使用者的健康狀況。[85] 然而此種計畫仍存有爭議，因部分人士認為有贊同或鼓勵使用毒品之虞。有些人則認為，毒品使用行為既然早已存在，拯救生命便應列為優先事項。事實上，數種研究顯示，交換計畫可減少毒品注射的風險行為，如

共用針具與其他毒品注射器具是 HIV 病毒經由受感染血液傳播的一種常見模式。某些組織會提供乾淨針具給靜脈注射毒品使用者。

共用注射器等。

雖然注射器交換計畫在某些地區仍屬非法，但只要工作人員保持低調，往往能持續運作。積極提倡注射器交換的人士認為，注射器計畫的合法化與規模擴大，應列為高度優先事項，因為此種計畫不僅符合成本效益，更能拯救數以千計的生命。

■ HIV 病毒檢測

HIV 病毒檢測在許多地方皆有提供，包括本地衛生部門、診所、私人醫師診間、醫院、專設檢測地點等。如欲取得 HIV 病毒檢測地點的相關資訊，請上美國全國 HIV 病毒檢測資源網（http://www.hivtest.org）或致電 CDC-INFO（美東標準時間上午八時至晚上八時）M-F、1-800-CDC-INFO（232-4636），或 1-888-232-6348（TTY），提供英語與西班牙語服務。此二種資源都對外保密，以保障隱私。

｜ 誰應該接受檢查？

HIV 病毒感染篩檢是 HIV 病毒管制的主要策略。美國疾病控制與預防中心持續推動 HIV 病毒檢測，而終生曾接受一次 HIV 病毒篩檢的人數已有所增加。然而根據估計，仍有五分之一的 HIV 病毒感染者不知道自己已遭感染，並可能在不知情狀態下將病毒傳播給其他人。了解自己的 HIV 病毒感染狀況，可減少新增感染病例的數量。研究顯示，已知自己感染 HIV 病毒的人多半會採取措施，防止將病毒傳播給他人。[86]

曾參與以下任一種行為的人，務必接受 HIV 病毒檢測。持續從事以下任一種行為者，應每年接受檢查。

- 注射毒品或類固醇，或與他人共用注射器具（如針具、注射器）
- 曾與男男性行為者、多名對象或匿名對象發生無保護的陰道、肛門或口部性行為（未使用保險套）
- 以性行為換取毒品或金錢
- 確診患有肝炎、結核病或梅毒等性感染疾病，或曾接受治療

■　曾與有過上述任一行為之人進行無保護性行為

　　某人如果曾與性史與／或毒品使用史不詳的對象發生性行為，或其對象曾有多名性伴侶，他或她即有感染 HIV 病毒的機會。雙方於第一次性行為前，皆應接受 HIV 病毒檢測，並了解結果。對於規劃懷孕的女性而言，HIV 病毒檢測是非常重要的醫療護理環節，且懷孕期間服用的某些藥物，可降低將 HIV 病毒傳給子女的機會。所有女性皆應於懷孕期間接受檢查。

　　大部分 HIV 病毒檢測皆為抗體檢查（antibody test），測量身體針對 HIV 病毒而製造的抗體量。免疫系統要製造出足以透過檢查而偵測到的抗體量，需要一段時間；此段期間稱為「空窗期」（window period），其長短因人而異。幾乎每個 HIV 病毒感染者皆於接觸病毒後二至八週內，產生 HIV 病毒抗體（平均為二十五天）；百分之九十七的感染者會於感染後二至三個月內產生抗體；僅在極少數情況下，感染者可能需要長達六個月的時間製造抗體。因此，可能接觸 HIV 病毒後三個月內的初步檢測結果如果呈現陰性，接觸病毒後應考慮重複接受檢查，因為初步檢測的結果可能是假陰性。可能的病毒接觸與檢測結果出爐之間的一段時間，應考慮避免與他人產生性接觸，或是於所有性接觸過程中使用保險套與／或口腔保護膜。

　　HIV 病毒檢測呈現陽性的人應如何自處，將於本章稍後討論。一個人的 HIV 病毒檢測呈現陰性，並不代表其伴侶的檢測結果亦為陰性。HIV 病毒檢測的結果，僅能顯示出受檢者的 HIV 病毒狀況；HIV 病毒要傳播出去，產生接觸並非必需條件。因此，自己接受 HIV 病毒檢測，無法得知對方是否染有 HIV 病毒。一個人應該向其對象詢問其 HIV 病毒感染狀況，以及對方目前與過去的風險行為。鼓勵對象接受 HIV 病毒篩檢，當然也是明智的做法。

　　大多數情況下，以抽血方式進行的**酵素免疫分析**（enzyme immunoassay，簡稱 EIA），是最常用於檢測 HIV 病毒抗體是否存在的篩檢。酵素免疫分析如出現反應（陽性反應），接著會進行**西方墨點法**（Western blot）等檢查，以確認診斷結果呈現陽性。利用別種體液檢測

HIV 病毒抗體的其他酵素免疫分析檢查如下：

- 口腔液檢查（oral fluid test）。此種檢查以特殊收集裝置在口腔中收集口腔液（非唾液），以進行檢查。檢查結果如呈現陽性，接著則需要使用相同的口腔液樣本，以西方墨點法加以檢查確認。
- 尿液檢查（urine test）。尿液檢查的準確率較血液與口腔液檢查為低。檢查結果如呈現陽性，後續需使用相同的尿樣，以西方墨點法加以檢查確認。

快速篩檢（rapid test）為能快速產生結果的篩檢方式，僅需二十分鐘時間，其他 HIV 病毒檢測方式則需要數日，始能得出結果。有了快篩方式，代表受檢者接受檢查後，無需再跑一趟便能得知結果，其他篩檢方式無法做到這點。快篩對於 HIV 病毒管制工作極具價值，原因在於常有人不會回來看 HIV 病毒檢測結果。快篩使用血液或口腔液，檢查 HIV 病毒抗體是否存在。如同其他所有篩檢方式，HIV 病毒快篩結果如出現反應，必須接續進行檢查以資確認，始能做出是否感染的最終診斷。快篩的準確率與傳統的酵素免疫分析篩檢相同。

另一種類型的檢查為 RNA 檢測，可直接檢測出 HIV 病毒。由感染 HIV 病毒以至 RNA 檢測，需間隔九至十一天。RNA 檢測的費用較高，使用度較抗體檢測為低，目前於美國部分地區採用。

一九九七年，首款由消費者自行管理（consumer-controlled）的檢測盒（俗稱「家用檢測盒」），獲得美國食品藥物管理局的核准。雖然網路上有時會出現在家中進行 HIV 病毒檢測的廣告，但目前僅有家戶管道 HIV 病毒一型檢測盒（Home Access HIV-1 Test System）獲得政府核准，其他家用檢測試劑盒的準確率則無法驗證。家戶管道 HIV 病毒一型檢測盒可至大部分美國本地藥局購買，亦可在網路上購得。此檢測盒並非真正用於在家檢測，而是用於在家收集樣本。檢測程序包含以特殊裝置戳刺手指，將血液滴在經過特殊處理的檢測卡上，接著將檢測卡郵寄至領有執照的檢驗場所進行檢查。顧客會收到一組辨識碼，去電詢問結果時可用於確認身分。

受檢者於進行檢測前、等待檢測結果期間、收到結果時，皆可電話聯繫諮商人員。檢測結果呈現陽性者，皆可由檢驗方轉介他處，進行後續檢查以資確認，並可取得治療與支持服務方面的資訊與資源。二〇一二年七月，美國食品藥物管理局核准了首種 HIV 病毒的非處方快篩產品 OraQuick 家用 HIV 病毒檢測器，可完全在家以口腔拭子進行檢測，並於二十分鐘至四十分鐘內得知結果。

｜ 受檢者諮商服務

接受 HIV 病毒檢測的人多半相當焦慮。即便絕大部分檢查結果皆呈現陰性，但害怕「抽中下下籤」的心情，實屬無可厚非。許多人想到令自己陷入如此境地的高風險行為，亦可能產生矛盾心理或內疚感。由於上述反應皆屬正常，諮商服務即為受檢過程中的關鍵一環。正在接受檢查的人必須實際了解自己感染 HIV 病毒的風險，以及結果代表的含意。無論檢測結果如何，每個人也都必須了解 HIV 病毒傳播與防治方面的事實。對於檢查結果為陰性，且實行禁慾或安全性行為、維持單一性伴侶、避免靜脈注射毒品使用、採取其他預防措施的大多數人而言，大可消除與 HIV 病毒有關的焦慮。（此種措施亦可降低其他性感染疾病的風險。）

對於 HIV 病毒檢測結果呈現陽性的人而言，諮商的作用至關重要。及早治療與積極正面的健康行為，對於維持身體健康、延長壽命至關重要。及時的醫療護理可延緩愛滋病的發病，並防止某些危及生命的徵狀出現。此外，針對女性則應提供懷孕諮詢。檢測結果呈現陽性的人亦應了解到，自己有可能將病毒傳染給他人。[87]

■ 治療

一九八〇年代初期，愛滋病在美國浮上檯面；當時的藥物與治療方式，對於其所導致的免疫缺乏與伺機性感染皆束手無策。當時的愛滋病患者，往往活不過數年。然而，研究人員現已研發出對抗 HIV 病毒感染及其相關感染症，以及癌症的藥物。HIV 病毒的治療，乃以抗 HIV 病毒藥物保持感染者的健康。此種治療可幫助各個病情進展階段的 HIV 疾患感染者。雖然

抗 HIV 病毒藥物可治療 HIV 病毒感染，但無法根治。

感染 HIV 病毒的人，會接受**抗反轉錄病毒療法**（antiretroviral therapy，簡稱 ART）的治療。美國食品藥物管理局已核准三十餘種抗反轉錄病毒藥物，用以治療 HIV 病毒感染。抗反轉錄病毒療法以不同種類的藥物防止 HIV 病毒在人體裡繁殖。大多數採用抗反轉錄病毒療法的患者，需合併服用數種由醫師開立的藥物，以控制其 HIV 病毒疾患的病情。抗反轉錄病毒療法的目標，在於降低體內 HIV 病毒量，使免疫系統得以保持強壯、健康。部分抗反轉錄病毒療法的用藥可防止病毒複製，有些則可阻止 HIV 病毒進入身體細胞。當醫師發現能夠控制 HIV 病毒，同時將副作用降至最小的藥物組合與治療計畫，抗反轉錄病毒療法便能發揮最佳療效。儘管許多採用抗反轉錄病毒療法的患者，會比未採用者活得更長久，健康狀況亦更好，但抗反轉錄病毒療法不能根治 HIV 病毒，而是防止病毒損害免疫系統。此外，接受治療的 HIV 病毒感染者仍可能將病毒傳播給他人。

HIV 病毒檢測結果呈現陽性者，不見得需要於確診後立即開始治療，但 HIV 病毒專家一致認為，患者如出現可定義為愛滋病的病症、CD4 細胞計數低於三百五十個、懷孕、患有與 HIV 病毒有關的腎病變（nephropathy，一種腎臟疾病），或是正接受 B 型肝炎治療，應立即開始 HIV 病毒治療。許多專家也同意，CD4 計數如低於五百個，應開始進行抗反轉錄病毒療法。雖然仍有爭議，但部分專家認為 HIV 病毒檢測呈現陽性後，便應立即開始抗反轉錄病毒療法，因為新的證據顯示抗反轉錄病毒療法可助患者活得更長，可降低非 HIV 病毒相關疾病（例如心臟病、糖尿病）出現的風險，亦可減少將 HIV 病毒傳播給他人的機會。一項針對 **HIV 病毒感染狀態相異**（serodiscordant，指一人的 HIV 病毒檢測呈現陽性，一人為陰性）的異性戀伴侶所進行之研究發現，感染病毒的一方採用抗反轉錄病毒療法，可降低將 HIV 病毒傳播給未感染一方的風險，降低幅度達百分之九十二。[88]

HIV 病毒感染的治療，除非等到患者已做好準備，否則不應開始，因為遵循嚴格的給藥方案需要投入大量心力，且大多數情況下，治療必須終

身施行。HIV 病毒治療一旦開始，三至六個月內可能使病毒負荷量降至無法檢測的程度，但病情並不算受到根治，因為仍有一些 HIV 病毒存於體內。不過，如已無法檢測到病毒負荷量，即代表抗 HIV 病毒藥物正在有效發揮作用，可保患者健康，並降低傳播 HIV 病毒的風險。

可惜的是，抗反轉錄病毒療法並不適合所有人，有些人對治療反應甚佳，有些人則否。HIV 病毒接觸藥物的時間一長，有時會開始不受藥物的影響。如此情況下，醫療照護者會將藥物更換為可影響到病毒的新藥物。[89]

愛滋病根治方法的追尋仍在持續。如能研究少數保持健康的 HIV 病毒感染者，對於其遺傳學特性有更多了解，或可促成幫助其他病患的新療法出現。基因療法利用以遺傳學方式改變的抗性細胞（resistant cell），可重建免疫系統，是其中一種具潛在發展前景的療法。為預防 HIV 病毒／性感染疾病，研究人員正著手研究外用殺微生物劑（topical microbicides），此種化學或生物藥劑可殺死或消滅可能存在於精液、子宮頸或陰道分泌物中的病毒與細菌。研究人員的目標是研發出可殺死微生物的凝膠、乳霜、藥膜或栓劑，提供在性交前於陰道處使用。殺微生物劑的一項主要價值，在於可使女性更有能力控制 HIV 病毒／性感染疾病的預防，尤其對於說服男

「命名」計畫基金會（The Names Project Foundation）設計了愛滋病紀念大被單（AIDS Memorial Quilt），成為 HIV 病毒感染防治的一大有力工具。每條正方形的小被單，皆由因愛滋病失去生命者的家屬朋友心懷大愛而製作。這條大被單包含了超過四萬七千條小被單。

性使用保險套感到力有未逮時。針對 HIV 病毒的直腸用殺微生物劑，目前正在開發當中。直腸用殺微生物劑如以乳霜、凝膠、灌洗劑或灌腸劑等形式使用，可於使用保險套時提供防護；如保險套出現破損、滑脫等情形，亦可充當備用保護措施。此外，對於不願意或無法使用保險套的伴侶而言，直腸用殺微生物劑或可成為安全、有效的替代選擇。[90]國際愛滋病疫苗倡議組織（International AIDS Vaccine Initiative）表示，二〇一五年至二〇三〇年間，如能為低、中度收入國家的百分之三十人口接種一種具備百分之五十療效的愛滋病疫苗，新增感染病例將可減少五百六十萬人。[91]一種預防性感染疾病的外用殺微生物劑亦已進入研發階段，可在性行為前後用於清潔陰莖。

開發出有效、安全的 HIV 病毒疫苗，是防治方面的終極目標，但仍有許多生物學與社會方面的挑戰尚待克服。經過測試的疫苗，其效果未能達到預期。雖然已有進展，但 HIV 病毒疫苗要取得核准並廣泛供應，仍需要多年時間。殺微生物劑與疫苗將能提供另一道阻隔，以防止 HIV 病毒的傳播，但個人實行安全性行為仍最為緊要。

與 HIV 病毒／愛滋病共處

感染 HIV 病毒或確診罹患愛滋病的人，與其他人有相同的需求，可能還更多一些。如果你／妳的 HIV 病毒檢測結果呈現陽性，除了應付心理上與社交上的問題，還需要特別注意保持身體健康。如果你／妳正在照顧 HIV 病毒或愛滋病患者，你／妳也會有特殊的需求。

■　如果你／妳的 HIV 病毒檢測結果呈現陽性

抗體檢查結果呈現陽性，對任何人而言都相當令人害怕。然而知道自己的檢查結果為陽性，也是有用的消息：這樣的消息有可能反倒拯救你的生命。如果沒有以此種方式了解自己的狀況，你／妳可能直到出現嚴重的伺機性感染，才驟然驚覺 HIV 病毒已然到來。到那個時候，已經錯失許多上佳的醫療選項，且可能已將病毒傳播給其他本來不會接觸到病毒的人。

證據證明，我們對疫病流行無能為力，但我們的回應，仍是達成目標所必需的小小一環。

彼得・派爾特醫師（Peter Piot, 1949-）

但請記住，雖然 HIV 病毒感染相當嚴重，但是今日的 HIV 病毒感染者得益於新的有效治療方法，可以活得更長久、更健康。幸運的是，採用抗反轉錄病毒療法的 HIV 病毒感染者，在免疫系統的受損程度嚴重至足以引發伺機性感染前，仍能長久存活。

▏ 保持健康久一點

找到具有 HIV 病毒／愛滋病處理經驗的醫師相當重要，更重要的是，該醫師或許也要能注意到 HIV 病毒感染者個人面臨的問題。一旦醫師下達指示，請立即開始治療。定期回診，並遵循醫師的指示。如果醫師開藥給你／妳，請確實遵照醫囑服藥，因為如果只服用一部分的藥物，會讓你／妳感染的 HIV 病毒有更多反擊機會。依照時程服用抗反轉錄病毒療法藥物，可提升其效果。如果服藥後感到不適，請打電話給醫生，尋求建議；不可自行決定，或聽信朋友建議，改變醫師囑咐的服藥方式。除了適當的治療，有助於持續增進健康的因素，包括良好的營養補充、充足休息、運動、有限度（或不）使用酒精、減少壓力、採用抗反轉錄病毒療法等。HIV 病毒／愛滋病患者應停止吸菸，因為菸草會增加感染肺炎的機會。患者亦應接種疫苗，以預防肺炎、流感等傳染疾病。

除此之外，如果你／妳決定與他人發生性接觸，你／妳需要實行安全性行為，即使對方的 HIV 病毒檢測結果同為陽性也一樣。研究人員警告，感染者有可能重複感染不同的 HIV 病毒株。此外，對於免疫功能受損的人而言，染上各種性感染疾病可能更為糟糕。感染 HIV 病毒並不代表性行為必須終止，但確實代表可能需要探索不同的愛意與性慾表達方式。如果你／妳染上 HIV 病毒或罹患愛滋病，你／妳可能需要醫療上、情感上、心理上、經濟上的多種支持。你／妳的醫師、所在當地的健康部門、社會服務部門、愛滋病服務機構、網路等，皆有助於你／妳尋求各種幫助。

建議 HIV 病毒檢測結果呈現陽性的女性，每隔六至十二個月進行一次子宮頸抹片檢查。子宮頸切片檢查可能亦有必要，以斷定是否有子宮頸上皮分化不良或癌症出現。

｜ 解決你的其他需求

因 HIV 病毒與愛滋病而產生的汙名與恐懼，常使生活難以繼續。男同性戀與雙性戀男性族群中，白人能獲得的社會支持一般比黑人多；在黑人社區裡，來自主要社會支持網絡的接納程度，以及性傾向的公開程度往往較低。常擔負照顧他人責任的女性，可能不願尋求支持團體與網絡的幫助。但誠如 HIV 病毒與愛滋病的患者所言：不能讓自己感到孤立。如果你／妳感染了 HIV 病毒，本書鼓勵你／妳向所在地區的愛滋病組織尋求支持。

｜ 告知伴侶

感染者應告知目前與過去的伴侶，如此一來他們／她們才能接受檢查，並接受輔導。事實上美國許多州的法律皆規定，HIV 病毒感染者必須將病情告知目前與近期的性伴侶，以及共用針具的人。愛滋病諮商人員與保健醫師目前鼓勵 HIV 病毒感染者盡可能聯繫所有過去與目前的性伴侶。在部分情況下，諮商人員會試圖取得輔導對象的許可，以進行上述聯繫。

結 語

正如我們所見，HIV 病毒／愛滋病仍為重大的公共衛生挑戰，在美國與全球皆然。HIV 病毒持續嚴重影響美國的諸多社群，來自各種族的男同性戀與雙性戀男性、非裔美籍人士、拉丁美洲裔人士則承受最重的負擔。HIV 病毒／愛滋病不僅造成醫療問題，諸多問題如汙名化、歧視、醫療保健與防治教育管道有限、性別不平等，皆阻礙了愛滋病管制的進展。作為個人、作為社區居民、作為國民，我們必須有更多作為，以求將防治上的努力擴及風險族群，並阻止 HIV 病毒的傳播。正如我們所知，HIV 病毒是可以避免的。希望本章所提供的資訊與鼓勵，能成為你／妳對抗 HIV 病毒／愛滋病的疫苗。

摘要

何謂愛滋病？

■ 愛滋病是後天免疫缺乏症候群的簡稱。確診罹患愛滋病的人，血液檢查結果必定顯示為陽性，代表體內存在 HIV 病毒（人類免疫缺乏病毒）抗體，且 T 細胞計數低於二百個；如果 T 細胞計數較高，受檢者身上必須出現一種至二十種以上與愛滋病有關的疾患與徵狀，始能診斷罹患愛滋病。

■ 有多種症狀與 HIV 病毒／愛滋病有關。由於這些症狀可能亦為其他疾患與徵狀的指標，HIV 病毒與愛滋病無法自我診斷，而需交由臨床醫師或主治醫師診斷。

■ 白血球在保衛人體，防止致病生物體與癌變細胞入侵方面，起到主要的作用。其中一種白血球類型——巨噬細胞，會吞噬外來細胞，並於自己的表面上呈遞出入侵者的抗原。抗體結合抗原，令其失去活性，並加以標記，交由殺手 T 細胞破壞。另有稱為淋巴細胞的白血球，其中包括輔助 T 細胞，其細胞中編入的指令為「讀取」抗原，接著開始引導免疫系做出反應。人體內輔助 T 細胞的數量，為免疫系統運作狀態的重要指標。

■ 病毒為原始的生物體；病毒無法自力更生，且除非進入宿主細胞內，否則無法繁殖。HIV 病毒的蛋白質核內，有攜帶繁殖所需訊息的遺傳物質 RNA。反轉錄病毒可將其 RNA（遺傳程式）「寫入」宿主細胞的基因中。

■ 雖然 HIV 病毒一進入宿主細胞便立即開始複製，但一段時間內（經常為數年）無法在血液中檢測到。然而，HIV 病毒抗體一般在二至八週內（平均二十五天）即可於血液中檢測到。如未出現抗體，血清狀態為 HIV 病毒陰性；如發現抗體，為 HIV 病毒陽性。「T 細胞計數」，亦稱「CD4 計數」，指每立方毫米血液中輔助 T 細胞的數量。

■ 當一個人感染 HIV 病毒，初期可能會出現嚴重的類流感症狀。此期間，病毒散布於淋巴結與其他組織中。病毒可能持續潛伏多年，但會繼續複製並破壞 T 細胞。隨著受到感染的細胞數量增加，T 細胞的數量則有所下降。愛滋病進入晚期時，T 細胞計數會下降至二百個以下，且可於血液中檢測到病毒。

HIV 病毒的流行病學及其傳播

■ 美國的成年人與青少年 HIV 病毒感染者已增長至一百二十萬人。全世界現有超過三千四百萬人感染 HIV 病毒。撒哈拉以南非洲地區的感染病例新增速度為世界最高。

■ HIV 病毒不會經由日常接觸傳播。

■ 可能促使 HIV 病毒傳播的行為或情境如下：性行為傳播（未使用保險套而進行陰道或肛交、未使用保險套而進行吮陽、未使用乳膠或其他材質隔離障而進行舔陰）；共用遭受已染病毒之血液汙染的針具與注射器；子宮內母子垂直感染；分娩過程中經由血液感染；經由預先咀嚼的嬰兒食品或母乳感染；共用未消毒的性玩具；受感染血液經由黏膜（眼睛或口腔）、傷口、擦傷、皮膚穿刺傷口進

入人體而意外遭受感染（相對少見）；輸血（非常罕見）。

■ 某些生理或行為因素會增加感染 HIV 病毒的風險。此種因素除肛交、多重性伴侶、靜脈注射毒品使用外，亦包括患有性感染疾病（尤其會使生殖器出現損傷者）與多次接觸 HIV 病毒。

愛滋病人口統計學

■ HIV 病毒／愛滋病常與貧窮有相關性，而貧窮現象往往根植於種族主義與歧視。在美國，非裔美籍人士與拉丁美洲裔人士受到 HIV 病毒、性感染疾病的影響，與其他種族／族群相比，可謂不成比例。

■ 美國某些族群尤其會受到愛滋病流行的影響：少數種族／族群人士（尤其非裔美籍人士）、男男性行為者、女性、年輕成年人等。

■ 由於年輕人經常感覺自己百毒不侵，他們可能並未真正了解自己在性方面的行為可能導致何種後果，便將自己置於高度風險之中。

預防與治療

■ 為防止我們與我們關心的人感染 HIV 病毒，我們需要充分了解何以構成風險行為、如何避免，發展溝通技巧以與對象討論，並了解 HIV 病毒檢測方面的資訊。如果曾與一個以上的長期、特定對象有過性方面的活動，我們需要開始正確、持續使用保險套。

■ 許多地區皆提供了免費或低成本的 HIV 病毒檢測。HIV 病毒篩檢可找出病毒抗體。HIV

病毒快篩的檢測結果約二十分鐘內即可出爐，現已有許多檢測地點採用。

■ 抗反轉錄病毒藥物，指用於抗反轉錄病毒療法的藥物組合，可供治療 HIV 病毒／愛滋病。許多依抗反轉錄病毒療法用藥的患者，生活品質與壽命皆獲提升。

與 HIV 病毒／愛滋病共處

■ 確診感染 HIV 病毒或罹患愛滋病，可能導致傷痛與憂愁，但也可能是重新檢視自己與成長的機會。家人朋友感染 HIV 病毒，或是本身檢測結果呈現陽性的人，需要資訊與實質上、情感上的支持。

■ 及早診斷出 HIV 病毒感染，可大幅提高生活品質與壽命。適當的治療與健康的生活方式相當重要。HIV 病毒或愛滋病患者亦需要實行安全性行為，並考慮尋求愛滋病組織的支持。

問題討論

■ 你／妳曾經或即將採取何種作為與措施，防止自己感染 HIV 病毒？

■ 儘管 HIV 病毒／愛滋病的流行甚是嚴重，仍有人繼續從事危險性行為與使用靜脈注射毒品，其中許多人接收不到 HIV 病毒的防治訊息。如欲將防治訊息擴及這些人，策略上你／妳有何建議？

■ 確診感染 HIV 病毒的人，會出現多種反應。你／妳認為自己會如何反應？

■ 如果你／妳剛得知自己感染了 HIV 病毒，
你／妳最擔心的事情是什麼？

推薦網站

■ CDC National Prevention Information Network
（美國疾病控制與預防中心全國防治資訊網）

http://www.cdcdnpin.org
號稱全美最大的 HIV 病毒／愛滋病、性感染
疾病、病毒性肝炎、結核病防治資訊網站。

■ Centers for Disease Control and Prevention（美
國疾病控制與預防中心）

http://www.cdc.gov/hiv/
提供 HIV 病毒／愛滋病資訊。
http://www.cdc.gov/std/
提供性感染疾病資訊。

■ U.S. Government（美國政府）

http://aids.gov
本網站有美國聯邦政府提供的 HIV 防治與治
療資源。

■ Joint United Nations Programme on HIV/AIDS
（聯合國愛滋病聯合規劃署）

http://www.unaids.org
本網站包含世界各地的 HIV 病毒／愛滋病流
行病學資訊，以及 HIV 病毒／愛滋病相關議
題的觀點探討。

■ Kaiser Family Foundation（凱撒家庭基金會）

http://www.kff.org
本網站提供性感染疾病與 HIV 病毒／愛滋病

的現況說明與新聞。

■ National Institutes of Health（美國衛生研
究院）

http://www.nih.gov
提供 HIV 病毒／愛滋病的現有資訊。

■ Rural Center for AIDS/STD Prevention（愛滋
病／性傳染病偏鄉防治中心）

http://www.indiana.edu/~aids
本網站提供美國偏鄉社區的 HIV 病毒／性感
染疾病防治議題相關資訊。

延伸閱讀

■ Fan, H. Y., Conner, R. E., & Villarreal, L. P.
(2010). *AIDS: Science and society* (5th ed.).（《愛
滋病：科學與社會》第五版）Sudbury, MA:
Jones & Bartlett.

本書由生物醫學與心理社會角度切入，對愛
滋病進行充分概覽。

■ Harden, V. A., & Fauci, A. S. (2012). *AIDS at 30:*
A history.（《愛滋病三十年史》）

本書是為一般讀者所寫的 HIV 病毒／愛滋
病歷史，重點強調醫學上對於此一流行病的
因應。

■ Kalichman, S. (2009). *Denying AIDS: Conspiracy*
theories, pseudoscience, and human tragedy.（《愛
滋抗拒論：陰謀、偽科學與人類悲劇》）
New York: Copernicus Books.

本書作者關注對於 HIV 病毒的有組織、廣泛

之抗拒態度，並探討助長此風的垃圾科學、
謬誤邏輯、陰謀論、恐同與種族主義勢力等。

■　Pepin, J. (2011). *The origins of AIDS.*（《愛滋病探源》）Cambridge, United Kingdom: Cambridge University Press.

本書作者回顧二十世紀初期發生於非洲、致使 HIV 病毒／愛滋病出現的種種事件，並追溯其後續發展，直至成為現代最突如其來、最具破壞力的流行病之過程。

■　Pisani, E. (2008). *The wisdom of whores: Bureaucrats, brothels, and the business of AIDS.*（《妓女的智慧：官僚、妓院與愛滋產業》）New York: W. W. Norton.

一名「砲火四射」的流行病學專家，於本書中談論性行為、毒品、錯誤、意識形態，以及對於國際上愛滋病防治的希望。

■　Shilts, R. (1987). *And the band played on: People, politics, and the AIDS epidemic.*（《愛滋現形記：人、政治與愛滋病流行》）New York: St. Martin's Press.

「發現愛滋病」背後的迷人故事，由真英雄以及⋯⋯很遺憾，真壞蛋共同演出。

註　第
釋　一
　　章

1. Guttmacher Institute. (2011b). Facts on publicly funded contraceptive services in the United States. Available: http://www.guttmacher.org/pubs/fb_contraceptive_serv.html (Last visited 11/11/11).

2. Guttmacher Institute. (2011c). Facts on induced abortion, in brief. Available: http://www.guttmacher.org/pubs/fb_induced_abortion.html (Last visited 11/11/11).

3. Mosher, W. D., & Jones, J. (2010). Use of contraception in the United States: 1982–2008. National Center for Health Statistics. *Vital Health Statistics*, 23(29). Available: http://www.cdc.gov/nchs/data/series/sr_23/sr23_029.pdf (Last visited 11/11/11).

4. Guttmacher Institute. (2011b). Facts on publicly funded contraceptive services in the United States.

5. Ibid.

6. Ibid.

7. Ibid.

8. Guttmacher Institute. (2011e). Facts on American teens' sexual and reproductive health. Available: http://www.guttmacher.org/pubs/FB-ATSRH.html (Last visited 11/11/11).

9. Hatcher, R. A., Trussell, J., Nelson, A. L., Cates, W., Kowal, D., & Policar, M. S (2011). *Contraceptive technology* (20th rev. ed.). New York: Ardent Media.

10. Guttmacher Institute. (2011b). Facts on publicly funded contraceptive services in the United States.

11. Planned Parenthood. (2011a). Birth control Q & A. Available: http://www.plannedparenthood.org/health-topics/ask-dr-cullins/cullins-bc-5398.htm (Last visited 11/11/11).

12. U.S. Food and Drug Administration. (2011a). Safety information: Yaz tablets. Available: http://www.fda.gov/Safety/MedWatch/SafetyInformation/ucm249859.htm (Last visited 12/14/11).

13. Planned Parenthood. (2011b). Birth control pills. Available: http://www.plannedparenthood.org/health-topics/birth-control/birth-control-pill-4228.htm (Last visited 11/12/11).

14. Ibid.

15. Planned Parenthood. (2011c). Birth control shot (Depo-Provera). Available: http://www.plannedparenthood.org/health-topics/birth-control/birth-control-shot-depo-provera-4242.htm (Last visited 11/12/11).

16. Planned Parenthood. (2011d). Birth control patch (Ortho Evra). Available: http://www.plannedparenthood.org/health-topics/birth-control/birth-control-patch-ortho-evra-4240.htm (Last visited 11/12/11).

17. U.S. Food and Drug Administration. (2008). Consumer update: Update to label on birth control patch. Available: http://www.fda.gov/ForConsumers/ConsumerUpdates/ucm095628.htm (Last visited 11/14/11).

18. Planned Parenthood. (2011e). Birth control vaginal ring (Nuva Ring). Available: http://www.plannedparenthood.org/health-topics/birth-control/birth-control-vaginal-ring-nuvaring-4241.htm (Last visited 11/14/11).

19. Planned Parenthood. (2011f). Birth control implant: Implanon. Available: http://www.plannedparenthood.org/health-topics/birth-control/birth-control-implant-implanon-4243.htm (Last visited 11/14/11).

20. Hatcher, R. A., Trussell, J., Nelson, A. L., Cates, W., Kowal, D., & Policar, M. S (2011). *Contraceptive technology* (20th rev. ed.). New York: Ardent Media.

21. 資料來源：Crosby, R. A., Graham, C. A., Milhausen, R. R., Sanders, S. A., & Yarber, W. L. (2011). In T. D. Fisher, C. M. Davis, W. L. Yarber, & S. L. Davis, *Handbook of sexuality-related measures* (3rd ed.). New York: Routledge.

22. Ibid.

23. Ibid.

24. Fertility awareness. (2005). Planned Parenthood Federation of America. Available: http://www.plannedparenthood.org/health-topics/birth-control/fertility-awareness-4217.html (Last visited 8/6/08).

25. Landry, V. (Ed.). (2003). *Contraceptive sterilization: Global issues and trends*. New York: EngenderHealth.

26. Mosher, W. D., & Jones, J. (2010). Use of contraception in the United States: 1982–2008. National Center for Health Statistics. *Vital Health Statistics*, 23(29).

27. U.S. Food and Drug Administration. (2011b). Statement from FDA Commissioner Margaret Hamburg on Plan B One-Step. Available: http://www.fda.gov/NewsEvents/Newsroom/ucm282805.htm (Last visited 12/14/11).

28. Mosher, W. D., & Jones, J. (2010). Use of contraception in the United States: 1982–2008. National Center for Health Statistics. *Vital Health Statistics*, 23(29).

29. Hatcher, R. A., Trussell, J., Nelson, A. L., Cates, W., Kowal, D., & Policar, M. S (2011). *Contraceptive technology* (20th rev. ed.). New York: Ardent Media.

30. Ibid.

31. Ibid.

32. Ibid; Munk-Olsen, T., Munk Laursen, T., Pedersen, C. B., Lidegaard, O., & Mortensen, P. B. (2011). Induced first-trimester abortion and risk of mental disorder. *New England Journal of Medicine*, 364, 332-339.

33. Mosher, W. D., & Jones, J. (2010). Use of contraception in the United States: 1982-2008. National Center for Health Statistics. *Vital Health Statistics*, 23(29).

34. Guttmacher Institute. (2011f). Facts on induced abortions in the United States. Available: http://www.guttmacher.org/pubs/fb_induced_abortion.html (Last visited 12/16/11); Guttmacher Institute. (2011g). Abortion in the United States. Available: http://www.guttmacher.org/media/presskits/abortion-US/index.html (Last visited 12/15/11).

35. Guttmacher Institute. (2011f). Facts on induced abortions in the United States. Available: http://www.guttmacher.org/pubs/fb_induced_abortion.html (Last visited 12/16/11).

36. Ibid.

37. Jones, R. K., Moore, A. M., & Frohwirth, L. F. (2010). Perceptions of male knowledge and support among U.S. women obtaining abortions. Women's Health Issues. Available: http://www.guttmacher.org/pubs/journals/j.whi.2020.10.007.pdf (Last visited 12/15/11).

38. Ibid.

39. Guttmacher Institute. (2011h). State policies in brief: An overview of abortion laws. Available: http://www.guttmacher.org/statecenter/spibs/spib_OAL.pdf (Last visited 12/15/11).

40. Pazol, K., Zane, S. B., Parker, W. Y., Hall, L. R., Berg, C., & Cook, D. A. (2011). Abortion surveillance—United States, 2008. *Morbidity and*

Mortality Weekly Report 60(15), 1-41.

41.　Djerassi, C. (1981). *The politics of contraception*. New York: Freeman.

第
二
章

1.　Boyle, E. M., Poulsen, G., Field, D. J., Kurinczuk, J. J., Wolke, D., Alfirevic, Z., & Quigley, M. A. (2012). Effects of gestational age at birth on health outcomes at 3 and 5 years of age: Population based cohort study. *British Medical Journal*, 344, e896.

2.　Childless by choice. (2001, November). *American Demographics*, 44-50.

3.　Hamilton, B. E., Martin, J. A., & Ventura, S. J. (2010). Births: Preliminary data for 2009. *National Health & Vital Statistics*, 59(3). Available: http://www.cdc.gov/nchs/data/nvsr/nvsr59/nvsr59_03.pdf (Last visited 9/16/11).

4.　Kent, H., Johnson, K., Curtis, M., Hood, J., & Atrash, H. (2006). *Proceedings of the Preconception Health and Health Care Clinical, Public Health, and Consumer Workgroup Meeting*. Washington, DC: Centers for Disease Control and Prevention. Available: http://www.cdc.gov/ncbddd/preconception/documents/Workgroup%20Proceedings%20June06.pdf (Last visited 10/20/11).

5.　The Joint Commission. (2010, January 26). Preventing maternal deaths. *Sentinel Event Alert*, 44. Available: http://www.jointcommission.org/sentinelevents/sentineleventalert/sea_44.htm (Last visited 10/20/11).

6.　Devaney, S., Palomaki, G., Scott, J. A., & Bianchi, D. W. (2011). Noninvasive fetal sex determination using cell-freefetal DNA. *Journal of the American Medical Association*, 306(6), 627-636.

7.　Especially for fathers. (n.d.). American College of Obstetricians and Gynecologists. Education Pamphlet AP032.

8.　Reynolds, G. (2011, April 13). Exercising for two. *New York Times*, Well.

9.　Farrer, F. (2010, August). Contraception for teratogenic medications. *SA Pharmaceutical Journal*, 28-31.

10.　Ibid.

11.　Strandberg-Larsen, K., Gronboek, M., Andersen, A. M. N., Andersen, P. K., & Olsen, J. (2009). Alcohol drinking pattern during pregnancy and risk of infant mortality. *Epidemiology*, 20(6), 884-891.

12.　Vardavas, C. I., Chatzi, L., Patelarou, E., Plana, E., Sarri, K., Kafatos, A., Koutis, A. D., & Kogevinas, M. (2010). Smoking and smoking cessation during early pregnancy and its effect on adverse pregnancy outcomes and fetal growth. European Journal of Pediatrics, 169(6), 741-748.

13.　Pinto, S. M., Dodd, S., Walkinshaw, S. A., Siney, C., Kakkar, P., & Mousa, H. A. (2010). Substance abuse during pregnancy: Effect on pregnancy outcomes. *European Journal of Obstetrics & Gynecology and Reproductive Biology*, 150(2), 137-141.

14.　Poehling, K. A., Szilagyi, P. G., Staat, M. A., Snively, B. M., Payne, D. C., Bridges, C. B., et al. (2011). Impact of maternal immunization on influenza hospitalizations in infants. *American Journal of Obstetrics and Gynecology*, 204(6), Supplement, S141-S148.

15.　Hayes, D. K., Fan, A. Z., Smith, R. A., & Bombard, J. M. (2011). Trends in selected chronic conditions and behavioral risk factors among women of reproductive age, Behavioral Risk Factor Surveillance System, 2001-2009. *Prevention of Chronic Disease*, 8(6). Available: http://www.cdc.gov/pcd/issues/2011/nov/10_0083.htm. (Last visited 10/21/11).

16.　Chen, A., Feresu, S. A., Fernandez, C., & Rogan, W. J. (2009). Maternal obesity and the risk of infant death in the United States. *Epidemiology*, 29(1), 74-81.

17.　Stothard, K. J., Tennant, P. W. G., Bell, R., & Rankin, J. (2009). Maternal overweight and obesity and the risk of genital anomalies: A systematic review and meta-analysis. *Journal of the American Medical Association*, 301(6), 636-650.

18.　Hatcher, R. A., Trussell, J., Nelson, A. L., Cates, W., Kowal, D., & Policar, M. S (2011). *Contraceptive technology* (20th rev. ed.). New York: Ardent Media.

19.　Stothard, K. J., Tennant, P. W. G., Bell, R., & Rankin, J. (2009). Maternal overweight and obesity and the risk of genital anomalies: A systematic review and meta-analysis.

20.　Martin, J. A., Kochanek, K. D., Strobino, D. M., et al. (2005). Annual summary of vital statistics–2003. *Pediatrics*, 115, 619-634.

21.　Bretherick, K. L., Fairbrother, N., Avila, L., Harbord, S. H. A., & Robinson, W. P. (2010). Fertility and aging: Do reproductive-aged Canadian women know what they need to know? *Fertility and Sterility*, 93(7), 2162-2168.

22.　March of Dimes. (2011a). Chromosomal abnormalities. Available: http://www.marchofdimes.com/baby/birthdefects_chromosomal.html (Last visited 10/21/11).

23.　London, S. (2004). Risk of pregnancy-related death is sharply elevated for women 35 and older. *Perspectives on Sexual and Reproductive Health*, 36, 87-88.

24.　Anderson, C. L., & Brown, C. E. L. (2009, January 15). Fetal chromosomal abnormalities: Antenatal screening and diagnosis. *American Family Physician*, 79(2), 117-123.

25.　American College of Obstetricians and Gynecologists. (2007). New recommendations for Down syndrome: Screening should be offered to all pregnant women. Available: http://www.acog.org/from_home/publications/press_releases/nr01-02-07.cfm (Last visited 10/14/08).

26.　Anderson, C. L., & Brown, C. E. L. (2009, January 15). Fetal chromosomal abnormalities: Antenatal screening and diagnosis.

27.　March of Dimes. (2008). Miscarriage. Available: http://www.marchofdimes.com/Baby/loss_miscarriage.html (Last visited 10/21/11).

28.　Central Intelligence Agency. (2011). *World factbook*. Available: https://www.cia.gov/library/publications/the-world-factbook/fields/2091.html (Last visited 10/21/11).

29.　Reuters. (2009). U.S. 30th in global infant mortality. Available: http://www.reuters.com/article/2009/11/04/us-usa-infants-mortality-idUSTRE5A30PM20091104 (Last visited 10/21/11).

30.　Hsu, A. (2011, July 15). Rethinking SIDS: Many deaths no longer a mystery. *National Public Radio*. Available: http://www.npr.org/2011/07/15/137859024/rethinking-sids-many-deaths-no-longer-a-mystery (Last visited 10/21/11).

31.　American Academy of Pediatrics. (2011). SIDS and other sleeprelated infant deaths: Expansion of recommendations for a safe infant sleeping environment. Available: http://pediatrics.aappublications.org/content/early/2011/10/12/peds.2011-2284(Last visited 10/30/11).

32.　Centers for Disease Control and Prevention. (2011c). Infertility FAQs. Available: http://www.cdc.gov/reproductivehealth/Infertility/(Last visited 10/25/11).

33.　Centers for Disease Control and Prevention. (2011b). Assisted reproductive technology: Trends 1999-2008. Available: http://www.cdc.gov/art/ART2008/section5.htm (Last visited 10/25/11).

34.　Centers for Disease Control and Prevention. (2011c). Infertility FAQs.

35.　Ibid.

36.　American Society for Reproductive Medicine. (2011). Highlights from fertility and sterility, March 2011. Available: http://www.asrm.org/news/article.aspx?id_5866&terms_%28_%40Publish_To_Both_Sites_or_%40Publish_To_ASRM_Only_%29_and_treatments (Last visited

10/26/11).

37.　Centers for Disease Control and Prevention. (2011b). Assisted reproductive technology: Trends 1999-2008.

38.　Centers for Disease Control and Prevention. (2011c). Infertility FAQs.

39.　Hall, C. T. (2007, May 6). Gays, lesbians seeking parenthood increasingly turn to infertility clinics. *San Francisco Chronicle*, p. A1.

40.　Centers for Disease Control and Prevention. (2011d, September 2). Trends in-hospital newborn male circumcision, United States, 1999-2010. *Morbidity and Mortality Weekly Report*, 60(34), 1167-1168. Available: http://www.cdc.gov/mmwr/preview/mmwrhtml/mm6034a4.htm?s_cidmm6034a4.htm (Last visited 10/27/11).

41.　Leibowitz A. A., Desmond, K., & Belin, T. (2009). Determinants and policy implications of male circumcision in the United States. *American Journal of Public Health*, 99, 138-145.

42.　World Health Organization. (2011c). Male circumcision for HIV prevention. Available: http://www.who.int/hiv/topics/malecircumcision/en/(Last visited 10/28/11).

43.　Auvert, B., Taljaard, D., Lagarde, E., Sobngwi-Tambekou, J., Sitta, R., & Puren, A. (2005). Randomized, controlled intervention trial of male circumcision for reduction of HIV infection risk: The ANRS 1265 Trial. *PLoS Med*, 2, e298; Bailey, J., Dunne, M., & Martin, N. (2000). Genetic and environmental influences on sexual orientation and its correlates in an Australian twin sample. *Journal of Personality and Social Psychology*, 78, 524-536; Gray, R. H., Kigozi, G., Serwadda, D., et al. (2007). Male circumcision for HIV prevention in men in Rakai, Uganda: A randomized trial. *The Lancet*, 369, 657-666; Tobian, A. A., Gray, R. H., & Quinn, T. C. (2010). Male circumcision for the prevention of acquisition and transmission of sexually transmitted infections: The case for neonatal circumcision. *Archives of Pediatric & Adolescent Medicine*, 164, 78-84.

44.　American College of Obstetricians and Gynecologists. (2006b). ACOG recommends restricted use of episiotomies: News release. Available: http://www.acog.org/from_home/publications/press_releases/nr03-31-06-2.cfm (Last visited 11/24/08).

45.　Franklin, E. A., Wang, L., Bunker, C. H., et al. (2009). Episiotomy in the United States: Has anything changed? *American Journal of Obstetrics & Gynecology*, 200, 1e1-1e6.

46.　March of Dimes. (2011b). Healthy children are worth the wait. Available: http://www.marchofdimes.com/professionals/medicalresources_hbww.html (Last visited 10/29/11).

47.　Hamilton, B. E., Martin, J. A., & Ventura, S. J. (2010). Births: Preliminary data for 2009. National Health & Vital Statistics, 59(3). Available: http://www.cdc.gov/nchs/data/nvsr/nvsr59/nvsr59_03.pdf (Last visited 9/16/11).

48.　March of Dimes. (2011c). Vaginal birth after cesarean. Available: http://www.marchofdimes.com/pregnancy/vaginalbirth_vbac.html (Last visited 10/29/11).

49.　Dick-Read, G. (1972). *Childbirth without fear* (4th ed.). New York: Harper & Row.

50.　Lamaze, F. (1970). *Painless childbirth* (Rev. ed.). Chicago: Regnery. (1st ed., 1956).

51.　資料來源：改寫自 U.S. Public Health Service (2011). The Surgeon General's Call to Action to Support Breastfeeding。

52.　Centers for Disease Control and Prevention. (2011e). Breastfeeding: Frequently asked questions. Available: http://www.cdc.gov/breastfeeding/faq/index.htm (Last visited 11/30/11).

53.　World Health Organization. (2011d). 10 facts on breastfeeding. Available: http://www.who.int/features/factfi les/breastfeeding/facts/en/index.html (Last visited 10/30/11).

54.　U.S. Public Health Service. (2011). The Surgeon General's call to action to support breastfeeding. Available: http://www.surgeongeneral.gov/topics/breastfeeding/calltoactiontosupportbreastfeeding.pdf (Last visited 10/29/11).

55.　U.S. Department of Labor. (2011). Family and Medical Leave Act, 2011. Available: http://www.dol.gov/whd/fmla/ (Last visited 10/30/11).

56.　Centers for Disease Control and Prevention. (2004). PRAMS and postpartum depression. Available: http://www.cdc.gov/PRAMS/PDFs/PRAMS%20PPD%20Factsheet_Final.pdf (Last visited10/30/11).

57.　Guttmacher Institute. (2008f). State policies in brief: Infant abandonment. Available: www.guttmacher.org/statecenter/spibs/spib_IA.pdf (Last visited 11/22/08).

第三章

1.　World Health Organization. (2006). Defining sexual health. Available: http://www.who.int/reproductive-health/publications/sexualhealth (Last visited 9/10/08).

2.　American Society of Plastic Surgeons. (2010). 2010 report of the 2009 statistics: National Clearinghouse of Plastic Surgeon statistics. Available: http://www.plasticsurgery.org/Documents/Media/statistics/2009-US-cosmeticreconstructiveplasticsurgeryminimally-invasive-statistics.pdf (Last visited 1/10/11).

3.　Frederick, D. A., Peplau, A., & Lever, J. (2008). The Barbie mystique: Satisfaction with breast size and shape across the lifespan. International Journal of Sexual Health, 20, 200-210.

4.　Lever, J., Frederick, D., & Peplau, L. A. (2006). Does size matter? Men's and women's views on penis size across the lifespan. *Psychology of Men & Masculinity*, 7, 129-143.

5.　American Society of Plastic Surgeons. (2010). 2010 report of the 2009 statistics: National Clearinghouse of Plastic Surgeon statistics.

6.　U.S. Food and Drug Administration. (2009). Medical devices: Breast implant questions and answers. Available: http://www.fda.gov/MedicalDevices/ProductsandMedicalProcedures/ImplantsandProsthetics/BreastImplants/ucm063719.htm (Last visited 1/10/11).

7.　Grov, C., Parsons, J. T., & Bimbi, D. S. (2010). The association between penis size and sexual health among men who have sex with men. Archives of Sexual Behavior, 39, 788-797.

8.　American Psychiatric Association Work Group on Eating Disorders. (2006). Practice guideline for the treatment of patients with eating disorders. *American Journal of Psychiatry*, 157(Suppl. 1), 1-39.

9.　National Institute of Mental Health. (2010). Eating disorders. Available: http://www.nimh.nih.gov/health/topics/eating-disorders/index.shtml (Last visited 1/15/11).

10.　Rosen, D. S. (2010). Identification and management of eating disorders in children and adolescents. *Pediatrics*, 126(6), 1240-1253.

11.　Insel, P. M., & Roth, W. T. (2010). *Core concepts in health* (11th ed., brief). New York: McGraw-Hill.

12.　Peplau, L. A., Frederick, D. A., Yee, C., Maisel, N., Lever, J., & Ghavami, N. (2009). Body image satisfaction in heterosexual, gay and lesbian adults. *Archives of Sexual Behavior*, 38, 713-725.

13.　Vocks, S., Stahn, C. A., Loenser, K., & Legenbauer, T. (2009). Eating and body image disturbances in male-to-female and female-tomale transsexuals. *Archives of Sexual Behavior*, 38, 364-377.

14.　American Psychiatric Association. (2000). *Diagnostic and statistical manual of mental disorders* (4th ed., text revision). Washington, DC: Author.

15. Ibid.

16. Ibid.

17. National Institute of Mental Health. (2010). Eating disorders. Available: http://www.nimh.nih.gov/health/topics/eating-disorders/index.shtml (Last visited 1/15/11).

18. American Psychiatric Association. (2000). *Diagnostic and statistical manual of mental disorders* (4th ed., text revision).

19. Ibid.

20. Insel, P. M., & Roth, W. T. (2010). *Core concepts in health* (11th ed., brief). New York: McGraw-Hill; National Institute of Mental Health. (2010). Eating disorders.

21. American Psychiatric Association. (2000). *Diagnostic and statistical manual of mental disorders* (4th ed., text revision).

22. National Institute of Mental Health. (2010). Eating disorders.

23. Rosen, D. S. (2010). Identification and management of eating disorders in children and adolescents. *Pediatrics*, 126(6), 1240-1253.

24. Bajos, N., Wellings, K., Laborde, C., & Moreau, C. (2010). Sexuality and obesity, a gender perspective: Results from French national random probability survey of sexual behaviours. *British Medical Journal*, 340, c2573. Available: http://www.bmj.com (Last visited 1/15/11).

25. Pinheiro, A. P., Raney, T. J., Th orton, L. M., Fichter, M. M., et al. (2010). Sexual functioning in women with eating disorders. *International Journal of Eating Disorders*, 43(2), 123-129.

26. National Institute of Mental Health. (2010). Eating disorders.

27. Rosen, D. S. (2010). Identification and management of eating disorders in children and adolescents.

28. McCabe, S. E., Brower, K. J., West, B. T., Nelson, T. F., & Wechsler, H. (2007). Trends in non-medical use of anabolic steroids by U.S. college students. *Drug and Alcohol Dependence*, 90, 243-251.

29. NIDA info facts: Steroids (anabolic-androgenic). (2009). Available:vhttp://www.drugabuse.gov/infofacts/steroids.html (Last visited 1/10/11).

30. Ibid.

31. Randolph, M. E., Torres, H., Gore-Felton, C., Lloyd, B., & McGarvey, E. L. (2009). Alcohol use and sexual risk behavior among college students: Understanding gender and ethnic differences. *American Journal of Drug and Alcohol Abuse*, 35, 80-94.

32. George, W. H., Davis, K. C., Norris, J., Heiman, J. R., Stoner, S. A., Schact, R. L., Herndershot, C. S., & Kajumulo, K. F. (2009). Indirect effects of acute alcohol intoxication on sexual risk-taking: The roles of subjective and physiological sexual arousal. *Archives of Sexual Behavior*, 38, 498-513.

33. Mohler-Kuo, M., Dowdall, G. W., Koss, M., & Wechsler, H. (2004). Correlates of rape while intoxicated in a national sample of college women. *Journal of Studies on Alcohol*, 65, 37-45.

34. Abbey, A. (2002). Alcohol-related sexual assault: A common problem among college students. *Journal of Studies on Alcohol*, 14, 118-128.

35. Abbey, A., Clinton-Sherrod, A. M., McAussian, P., Zawacki, T., & Buck, P. O. (2003). The relationship between the quality of alcohol consumed and the severity of sexual assaults committed by college men. *Journal of Interpersonal Violence*, 18, 813-833.

36. Velez-Blasini, C. J. (2008). Evidence against alcohol as a proximal cause of sexual risk taking among college students. *Journal of Sex Research*, 45, 118-128.

37. Taberner, P. V. (1985). *Aphrodisiacs: The science and the myth*. Philadelphia: University of Pennsylvania Press.

38. Yates, A., & Wolman, W. (1991). Aphrodisiacs: Myth and reality. *Medical Aspects of Human Sexuality*, 25, 58-64.

39. Boyd, C. J., McCabe, S. E., & d'Arcy, H. (2003). Ecstasy use among college undergraduates: Gender, race and sexual identity. *Journal of Substance Abuse Treatment*, 24, 209-215; Strote, J., Lee, J. E., & Wechsler, H. (2002). Increasing MDMA use among college students: Results of a national survey. *Journal of Adolescent Health*, 30, 64-72.

40. NIDA topics in brief: Methamphetamine addiction: Progress, but need to remain vigilant (2011). Available: http://www.drugabuse.gov/publications/topics-in-brief/methamphetamine-addiction-progress-need-to-remain-vigilant.htm (Last visited 5/9/12).

41. Perera, B., Reece, M., Monahan, P., Billingham, R., & Finn, P. (2009). Relations between substance use and personal dispositions towards out-of-control sexual behaviors among young adults. *International Journal of Sexual Health*, 21, 87-95; Semple, S. J, Zians, J., Strathdee, S. A., & Patterson, T. L. (2009). Sexual marathons and methamphetamine use among HIV positive men who have sex with men. *Archives of Sexual Behavior*, 38, 583-590.

42. Foxman, B., Sevgi, A., & Holmes, K. (2006). Common use in the general population of sexual enhancement aids and drugs to enhance sexual experience. *Sexually Transmitted Diseases*, 33, 156-162.

43. Ellin, A. (2010, September 13). For female-aphrodisiac makers, effort at Parity. *New York Times*.

44. Cummings, J. (1987, June 8). Disabled model defies sexual stereotypes. *New York Times*, p. 17.

45. McCabe, M. P., & Taleporos. G. (2003). Sexual esteem, sexual satisfaction, and sexual behavior among people with physical disability. *Archives of Sexual Behavior*, 32, 359-369.

46. Ducharme, S. H., & Gill, K. M. (1997). *Sexuality after spinal cord injury: Answers to your questions*. Baltimore: Brookes.

47. Verschuren, J. E. A., Enzlin, P., Dijkstra, P. U., Geertzen, J. H. B., & Dekker, R. (2010). Chronic disease and sexuality: A generic conceptual framework. *Journal of Sex Research* 47(2), 153-170.

48. Lenz, R., & Chaves, B. (1981). Becoming active partners: A couple's perspective. In D. Bullard & S. Knight (Eds.), *Sexuality and disability: Personal perspectives*. St. Louis, MO: Mosby.

49. Kaufman, M., Silverberg, C., & Odette, F. (2003). *The ultimate guide to sex and disability*. San Francisco: Cleis Press; Kolodny, R., Masters, W., & Johnson, V. (1979). *Textbook of sexual medicine*. Boston: Little, Brown.

50. McCabe, M. P., & Taleporos. G. (2003). Sexual esteem, sexual satisfaction, and sexual behavior among people with physical disability.

51. Enzlin, P., Rosen, R., Wiegel, M., Brown, J., Wessells, H., Gatcomb,nP., Rutledge, B., Chan, K. L., & Cleary, P. A. (2009). Sexual functioningnin women with type 1 diabetes: Long-term findings from the DCCT/EDIC study cohort. *Diabetes Care*, 32(5), 780-785.

52. Bhasin, S., Enzlin, P., Coviello, A., & Basson, R. (2007). Sexual dysfunction in men and women with endocrine disorders. *The Lancet*, 369, 597-611.

53. Jackson, G. (2009). Sexual response in cardiovascular disease. *Journal of Sex Research* 46(2-3), 233-236.

54. National Institute on Aging. (2008a). Can we prevent aging? Available: http://www.nia.nih.gov/HealthInformation/Publications/preventaging.htm (Last visited 7/8/08).

55. Lethbridge-Cejku, M., Schiller, J. S., & Bernadel, L. (2004). Summary statistics for U.S. adults: National Health Interview Survey, 2002.

Vital Health Statistics, 10, 222.

56.　United Nations General Assembly. (1993). Standard rules on the equalization of opportunities for persons with disabilities. Available: http://www.un.org/esa/socdev/enable/rights/wgrefa14.html (Last visited 1/10/06).

57.　Matich-Maroney, J., Boyle, P. S., & Crocker, M. M. (2007). Meeting the challenge: Providing comprehensive sexuality services to people with intellectual disabilities. In A. F. Owens & M. S. Tepper (Eds.), *Sexual health: Physical conditions*. Westport, CT: Praeger; U.S. Department of Health and Human Services. (2000c). The Development Disabilities Assistance and Bill of Rights Act of 2000. Available: http://www.acf.hhs.gov/programs/add/ddact/DDACT2.html (Last visited 9/17/08).

58.　National Cancer Institute. (2012a). What you need to know about breast cancer. Available: http://www.cancer.gov/cancertopics/wyntk/breast (Last visited 4/4/12).

59.　American Cancer Society. (2012a). Breast cancer: Early detection. Available: http://www.cancer.org/acs/groups/cid/documents/webcontent/003165-pdf.pdf (Last visited 4/4/12).

60.　Ibid.

61.　National Cancer Institute. (2012a). What you need to know about breast cancer.

62.　American Cancer Society. (2012a). Breast cancer: Early detection.

63.　Ibid.

64.　Ibid; National Cancer Institute. (2012a). What you need to know about breast cancer.

65.　Cochran, S. D., Mays, V. M., Bowen, D., Gage, S., Bybee, D., Roberts, S. J., et al. (2001). Cancer-related risk indicators and preventive screening behaviors among lesbians and bisexual women. *American Journal of Public Health*, 91, 591-597; Institute of Medicine. (1999). *Lesbian health: Current assessment and directions for the future*. Washington, DC: National Academy Press; Kavanaugh-Lynch, M. H. E., White, E., Daling, J. R., & Bowen, D. J. (2002). Correlates of lesbian sexual orientation and the risk of breast cancer. *Journal of the Gay and Lesbian Medical Association*, 6, 91-95.

66.　American Cancer Society. (2012a). Breast cancer: Early detection.

67.　Ibid.

68.　Ibid.

69.　Kalager, M., Zelen, M., Langmark, F., & Adami, H. O. (2010, September 23). Effect of screening mammography on breast cancer mortality in Norway. *New England Journal of Medicine*, 363, 1203-1210.

70.　Gotzsche P. C., & Nielsen, M. (2011). Screening for breast cancer with mammography. *Cochrane Database of Systematic Reviews*, Issue 1. Available: http://onlinelibrary.wiley.com/o/cochrane/clsysrev/articles/CD001877/frame.html (Last visited 4/14/11); Hellquist, B. N., Duffy, S. W., Abdsaleh, S., et al. (2011). Effectiveness of population-based service screening with mammography for women ages 40 to 49 years: Evaluation of the Swedish Mammography Screening in Young Women (SCRY) cohort. *Cancer*, 117(4), 714-722.

71.　American Cancer Society. (2012a). Breast cancer: Early detection.

72.　Ibid.

73.　Ibid.

74.　資料來源：美國婦產科醫學會，二〇一二年。

75.　Ibid.

76.　Ibid.

77.　Scott, J. L., & Kayser, K. (2009). A review of couple-based interventions for enhancing women's sexual adjustment and body image after cancer. *Cancer Journal*, 15, 48-56.

78.　Hawkins, Y., Ussher, J., Gilbert, E., Perz, J., Sandoval, M., & Sundquist, K. (2009). Changes in sexuality and intimacy after the diagnosis and treatment of cancer: The experience of partners in a sexual relationship with a person with cancer. *Cancer Nursing*, 32, 271-280.

79.　American Cancer Society. (2012a). Breast cancer: Early detection.

80.　Ibid.

81.　American Cancer Society. (2012b). Cervical cancer: Prevention and early detection. Available: http://www.cancer.org/acs/groups/cid/documents/webcontent/003167-pdf.pdf (Last visited 4/4/12); Cervical dysplasia. (2010). MedlinePlus. Available: http://www.nlm.nih.gov/medlineplus/ency/article/001491.htm (Last visited 1/3/11).

82.　American Cancer Society. (2012b). Cervical cancer: Prevention and early detection.

83.　Ibid.

84.　Ibid.

85.　Ibid.

86.　Ibid.

87.　Raffle, A. E., Alden, B., Quinn, M., Babb, P. J., & Brett, M. J. (2003). Outcomes of screening to prevent cancer: Analysis of cumulative incidence of cervical abnormality and modelling of cases and deaths prevented. *British Medical Journal*, 326, 901-906.

88.　American Cancer Society. (2012b). Cervical cancer: Prevention and early detection.

89.　American Cancer Society. (2012c). Ovarian cancer. Available: http://www.cancer.org/Cancer/OvarianCancer/DetailedGuide/index(Last visited 4/4/12).

90.　Ness, R. B., Dodge, R. C., Edwards, R. P., Baker, J. A., & Moysich, K. B. (2010). Contraception methods, beyond oral contraceptives and tubal ligation, and risk of ovarian cancer. *Annals of Epidemiology*, 42(10), 880-884.

91.　American Cancer Society. (2012c). Ovarian cancer.

92.　American Cancer Society. (2012d). Endometrial (uterine) cancer. Available: http://www.cancer.org/Cancer/EndometrialCancer/DetailedGuide/endometrial-cancer/DetailedGuide/index (Last visited 4/4/12).

93.　Whiteman, M., Hillis, S. D., Jamieson, D. J., et al. (2008). Inpatient hysterectomy surveillance in the United States, 2000-2004. *American Journal of Obstetrics and Gynecology*, 198(1), 34.

94.　American Cancer Society. (2012d). Endometrial (uterine) cancer.

95.　American Academy of Gynecologic Laparoscopists. (2011). AAGL position statement: Route of hysterectomy to treat benign uterine disease. *Journal of Minimally Invasive Gynecology*, 18(1), 1-3.

96.　Peterson, Z. E., Rothenberg, J. M., Bilbrey, S., & Heiman, J. (2010). Sexual functioning following elective hysterectomy: The role of surgical and psychosocial variables. Journal of Sex Research, 46(6), 513-527.

97. American Cancer Society. (2012e). Vaginal cancer. Available: http://www.cancer.org/Cancer/VaginalCancer/DetailedGuide/index(Last visited 4/4/12).

98. Ibid.

99. American Cancer Society. (2012f). Prostate cancer. Available: http://www.cancer.org/Cancer/ProstateCancer/DetailedGuide/index(Last visited 4/4/12).

100. Ibid.

101. Leitzmann, M. F., Platz, E. A., Stampfer, M. J., Willet, W. C., & Giovannucci, E. (2004). Ejaculation frequency and subsequent risk of prostate cancer. *Journal of the American Medical Association*, 291, 1578-1586.

102. Carlsen, E., Petersen, J., Anderson, A. M., & Skakkebaek, N. E. (2004). Effects of ejaculatory frequency and season on variations in semen quality. *Fertility and Sterility*, 82(2), 358-366.

103. American Cancer Society. (2012f). Prostate cancer.

104. Ibid.

105. Ibid.

106. Ibid.

107. Marchione, M. (2008, February 13). Study backs "watchful waiting" for men with prostate cancer. *Indianapolis Star*, p. A3.

108. American Cancer Society. (2012f). Prostate cancer.

109. Ibid.

110. Andriole, G. L., & Brawley, O. W. (2010). Effect of Dutasteride on the risk of prostate cancer. *New England Journal of Medicine*, 362(13), 1192-1202.

111. American Cancer Society. (2012f). Prostate cancer.

112. American Cancer Society. (2012g). Testicular cancer. Available: http://www.cancer.org/Cancer/TesticularCancer/DetailedGuide/index (Last visited 4/4/12).

113. Ibid.

114. 資料來源：Fahey, T., Insel, P., & Roth, W. (2011). *Fit and well: Core concepts and labs in physical fitness and wellness* (9th ed.)。

115. Ibid.

116. American Cancer Society. (2012h). Penile cancer. Available: http://www.cancer.org/Cancer/PenileCancer/DetailedGuide/index(Last visited 4/4/12).

117. American Academy of Pediatrics. (2012). Where we stand: Circumcision. Available: www.healthychildren.org/English/ages-stages/prenatal/decisions-to-make/Pages/where-we-stand (Last visited 4/4/12).

118. American Cancer Society. (2012i). Breast cancer in men. Available: http://www.cancer.org/Cancer/BreastCancerinMen/DetailedGuide/index (Last visited 4/4/12).

119. Ibid.

120. American Cancer Society. (2012j). Anal cancer. Available: http://www.cancer.org/cancer/analcancer/index (Last visited 4/4/12).

121. McBride, K. R., & Fortenberry, J. D. (2010). Heterosexual anal sexuality and anal sex behaviors: A review. *Journal of Sex Research*, 47(2), 123-136.

122. American Cancer Society. (2012j). Anal cancer.

123. U.S. Food and Drug Administration. (2011c). Gardasil. Available: http://www.fda.gov/Biologics Blood Vaccines/Vaccines/ApprovedProducts/UCM094042 (Last visited 4/4/12).

124. World Health Organization. (2010b). Female genital mutilation. Available: http://www.who.int/mediacentre/factsheets/fs241/en/(Last visited 1/14/11).

125. Eke, N., & Nkanginieme, K. (2006). Female genital mutilation and obstetric outcome. *The Lancet*, 367, 1799-1800; World Health Organization. (2010b). Female genital mutilation.

126. Okonofua, F. E., Larsen, U., Oronsaye, F., Snow, R. C., & Slanger, T. E. (2002). The association between female genital cutting and correlates of sexual and gynaecological morbidity in Edo State, Nigeria. *Journal of Obstetrics and Gynaecology*, 109, 1089-1096.

127. World Health Organization. (2010b). Female genital mutilation.

128. Roan, S. (2005, March 3). Toxic shock returns. *Monterey County Herald*, p. A2.

129. Toxic shock syndrome. (2010). MedlinePlus. Available: http://www.nlm.nih.gov/medlineplus/ency/article/000653.htm (Last visited 1/14/11).

130. National Vulvodynia Association. (2010). Vulvodynia. Available: http://www.nva.org (Last visited 1/14/11).

131. Endometriosis. (2010). Available: http://www.endometriosis.org/endometriosis.html (Last visited 1/14/11); National Institute of Child Health and Human Development. (2010). Endometriosis. Available: http://www.nichd.nih.gov/publications/pubs/endometriosis/index.cfm (Last visited 1/14/11).

132. National Institute of Child Health and Human Development. (2010). Endometriosis. Available: http://www.nichd.nih.gov/publications/pubs/endometriosis/index.cfm (Last visited 1/14/11).

133. Tully, C. T. (1995). In sickness and in health: Forty years of research on lesbians. In C. T. Tully (Ed.), *Lesbian social services: Research issues*. New York: Harrington Park Press/Haworth Press.

134. National Women's Health Information Center. (2010). Available: http://www.womenshealth.gov (Last visited 1/14/11).

135. Human Rights Campaign. (2009). Report shows healthcare industry lags in addressing needs of lesbian, gay, bisexual and transgender patients. Available: http://www.hrc.org/issues/12668.htm (Last visited 4/4/11).

136. Lesbian health. (2010). Available: http://www.womenshealth.gov/faq/lesbian-health.cfm#1 (Last visited 1/14/11).

137. Wells, B. E., Bimbi, D. S., Tider, D., Van Ora, J., & Parson, J. T. (2006). Preventive health behaviors among lesbian and bisexually identified women. *Women and Health*, 44, 1-13.

138. McNaughton-Collins, M., Joyce, G. F., Wise, M., & Pontari, M. A. (2007). Prostastis. In M. S. Liwin & C. S. Saigal (Eds.), Urological diseases in America. U.S. Department of Health and Human Services. Washington, DC: U.S. Government Printing Office.

<table>

139. Mayo Clinic. (2010a). Prostatitis: Available: http://www.mayoclinic.com/health/prostatitis/DS00341 (Last visited 1/14/11).

140. Ibid; Mayo Clinic. (2010b). Prostatitis: Can sexual activity make it worse?Available: http://www.mayoclinic.com/health/prostatitis/AN01718 (Last visited 1/14/11).

第
四
章

1. McCarthy, B. W., & McCarthy, E. (2003). *Rekindling desire: A stepby-step program to help low-sex and no-sex marriages.* New York: Brunner/Routledge; McCarthy, B. W., & McCarthy, E. (2009). *Discovering your couple sexual style.* New York: Routledge.

2. Zilbergeld, B. (1999). *Male sexuality* (Rev. ed.). Boston: Little, Brown.

3. Institute of Medicine. (1999). *Lesbian health: Current assessment and directions for the future.* Washington, DC: National Academy Press.

4. West, S. L., Vinikoor, L. C., & Zolnoun, D. (2004). A systematic review of the literature on female sexual dysfunction prevalence and predictors. *Annual Review of Sex Research*, 15, 40-172.

5. Working Group for a New View of Women's Sexual Problems. (2001). A new view of women's sexual problems. In E. Kaschak & L. Tiefer (Eds.), *A new view of women's sexual problems.* New York: Haworth Press.

6. World Health Organization. (2010c). International statistical classification of diseases and related health problems. Available: http://apps.who.int/classifi cation/icdo (Last visited 4/4/12).

7. Basson, R., Wierman, M. E., van Lankveld, J., & Brotto, L. (2010). Summary of the recommendations on sexual dysfunctions for women. *Journal of Sexual Medicine*, 7, 14-326.

8. Ibid; Wood, J. M., Koch, P. B., & Mansfield, P. K. (2006). Women's sexual desire: A feminist critique. *Journal of Sex Research*, 43, 236-244.

9. Working Group for a New View of Women's Sexual Problems. (2001). A new view of women's sexual problems. In E. Kaschak & L. Tiefer (Eds.), *A new view of women's sexual problems.* New York: Haworth Press.

10. Mercer, C. H., Fenton, K. A., Johnson, A. M., Wellings, K., Macdowall, W., McManus, S., et al. (2003). Sexual function problems and help seeking behavior in Britain: National probability sample survey. *British Medical Journal*, 327, 426-427; Mercer, C. H., Fenton, K. A., Johnson, A. M., Macdowall, W., Erens, B., & Wellings, K. (2005). Who reports sexual function problems? Empirical evidence from Britain's 2000 National Survey of Sexual Attitudes and Lifestyles. *Sexually Transmitted Infections*, 81, 394-399.

11. Bancroft, J., Loftus, J., & Long, S. (2003). Distress about sex: A national survey of women in heterosexual relationships. *Archives of Sexual Behavior*, 32, 193-208.

12. Christensen, B. S., Gronback, M., Osler, M., Pedersen, B., Graugaard, C., & Frisch, M. (2011). Sexual dysfunctions and difficulties in Denmark: Prevalence and associated sociodemographic factors. *Archives of Sexual Behavior*, 40, 121-132.

13. Laumann, E. O., Paik, A., & Rosen, R. C. (1999). Sexual dysfunction in the United States: Prevalence and predictors. *Journal of the American Medical Association*, 281, 537-544.

14. Herbenick, D., Reece, M., Schick, V., Sanders, S. A., Dodge, B., & Fortenberry, J. D. (2010c). An event-level analysis of the sexual characteristics and composition among adults ages 18-59: Results from a national probability sample of men and women. *Journal of Sexual Medicine*, 7, 346-361.

15. Holmberg, D., & Blair, K. L. (2009). Sexual desire, communication satisfaction, and preferences of men and women in same-sex versus mixed-sex relationships. *Journal of Sex Research*, 46, 57-66.

16. McCarthy, B. W., & McCarthy, E. (2003). *Rekindling desire: A stepby-step program to help low-sex and no-sex marriages.* New York: Brunner/Routledge.

17. Hall, K. (2004). *Reclaiming your sexual self: How you can bring desire back into your life.* Hoboken, NJ: Wiley.

18. Vannier, S. A., & O'Sullivan, L. F. (2010). Sex without desire: Characteristics of occasions of sexual compliance in young committed relationships. *Journal of Sex Research*, 47, 429-439.

19. American Psychiatric Association. (2000). *Diagnostic and statistical manual of mental disorders* (4th ed., text revision). Washington, DC: Author.

20. Kontula, O. (2009). *Between sexual desire and reality: The evolution of sex in Finland.* Helsinki, Finland: Vaestoliitto; Kontula, O., & Haavio-Mannila, E. (2009). The impact of aging on human sexual activity and sexual desire. *Journal of Sex Research*, 46, 46-56.

21. Margolies, L., Becher, M., & Jackson-Brewer, K. (1988). Internalized homophobia: Identifying and treating the oppressor within. In Boston Lesbian Psychologies Collective (Eds.), *Lesbian psychologies.* Urbana: University of Illinois Press; Reece, R. (1988). Special issues in the etiologies and treatments of sexual problems among gay men. *Journal of Homosexuality*, 15, 43-57.

22. American Psychiatric Association. (2000). *Diagnostic and statistical manual of mental disorders* (4th ed., text revision). Washington, DC: Author.

23. Masters, W. H., Johnson, V., & Kolodny, R. C. (1992). *Human sexuality* (3rd ed.). New York: HarperCollins.

24. McCarthy, B. W., & McCarthy, E. (2003). *Rekindling desire: A stepby-step program to help low-sex and no-sex marriages.* New York: Brunner/Routledge.

25. Reece, R. (1988). Special issues in the etiologies and treatments of sexual problems among gay men. *Journal of Homosexuality*, 15, 43-57; Sandfort, T. G., & de Keizer, M. (2001). Sexual problems in gay men: An overview of empirical research. *Annual Review of Sex Research*, 12, 93-120.

26. Nichols, M. (1987). Lesbian sexuality: Issues and developing theory. In Boston Lesbian Psychologies Collective (Ed.), *Lesbian psychologies: Explorations and challenges.* Urbana: University of Illinois Press.

27. Schnarch, D. (2002). *Resurrecting sex.* New York: HarperCollins.

28. Pertot, S. (2007). *When your sex drives don't match.* New York: Marlowe & Company.

29. Castleman, M. (2004). *Great sex: A man's guide to the secret principles of total-body sex.* New York: Rodale Books.

30. Perel, E. (2006). *Mating in captivity.* New York: Harper; Pertot, S. (2007). *When your sex drives don't match.* New York: Marlowe & Company.

31. American Psychiatric Association. (2000). *Diagnostic and statistical manual of mental disorders* (4th ed., text revision). Washington, DC: Author.

32. Keesling, B. (2006). *Sexual healing: The complete guide to overcoming common sexual problems* (3rd ed.). Alameda, CA: Hunter House.

33. American Psychiatric Association. (2000). *Diagnostic and statistical manual of mental disorders* (4th ed., text revision). Washington, DC: Author; Hall, S. A., Shackelton, R., Rosen, R., & Araujo, A. B. (2010). Risk factors for incident erectile dysfuncton among community dwelling men. *Journal of Sexual Medicine*, 7, 712-722.

34. Bancroft, J. (2009). *Human sexuality and its problems.* (3rd ed.) Edinburgh, Scotland: Elsevier; Feldman, H., Goldstein, I., Hatzichristou, D., Krane, R., & McKinlay, J. (1994). Impotence and its medical and psychosocial correlates: Results of the Massachusetts Male Aging Study. *Journal of Urology*, 151, 54-61; Nusbaum, M. R. (2002). Erectile dysfunction: Prevalence, etiology, and major risk factors. *Journal of the American Osteopathic Association*, 102(Suppl. 4), S1-S56.

35. Schwartz, S. (2000). *Abnormal psychology: A discovery approach.* Mountain View, CA: Mayfield.

36. Keesling, B. (2006). *Sexual healing: The complete guide to overcoming common sexual problems* (3rd ed.). Alameda, CA: Hunter House.

</table>

37. Leiblum, S. R., & Nathan, S. G. (2001). Persistent sexual arousal syndrome: A newly discovered pattern of female sexuality. *Journal of Sex and Marital Therapy*, 27, 365-380.

38. Leiblum, S., Brown, C., Wan, J., & Rawlinson, L. (2005). Persistent sexual arousal syndrome: A descriptive study. *Journal of Sexual Medicine*, 2, 331-337.

39. Keesling, B. (2006). *Sexual healing: The complete guide to overcoming common sexual problems* (3rd ed.). Alameda, CA: Hunter House.

40. American Psychiatric Association. (2000). *Diagnostic and statistical manual of mental disorders* (4th ed., text revision). Washington, DC: Author.

41. Laumann, E., Gagnon, J., Michael, R., & Michaels, S. (1994). *The social organization of sexuality*. Chicago: University of Chicago Press.

42. American Psychiatric Association. (2000). *Diagnostic and statistical manual of mental disorders* (4th ed., text revision). Washington, DC: Author.

43. Keesling, B. (2006). *Sexual healing: The complete guide to overcoming common sexual problems* (3rd ed.). Alameda, CA: Hunter House.

44. American Psychiatric Association. (2000). *Diagnostic and statistical manual of mental disorders* (4th ed., text revision). Washington, DC: Author.

45. Castleman, M. (2004). *Great sex: A man's guide to the secret principles of total-body sex*. New York: Rodale Books.

46. American Psychiatric Association. (2000). *Diagnostic and statistical manual of mental disorders* (4th ed., text revision). Washington, DC: Author.

47. Kaplan, H. S. (1974). *The new sex therapy*. New York: Brunner/Mazel.

48. Castleman, M. (2004). *Great sex: A man's guide to the secret principles of total-body sex*. New York: Rodale Books.

49. 資料來源：Herbenick, D., Reece, M., Schick, V., Sanders, S. A., Dodge, B., & Fortenberry, J. D. (2010). An event-level analysis of the sexual characteristics and composition among adults ages 18 to 59: Results from a national probability sample in the United States. *Journal of Sexual Medicine*, 7, 346-361; Richters, J., de Visser, R., Rissel, C., & Smith, A. (2006). Sexual practices at last heterosexual encounter and occurrence of orgasm in a national survey. *Journal of Sex Research*, 43, 217-226.

50. Herbenick, D., Reece, M., Schick, V., Sanders, S. A., Dodge, B., & Fortenberry, J. D. (2010c). An event-level analysis of the sexual characteristics and composition among adults 18-59: Results from a national probability sample of men and women. *Journal of Sexual Medicine*, 7, 346-361.

51. Richters, J., de Visser, R., Rissel, C., & Smith, A. (2006). Sexual practices at last heterosexual encounter and occurrence of orgasm in a national survey. *Journal of Sex Research*, 43, 217-226.

52. Laumann, E., Gagnon, J., Michael, R., & Michaels, S. (1994). *The social organization of sexuality*. Chicago: University of Chicago Press.

53. American Psychiatric Association. (2000). *Diagnostic and statistical manual of mental disorders* (4th ed., text revision). Washington, DC: Author.

54. Leiblum, S. R., & Nathan, S. G. (2001). Persistent sexual arousal syndrome: A newly discovered pattern of female sexuality. *Journal of Sex and Marital Therapy*, 27, 365-380.

55. American Psychiatric Association. (2000). *Diagnostic and statistical manual of mental disorders* (4th ed., text revision). Washington, DC: Author.

56. McCabe, M., Althof, S. E., Assalian, P., Chevret-Measson, M., Leiblum, S. R., Simonelli, C., et al. (2010). Psychological and interpersonal dimensions of sexual function and dysfunction. *Journal of Sexual Medicine*, 7, 327-336.

57. Rosser, S., Short, B. J., Thurmes, P. J., & Coleman, E. (1998). Anodyspareunia, the unacknowledged sexual dysfunction: A validation study of painful receptive anal intercourse and its psychosexual concomitants in homosexual men. *Journal of Sex and Marital Therapy*, 24, 281-292.

58. Damon, W., & Rosser, B. R. S. (2005). Anodyspareunia in men who have sex with men. *Journal of Sex and Marital Therapy*, 31, 129-141.

59. Wilson, S., & Delk, J., II. (1994). A new treatment for Peyronie's disease: Modeling the penis over an inflatable penile prosthesis. *Journal of Urology*, 152, 1121-1123.

60. Schwarzer, U., Sommer, F., Klotz, T., Braun, M., Reifenrath, & Engelmann, U. (2001). The prevalence of Peyronie's disease: Results of a large survey. *BJU International*, 88, 727-730.

61. What is priapism? (1997, March 28). Available: http://www.columbia.edu/cu/healthwise/1133.html (Last visited 1/29/98).

62. Nusbaum, M., Hamilton, C., & Lenahan, B. (2003). Chronic illness and sexual functioning. *American Family Physician*, 67, 347-354.

63. Gades, N. M., et al. (2005). Association between smoking and erectile dysfunction: A population-based study. *American Journal of Epidemiology*, 161, 346-351.

64. National Center for Environmental Health. (1995). Smoking men at risk for erectile dysfunction. *Contemporary Sexuality*, 29(2), 8.

65. Nicolosi, A., Moreiba, E., Shirai, J., Bin Mohd Tambi, M., & Glasser, D. (2003). Epidemiology of erectile dysfunction in four countries: Cross-national study of the prevalence and correlates of erectile dysfunction. *Urology*, 61, 201-206.

66. Bancroft, J. (2009). *Human sexuality and its problems*. (3rd ed.) Edinburgh, Scotland: Elsevier.

67. Masters, W. H., & Johnson, V. E. (1970). *Human sexual inadequacy*. Boston: Little, Brown.

68. Kaplan, H. S., & Horwith, M. (1983). *The evaluation of sexual disorders: Psychological and medical aspects*. New York: Brunner/Mazel.

69. Sandfort, T. G., & de Keizer, M. (2001). Sexual problems in gay men: An overview of empirical research. *Annual Review of Sex Research*, 12, 93-120.

70. Reece, R. (1988). Special issues in the etiologies and treatments of sexual problems among gay men. *Journal of Homosexuality*, 15, 43-57.

71. Castleman, M. (2004). *Great sex: A man's guide to the secret principles of total-body sex*. New York: Rodale Books.

72. Hall, K. (2004). *Reclaiming your sexual self: How you can bring desire back into your life*. Hoboken, NJ: Wiley.

73. Ibid.

74. Hyde, J. S., & DeLamater, J. D. (2011). *Understanding human sexuality* (11th ed.). New York: McGraw-Hill.

75. Frost, D. M., & Meyer, I. H. (2009). Internalized homophobia and relationship quality among lesbians, gay men, and bisexuals. *Journal of Counseling Psychology*, 56, 97-109.

76. Firestone, R. W., Firestone, L. A., & Catlett, J. (2006). *Sex and love in intimate relationships*. Washington, DC: American Psychological Association.

77. Schnarch, D. (2002). *Resurrecting sex*. New York: HarperCollins.

78. Perel, E. (2006). *Mating in captivity*. New York: Harper.

79. Castleman, M. (2004). *Great sex: A man's guide to the secret principles of total-body sex*. New York: Rodale Books.

80. Ellison, C. (1985). Intimacy-based sex therapy. In W. Eicher & G. Kockott (Eds.), *Sexology*. New York: Springer-Verlag.

81. Hall, K. (2004). *Reclaiming your sexual self: How you can bring desire back into your life*. Hoboken, NJ: Wiley.

82. Zilbergeld, B. (1999). *Male sexuality* (Rev. ed.). Boston: Little, Brown.

83.　Ibid.

84.　Metz, M. E., & McCarthy, B. W. (2011). *Enduring desire: Your guide to lifelong intimacy.* New York: Routledge.

85.　Ibid.

86.　資料來源：Milhausen, R. R. (2004). *Factors that inhibit and enhance sexual arousal in college men and women.* Doctoral dissertation. Indiana University, Bloomington, IN; Milhausen, R. R., Yarber, W., Sanders, S., & Graham, C. (2004, November). *Factors that inhibit and enhance sexual arousal in college men and women.* Paper presented at the annual meeting of the Society for the Scientific Study of Sexuality, Orlando, FL。

87.　Ibid; Ogden, G. (2008). *The return of desire: A guide to rediscovering your sexual passion.* Boston: Trumpeter.

88.　Zilbergeld, B. (1999). *Male sexuality* (Rev. ed.). Boston: Little, Brown.

89.　McCarthy, B. W., & McCarthy, E. (2009). *Discovering your couple sexual style.* New York: Routledge.

90.　Dorey, G., Speakman, M. J., Feneley, R. C. L., Swinkels, A., & Dunn, C. D. R. (2005). Pelvic floor exercises for erectile dysfunction. *British Journal of Urology*, 96, 595-597.

91.　Reece, M., Herbenick, D., Sanders, S. A., Dodge, B., Ghassemi, A., & Fortenberry, J. D. (2009). Prevalence and characteristics of vibrator use by men in the United States. *Journal of Sexual Medicine*, 6, 1867-1874; Herbenick, D., Reece, M., Sanders, S., Ghassemi, A., & Fortenberry, J. D. (2009). Prevalence and characteristics of vibrator use by women in the United States: Results from a nationally representative study. *Journal of Sexual Medicine*, 6, 1857-1866.

92.　McCarthy, B. W., & McCarthy, E. (2009). *Discovering your couple sexual style.* New York: Routledge.

93.　Barbach, L. (2001). *For each other: Sharing sexual intimacy* (Rev. ed.). Garden City, NY: Doubleday.

94.　Schnarch, D. (2002). *Resurrecting sex.* New York: HarperCollins.

95.　Masters, W. H., & Johnson, V. E. (1970). *Human sexual inadequacy.* Boston: Little, Brown.

96.　Pertot, S. (2007). *When your sex drives don't match.* New York: Marlowe & Company.

97.　Masters, W. H., & Johnson, V. E. (1974). *The pleasure bond.* Boston: Little, Brown.

98.　Castleman, M. (2004). *Great sex: A man's guide to the secret principles of total-body sex.* New York: Rodale Books.

99.　Ibid; Keesling, B. (2006). *Sexual healing: The complete guide to overcoming common sexual problems* (3rd ed.). Alameda, CA: Hunter House.

100.　Ibid.

101.　Castleman, M. (2004). *Great sex: A man's guide to the secret principles of total-body sex.* New York: Rodale Books.

102.　Ibid.

103.　Ellison, C. (2000). *Women's sexualities.* Oakland, CA: New Harbinger.

104.　Kaplan, H. S. (1974). *The new sex therapy.* New York: Brunner/Mazel; Kaplan, H. S. (1979). *Disorders of desire.* New York: Brunner/Mazel; Kaplan, H. S., & Horwith, M. (1983). *The evaluation of sexual disorders: Psychological and medical aspects.* New York: Brunner/Mazel.

105.　Annon, J. (1974). *The behavioral treatment of sexual problems.* Honolulu: Enabling Systems; Annon, J. (1976). *Behavioral treatment of sexual problems: Brief therapy.* New York: Harper & Row.

106.　Althof, S. E. (2010). What's new in sex therapy. *Journal of Sexual Medicine*, 7, 5-13.

107.　Heiman, J. R., Talley, D. R., Bailen, J. L., Oskin, T. A., Rosenberg, S. J., Pace, C. R., Creanga, D. L., & Bavendam. (2007). Sexual function and satisfaction in heterosexual couples when men are administered sildenafil citrate (Viagra) for erectile dysfunction: A multicentre, randomised, double-blind, placebo-controlled trial. *BJOG: An International Journal of Obstetrics and Gynaecology*, 114, 437-447; Padma-Nathan, H., Eardley, I., Kloner, R. A., Laties, A. M., & Montorsi, F. (2002). A 4-year update on the safety of sildenafil citrate (Viagra). *Urology*, 60(S2), 67-90.

108.　Herbenick, D., Schick, V., Reece, M., Sanders, S., & Fortenberry, J. D. (2010). Pubic hair removal among women in the United States: Prevalence, methods, and characteristics. *Journal of Sexual Medicine*, 7(3), 3322-3330.

109.　McCarthy, B. W. (1998). Integrating Viagra into cognitive-behavioral couples sex therapy. *Journal of Sex Education and Therapy*, 23, 302-308.

110.　Angier, N. (2007, April 10). Search for the female equivalent of Viagra is helping to keep lab rats smiling. *New York Times*, p. D4; Bancroft, J. (2009). *Human sexuality and its problems.* (3rd ed.) Edinburgh, Scotland: Elsevier.

111.　Ashton, A. K. (2007). The new sexual pharmacology: A guide for the clinician. In S. Leiblum (Ed.), *Principles and practice of sex therapy* (4th ed., pp. 509-542). New York: Guilford Press; Reitman, V. (2004, September 12). Viagra users are getting younger and younger. *Indianapolis Star*, pp. J1, J4.

112.　Harte, C. B., & Meston, C. M. (2011). Recreational use of erectile dysfunction medications in undergraduate men in the United States: Characteristics and associated risk factors. *Archives of Sexual Behavior*, 40, 597-606.

113.　Slowinski, J. (2007). Sexual problems and dysfunctions of men. In A. Owens & M. Tepper (Eds.), *Sexual health: State-of-the art treatments and research.* Westport, CT: Praeger.

114.　Riscol, L. (2003). Bigger, harder, better: Natural sex enhancers or Viagra-era snake oil. *Contemporary Sexuality*, 37(1), 4-6.

115.　Moynihan, R., & Mintzes, B. (2010). *Sex, lies & pharmaceuticals.* Vancouver, British Columbia: Greystone Books; Reitman, V. (2004, September 12). Viagra users are getting younger and younger. *Indianapolis Star*, pp. J1, J4; Slowinski, J. (2007). Sexual problems and dysfunctions of men. In A. Owens & M. Tepper (Eds.), *Sexual health: State-of-the art treatments and research.* Westport, CT: Praeger.

116.　Castleman, M. (2004). *Great sex: A man's guide to the secret principles of total-body sex.* New York: Rodale Books.

117.　Ibid.

118.　Tiefer, L. (2001). A new view of women's sexual problems: Why new? Why now? *Journal of Sex Research*, 38(2), 89-110.

119.　Ibid; Tiefer, L. (2004). *Sex is not a natural act and other essays* (2nd ed.). Boulder, CO: Westview Press; Bancroft, J. (2009). *Human sexuality and its problems.* (3rd ed.) Edinburgh, Scotland: Elsevier.

120.　McCarthy, B. W. (1998). Integrating Viagra into cognitive-behavioral couples sex therapy. *Journal of Sex Education and Therapy*, 23, 302-308; Slowinski, J. (2007). Sexual problems and dysfunctions of men. In A. Owens & M. Tepper (Eds.), *Sexual health: State-of-the art treatments and research.* Westport, CT: Praeger.

121.　Moynihan, R. (2002). The making of a disease: Female sexual dysfunction. *British Medical Journal*, 326, 45-47.

122.　Bancroft, J. (2002). The medicalization of female sexual dysfunction: The need for caution. *Archives of Sexual Behavior*, 31, 451-455.; Bancroft, J. (2009). *Human sexuality and its problems.* (3rd ed.) Edinburgh, Scotland: Elsevier.

123.　Tiefer, L. (2004). *Sex is not a natural act and other essays* (2nd ed.). Boulder, CO: Westview Press

<table>
<tr><td>124.</td><td>網站參見：http://www.aasect.org。</td></tr>
<tr><td>125.</td><td>McCarthy, B. W., & McCarthy, E. (2009). Discovering your couple sexual style. New York: Routledge.</td></tr>
<tr><td>126.</td><td>Institute of Medicine. (2011). The health of lesbian, gay, bisexual, and transgendered people. Washington, DC: The National Academies Press.</td></tr>
<tr><td>127.</td><td>Reece, R. (1988). Special issues in the etiologies and treatments of sexual problems among gay men. Journal of Homosexuality, 15, 43-57; Sandfort, T. G., & de Keizer, M. (2001). Sexual problems in gay men: An overview of empirical research. Annual Review of Sex Research, 12, 93-120.</td></tr>
<tr><td>128.</td><td>Margolies, L., Becher, M., & Jackson-Brewer, K. (1988). Internalized homophobia: Identifying and treating the oppressor within. In Boston Lesbian Psychologies Collective (Eds.), Lesbian psychologies. Urbana: University of Illinois Press.</td></tr>
</table>

第五章

<table>
<tr><td>1.</td><td>Eng, T. R., & Butler, W. T. (Eds.). (1997). The hidden epidemic: Confronting sexually transmitted diseases. Washington, DC: National Academy Press.</td></tr>
<tr><td>2.</td><td>American Social Health Association. (2006a). STD/STI statistics. Available: http://www.ashastd.org/learn/learn_statisticss.cfm (Last visited 10/14/08); Centers for Disease Control and Prevention. (2011f). Sexually transmitted disease surveillance 2010. Atlanta, GA: U.S. Department of Health and Human Services.</td></tr>
<tr><td>3.</td><td>Centers for Disease Control and Prevention. (2010d). Summary of notifiable diseases—United States, 2008. Morbidity and Mortality Weekly Report, 57(54), 1-94.</td></tr>
<tr><td>4.</td><td>Centers for Disease Control and Prevention. (2011g). STD trends in the United States: 2010 national data for gonorrhea, chlamydia, and syphilis. Available: http: www.gov/std/stats10/trensa.htm (Last visited 11/28/11).</td></tr>
<tr><td>5.</td><td>Centers for Disease Control and Prevention. (2008g). 2006 Disease Profile. Available: http://www.cdc.gov/nchhstp/publications/index.htm (Last visited 10/10/08).</td></tr>
<tr><td>6.</td><td>Cates, J. R., Herndon, N. L., Schulz, S. L., & Darroch, J. E. (2004). Our voices, our lives, our futures: Youth and sexually transmitted diseases. Chapel Hill: School of Journalism and Mass Communication, University of North Carolina at Chapel Hill.</td></tr>
<tr><td>7.</td><td>Centers for Disease Control and Prevention. (2011f). Sexually transmitted disease surveillance 2010. Atlanta, GA: U.S. Department of Health and Human Services.</td></tr>
<tr><td>8.</td><td>Centers for Disease Control and Prevention. (2008h). Nationally representative CDC study finds 1 in 4 teenage girls has a sexually transmitted disease. Available: http://www.cdc.gov/stdconference/2008/media/release-11march2008.htm (Last visited 10/21/08).</td></tr>
<tr><td>9.</td><td>Centers for Disease Control and Prevention. (2011g). STD trends in the United States: 2010 national data for gonorrhea, chlamydia, and syphilis.</td></tr>
<tr><td>10.</td><td>American Social Health Association. (1998a). STD statistics. Available: http://www.ashastd.org/std/stats/html (Last visited12/5/00); Centers for Disease Control and Prevention. (2011f). Sexually transmitted disease surveillance 2010. Atlanta, GA: U.S. Department of Health and Human Services.</td></tr>
<tr><td>11.</td><td>Centers for Disease Control and Prevention. (2011f). Sexually transmitted disease surveillance 2010. Atlanta, GA: U.S. Department of Health and Human Services.</td></tr>
<tr><td>12.</td><td>Tao, G. (2008). Sexual orientation and related viral sexually transmitted disease rates among U.S. women aged 15 to 44 years. American Journal of Public Health, 98, 1007-1009.</td></tr>
<tr><td>13.</td><td>Marrazzo, J. M., Coffey, P., & Bingham, A. (2005). Sexual practices, risk perception, and knowledge of sexually transmitted disease risk among lesbian and bisexual women. Perspectives on Sexual and Reproductive Health, 37(1), 6-12.</td></tr>
<tr><td>14.</td><td>Fetters, K., Marks, C., Mindel, A., & Estcourt, C. S. (2000). Sexually transmitted infections and risk behaviors in women who have sex with women. Sexually Transmitted Infections, 76, 345-349.</td></tr>
<tr><td>15.</td><td>Marrazzo, J. M., Thomas, K. K., Agnew, K., & Ringwood, K. (2010). Prevalence and risks for bacterial vaginosis in women who have sex with women. Sexually Transmitted Infections, 37, 335-339.</td></tr>
<tr><td>16.</td><td>Bauer, G. R., Jairam, J. A., & Baidoobonso, S. M. (2010). Sexual health, risk behaviors, and substance use in heterosexualidentified women with female sex partners: 2002 U.S. National Survey of Family Growth. Sexually Transmitted Diseases, 37, 531-537; Kaestle, C. E., & Waller, M. W. (2011). Bacterial STDs and perceived risk among minority young adults. Perspectives on Sexual and Reproductive Health, 43, 158-163; Mercer, C. H., et al. (2007). Women who report having sex with women: British national probability data on prevalence, sexual behaviors, and health outcomes. American Journal of Public Health, 97, 1126-1133; Scheer, S., Peterson, I., Page-Shafer, K., Delgado, V., Gleghorn, A., Ruiz, J., Molitor, F., McFarland, W., Klausner, J., & Young Women's Survey Team. (2002). Sexual and drug use behavior among women who have sex with both women and men: Results of a population-based survey. American Journal of Public Health, 92, 1110-1112.</td></tr>
<tr><td>17.</td><td>Campos-Outcalt, D., & Hurwitz, S. (2002). Female-to-female transmission of syphilis: A case report. Sexually Transmitted Diseases, 29, 119-120.</td></tr>
<tr><td>18.</td><td>Centers for Disease Control and Prevention. (2011f). Sexually transmitted disease surveillance 2010. Atlanta, GA: U.S. Department of Health and Human Services.</td></tr>
<tr><td>19.</td><td>Ibid; Weinstock, H., Berman, S., & Cates, W. (2004). Sexually transmitted diseases among American youth: Incidence and prevalence estimates, 2000. Perspectives on Sexual and Reproductive Health, 36(1), 6-10.</td></tr>
<tr><td>20.</td><td>Centers for Disease Control and Prevention. (2007e). Sexually transmitted disease surveillance. Available: http://www.cdc.gov/std/stats/toc2006.htm (Last visited 10/15/08); Centers for Disease Control and Prevention. (2011f). Sexually transmitted disease surveillance 2010. Atlanta, GA: U.S. Department of Health and Human Services.</td></tr>
<tr><td>21.</td><td>Eng, T. R., & Butler, W. T. (Eds.). (1997). The hidden epidemic: Confronting sexually transmitted diseases. Washington, DC: National Academy Press.</td></tr>
<tr><td>22.</td><td>Manlove, J., Ryan, S., & Franzetta, K. (2003). Patterns of contraceptive use within teenagers fi rst sexual relationship. Perspectives on Sexual and Reproductive Health, 35, 246-255.</td></tr>
<tr><td>23.</td><td>Kaestle, C. E., Halpern, C. T., Miller, W. C., & Ford, C. A. (2005). Young age at first intercourse and sexually transmitted infections in adolescents and young adults. American Journal of Epidemiology, 161, 774-778.</td></tr>
<tr><td>24.</td><td>Laumann, E., Gagnon, J., Michael, R., & Michaels, S. (1994). The social organization of sexuality. Chicago: University of Chicago Press.</td></tr>
<tr><td>25.</td><td>Tanfer, K., Cubbins, L. A., & Billy, J. O. G. (1995). Gender, race, class and self-reported sexually transmitted disease incidence. Family Planning Perspectives, 27, 196-202.</td></tr>
<tr><td>26.</td><td>Finer, L. B., Darroch, J. E., & Singh, S. (1999). Sexual partnership patterns as a behavioral risk factor for sexually transmitted diseases. Family Planning Perspectives, 31, 228-236.</td></tr>
<tr><td>27.</td><td>Manhart, L. E., Aral, S. O., Holmes, K. K., & Foxman, B. (2002). Sex partner concurrency: Measurement, prevalence, and correlates among urban 18-39-year-olds. Sexually Transmitted Diseases, 29, 133-143.</td></tr>
</table>

28.　Adimora, A. A., & Schoenbach, V. J. (2007). Concurrent sexual partnerships among men in the United States. *American Journal of Public Health*, 97, 2230-2237; Doherty, I. A., Schoenbach, V. J., & Adimora, A. A. (2009). Condom use and duration of concurrent partnerships among men in the United States. *Sexually Transmitted Infections*, 36, 265-272.

29.　Adimora, A. A., Schoenbach, V. J., Bonas, M., Martinson, F. E. A., Donaldson, R. H., & Stancil, T. R. (2002). Concurrent sexual partnerships among women in the United States. *Epidemiology*, 13, 320-327.

30.　Senn, T. E., Scott-Sheldon, A. J., Seward, D. X., Wright, E. M., & Carey, M. P. (2011). Sexual partner concurrency of urban male and female STD clinic patients: A qualitative study. *Archives of Sexual Behavior*, 40, 775-784.

31.　Boyer, C. B., Shafer, M., Wibbelsman, C. J., Seeberg, D., Teitle, E., & Lovell, N. (2000). Associations of sociodemographic, psychosocial, and behavioral factors with sexual risk and sexually transmitted diseases in teen clinic patients. *Journal of Adolescent Health*, 27, 102-111; Thurman, A. R., Holden, A. E. C., Shain, R. N., & Perdue, S. T. (2009). The male sexual partners of adult versus teen women with sexually transmitted infections. *Sexually Transmitted Diseases*, 36, 768-774.

32.　Decker, M. R., Raj, A., Gupta, J., & Silverman, J. G. (2008). Sex purchasing and associations with HIV/STI among a clinic-based sample of U.S. men. *Journal of Acquired Immune Deficiency Syndromes*, 48, 355-365

33.　Ellen, J. M., et al. (2006). Sex partner selection, social networks, and repeat sexually transmitted infections in young men: A preliminary report. *Sexually Transmitted Diseases*, 33, 18-21.

34.　Gorbach, P. M., et al. (2009). Anal intercourse among young heterosexuals in three sexually transmitted disease clinics in the United States. *Sexually Transmitted Diseases*, 36, 193-198.

35.　Yarber, W. L., Crosby, R. A., & Sanders, S. A. (2000). Understudied HIV/STD risk behaviors among a sample of rural South Carolina women: A descriptive pilot study. *Health Education Monograph Series*, 18, 1-5.

36.　Grimley, D. M., Annang, L., Houser, S., & Chen, H. (2005). Prevalence of condom errors among STD clinic patients. *American Journal of Health Behavior*, 29(4), 324-330; Hutchinson, K. B., Kip, K. E., & Ness, R. B. (2007). Condom use and its association with bacterial vaginosis and bacterial vaginosisassociated vaginal microflora. *Epidemiology*, 18, 702-708; Nielson, C. M., et al. (2010). Consistent condom use is associated with lower prevalence of human papillomavirus infection in men. *Journal of Infectious Diseases*, 202, 445-451; Paz-Bailey, G., Koumans, E. H., Sternberg, M., Pierce, A., Papp, J., Unger, E. R., et al. (2005). The effect of correct and consistent condom use on chlamydial and gonococcal infection among urban adolescents. *Archives of Pediatric and Adolescent Medicine*, 159, 536-542; Shlay, J. C., McClung, M. W., Patnaik, J. L., & Douglas, J. M. (2004). Comparison of sexually transmitted disease prevalence by reported level of condom use among patients attending an urban sexually transmitted disease clinic. *Sexually Transmitted Diseases*, 31(3), 154-160.

37.　Wald, A., et al. (2005). The relationship between condom use and herpes simplex virus acquisition. *Annals of Internal Medicine*, 143, 707-713.

38.　U.S. Department of Health and Human Services. (2011a). Healthy people, 2020: Lesbian, gay, bisexual and transgender health. Available: http://www.healthypeople.gov/2020/topicsobjectives2020/overview.aspx?topicid25 (Last visited 7/27/11).

39.　Cook, R. L., & Clark, D. B. (2005). Is there an association between alcohol consumption and sexually transmitted diseases? A systematic review. *Sexually Transmitted Diseases*, 32, 156-164.

40.　Centers for Disease Control and Prevention. (2010a). Youth risk behavior surveillance—United States, 2009. *Morbidity and Mortality Weekly Report*, 59, 1-142. Available: http://www.cdc.gov/mmwr/pdf/ss5905.pdf (Last visited 6/28/11).

41.　Clark, L. R., Jackson, M., & Allen-Taylor, L. (2002). Adolescent knowledge about sexually transmitted diseases. *Sexually Transmitted Diseases*, 29, 436-443.

42.　Downs, J. S., de Bruin, W. B., Murray, P. J., & Fischhoff , B. (2006). Specific STI knowledge may be acquired too late. *Journal of Adolescent Health*, 38, 65-67.

43.　Marrazzo, J. M., Coffey, P., & Bingham, A. (2005). Sexual practices, risk perception, and knowledge of sexually transmitted disease risk among lesbian and bisexual women. *Perspectives on Sexual and Reproductive Health*, 37(1), 6-12.

44.　Yarnall, K. S. H., McBride, C. M., Lyna, P., Fish, L. J., Civic, D., Grothaus, L., et al. (2003). Factors associated with condom use among at-risk women students and nonstudents seen in managed care. *Preventive Medicine*, 37, 163-170.

45.　Hoffman, V., & Cohen, D. (1999). A night with Venus: Partner assessments and high-risk encounters. *AIDS Care*, 11, 555-566.

46.　Witte, S. S., El-Bassel, N., Gilbert, L., Wu, E., & Chang, M. (2010). Lack of awareness of partner STD risk among heterosexual couples. *Perspectives on Sexual and Reproductive Health*, 42, 49-55.

47.　資料來源：Centers for Disease Control and Prevention. (2007). Male latex condoms and sexually transmitted diseases. Available: http://www.cdc.gov/condomeffectivness/latex.htm (Last visited 10/12/08); Centers for Disease Control and Prevention. (2010). Sexually transmitted diseases treatment guidelines, 2010. *Morbidity and Mortality Weekly Report*, 59 (No. RR-12); Yarber, W. L., Milhausen, R. R., Crosby, R. A., & Torabi, M. R. (2005). Public opinion about condoms for HIV and STD prevention: A midwestern state telephone survey. *Perspectives on Sexual and Reproductive Health*, 37, 148–154; Centers for Disease Control and Prevention. (2011). Condoms and STDs: Fact sheet for public health personnel. Available: http://www.cdc.gov/condomeffectiveness/latex.htm (Last visited 11/16/11). Gross, M., et al. (1999). Use of Reality "female condoms" for anal sex by US men who have sex with men. *American Journal of Public Health*, 89, 1739–1741; Zimmerman, R. (2002, September 25). Some makers, vendors drop N-9 spermicide on HIV risk. *The Wall Street Journal Online*.

48.　Yarber, W. L., Milhausen, R. R., Crosby, R. A., & Torabi, M. R. (2005). Public opinion about condoms for HIV and STD prevention: A midwestern telephone survey. *Perspectives on Sexual and Reproductive Health*, 37(3), 148-154.

49.　Centers for Disease Control and Prevention. (2007f). Male latex condoms and sexually transmitted diseases. Available: http://www.cdc.gov/condomeffectiveness/latex.htm (Last visited 10/12/08); Centers for Disease Control and Prevention. (2009b). Condoms and STDs: Fact sheet for public health personnel. Available: http://www.cdc.gov/condomeffectiveness/latex.htm (Last visited 4/14/09).

50.　Centers for Disease Control and Prevention. (2011f). Sexually transmitted disease surveillance 2010. Atlanta, GA: U.S. Department of Health and Human Services; Centers for Disease Control and Prevention. (2011i). Condoms and STDs: Fact sheet for public health officials.

51.　Macaluso, M., et al. (2007). Effi cacy of the male latex condom and the female polyurethane condom as barriers to semen during intercourse: A randomized clinic trial. *American Journal of Epidemiology*, 166, 88-96.

52.　Gross, M., et al. (1999). Use of Reality "female condoms" for anal sex by US men who have sex with men. *American Journal of Public Health*, 89, 1739-1741.

53.　Eng, T. R., & Butler, W. T. (Eds.). (1997). *The hidden epidemic: Confronting sexually transmitted diseases*. Washington, DC: National Academy Press.

54.　Buffardi, A. L., Th omas, K. K., Holmes, K. K., & Manhart, L. E. (2008). Moving upstream: Ecosocial and psychosocial correlates of sexually transmitted infections among young adults in the United States. *American Journal of Public Health*, 98, 1128-1136.

55.　Altman, D. (1985). *AIDS in the mind of America*. Garden City, NY: Doubleday; Shilts, R. (1987). *And the band played on: Politics, people, and the*

AIDS epidemic. New York: St. Martin's Press.

56. American Social Health Association. (1998c). Chlamydia: What you should know. Available: http://sunsite.unc.edu/ASHA/std/chlam. html#intro (Last visited 2/14/98).

57. National Women's Health Information Center. (2002b). Douching. Available: http://www.4woman.gov/faq/douching (Last visited 11/4/05).

58. Bailey, R. C., Moses, S., Parker, C. B., et al. (2007). Male circumcision for HIV prevention in young men in Kisumu, Kenya: A randomized controlled trial. *The Lancet*, 369, 643-656; National Institutes of Health. (2011). Circumcision curbs risk of genital herpes and HPV infection, but not syphilis. Available: http://www.nih/gov/news/health/mar2009/niaid-25.htm (Last visited 11/22/11); Weiss, H. A., Thomas, S. L., Munabi, S. K., & Hayes, R. J. (2006). Male circumcision and risk of syphilis, chancroid, and genital herpes: A systematic review and meta-analysis. *Sexually Transmitted Infections*, 82, 101-110.

59. Wawer, M. J., Tobian, A. A. R., Kigozi, K., Kong, X., Gravitt, P. E., Serwadda, D., Nalugoda, F., et al. (2011). Effect of circumcision of HIV-negative men on human transmission of human papillomavirus to HIV-negative women: A randomised trial in Rakai, Uganda. *The Lancet*, 377, 209-218.

60. National Institutes of Health. (2011). Circumcision curbs risk of genital herpes and HPV infection, but not syphilis; Xu, F., Markowitz, L. E., Sternberg, M. R., & Aral, S. O. (2007). Prevalence of circumcision and herpes simples virus type 2 infection in men in the United States: The National Health and Nutrition Examination Survey (NHANES), 1999-2004. *Sexually Transmitted Diseases*, 34, 479-484.

61. Dickson, N. P., van Roode, T., Herbison, P., & Paul, C. (2008). Circumcision and risk of sexually transmitted infections in a birth cohort. *Journal of Pediatrics*, 152, 383-387.

62. Turner, A. N., et al. (2008). Male circumcision and women's risk of incident chlamydial, gonococcal, and trichomonal infections. *Sexually Transmitted Diseases*, 35, 689-695.

63. World Health Organization. (2011c). Male circumcision for HIV prevention. Available: http://www.who.int/hiv/topics/malecircumcision/en/(Last visited 10/28/11).

64. Centers for Disease Control and Prevention. (2009c). Status of CDC male circumcision recommendations. Available: http://www.cdc.gov/hiv/topics/research/male-circumcision.htm (Last visited 11/22/11).

65. Millett, G. A., Flores, S. A., Marks, G., Reed, J. B., & Herbert, J. H. (2008). Circumcision status and risk of HIV and sexually transmitted infections among men who have sex with men. *Journal of the American Medical Association*, 300, 1674-1684.

66. Centers for Disease Control and Prevention. (2008c). Male circumcision and risk for HIV transmission and other health consequences: Implications for the United States. Available: http://www.cdc.gov/hiv/resources/factsheets/circumcision.htm (Last visited 10/16/08); Kigozi, G., et al. (2008). The effect of male circumcision on sexual satisfaction and function, results from a randomized trial of male circumcision for human immunodeficiency virus prevention, Rakai, Uganda. *BJU International*, 101, 65-70.

67. Centers for Disease Control and Prevention. (2007g). Sexually transmitted diseases treatment guidelines, 2006. Available: http://www.cdc.gov/std/treatment/2006/clinical.htm (Last visited10/20/08); Centers for Disease Control and Prevention. (2010d). Summary of notifiable diseases—United States, 2008. *Morbidity and Mortality Weekly Report*, 57(54), 1-94; Yarber, W. L. (2003). *STDs and HIV: A guide for today's teens*. Reston, VA: American Association for Health Education.

68. Centers for Disease Control and Prevention. (2010g). The role of STD detection and treatment in HIV prevention—CDC factsheet. Available: http://www.gov/std/STDFact-STD-HIV.htm (Last visited 11/23/11).

69. Chesson, H. W., et al. (2011). A brief review of the estimated economic burden of sexually transmitted diseases in the United States: Inflation-adjusted updates of previously published cost studies. *Sexually Transmitted Infections*, 38, 880-891.

70. Centers for Disease Control and Prevention. (2011f). *Sexually transmitted disease surveillance 2010*. Atlanta, GA: U.S. Department of Health and Human Services; Centers for Disease Control and Prevention. (2011i). Condoms and STDs: Fact sheet for public health officials. Available: http://www.cdc/gov/condomeffectiveness/latex.htm (Last visited 12/6/11); Satterwhite, C. L., Tian, L. H., Braxton, J. K., & Weinstock, H. (2010). Chlamydia prevalence among women and men entering the National Job Training Program: United States, 2003-2007.

71. Centers for Disease Control and Prevention. (2001). Chlamydia disease information. Available: http://www.cdc.gov/nchstp/dstd/Fact_Sheets/Factschlamydiainfo.htm (Last visited 12/12/01).

72. Centers for Disease Control and Prevention. (2011i). Condoms and STDs: Fact sheet for public health officials. Available: http://www.cdc/gov/condomeffectiveness/latex.htm (Last visited 12/6/11)

73. Annan, N. T., et al. (2009). Rectal chlamydia—a reservoir of undiagnosed infection in men who have sex with men. *Sexually Transmitted Infections*, 85, 176-179.

74. Centers for Disease Control and Prevention. (2011f). *Sexually transmitted disease surveillance 2010*. Atlanta, GA: U.S. Department of Health and Human Services; Centers for Disease Control and Prevention. (2011j). Chlamydia—CDC fact sheet. Available: http://www.cdc.gov/std/chlamydia/STDFact-Chlamyhdia.htm (Last visited 11/10/11).

75. Centers for Disease Control and Prevention. (2011j). Chlamydia—CDC fact sheet. Available: http://www.cdc.gov/std/chlamydia/STDFact-Chlamyhdia.htm (Last visited 11/10/11).

76. 資料來源：Yarber, W. L., Torabi, M. R., & Veenker, C. H. (1989). Development of a three-component sexually transmitted diseases attitude scale. *Journal of Sex Education and Therapy*, 15, 36-49。

77. Centers for Disease Control and Prevention. (2011f). *Sexually transmitted disease surveillance 2010*. Atlanta, GA: U.S. Department of Health and Human Services; Centers for Disease Control and Prevention. (2011k). Gonorrhea—CDC fact sheet. Available: http://www.cdc.gov/std/Gonorrhea/STDFact-gonorrhea.htm (Last visited 11/10/11).

78. Centers for Disease Control and Prevention. (2011k). Gonorrhea—CDC fact sheet.

79. Centers for Disease Control and Prevention. (2008j). Gonorrhea. Available: http://www.cdc.gov/std/Gonorrhea/STDFact-gonorrhea.htm (Last visited 10/13/08); Centers for Disease Control and Prevention. (2011k). Gonorrhea—CDC fact sheet.

80. American Social Health Association. (2008). NGU (nongonoccal urethritis). Available: http://www.ashastad.org/learn/learn_ngu.cfm (Last visited 10/22/08); American Social Health Association. (2011a). NGU (nongonococcal urethritis). Available: http://www.ashastd.org/learn/learn_ngu.cfm (Last visited 11/14/11); Centers for Disease Control and Prevention. (2011f). *Sexually transmitted disease surveillance 2010*. Atlanta, GA: U.S. Department of Health and Human Services.

81. Centers for Disease Control and Prevention. (2011f). *Sexually transmitted disease surveillance 2010*. Atlanta, GA: U.S. Department of Health and Human Services; Su, J. R., Beltrami, J. F., Zaidi, A. A., & Weinstock, A. A. (2011). Primary and secondary syphilis among Black and Hispanic men who have sex with men: Case report data from 27 states. *Annals of Internal Medicine*, 155, 145-151.

82. Centers for Disease Control and Prevention. (2008k). Syphilis. Available: http://www.cdc.gov/std/syphilis/STDFact-Syphilis.htm (Last visited 10/13/08); Centers for Disease Control and Prevention. (2011l). Syphilis—CDC fact sheet. Available: http://www.cdc.gov/std/Syphilis/STDFact-Syphilis.htm (Last visited 11/10/11).

83. Centers for Disease Control and Prevention. (1981). Pneumocystis pneumonia—Los Angeles. *Morbidity and Mortality Weekly Report*, 30, 250-252.

84. American Social Health Association. (2011b). Learn about HPV. Available: http://www.ashastd.org/hpv_learn_fastfacts.cfm (Last visited 11/14/11); Centers for Disease Control and Prevention. (2008l). Genital HPV infection. Available: http://www.cdc.gov/std/HPV/STDFact-HPV.htm (Last visited 10/13/08); Centers for Disease Control and Prevention. (2011h). Genital HPV infection—CDC fact sheet. Available: http://www.gov/std/HPV/STDFact-HPV.htm (Last visited 11/28/11).

85. Centers for Disease Control and Prevention. (2008l). Genital HPV infection; Centers for Disease Control and Prevention. (2011h). Genital HPV infection—CDC fact sheet.

86. Ibid.

87. Dinh, T., Sternberg, M., Dunne, E. F., & Markowitz, L. E. (2008). Genital warts among 18- to 59-year-olds in the United States, National Health and Nutrition Examination Study, 1999-2004. *Sexually Transmitted Diseases*, 35, 357-360.

88. American Social Health Association. (2011a). NGU (nongonococcal urethritis); Centers for Disease Control and Prevention. (2011f). *Sexually transmitted disease surveillance 2010*. Atlanta, GA: U.S. Department of Health and Human Services; Centers for Disease Control and Prevention. (2011m). HPV vaccine information for young women—CDC fact sheet. Available: http://www.cdc.gov/HPV/STDFact-HPV-vaccine-young-women.htm (Last visited 11/10/11).

89. Donovan, B., et al. (2011). Quadrivalent human papillomavirus vaccination and trends in genital warts in Australia: Analysis of national sentinel surveillance data. *The Lancet Infectious Diseases*, 11, 39-44.

90. Thomas, S. B., & Quinn, S. C. (1991). The Tuskegee syphilis study, 1932 to 1972: Implications for HIV education and AIDS risk education programs in the Black community. *American Journal of Public Health*, 81(11), 1498-1504.

91. Ross, M. W., Essien, E. J., & Torres, I. (2006). Conspiracy beliefs about the origin of HIV/AIDS in four racial/ethnic groups. *Journal of Acquired Immune Deficiency Syndromes*, 41, 342-344.

92. Jones, J. H. (1993). *Bad blood: The Tuskegee syphilis experiment* (Rev. ed.). New York: Free Press.

93. Reverby, S. M. (2009). *Examining Tuskegee: The infamous syphilis study and its legacy*. Chapel Hill: University of North Carolina Press.

94. Bogart, L. M., Galvan, F. H., Wagner, G. J., & Klein, D. J. (2011). Longitudinal association of HIV conspiracy beliefs with sexual risk among Black males living with HIV. *AIDS and Behavior*, 15, 1180-1186; Bogart, L., & Thornton, S. (2005). Are HIV/AIDS conspiracy beliefs a barrier to HIV prevention among African Americans? *Journal of Acquired Immune Deficiency Syndromes*, 38(2), 213-218; Hutchinson, K. B., Kip, K. E., & Ness, R. B. (2007). Condom use and its association with bacterial vaginosis and bacterial vaginosisassociated vaginal microflora. *Epidemiology*, 18, 702-708; Ross, M. W., Essien, E. J., & Torres, I. (2006). Conspiracy beliefs about the origin of HIV/AIDS in four racial/ethnic groups. *Journal of Acquired Immune Deficiency Syndromes*, 41, 342-344.

95. Caplan, A. L. (1992). Twenty years after: The legacy of the Tuskegee syphilis study. When evil intrudes. *Hastings Center Report*, 22(6), 29-32; Jones, J. H. (1993). *Bad blood: The Tuskegee syphilis experiment* (Rev. ed.). New York: Free Press; King, P. A. (1992). Twenty years after. The legacy of the Tuskegee syphilis study. The dangers of difference. *Hastings Center Report*, 22(6), 35-38.;Reverby, S. M. (2009). *Examining Tuskegee: The infamous syphilis study and its legacy*. Chapel Hill: University of North Carolina Press.

96. Pruitt, S. L., & Schootman, M. (2010). Geographic disparity, area poverty, and human papillomavirus vaccination. *American Journal of Preventive Medicine*, 38, 525-533.

97. Widdice, L. E., Bernstein, D. J., Leonard, A. C., Marsolo, K. A., & Kahn, J. A. (2011). Adherence to the HPV vaccine dosing intervals and factors associated with completion of 3 doses. *Pediatrics*, 127, 77-84.

98. Crosby, R. A., Casey, B. R., Vanderpool, R., Collins, T., & Moore, G. R. (2011). Uptake of free HPV vaccination among young women: A comparison of rural versus urban rates. *Journal of Rural Health*, 27, 380-384.

99. Dempsey, A. F., Butchart, A., Singer, D., Clark, S., & Davis, M. (2011). Factors associated with parental intentions for male human papillomavirus vaccination: Results of a national survey. *Sexually Transmitted Diseases*, 38, 769-776; Milhausen, R. R., Crosby, R. A., & Yarber, W. L. (2008). Public opinion in Indiana regarding the vaccination of middle school students for HPV. *The Health Education Monograph*, 25(2), 21-27.

100. Centers for Disease Control and Prevention. (2011h). Genital HPV infection—CDC fact sheet.

101. Romanowski, B., et al. (2009). Seroprevalence and risk factors for herpes simplex virus infection in a population of HIV-infected patients in Canada. *Sexually Transmitted Diseases*, 36, 165-169.

102. Tronstein, E. (2011). Genital shedding of herpes simplex virus among symptomatic and asymptomatic persons with HSV-2 infection. *Journal of the American Medical Association*, 305, 1411-1449.

103. Centers for Disease Control and Prevention. (2008m). Genital herpes. Available: http://www.cdc.gov/std/Herpes/STDFact-Herpes.htm (Last visited 10/13/08); Centers for Disease Control and Prevention. (2010a). Youth risk behavior surveillance—United States, 2009. *Morbidity and Mortality Weekly Report*, 59, 1-142.

104. Handsfield, H. H., Warren, T., Werner, M., & Phillips, J. A. (2007). Suppressive therapy with valacyclovir in early genital herpes: A pilot study of clinical efficacy and herpes-related quality of life. *Sexually Transmitted Diseases*, 34, 339-343.

105. Centers for Disease Control and Prevention. (2009d). Hepatitis A FAQs for the public. Available: http://www.cdc.gov/hepatitis/A/aFAQ.htm (Last visited 12/2/11); Centers for Disease Control and Prevention. (2011n). Viral hepatitis surveillance—United States, 2009. Available: http://www.cdc.gov/hepatitis/Statistics/2009Surveillance/Commentary.htm (Last visited 12/2/11).

106. Centers for Disease Control and Prevention. (2009e). Hepatitis B FAQs for the public. Available: http://www.cdc.gov/hepatitis/B/BFAQ.htm (Last visited 12/2/11); Control and Prevention. (2011n). Viral hepatitis surveillance—United States, 2009.

107. Centers for Disease Control and Prevention. (2009e). Hepatitis B FAQs for the public.

108. Ibid.

109. Centers for Disease Control and Prevention. (2009f). Hepatitis C FAQs for the public. Available: http://www.cdc.gov/hepatitis/C/CFAQ.htm (Last visited 12/2//11); Control and Prevention. (2011n). Viral hepatitis surveillance—United States, 2009.

110. Centers for Disease Control and Prevention. (2008q). Bacterial vaginosis. Available: http://www.cdc.gov/std/STDFact-Bacterial-Vaginosis.htm (Last visited 10/13/08); Centers for Disease Control and Prevention. (2010i). Bacterial vaginosis—CDC fact sheet. Available: http://www.cdc.gov/std/BV/STDFact-Bacterial-Vaginosis.htm (Last visited 11/10/11); Koumans, E. H., et al. (2007) The prevalence of bacterial vaginosis in the United States, 2001-2004; Associations with symptomatic, sexual behaviors, and reproductive health. *Sexually Transmitted Diseases*, 34, 864-869.

111. Hutchinson, K. B., Kip, K. E., & Ness, R. B. (2007). Condom use and its association with bacterial vaginosis and bacterial vaginosisassociated vaginal microflora. *Epidemiology*, 18, 702-708.

112. Centers for Disease Control and Prevention. (2010d). Summary of notifiable diseases—United States, 2008. Morbidity and Mortality Weekly Report, 57(54), 1-94.

113.　Ibid.

114.　Centers for Disease Control and Prevention. (2010j). Candidiasis. Available: http://www.cdc.gov/cxzved/divisions/dfbmd/diseases/candidiasis/index.htm (Last visited 12/5/11).

115.　Centers for Disease Control and Prevention. (2007i). Trichomoniasis. Available: http://www.cdc.gov/std/trichomonas/STYDFact-Trichomoniasis.htm (Last visited 10/13/08).

116.　Helms, D. J., et al. (2008). Risk factors for prevalent and incident trichomonas vaginalis among women attending three sexually transmitted disease clinics. *Sexually Transmitted Diseases*, 35, 484-488.

117.　Centers for Disease Control and Prevention. (2007i). Trichomoniasis.

118.　Centers for Disease Control and Prevention. (2010k). Scabies frequently asked questions. Available: http://www.cdc.gov/parasites/scabies/gen_info/faqs.html (Last visited 12/5/11).

119.　American Social Health Association. (2011d). Crabs. Available: http://www.ashastgd.org/learn/learn_crabs_facts.cfm (Last visited 11/14/11); Centers for Disease Control and Prevention. (2010l). Crabs frequently asked questions. Available: http://www.cdc.gov/parasites/lice/pubic/gen_info/faqs.html (Last visited 12/5/11).

120.　Centers for Disease Control and Prevention. (2011o). Pelvic inflammatory disease (PID)—CDC fact sheet. Available: http://www.cdc.gov/std/STDFact-PID.htm (Last visited 11/10/11).

121.　Centers for Disease Control and Prevention. (2007g). Sexually transmitted diseases treatment guidelines, 2006. Available: http://www.cdc.gov/std/treatment/2006/clinical.htm (Last visited 10/20/08); Centers for Disease Control and Prevention. (2011f). *Sexually transmitted disease surveillance 2010*. Atlanta, GA: U.S. Department of Health and Human Services; Mayo Clinic. (2007c). Cervicitis. Available: http://www.mayoclinic.com/print/cervicitis/DS00518:METHOD-print&DSECTIONall (Last visited 10/23/08).

122.　Billy, J. O. G., Grady, W. R., & Sill, M. E. (2009). Sexual risk-taking among adult dating couples in the United States. *Perspectives on Sexual and Reproductive Health*, 41, 74-83; Kaiser Family Foundation. (2001b). New Sex Smarts study on teens and sexually transmitted diseases. Available: http://www.kff.org/content/2001/3148 (Last visited 12/14/01); Masaro, C. L., Dahinten, V. S., Johnson, J., Ogilvie, G., & Patrick, D. M. (2008). Perceptions of sexual partner safety. *Sexually Transmitted Infections*, 35, 566-571.

123.　Hennessy, M., Fishbein, M., Curtis, B., & Barrett, D. W. (2007). Evaluating the risk and attractiveness of romantic partners when confronted with contradictory cues. *AIDS and Behavior*, 11, 479-490.

124.　Hoffman, V., & Cohen, D. (1999). A night with Venus: Partner assessments and high-risk encounters. *AIDS Care*, 11, 555-566.

125.　Masaro, C. L., Dahinten, V. S., Johnson, J., Ogilvie, G., & Patrick, D. M. (2008). Perceptions of sexual partner safety. *Sexually Transmitted Infections*, 35, 566-571.

126.　Cates, J. R., Herndon, N. L., Schulz, S. L., & Darroch, J. E. (2004). *Our voices, our lives, our futures: Youth and sexually transmitted diseases*. Chapel Hill: School of Journalism and Mass Communication, University of North Carolina at Chapel Hill.

第
六
章

1.　Centers for Disease Control and Prevention. (1981). Pneumocystis pneumonia—Los Angeles. *Morbidity and Mortality Weekly Report*, 30, 250-252.

2.　Centers for Disease Control and Prevention. (1992). 1993 revised classification system for HIV infection and expanded surveillance case definition for AIDS among adolescents and adults. *Morbidity and Mortality Weekly Report*, 41, 961-962; Centers for Disease Control and Prevention. (2007j). Living with HIV/AIDS. Available: http://www.cdc.gov/hiv/resources/brochures/livingwithhim.htm (Last visited 11/14/08).

3.　Centers for Disease Control and Prevention. (1992). 1993 revised classification system for HIV infection and expanded surveillance case definition for AIDS among adolescents and adults. *Morbidity and Mortality Weekly Report*, 41, 961-962.

4.　Centers for Disease Control and Prevention. (1996b). Surveillance report: U.S. AIDS cases reported through December 1995. *HIV/AIDS Surveillance Report*, 7(2), 1-10.

5.　Mahajan, A. P., et al. (2008). Stigma in the HIV/AIDS epidemic: A review of the literature and recommendations for the way forward. AIDS, 22(Suppl. 2), S67-S79.

6.　Fortenberry, J. D., McFarlane, M., Bleakley, A., Bull, S., Fishbein, M., Grimley, D., et al. (2002). Relationship of stigma and shame to gonorrhea and HIV screening. *American Journal of Public Health*, 92, 378-381.

7.　Lichtenstein, B. (2003). Stigma as a barrier to treatment of sexually transmitted infections in the American Deep South: Issues of race, gender, and poverty. *Social Science and Medicine*, 57, 2435-2445.

8.　Lichtenstein, B., Hook, E. W., III, & Sharma, A. K. (2005). Public tolerance, private pain: Stigma and sexually transmitted infections in the American Deep South. *Culture, Health & Sexuality*, 7, 43-57.

9.　Joint United Nations Programme on HIV/AIDS. (2008a). 08 Report on the global AIDS epidemic. Available: http:www//unaids/org/en/KnowledgeCentre/HIVData/GlobalReport/2008/2008_Global_report.asp (Last visited 11/17/08); Joint United Nations Programme on HIV/AIDS. (2010a). Global report: UNAIDS report on the global AIDS epidemic 2010. Available: http://www.unaids.org/globalreport/Global_report.html (Last visited 12/5/11).

10.　Centers for Disease Control and Prevention. (2007j). Living with HIV/AIDS. Available: http://www.cdc.gov/hiv/resources/brochures/livingwithhim.htm (Last visited 11/14/08); Centers for Disease Control and Prevention. (2011p). Basic information about HIV and AIDS. Available: http://www.cdc.gov/hiv/topics/basic/index.htm (Last visited 12/8/11).

11.　National Institute of Allergy and Infectious Diseases. (2008). HIV infection and AIDS: An overview. Available: http://www.niaid.nih.gov/factsheets/hivibnf.htm (Last visited 11/14/08).

12.　Quinn, T. C., Wawer, M. J., Sewankambo, N., Serwadda, D., Chuanjun, L., Wabwire-Mangen, F., et al. (2000). Viral load and heterosexual transmission of human immunodeficiency virus type1. *New England Journal of Medicine*, 342, 921-929; Wilson, D. P., Law, M. G., Grulich, A. E., Cooper, D. A., & Kaldor, J. M. (2008). Relation between HIV viral load and infectiousness: A model-based analysis. *The Lancet*, 372, 314-320.

13.　Cates, W., Chesney, M. A., & Cohen, M. S. (1997). Primary HIV infection—a public health opportunity. *American Journal of Public Health*, 87(12), 1928-1930; Centers for Disease Control and Prevention. (2011f). *Sexually transmitted disease surveillance 2010*. Atlanta, GA: U.S. Department of Health and Human Services; Sternberg, S. (2008, October 27). Early HIV treatment radically boosts survival. *USA Today*, p. D7.

14.　Joint United Nations Programme on HIV/AIDS. (2010a). Global report: UNAIDS report on the global AIDS epidemic 2010. Available: http://www.unaids.org/globalreport/Global_report.html (Last visited 12/5/11); Joint United Nations Programme on HIV/AIDS. (2010b). Epidemiology slides. http://www.unaids.org/en/datanalysis/epidemiology/epidemiologyslides/ (Last visited 12/12/11); Joint United Nations Programme on HIV/AIDS. (2011). UNAIDS data tables/2011. Available: http://www.unaids.org/en/media/unaids/contentassets/documents/unaidpublications (Last visited 12/12/11).

15.　Joint United Nations Programme on HIV/AIDS. (2010a). Global report: UNAIDS report on the global AIDS epidemic 2010; Joint United

Nations Programme on HIV/AIDS. (2011). UNAIDS data tables/2011.

16. Centers for Disease Control and Prevention. (2011q). HIV in the United States: An overview. Available: http://www.cdc.gov/hiv/topics/surveillance/resources/factsheets/incidence-overview.htm (Last visited 12/8/11).

17. Prejean, J., Song, R., Hernandez, A., Ziebell, R., Green, T., et al. (2011). Estimated HIV incidence in the United States, 2006-2009. *PLoS ONE* 6(8), e17502.

18. Centers for Disease Control and Prevention. (2011n). Viral hepatitis surveillance—United States, 2009. Available: http://www.cdc.gov/hepatitis/Statistics/2009Surveillance/Commentary.htm (Last visited 12/2/11).

19. Centers for Disease Control and Prevention. (2011r). HIV surveillance—Epidemiology of HIV infection (through 2009): Slide set. Available: http://www.cdc.gov/hiv/topics/surveillance/resources/slides/general/index.htm (Last visited 12/09/11).

20. Centers for Disease Control and Prevention. (2011s). HIV surveillance by race/ethnicity (through 2009). Available: http://www.cdc.gov/hiv/topics/surveillance/resources/slides/race-ethnicity (Last visited 12/14/11).

21. Hall, H. I., Qian, A., Hutchinson, A. B., & Sansom, S. (2008). Estimating the lifetime risk of a diagnosis of the HIV infection in 33 states, 2004-2005. *Journal of Acquired Immune Deficiency Syndromes*, 49, 294-297.

22. Centers for Disease Control and Prevention. (2010m). HIV transmission. Available: http://www.cdc.gov/hiv/resources/qa/transmission.htm (Last visited 12/13/11); Centers for Disease Control and Prevention. (2011p). Basic information about HIV and AIDS. Available: http://www.cdc.gov/hiv/topics/basic/index.htm (Last visited 12/8/11).

23. National Center for Health Statistics. (2011). Sexual behavior, sexual attraction, and sexual identity in the United States: Data from the 2006-2008 National Survey of Family Growth. Available: http://www.cdc.gov/nchs/data/nhsr08.pdf (Last visited: 5/10/11).

24. Herbenick, D., Reece, M., Schick, V., Sanders, S. A., Dodge, B., & Fortenberry, J. D. (2010a). Sexual behavior in the United States: Results from a national probability sample of men and women ages 14-94. *Journal of Sexual Medicine*, 7, 255-265.

25. Javanbakht, M., et al. (2010). Prevalence and correlates of heterosexual anal intercourse among clients attending public sexually transmitted disease clinics in Los Angeles County. *Sexually Transmitted Diseases*, 37, 369-376; Jenness, S. M., et al. (2011). Unprotected anal intercourse and sexually transmitted diseases in high-risk heterosexual women. *American Journal of Public Health*, 101, 745-750.

26. Braverman, P., & Strasburger, V. (1994, January). Sexually transmitted diseases. *Clinical Pediatrics*, 26-37.

27. Centers for Disease Control and Prevention. (2010m). HIV transmission.

28. Ibid.

29. Ibid.

30. Centers for Disease Control and Prevention. (2007m). Mother-tochild (perinatal) HIV transmission and prevention. Available: http://www.cdc.gov/topics/perinatal/resources/factsheets/perinatal.htm (Last visited 11/4/08); Centers for Disease Control and Prevention. (2011p). Basic information about HIV and AIDS. Available: http://www.cdc.gov/hiv/topics/basic/index.htm (Last visited 12/8/11).

31. Fleming, D. T., & Wasserheit, J. N. (1999). From epidemiological synergy to public health policy and practice: The contribution of other sexually transmitted diseases to sexual transmission of HIV infection. *Sexually Transmitted Diseases*, 75, 3-17.

32. Cates, W., Chesney, M. A., & Cohen, M. S. (1997). Primary HIV infection—a public health opportunity. *American Journal of Public Health*, 87(12), 1928-1930; Centers for Disease Control and Prevention. (2010m). HIV transmission; Gray, R. H., Wawer, M. J., Brookmeyer, R., Sewankambo, N. K., Serwadda, D., Wabwire-Mangen, F., Lutalo, T., Li, X., van Cott, T., Quinn, T. C., & Rakai Project Team. (2001). Probability of HIV-1 transmission per coital act in monogamous, heterosexual, HIV-1-discordant couples in Rakai, Uganda. *The Lancet*, 357, 1149-1153; Keele, B. F., et al. (2008). Identification and characterization of transmitted and early founder virus envelopes in primary HIV-1 infection. *Proceedings of the National Academy of Sciences*, 105, 7552-7557.

33. Ickovics, J. R., Beren, S. E., Grigorenko, E. L., Morrill, A. C., Druley, J. A., & Rodin, J. (2002). Pathways of risk: Race, social class, stress, and coping as factors predicting heterosexual risk behaviors for HIV among women. *AIDS and Behavior*, 6, 339-350.

34. Buffardi, A. L., Thomas, K. K., Holmes, K. K., & Manhart, L. E. (2008). Moving upstream: Ecosocial and psychosocial correlates of sexually transmitted infections among young adults in the United States. *American Journal of Public Health*, 98, 1128-1136.

35. Centers for Disease Control and Prevention. (2011t). HIV among African Americans. Available: http://www.cdc.gov/hiv/topics/aa/index.htm (Last visited 12/8/11).

36. Centers for Disease Control and Prevention. (2011s). HIV surveillance by race/ethnicity (through 2009).

37. Centers for Disease Control and Prevention. (2011t). HIV among African Americans.

38. Centers for Disease Control and Prevention. (2011s). HIV surveillance by race/ethnicity (through 2009).

39. Centers for Disease Control and Prevention. (2011u). HIV among Latinos. Available: http://www.cdc.gov/hiv/latinos/index.htm (Last visited 12/8/11).

40. Centers for Disease Control and Prevention. (2008r). HIV/AIDS among Asians and Pacific Islanders. Available: http://www.cdc.gov/hiv/resources/factsheets/API.htm (Last visited 11/14/08).

41. Centers for Disease Control and Prevention. (2008s). HIV/AIDS among American Indians and Alaska Natives. Available: http://www.cdc.gov/resources/factsheets/aian.htm (Last visited 11/4/08).

42. Ibid.

43. Shilts, R. (1987). *And the band played on: Politics, people, and the AIDS epidemic.* New York: St. Martin's Press.

44. Centers for Disease Control and Prevention. (2010n). HIV among gay, bisexual and other men who have sex with men. Available: http://wwwl.cdc.gov/hiv/topics/msm/index.htm (Last visited 12/8/11); Centers for Disease Control and Prevention. (2011q). HIV in the United States: An overview. Available: http://www.cdc.gov/hiv/topics/surveillance/resources/factsheets/incidence-overview.htm (Last visited 12/8/11); Centers for Disease Control and Prevention. (2011v). HIV in the United States. Available: http://www.cdc.gov/hiv/resources/factsheets/us.htm (Last visited 12/8/11).

45. Centers for Disease Control and Prevention. (2010n). HIV among gay, bisexual and other men who have sex with men; Wolitski, R. (2005). The emergence of barebacking among gay men in the United States: A public health perspective. *Journal of Gay and Lesbian Psychotherapy*, 9, 13-38.

46. Golden, M. R., Stekler, J., Hughes, J. P., & Wood, R. W. (2008). HIV serosorting in men who have sex with men: Is it safer? *Journal of Acquired Immune Deficiency Syndromes*, 49, 212-218; Truong, H. M., et al. (2006). Increases in sexually transmitted infections and sexual risk behavior without a concurrent increases in HIV incidence among men who have sex with men in San Francisco: A suggestion of HIV serosorting? *Sexually Transmitted Infections*, 82, 461-466.

47. Wilson, D. P., et al. (2010). Serosorting may increase the risk of HIV acquisition among men who have sex with men. *Sexually Transmitted Diseases*, 37, 13-17.

48.   Crepaz, N., Hart, T. A., & Marks, G. (2004). Highly active antiretroviral therapy and sexual risk behavior: A meta-analytic review. *Journal of the American Medical Association*, 292, 224-236; Kalichman, S. C., et al. (2008). Changes in HIV treatment beliefs and sexual risk behaviors among gay and bisexual men, 1997-2005. *Health Psychology*, 26, 650-656; Ostrow, D. E., et al. (2002). Attitudes towards highly active antiretroviral therapy are associated with sexual risk taking among HIV infected and uninfected homosexual men. *AIDS*, 16, 775-780.

49.   Centers for Disease Control and Prevention. (2010n). HIV among gay, bisexual and other men who have sex with men.

50.   Montgomery, J. P., Mokotoff , E. D., Gentry, A. C., & Blair, J. M. (2003). The extent of bisexual behavior in the HIV-infected men and implications for transmission to their female partners. *AIDS Care*, 15, 829-837; Witte, S. S., El-Bassel, N., Gilbert, L., Wu, E., & Chang, M. (2010). Lack of awareness of partner STD risk among heterosexual couples. *Perspectives on Sexual and Reproductive Health*, 42, 49-55.

51.   Centers for Disease Control and Prevention. (2011w). HIV among women. Available: http://cdc.gov/hiv/topics/women/index.htm (Last visited 12/8/11).

52.   Centers for Disease Control and Prevention. (2004b). HIV transmission among Black women—North Carolina, 2004. *Morbidity and Mortality Weekly Report*, 54, 217-222.

53.   Siegel, K., & Scrimshaw, E. W. (2006). Diminished sexual activity, interest, and feelings of attractiveness among HIV-infected women in two eras of the AIDS epidemic. *Archives of Sexual Behavior*, 35, 437-449.

54.   Centers for Disease Control and Prevention. (2010m). HIV transmission.

55.   Centers for Disease Control and Prevention. (2009g). HIV Surveillance Report, 2009. Available: http://www.cdc.gov/nchs/data/nhsrnhsr036.pdf (Last visited 12/2/11).

56.   Centers for Disease Control and Prevention. (2011x). HIV among youth. Available: http://www.cdc.gov/hiv/youth/index.htm (Last visited 12/8/11).

57.   Centers for Disease Control and Prevention. (2010a). Youth risk behavior surveillance—United States, 2009. *Morbidity and Mortality Weekly Report*, 59, 1-142. Available: http://www.cdc.gov/mmwr/pdf/ss5905.pdf (Last visited 6/28/11).

58.   Thurman, A. R., Holden, A. E. C., Shain, R. N., & Perdue, S. T. (2009). The male sexual partners of adult versus teen women with sexually transmitted infections. *Sexually Transmitted Diseases*, 36, 768-774.

59.   Centers for Disease Control and Prevention. (2011x). HIV among youth.

60.   Ibid.

61.   Lovejoy, T. J., et al. (2008). Patterns and correlates of sexual activity and condom use behavior in persons 50-plus years of age living with HIV/AIDS. *AIDS and Behavior*, 6, 943-956.

62.   Centers for Disease Control and Prevention. (2011y). HIV surveillance in urban and nonurban areas: Slide set. Available: http://www.cdc.gov/hiv/topics/surveillance/resources/slides/urban-nonurban/index.htm (Last visited 12/19/11).

63.   Ohl, M. E., & Perencevich, E. (2011). Frequency of human immunodeficiency virus (HIV) testing in urban vs. rural areas of the United States: Results from a nationally-representative sample. *BMC Public Health*, 11, 681; Rural HIV/STD Prevention Work Group. (2009). *Tearing down fences: HIV/STD prevention in rural America*. Bloomington, IN: Rural Center for AIDS/STD Prevention; Sarnquist, C. C., et al. (2011). Rural HIV-infected women's access to medical care: Ongoing needs in California. *AIDS Care*, 23, 792-796; Yarber, W. L., & Crosby, R. A. (2011). Rural and non-rural Indiana residents' opinion about condoms for HIV/STD prevention. *The Health Education Monograph*, 28(2), 46-53.

64.   Auchincloss, A. H., & Hadden, W. (2002). The health effects of rural urban residence and concentrated poverty. *Journal of Rural Health*,18, 319-336.

65.   Yarber, W. L., Milhausen, R. R., Huang, B., & Crosby, R. A. (2008). Do rural and non-rural single, young adults differ in their risk and protective HIV/STD behaviors? Results from a national survey. *Health Education Monograph*, 25, 7-12.

66.   資料來源：改寫自 Torabi, Mohammad R., & Yarber, William L. (1992) Alternate Forms of the HIV Prevention Attitude Scale for Teenagers. *AIDS Education and Therapy*, 4, 172-182。

67.   資料來源：Catania, J. A. (2011). Health Protective Sexual Communication Scale. In Fisher, T. D., Davis, C. M., Yarber, W. L., & Davis, S. L. (Eds।।)., *Handbook of sexuality-related measures* (3rd ed., pp. 591-594).

68.   Kaiser Family Foundation. (2009). America has gone quiet on HIV/AIDS. Available: http://www.kff.org/hivaids/040209_altman.cfm (Last visited 12/19/11); Rochkind, J., DuPont, S., & Ott, A. (2009). Impressions of HIV/AIDS in America. Available: http://www.publicagenda.org/files/pdf/HIV-Aids-mAY-2009.pdf (Last visited 12/19/11).

69.   Niccolai, L. M., Farley, T. A., Ayoub, M. A., Magnus, M. K., & Kissinger, P. J. (2002). HIV-infected persons' knowledge of their sexual partners' HIV status. *AIDS Education and Prevention*, 14, 183-189.

70.   Witte, S. S., El-Bassel, N., Gilbert, L., Wu, E., & Chang, M. (2010). Lack of awareness of partner STD risk among heterosexual couples. *Perspectives on Sexual and Reproductive Health*, 42, 49-55.

71.   Hennessy, M., Fishbein, M., Curtis, B., & Barrett, D. W. (2007). Evaluating the risk and attractiveness of romantic partners when confronted with contradictory cues. *AIDS and Behavior*, 11, 479-490.

72.   Ibid.

73.   Masaro, C. L., Dahinten, V. S., Johnson, J., Ogilvie, G., & Patrick, D. M. (2008). Perceptions of sexual partner safety. *Sexually Transmitted Infections*, 35, 566-571.

74.   Pinkerton, S. D., Holtgrave, D. R., & Galletly, C. L. (2008). Infections preventing by increasing HIV serostatus awareness inthe United States, 2001 to 2004. *Journal of Acquired Immune Deficiency Syndromes*, 47, 354-357.

75.   Centers for Disease Control and Prevention. (2008t). HIV transmission rates in the United States: Dramatic declines indicate success in U.S. HIV prevention. Available: http://www.cdc.gov/hiv/topics/surveillance/resources/factsheets/transmission.htm (Last visited 12/8/08).

76.   Holtgrave, D. R., Hall, H. I., Rhodes, P. H., & Wolitski, R. J. (2008). Updated annual HIV transmission rates in the United States, 1977-2006. *Journal of Acquired Immune Deficiency Syndromes*, 50, 236-238.

77.   資料來源：Crosby, R. A., Sanders, S. A., Yarber, W. L., Graham, C. A., & Dodge, B. (2002). Condom use errors and problems among college men. *Sexually Transmitted Diseases*, 29, 552-557; Crosby, R. A., Yarber, W. L., Graham, C. A., & Sanders, S. A. (2010). Does it fit okay? Problems with condom use as function of self-reported fit. *Sexually Transmitted Infections*, 86, 36-38. Sanders, S. A., Graham, C. A., Yarber, W. L., & Crosby, R. A. (2003). Condom use errors and problems among young women who put condoms on their male partners. *Journal of the American Medical Women's Association*, 58, 95-98; Yarber, W. L., Graham, C. A., Sanders, S. A., Crosby, R. A., Butler, S. M., & Hartzell, R. M. (2007). "Do you know what you are doing?" College students' experiences with male condoms. *American Journal of Health Education*, 39, 322-331.

78.   Yarber, W. L., Graham, C. A., Sanders, S. A., Crosby, R. A., Butler, S. M., & Hartzell, R. M. (2007). "Do you know what you're doing?" College students' experiences with male condoms. *American Journal of Health Education*, 38, 322-331.

79. Crosby, R. A., Yarber, W. L., Graham, C. A., & Sanders, S. A. (2010). Does it fit okay? Problems with condom use as a function of self-reported fit. *Sexually Transmitted Infections*, 86, 36-38.

80. Centers for Disease Control and Prevention. (2011q). HIV in the United States: An overview.

81. Chandra, A., Billioux, V. G., Copen, C. E., & Sionean, C. (2012). HIV risk-related behaviors in the United States household population aged 15-44 years: Data from the National Survey of Family Growth, 2002 and 2006-2010. National Health Statistics Report, 46. Available: http://www.cdc.gov/nchs/data/nhsr/nhsr046.pdf (Last visited 4/18/12).

82. Noar, S. (2008). Behavioral interventions to reduce HIV-related sexual risk behavior: Review and synthesis of meta-analytic evidence. *AIDS and Behavior*, 3, 335-353.

83. Smoak, N. D., Scott-Sheldon, L. A. J., Johnson, B. T., Carey, M. P., & SHARP Research Team. (2006). Sexual risk reduction interventions do not inadvertently increase the overall frequency of sexual behavior: A meta-analysis of 174 studies with 116,735 participants. *Journal of Acquired Immune Deficiency Syndromes*, 41, 374-384.

84. Centers for Disease Control and Prevention. (2011z). Press release: CDC trial and another major study find PrEP can reduce risk of HIV infection among heterosexuals. Available: http://www.cdc.gov/nchhstp/newsroom/PrEPHeterosexual.html (Last visited 12/29/11); Centers for Disease Control and Prevention. (2011aa). CDC fact sheet: Pre-exposure prophylaxis (PrEP) for HIV prevention. Available: http://www.gov/hiv/prep/pdf/PrEPfactsheet.pdf (Last visited 12/29/11).

85. Institute of Medicine. (2006). Preventing HIV infection among injecting drug users in high risk countries: A comprehensive approach. Washington, DC: The National Academies Press; Nacopoulos, A. G., Lewtas, A. J., & Ousterhout, M. M. (2010). Syringe exchange programs: Impact on injection drug users and the role of the pharmacist from a U.S. perspective. *Journal of the American Pharmacists Association*, 50, 148-157; Palmateer, N., et al. (2010). Evidence for effectiveness of sterile injecting equipment provision in preventing hepatitis C and human immunodeficiency virus transmission among injecting drug users: A review of review. *Addiction*, 105, 844-859.

86. Marks, G., Crepaz, N., & Janssen, R. (2006). Estimating sexual transmission of HIV from persons aware and unaware that they are infected with the virus in the USA. *AIDS*, 20, 1447-1450.

87. Centers for Disease Control and Prevention. (2010o). HIV testing basics forconsumers. Available: http://www.cdc.gov/hiv/topics/testing/resources/index.htm (Last visited 12/20/11).

88. Donnell, D., et al. (2010). Heterosexual HIV-1 transmission after initiation of antiretroviral therapy: A prospective cohort analysis. *The Lancet*, 375, 2092-2098.

89. U.S. Department of Health and Human Services. (2011b). HIV/AIDS overview: Treatment. Available: http://www.aids.gov/hiv-aids-basics/hiv-aids-101/overview/treatment (Last visited 12/21/11).

90. International Rectal Microbicide Advocates. (2011). What is a rectal microbicide? Available: http://www.rectalmicrobicides.org (Last visited 12/21/11).

91. International AIDS Vaccine Initiative. (2011). Antibody discoveries reveal new targets. Available: http://www.iaiv.org/Pages/home.aspx? (Last visited 12/21/11).

1-5 劃

45, X（透納氏症）　　45,X (Turner syndrome)　　一種染色體疾病，影響天生缺乏 X 染色體的女性，導致卵巢無法發育。

5α 還原酶缺乏症　　5-alpha reductase deficiency　　一種疾病，指基因上的男性（染色體為 XY）無法製造出足夠的二氫睪固酮荷爾蒙，因此擾亂外生殖器發育，令患者出生時擁有狀似女性的外生殖器。

BDSM　　BDSM　　縮略語，用以描述結合綁縛與調教、施虐與受虐等層面的各種性行為。

B 細胞　　B cell　　與抗體製造有關的一種淋巴細胞。

HIV 病毒　　HIV　　見「人類免疫缺乏病毒」。

HIV 病毒（母對子）垂直感染　　perinatal HIV transmission (mother to child)　　女性於懷孕或分娩期間，將 HIV 病毒傳染給子代。

HIV 病毒傳染率　　HIV transmission rate　　每年每一百名 HIV 病毒患者中的新增感染人數。

HIV 病毒感染狀態相異　　serodiscordant　　一對伴侶中，其中一人為 HIV 病毒陽性，另一人為 HIV 病毒陰性。

PLISSIT 模式　　PLISSIT model　　一種性治療模式，結合四種漸進式治療層次：允許、適量知識、明確建議、密集治療。

RU-486　　RU-486　　見「藥物墮胎」。

T 細胞　　T cell　　數種參與免疫反應的淋巴細胞中之任何一種。

二氫睪固酮缺乏　　DHT deficiency　　一種基因疾患，指某些男性無法將睪固酮轉換為外生殖器發育所需的二氫睪固酮，出生時往往被誤認為女性，直至成年始發育出男性生殖器。

人口統計學　　demographics　　人類人口在數據上的特性。

人工授精　　artificial insemination (AI)　　見「輔助生殖技術」。

人類免疫缺乏病毒　　human immunodeficiency virus (HIV)　　引發愛滋病的病毒。

人類絨毛膜促性腺素　　human chorionic gonadotropin (HCG)　　一種荷爾蒙，待受精卵於子宮著床後隨即開始分泌，作用為提升黃體的維持時間。

下疳　　chancre　　梅毒第一期的症狀，會出現圓形、豌豆大小、無疼痛感的潰瘍。

口交　　oral-genital sex　　以口部或舌頭碰觸伴侶的生殖器。

口服避孕藥　　oral contraceptive (OC)　　一系列包括人工合成雌激素與／或黃體素的藥丸，可調節卵子發生與月經週期。通稱避孕藥。

口腔期　　oral stage　　佛洛伊德學說中之概念，指人的年齡介於出生至一歲的階段。此時期的嬰兒，主要藉由口部滿足性慾。

大陰唇	labia majora (singular, labium majus)	兩片柔軟富彈性的皮肉，由陰阜延伸而來，圍住小陰唇、陰蒂、尿道口、陰道入口等處。
女用保險套	female condom	一種柔軟、寬鬆的拋棄式聚氨酯製薄膜套，兩端皆有形似子宮帽的環形構造，可包覆子宮頸、陰道壁與部分外生殖器，防止懷孕並預防性感染疾病。
女性主義	feminism	不分男女，為女性戮力爭取更平等地位的思潮。
女性生殖器切割	female genital cutting (FGC)	割除陰蒂與部分或全部陰唇的外科手術，亦稱陰蒂切除、女性割禮或女性生殖器殘割。
女性向色情作品	femme porn	題材露骨煽情，專為迎合女性與異性戀伴侶喜好的作品。
女性色情狂	nymphomania	偽科學名詞，指女性之性慾「異常地高」或「過盛」。
女性性高潮疾患	female orgasmic disorder	女性正常經歷性興奮後，無法或延遲達到性高潮。
女性性興奮疾患	female sexual arousal disorder	女性始終或經常無法達到，或維持陰道濕潤、膨脹的性興奮狀態。
女性模仿者	female impersonators	穿著女裝的男性。
女陰切開術	episiotomy	一種生產時採用的手術，在會陰處朝肛門劃出一道開口，藉以擴大陰道口。
女雄	she-male	已經歷隆乳手術的男性。
女調教師	dominatrix	在「綁縛與調教」性活動中，負責對臣服的伴侶施以「調教」的女性。
子宮	uterus	一種中空、厚壁肌肉器官，由柔韌的韌帶固定於骨盆腔中，並以數條肌肉支撐。
子宮內膜	endometrium	位於子宮內壁的膜。
子宮內膜異位	endometriosis	一種病症，因子宮內膜組織散佈至身體其他部位生長而引起，為不孕的主要原因。
子宮內避孕法	intrauterine contraceptive (IUC)	一種長效、可逆式避孕法，可防止受精情況發生。
子宮內避孕器	intrauterine device (IUD)	見「子宮內避孕法」。
子宮切除術	hysterectomy	指移除子宮的手術。
子宮外孕	ectopic pregnancy	一種懷孕形式，指受精卵在子宮壁以外的任何組織上著床，多半發生於輸卵管。亦稱輸卵管妊娠。
子宮帽	diaphragm	一種橡膠杯狀避孕器，杯口有彈性，可置於陰道深處，隔絕子宮頸，防止精子進入子宮。
子宮頸	cervix	子宮的末端，開口朝向陰道。
子宮頸上皮分化不良	cervical dysplasia or cervical intraepithelial neoplasia (CIN)	子宮上皮（被覆細胞膜）的病變，如不治療可能導致罹癌。

子宮頸口	os	子宮頸的開口。
子宮頸抹片檢查	Pap test	一種檢驗子宮頸癌的方式，從子宮頸刮取細胞採樣，並以顯微鏡加以檢查。
子宮頸炎	cervicitis	子宮頸出現腫脹（發炎），一般由感染引起。
子宮頸癌	cervical cancer	好發於子宮頸的侵襲癌。
子宮頸薄化	effacement	指分娩時子宮頸變薄。
子宮頸黏液觀察法	cervical mucus method	一種避孕方法，藉由觀察女性子宮頸黏液，判斷是否排卵。
子宮頸擴張	dilation	子宮頸逐漸張開之過程。
子宮擴除術	dilation and evacuation (D&E)	一種適用於妊娠中期的墮胎方式，先緩慢將子宮頸擴張開來，再交替運用刮除術、器械、抽吸等方式清除胎兒。
小產	miscarriage	胎兒從子宮自然排出。即自然流產。
小陰唇	labia minora (singular, labium minus)	兩小片位於大陰唇內側的皮膚，於陰蒂上方相接，構成陰蒂包皮。
工具性	instrumentality	為完成任務與解決問題而採取的作法。
不反應期	refractory period	對男性而言，指射精後無法再次射精的時期。
不孕	infertility	維持無保護措施的性生活一年後仍無法懷胎。無法懷胎至妊娠足月亦屬不孕。
內化恐同	internalized homophobia	對他人的同性戀傾向及自身在性方面受同性吸引，抱持負面態度與厭惡情緒。
分泌期	secretory phase	月經週期的階段，此時子宮內膜開始為受精卵的到來做準備；如無受精，黃體即開始退化。
切片檢查	biopsy	以手術方式切下組織，用於診斷。
勾搭	hooking up	與非戀愛對象發生的性愛關係，對象通常為朋友。
厄勒克特拉情結／戀父情結	Electra complex	佛洛伊德學說中之概念，指女性孩童對父親懷有情色慾望，同時懼怕母親。
友誼之愛	storge	在約翰·李的愛情類型理論中，屬於同伴式的愛情類型。
反同偏見	anti-gay prejudice	因男同性戀、女同性戀的同性行為，而產生強烈反感、恐懼、厭惡的情緒。
反轉錄病毒	retrovirus	一種能逆轉正常基因寫入過程的病毒，會導致宿主細胞複製病毒，而非自我複製。
反轉錄酶	reverse transcriptase	一種位於反轉錄病毒核心的酵素，使反轉錄病毒得以將自己的遺傳程序寫入宿主細胞基因中。
壬苯醇醚 -9	nonoxynol-9 (N-9)	殺精劑中的殺精化學物質。

巴多林氏腺	Bartholin's gland	位於陰道開口左右兩側的小型腺管，性興奮時會分泌少量液體，亦稱為前庭大腺。
支配與臣服	domination and submission (D/S)	性活動中在雙方同意下，演出一人支配、另一人臣服的幻想情節。
文化對等觀點	cultural equivalency perspective	此觀點認為，各族群的態度、行為、價值觀基本相似，之所以出現不同，係由於受奴隸制度、歧視、貧窮等歷史、社會因素所迫，必須加以適應。
日曆（安全期推算）法	calendar (rhythm) method	一種避孕方法，依據女性最長與最短的月經週期範圍，推算出不會懷孕的「安全期」。
月暈效應	halo effect	此種假設認為，有吸引力或有魅力的人，其顯現在外令人喜愛的社交特質，超出其本質應有的程度。
月經	menses	每個月子宮內膜排出的過程。
月經同步	menstrual synchrony	同事或同住一起的女性，其月經週期同步的現象。
月經期	menstrual phase	月經週期中子宮內膜脫落的階段。
月經週期	menstrual cycle	子宮預備讓受精卵著床的過程，週期為一個月左右。亦稱子宮週期。
月經過多	menorrhagia	女性月經週期期間可能出現的大量或持續出血。
代表性樣本	representative sample	一個小型樣本群體，代表年齡、性別、族群、社經地位、傾向等方面的較大樣本群體。
代理孕母	surrogate motherhood	一種不孕症的解決方案，由一位女性替另一位女性懷胎。
出櫃	coming out	公開承認同性戀、雙性戀性傾向之行為。
包皮垢	smegma	由陰莖包皮與陰蒂包皮底下的數個小腺體所產生的乾酪狀物質。
包皮環割	circumcision	將包覆龜頭的包皮割除之手術。另見「陰蒂切除」。
包皮繫帶	frenulum	陰莖下側一處呈現三角形的敏感肌膚帶，將陰莖頭與包皮連接。
卡波西氏肉瘤	Kaposi's sarcoma	一種好發於血管的罕見癌症，常見於愛滋病患者。
卡普蘭性反應三階段模型	Kaplan's tri-phasic model of sexual response	此模型將性反應分為三階段：慾望期、興奮期、高潮期。
外寄生蟲侵擾	ectoparasitic infestation	由寄生於表皮的寄生蟲，而非體內寄生蟲發起的侵襲。
外陰	vulva	女性外生殖器的統稱。
外陰疼痛	vulvodynia	無明確原因的慢性外陰疼痛。
孕前保健	preconception care	透過預防、管理等措施加以介入，以發現並減輕醫療、行為、社會因素對孕婦健康或懷孕結果之危害。
巨噬細胞	macrophage	一種可摧毀外來細胞的白血球細胞。

未經產女性	nulliparous woman	從未生育過的女性。
正常性行為	normal sexuality behavior	符合群體既定行為模式的性行為。
生理性別	sex	以基因與身體方面的性徵為基礎，判別男性或女性。
生殖	reproduction	生物個體被生產出來的過程。
生殖期	genital stage	佛洛伊德學說中之概念，指青年人開始對生殖器性活動，尤其性交感興趣的時期。
生殖腺	gonad	產生配子的器官（卵巢或睪丸）。
生殖器	genitals	雄性與雌性的生殖與性器官。亦稱性器。
生殖器人類乳突病毒感染	genital human papillomavirus infection	病毒感染男女性生殖器與直腸區域引發的病症，其中有多種病毒屬於性傳播感染型。患者不分男女，如感染某幾種人類乳突病毒，會出現生殖器疣。
生殖器念珠菌症	genital candidiasis	一種酵母菌感染，因體內常駐的白色念珠菌過度生長而引起。
生殖器疣	genital warts	一種性感染疾病，因人類乳突病毒引起。
生殖器皰疹	genital herpes	一種性感染疾病，因單純皰疹病毒引起。
白血球	leukocyte	又稱為白細胞，是血液中重要的血球之一。
皮下植入避孕器	implant	埋入皮膚下的避孕裝置，避孕效果可達三年。最常見的皮下植入避孕器為易貝儂。

6-10 劃

交叉體位	tribidism	指一名伴侶躺臥於對方身上進行有節奏的運動，以刺激生殖器的行為。
交媾	coitus	陰莖與陰道交合的性交方式。
伊底帕斯情結／戀母情結	Oedipal complex	佛洛伊德學說中之概念，指男性孩童對母親懷有情色慾望，同時懼怕父親。
同居	cohabitation	共同居住並維持性關係的生活方式。
同居伴侶關係	domestic partnership	一種法定關係類型。承諾維持此種關係的同居異性戀伴侶、男同性戀伴侶、女同性戀伴侶等，得以部分行使專屬於已婚夫婦的權利。
同性情慾	homoeroticism	產生性吸引、情慾、性衝動的對象為同性，即同性戀。
同性戀	homosexuality	情感與性方面會受同性吸引。
同意年齡	age of consent	個人在法律上可獨立做出允諾的最低年齡。
同源構造	homologous structure	指功能相同的構造間有其相似性。
同儕偏差次文化	peer delinquent subculture	指一種反社會的青少年次文化。

回饋	feedback	指一不間斷的過程，參與者及其輸入的訊息會輸出結果，輸入端隨後因為輸出結果而產生改變。
地位	status	個人在群體中的位階或排行。
多重伴侶關係	polyamory	指同時維持一個以上親密愛情關係的行為或生活方式，且所有交往對象皆完全知情並允許。
多重戀情	extradyadic involvement (EDI)	在一對一的婚姻或約會關係之外，又與他人發生性愛或戀愛關係。
守貞／禁慾	celibacy	不從事任何形式的性活動。
安全型依附	secure attachment	一種嬰兒時期的依附類型，典型表現為對其主要照顧者感到安心與信心。
早產	preterm birth	懷孕二十七週內發生的生產。
早發性射精（或稱早洩）	premature ejaculation or rapid ejaculation	一種性功能障礙，典型表現為無法隨心所欲控制或延遲射精，造成患者苦惱。
早熟症	precocious puberty	指在正常的發育年齡前，即出現身體上與荷爾蒙上的發育成熟徵狀。
曲細精管	seminiferous tubules	細小、緊縮的管道，精子在此生成。
羊水	amniotic fluid	羊膜囊中包圍胚胎或胎兒的液體。
羊膜	amnion	內有胚胎與羊水的胚胎囊膜。
羊膜穿刺術	amniocentesis	用針筒從子宮中抽取羊水，以檢查胎兒有無先天缺陷之過程。
肌強直	myotonia	肌肉緊張度增加之現象。
自我口交	autofellatio	自行以口部刺激陰莖。
自我中心謬誤	egocentric fallacy	一種錯誤的觀念，認為個人擁有的經驗與價值觀，他人通常也擁有。
自我揭露	self-disclosure	個人資訊的揭露。這些資訊他人通常不知情，因有其風險性。
自然流產	spontaneous abortion	指自然排出胚體，一般通稱流產。
自慰	masturbation	刺激生殖器以求得快感之行為。
自變項	independent variable	實驗中可操作、可改變的因素。
自體性行為	autoeroticism	自行完成的性刺激或性行為，包括自慰、性幻想、春夢等。
色情作品	pornography	題材露骨煽情，評價負面的作品。
血清分類	serosorting	認定對象之 HIV 感染狀態（陰性或陽性）與自己的 HIV 感染狀態相同，並與該對象發生性行為。
血清抗體轉換	seroconversion	人發展出抗體的過程。
血清狀態	serostatus	特定抗原的抗體不存在或存在。
血管充血	vasocongestion	指身體組織充滿血液。

衣原體感染	chlamydia	一種由砂眼衣原體引起的性感染疾病。
西方墨點法	Western blot	一種測定抗體是否針對 HIV 病毒的檢驗。
伴侶守衛	mate guarding	指人努力維持與交往對象的既存關係。
伴侶偷獵	mate poaching	指人刻意引誘穩定交往中的他人，使其與自己發展短暫或長期的交往關係。
伺機性感染	opportunistic infection (OI)	指一般不易出現或無生命威脅，但會侵襲已弱化免疫系統的感染症。
低出生體重嬰兒	low-birth-weight infants	出生時體重低於二千五百公克的嬰兒。
卵子	ovum (plural, ova)	即卵細胞或卵母細胞。指女性產生的配子。
卵子生成	oogenesis	卵母細胞的產生。即卵巢週期。
卵母細胞	oocyte	女性產生的配子。亦稱卵子或卵細胞。
卵巢	ovary	產生卵子的一對器官。
卵巢切除術	oophorectomy	切除一邊或兩邊卵巢之手術。
卵巢週期	ovarian cycle	卵母細胞產生的過程，週期為一個月左右。
卵巢濾泡	ovarian follicle	一種囊狀構造，卵母細胞在其中發育。
卵黃囊	yolk sac	此構造負責產生胚胎的第一批血球細胞，以及未來將發育成性腺的生殖細胞。
吮陽	fellatio	以口部刺激陰莖。
妊娠	gestation	即懷孕。
妊娠代理孕母	gestational carrier	與胎兒無血緣關係的代理孕母。指有卵巢但無子宮之女性，利用自身卵子與男方精子產生胚胎，再將其植入代理孕母的子宮中。
妊娠型高血壓	pregnancy-induced hypertension	一種病症，典型表現為血壓升高、水腫、蛋白尿等。
尿道	urethra	尿液（以及男性的精液）通過的管道。
尿道下裂	hypospadias	一種荷爾蒙疾病，指陰莖的開口不在陰莖上端，而位於下端、龜頭或陰莖體等處，或在陰囊與陰莖的交接處。
尿道孔	urethral orifice	指男性尿道的開口，精液透過此處射出，尿液亦透過此處排出。
尿道炎	urethritis	尿道的發炎症狀。
尿道海綿體	corpus spongiosum	陰莖中的一條勃起組織，包圍住尿道。
尿道球部	urethral bulb	膀胱內尿道的擴張部分。
尿道球腺（亦稱考氏腺）	Cowper's gland or bulbourethral gland	位於攝護腺下方左右兩側的小腺體，其分泌的蛋清狀透明黏液，會於射精前進入尿道中。
尿道開口	urethral opening	指女性尿道的開口，尿液透過此處排出。

希克斯式收縮	Braxton-Hicks contractions	妊娠後期出現的子宮收縮，可活動子宮，為分娩預作準備。
我族中心謬誤（或稱我族中心主義）	ethnocentric fallacy or ethnocentrism	一種信念，認為自己所屬的族群、國家或文化先天較他人優越。
抗反轉錄病毒療法	antiretroviral therapy (ART)	可控制 HIV 病毒繁殖、延緩 HIV 疾病惡化的藥物療法。
抗原	antigen	細胞表面的分子結構，能刺激免疫系統，對身體釋放的抗體也會產生反應。
抗體	antibody	一種細胞，能與入侵細胞的抗原產生連結，令其失去活性並加以標記，再交由殺手細胞摧毀。
男用保險套	male condom	見「保險套」。
男性女乳症	gynecomastia	男性乳房腫脹、變大的症狀。
男性色情狂	satyriasis	男性過度、無法控制的性慾。
男性更年期	andropause or male climacteric	老年男性身上出現的各種變化，包括性慾與性能力下降、精子的質與量降低、身體虛弱、肌肉與骨骼質量降低、體脂肪上升等。
男性性高潮疾患	male orgasmic disorder	男性正常經歷性興奮後，經常延遲或無法達到性高潮。
男性勃起疾患	male erectile disorder	男性始終或經常無法達到勃起狀態，或維持充分的勃起狀態，直至性行為結束依然如此。
男性氣魄	machismo	拉丁美洲文化中受到高度讚賞的男性特質。
男性模仿者	male impersonators	穿著男裝的女性。
肛交	anal intercourse	將勃起的陰莖插入性伴侶肛門的行為。
肛交疼痛	anodyspareunia	肛交時產生的疼痛感。
肛門	anus	直腸的開口，由兩條括約肌構成。這種環肌能令肛門如閘門般開闔。
肛門性愛	anal eroticism	與肛門有關的性行為。
肛門期	anal stage	佛洛伊德學說中之概念，指人的年齡介於一至三歲的階段。此時期的孩童，性慾活動係以肛門為中心。
肝炎	hepatitis	侵襲肝臟的病毒性疾病。數種肝炎病毒屬於性傳播感染型。
良性腫瘤	benign tumor	生長緩慢、不會轉移的非惡性（非癌性）腫瘤。
良性攝護腺增生	benign prostatic hyperplasia (BPH)	攝護腺增大的症狀，影響許多五十歲以上男性。
乳房 X 光片	mammogram	低劑量的乳房 X 光攝影。
乳房切除術	mastectomy	切除部分或全部乳房的手術。

乳房自我檢查	breast self-examination (BSE)	一種自行檢查乳房，確認是否有腫塊或可疑變化之方式。
乳房腫瘤切除術	lumpectomy	僅切除惡性腫瘤及周圍淋巴結的乳房手術。
乳房攝影術	mammography	利用 X 光攝影技術，於視診、觸診乳房腫瘤前先行檢測。
乳暈	areola	乳頭周圍的暗色皮膚區域。
乳腺	mammary gland	成熟女性乳房中發育出的腺體。
乳腺泡	alveoli (singular, alveolus)	女性乳房中的小型腺體，胎兒出生後會開始分泌乳汁。
事後避孕藥	Plan B One-Step	一種備用避孕措施，發生無保護措施的性行為後七十二小時（三日）內服用，可降低懷孕機會。亦稱緊急避孕藥。
佩洛尼氏症	Peyronie's disease	一種會導致陰莖彎曲、狀極痛苦的男性性疾患，原因為陰莖的海綿體內產生纖維組織與鈣質沉積。
依附	attachment	嬰兒與主要照顧者之間的情感聯繫。
依變項	dependent variable	實驗中可能因自變項改變而受到影響的因素。
兒童性侵	child sexual abuse	任何發生於成人與青春期前孩童間的性互動，包括愛撫、情色意味的親吻、口交、生殖器插入等。
初次性行為（或稱初次性交）	sexual debut or first sexual intercourse	指人生中首次的陰莖—陰道或肛門性交；一般認為對許多青少年而言，此為人生一大里程碑。
初乳	colostrum	富含營養素與抗體的黃色乳汁，產乳前二至三天開始分泌。
初經	menarche	月經來潮的開端。
刻板印象	stereotype	一套簡化、僵化、過度概括，對於一個人或一群人的想法。
受孕覺察避孕法	fertility awareness–based (FAB) method	以女性對自身生育週期之掌握為基礎的避孕法總稱，包括日曆法、基礎體溫法、子宮頸黏液觀察法、症狀體溫法等方法。
受精卵輸卵管內移植	ZIFT (zygote intrafallopian transfer)	一種輔助生殖技術療程，女性卵子在實驗室內受精，隨後移至其輸卵管。
夜間性高潮／遺精	nocturnal orgasm or emission	男性睡眠時出現性高潮／射精情形，通常伴隨春夢。亦稱夢遺。
延後分娩	delayed labor	妊娠期滿後兩週仍未分娩。
延遲射精（或稱遲洩）	delayed ejaculation	一種性功能障礙，典型表現為男性於性交時無法順利射精。
性	sexuality	關於性吸引力與性表達的情感、知識與生理等各個層面。
性反應週期	sexual response cycle	性興奮期間出現於生殖器和身體上，循序漸進的變化與模式。
性心理發展	psychosexual development	性在心理部分的發展。
性日記	sexual diary	研究參與者的個人記事，記錄他／她的性活動，隨後並向研究人員回報。

性代理人	sex surrogates	性治療中的性伴侶，協助有性功能障礙，又無配偶或其他伴侶的案主。
性功能不滿	sexual function dissatisfaction	一種情況，指個人或伴侶未基於醫學診斷，斷定自己對性關係不滿意，且已產生問題。亦稱性功能困難或性功能障礙。
性功能提升	sexual function enhancement	性功能品質的改善。
性功能障礙	sexual dysfunction	妨礙個人在性方面功能運作的生理反應受損，如勃起困難或無法高潮。亦稱性功能不滿或性功能問題。
性交	sexual intercourse	陰莖位於陰道內時進行的身體活動。亦可稱為陰道性交或陰莖—陰道性交。
性交中斷法	coitus interruptus	射精前將陰莖退出陰道，亦稱陰莖撤出法。
性交易	prostitution	以性行為交換金錢與／或物品。
性交疼痛（性交痛）	dyspareunia	一種女性性功能障礙，典型表現為性交時出現疼痛。
性別分化異常	disorders of sexual development (DSD)	雌性或雄性的先天性器構造發生非典型變化。亦稱雌雄間體。
性別角色	gender role	社會上認定各性別應有的態度、行為、權利、責任等。
性別角色行為	gender-role behavior	個人根據其社會性別，理應從事的行為。
性別角色刻板印象	gender-role stereotype	對於各性別應有的行為舉止，一種古板、過度草率、過於籠統的看法。
性別角色態度	gender-role attitude	對男性及女性應有何人格特質及行為才屬得體的想法。
性別歧視	sexism	基於性別而歧視他人，而與個人的表現無關。
性別表現	gender presentation	向他人展現自身性別的方式，無論透過姿態或性格。
性別重置手術	sex reassignment surgery	一種手術過程，使一個人的生殖器符合他／她的性別認同，並減輕此人經歷之嚴重苦痛。
性別基模	gender schema	一組相互關聯的概念，用於組織資訊，描述以社會性別為基礎的世界。
性別認同	gender identity	人的內心對自己是男是女的想法。
性別認同障礙	gender identity disorder (GID)	指人出現強烈、持續的跨性別認同心理，並為自己的指定性別苦惱不已。
性別選擇	sex selection	著床前與著床後行使之方法，得以選擇生男或生女。
性別變異	gender variation	指人無法或不願遵循自身生理性別理應遵循的社會性別規範。
性攻擊	sexual aggression	利用力量、爭吵、壓力、酒精或藥物、權威等，在違反他人意願情況下，進行任何形式的性行為。

性放任	swinging	三人以上進行的廣範圍性活動。一般而言，發生於一對已婚或已締結承諾的伴侶與另外一對或多對伴侶，或是與單身人士接觸時。
性侵害	sexual assault	強制性接觸的法律說法，不必然包括陰莖—陰道性交。
性侵創傷	sexual abuse trauma	一種變動狀態，指曾受性侵的兒童與成人，表現出創傷性的性化經驗、背叛、無力感以及自我汙名化等感受。
性施虐狂	sexual sadism	一種性偏好症類型，典型表現為產生頻繁、強烈的衝動，想真正（並非幻想）在性行為中對受虐者造成身體或精神方面的傷害。
性虐戀	sadomasochism (S&M)	「支配與臣服」的普遍、非臨床說法。
性要脅	sexual coercion	含義廣泛的詞，指對方透過爭吵、壓力、懇求、哄騙，以及暴力、壓力、酒精或毒品、權威等方式，而發起的任何形式之性行為。
性恐懼	erotophobia	對性產生負面的情緒反應。
性高潮	orgasm	性興奮的高潮，包括生殖器區肌肉規律性收縮與強烈歡愉情緒，男性進入青春期後通常會伴隨射精。
性高潮平台	orgasmic platform	性興奮時血管會充血的陰道部位。
性偏好症	paraphilia	一種心理疾患。美國精神醫學會將其典型表現定義為：重複出現、強烈性幻想、性衝動或行為，持續六個月以上，且包含以非人類事物為對象、傷害或侮辱他人或其伴侶、傷害孩童或非自願之人等行為。
性健康	sexual health	身體、心理、社會方面，與性有關的健康狀況。
性被虐症	sexual masochism	一種性偏好症類型，典型表現為產生頻繁、強烈的衝動，想真正（並非幻想的）在性行為中遭到羞辱、傷害，或因其他方式感到痛苦。
性渴望	erotophilia	對性產生正面的情緒反應。
性策略理論	sexual strategies theory	此理論假定男女性有不同的短期與長期求偶策略。
性傾向	sexual orientation	指性與情感吸引的模式，以伴侶的性別為基礎。
性傾向不確定	sexual orientation uncertainty	不確定能對自己產生性吸引力的性別。
性傾向流動性	sexual fluidity	對女性產生性吸引力的性別，依狀況發生彈性變動。
性感染疾病	sexually transmitted infections (STIs)	最常透過性接觸於人際間傳播的感染疾病。
性腳本	sexual scripts	由自己的文化中學得的性行為與性互動。
性資訊／建議	sex information/advice genre	一種媒體類型，對閱聽大眾傳播性方面的資訊與規範。

性厭惡疾患	sexual aversion disorder	一種性功能疾患，典型表現為對性活動或相關概念的持續恐懼反應。
性認同	sexual identity	身為異性戀、同性戀或雙性戀人士的自我標誌或自我認同。
性慾抑制	inhibited sexual desire	一種常見情況，指人性趣或性慾極低，鮮少回應伴侶的主動挑情，也極少主動發起性活動。亦稱性慾望不足。
性慾帶	erogenous zone	身體上對碰觸高度敏感的區域，與性興奮有關。
性慾望不足	hypoactive sexual desire (HSD) or inhibited sexual desire	一種性功能問題，典型表現為性慾望不振或全無性慾。
性潛伏期	latency stage	佛洛伊德學說中之概念，指人的年齡介於六歲至青春期的階段。此時期對父母的性衝動已不再活躍。
性潮紅	sex flush	暫時性皮膚變暗或起疹之狀況，因性興奮期間血液急速流經皮膚表面而引起。
性器期	phallic stage	佛洛伊德學說中之概念，指人的年齡介於三至五歲的階段。此時期的兒童不分男女，皆展現對生殖器之興趣。
性學學者	sexologist	研究人類性行為的專家。亦稱性學研究者。
性興趣	sexual interest	表現出性慾的傾向。
性雙重標準	sexual double standard	某種標準對一種性別的適用程度高於其他性別。
性騷擾	sexual harassment	以性為目的濫用權力；由於出現本質與性有關、不受歡迎的行為或情況，造成職場或教育環境充滿敵意。
性露骨素材	sexually explicit material (SEM)	指照片、電影、雜誌、書籍、網站等素材，其主題、題材或描述與性有關，或是能引起性興奮。
性變異	sexual variation	指性方面的變化性與多樣性，舉凡性傾向、態度、行為、慾望、幻想等；統計學上不同於尋常性行為的非典型性活動。
承諾	commitment	出於自覺的選擇，做出繼續交往或步入婚姻的決定。
泌乳	lactation	指乳房內（乳腺）產出乳汁。
泌乳停經法	lactational amenorrhea method (LAM)	一種極為有效的暫時性避孕法，僅適用於哺乳中的母親。
法定強暴罪	statutory rape	與未滿同意年齡的女性從事合意性交。
知情同意	informed consent	十八歲以上、心智健全的人士，在完全知曉參與目的、風險、利益的情況下，對參與表示同意。
社會性別	gender	透過社會與文化特質而界定的男女性別。
社會建構	social construction	社會上社交類別的發展，如陽剛氣質、陰柔氣質、異性戀、同性戀等。
社會建構理論	social construction theory	將性別視為透過語言與政治制度引發的一系列做法與表現。

社會經濟地位	socioeconomic status	指在社會上的排名，結合了職業、教育程度、收入水平等層面作為判定基礎。
空窗期	window period	指免疫系統產生足夠抗體，以利抗體檢驗察覺疾病所需的時間，其長度具可變性。
股間性交	interfemoral intercourse	將陰莖置於伴侶的大腿間抽動。
肺泡囊蟲肺炎	Pneumocystis carinii pneumonia (PCP)	一種伺機性肺部感染，由一種常見、通常無害的生物引起，好發於愛滋病患者。
表達性	expressiveness	指人表露或展現情緒。
近更年期	perimenopause	女性月經完全停止、進入更年期前，身體經歷逐漸變化、調整之階段。
附睪	epididymis	由許多細精管盤繞形成的管狀器官。精蟲在此發育成熟。
附睪炎	epididymitis	附睪發炎的症狀。
青少年期	adolescence	一種人類社交與心理學狀態，出現時間介於青春期與成人期之間。
青春期	puberty	人類的發展階段，此時身體開始具有生殖能力。
非典型性行為	atypical sexual behavior	在統計數據上不符合一般性行為常態的性活動。
非特異性尿道炎	nonspecific urethritis (NSU)	由非特定、非淋菌之病因引發的尿道發炎症。
非高壓型性偏好症	noncoercive paraphilia	不加害他人、不造成傷害的性偏好行為。
非淋菌性尿道炎	nongonococcal urethritis (NGU)	由淋球菌以外病原體引發的尿道發炎症。
非戀童症性侵	nonpedophilic sexual abuse	成人不受性慾驅使，而是因力量、情感等與性無關之動機，與兒童發生性方面的互動。
促性腺素	gonadotropin	一種直接作用於生殖腺的荷爾蒙。
促性腺素釋素	gonadotropin-releasing hormone (GnRH)	一種荷爾蒙，可刺激腦下垂體，促使其分泌濾泡刺激素與黃體成長激素，啟動卵巢週期中的濾泡期。
保險套（男用保險套）	condom or male condom	一種由乳膠、聚氨酯或加工動物組織製成，輕薄柔軟有彈性的薄膜狀，可套於勃起的陰莖之上，防止精子傳播，亦可預防性感染疾病。另見「女用保險套」。
保護免於傷害	protection from harm	研究中所有參與者的一種基本權利，包括保密權與匿名權。
勃起	erection	陰莖因血管充血逐漸變硬的過程。
勃起功能障礙	erectile dysfunction	一種性功能障礙，典型表現為性交期間無法勃起或無法持續勃起。昔稱陽痿。
客觀性	objectivity	從事物真實的存在感出發觀察事物，而非以人的感覺或想法出發。

後天免疫缺乏症候群（愛滋病，簡稱 AIDS）	acquired immunodeficiency syndrome (AIDS)	一種由人類引發的慢性疾病，會弱化免疫系統，致使其無法抵禦肺囊蟲肺炎、卡波西氏肉瘤等伺機性感染病症。
持續性性興奮症候群	persistent sexual arousal syndrome (PSAS)	指女性的性興奮狀態無法正常消退，而會持續數小時、數天或數週。
指定性別	assigned gender	通常於出生時由他人賦予的性別。
柯林菲特氏症	Klinefelter syndrome	一種疾病，指男性擁有一組或多組額外的 X 染色體，導致其發育出女性第二性徵。
毒性休克症候群	toxic shock syndrome (TSS)	一種對生命有潛在威脅的病症，由金黃色葡萄球菌引起，且與使用高吸水性棉條及其他於月經期間阻塞陰道或子宮頸之裝置有關。
洩精	emission	射精的第一階段，指精子與精液排入尿道球部。
流行病	epidemic	傳播範圍廣、傳播速度快的傳染性疾病。
流行病學	epidemiology	探討流行性疾病起因及防治方式之研究。
流行率／盛行率	prevalence	總體發生率，例如疾病的總病例數。
流產／墮胎	abortion	以自然或人為方式，令胎體排出母體外。
流鶯	streetwalker	在街頭拉客的妓女。
炮友	friends with benefits	朋友間一種不需承諾、非長期、隨意的性愛關係。
疥瘡	scabies	一種紅色、強烈發癢的皮疹，出現於生殖器、臀部、足部、手腕、指關節、腹部、腋下或頭皮等處，由幾乎不可見的人疥蟎引起。
科學方法	scientific method	一種獲取知識的系統方法，透過收集數據、形成假說、實證檢驗、檢視結果等過程達成。
約會強暴	date rape	約會對象使用暴力或威脅使用暴力，在違背受害者意願情況下，對其施行性侵入行為。
胎毛	lanugo	覆蓋胎兒的柔細毛髮。
胎兒	fetus	從受孕第八週開始，以至生產的生命成長階段。
胎兒皮脂	vernix	嬰兒出生時有時覆蓋其身體的蠟質物質。
胎兒酒精效應	fetal alcohol effect (FAE)	因孕婦中度飲酒，導致胎兒出現智力與行為缺陷。
胎兒酒精症候群	fetal alcohol syndrome (FAS)	因孕婦長期酗酒，導致胎兒出現五官發育異常、先天心臟缺陷、行為與智力缺陷等問題。
胎盤	placenta	母親與胎兒間交換物質的器官。
胚胎	embryo	子宮中的早期生命形式，發育程度介於囊胚與胎兒。
胚膜	embryonic membranes	胚胎的外膜，包括羊膜、羊水、卵黃囊、絨毛膜、尿囊等構造。
胚體	conceptus	醫學名詞，泛指從受精至生產階段，發育中的人類子代。

胞衣	afterbirth	胎盤、臍帶的剩餘部分、胎膜的總稱。
剖腹產術	cesarean section (C-section)	指切開母親的腹壁與子宮壁，以助其生產的手術。
原慾	libido	性方面的驅力。
家內性侵	intrafamilial abuse	兒童遭到血親或繼親施加的性侵害。
家外性侵	extrafamilial abuse	兒童遭到非親非故之人施加的性侵害。
家庭與醫療假法（簡稱 FMLA，美國 103-3 公法）	Family and Medical Leave Act (FMLA) (Public Law 103-3)	此法條規定員工得以生產與照顧新生兒、生病、看護生病家人為由，申請無薪休假。
家族至上	familismo	西班牙裔／拉丁裔族群中注重家庭的觀念。
射精	ejaculation	精液從陰莖激烈排出的過程。
射精抑制	inhibited ejaculation	一種性功能問題，指男性即便勃起並持續受到刺激，仍無法射精。
射精管	ejaculatory duct	位於攝護腺內部左右兩側的構造，與輸精管相連。
射精臨界點	ejaculatory inevitability	男性瀕臨射精的時間點。
恐同	homophobia	對男女同性戀非理性、病態的恐懼。另見「反同偏見」、「異性戀偏見」。
恥骨尾骨	pubococcygeus	肌肉懸吊帶的一部分，從前方的恥骨延伸至後方的尾骨。
旁觀心態	spectatoring	某人成為他／她自己性活動的觀眾，從而導致性功能困難的過程。
根部	root	陰莖與骨盆腔連接的部分。
海軋氏徵象	Hegar's sign	位於子宮頸上方的子宮部位出現變軟徵象，表示已懷孕。
病毒	virus	一組被覆蛋白質的基因，會侵襲細胞，改變細胞自我複製的方式。
病態行為	pathological behavior	依現行醫學標準，屬於不健康、患病之行為。
症狀體溫法	symptothermal method	一種受孕覺察避孕法，結合基礎體溫法與子宮頸黏液觀察法。
真空吸引術	vacuum aspiration	一種用於妊娠前期的墮胎方式，使用真空抽吸法，除去子宮中的胚體與其他組織。
神經性厭食症	anorexia nervosa	一種飲食疾患，典型表現為身材將趨向過瘦。
神經管缺陷篩檢	neural tube defect screening	一種妊娠中期孕婦接受的血液檢查，測量血中甲型胎兒蛋白含量水平，可檢測胎兒是否可能有脊椎、脊髓、頭骨、腦部等方面缺陷。
迴避型依附	avoidant attachment	一種嬰兒時期的依附心理，典型表現為迴避主要照顧者，以防止遭到拒絕。
逆行性射精	retrograde ejaculation	精液逆行排入膀胱，而非由尿道口排出。

配子	gamete	生殖細胞，內有生殖所需的遺傳物質，即卵子或精子。
配子輸卵管內移植	GIFT (gamete intrafallopian transfer)	一種輔助生殖療程，在女性腹部劃出數個小切口，將配子從此處植入輸卵管中。
骨盆底	pelvic floor	骨盆的底側部位，由恥骨頂端延伸至肛門。
骨盆腔炎	pelvic inflammatory disease (PID)	一種輸卵管感染症，由披衣菌或淋球菌引起，輸卵管內部可能形成瘢傷組織，阻擋卵子前進或導致子宮外孕，為女性不孕之主因。亦稱輸卵管炎。
骨質疏鬆症	osteoporosis	骨質密度降低之病症，會導致骨頭更為脆弱。
高壓型性偏好症	coercive paraphilia	性行為牽涉到加害他人之舉動。

11-15 劃

偏見	bias	個人的傾向或偏好。
偏誤樣本	biased sample	不具代表性的樣本。
停經	menopause	月經完全停止。
停經後荷爾蒙治療	menopausal hormone therapy (MHT)	指服用雌激素（通常搭配黃體素）以緩解更年期症狀。亦稱荷爾蒙補充治療。
務實之愛	pragma	在約翰·李的愛情類型理論中，屬於注重實際型的愛情。
參與觀察法	participant observation	一種觀察研究方法，指研究者親身參與其行為研究。
基因性別	genetic sex	透過染色體與荷爾蒙的性別特徵而界定的男女性別。
基模	schema	一組相互關聯的想法，可幫助人透過有用的方式整理資訊，以處理訊息。
基礎體溫法	basal body temperature (BBT) method	一種避孕方法，以女性早晨起床時的體溫為準。如體溫上升，代表可懷孕。
密宗性愛	tantric sex	一種以東方宗教為基礎的性愛技巧，伴侶在性交過程中共享「能量」。
強暴	rape	透過使用或威脅使用力量，進行違反他人意願的性侵入行為。
強暴創傷症候群	rape trauma syndrome	個人經歷的情緒變化，由強暴引起。
情色作品	erotica	題材露骨煽情，評價正面的作品。
情慾之愛	eros	在約翰·李的愛情類型理論中，屬於外在美至上的愛情類型。
情趣用品（或稱性玩具）	erotic aid or sex toy	指振動按摩器、假陰莖等用具，或潤滑液等用品。設計用途在於提升情色的積極響應程度。
排卵	ovulation	卵巢週期間，從卵巢中釋出卵子。
排卵期	ovulatory phase	排卵週期中，排卵發生的階段。
排卵痛	Mittelschmerz	排卵期間可能出現於側下腹部的劇烈刺痛。

排精	expulsion	射精的第二階段，典型表現為尿道、攝護腺、陰莖根部肌肉出現快速、有節奏的收縮，使精液從尿道口射出。
接近	proximity	物理空間與時間的接近性。
族群	ethnic group	由於世代相傳的文化特色，而不同於其他群體的一群人。
族群性	ethnicity	族群的歸屬與認同。
梅毒	syphilis	由梅毒螺旋體引起的性感染疾病。
殺手 T 細胞	killer T cell	一種會攻擊外來細胞的淋巴細胞。
殺精劑	spermicide	一種對精子具有毒性的物質。
涵化	acculturation	一個族群接受主流文化的態度、行為、價值觀之過程。
淋巴細胞	lymphocyte	一種白血球細胞，於免疫反應中發揮作用。
淋病	gonorrhea	一種性感染疾病，因淋病雙球菌引起。
產後期	postpartum period	指生產後的一段時期（約為期三個月），此段期間以穩定身體狀況、調整情緒為主。
產後精神病	postpartum psychosis	一種嚴重、罕見的產後心理疾病，病因一般認為屬於生物性，與荷爾蒙變化有關。
產後憂鬱症	postpartum depression	一種憂鬱症，一般認為與產後荷爾蒙分泌發生變化有關。
產道	birth canal	胎兒出生時經過的通道，亦即陰道。
異性戀	heterosexuality	情感與性方面會受異性吸引。
異性戀偏見（或稱異性戀主義、異性戀中心行為）	heterosexual bias or heterosexism or heterocentric behavior	以異性戀角度檢視世界，忽視或貶低同性戀之傾向。
異性戀常規性	heteronormativity	任何主張性別分明、性別角色與生俱來，且認定人皆為異性戀的規範。
異裝症	transvestism	臨床醫學名詞，指穿著另一種性別的衣服，通常為達到性興奮。
異裝戀物症	transvestic fetishism	一種性偏好症類型，指異性戀男性為求性興奮而變裝。
窒息式自慰	autoerotic asphyxia	一種性虐待癖好，結合了窒息與自慰。
第二性徵	secondary sex characteristics	身體外觀出現的變化，因作用於身體其他部位的荷爾蒙量增加而引起。
細菌性陰道炎	bacterial vaginosis (BV)	一種通常因陰道加德納菌感染引起的陰道發炎。
終生罹病風險	lifetime risk	人一生中罹患疾病的風險。
荷爾蒙	hormone	一種化學物質，作用相當於身體內的信差，可調節多項身體功能。
荷爾蒙補充治療	hormone replacement therapy (HRT)	通常指服用雌激素搭配黃體素，包含藥丸、陰道乳膏或小片黏性貼片等方式。亦稱更年期荷爾蒙治療、停經後荷爾蒙治療。

處女膜	hymen	一層薄膜，在因為初次性行為或其他原因破裂前，會覆蓋部分陰道口。
蛋白同化類固醇	anabolic steroids	天然或人工合成的荷爾蒙，為男性睪固酮的衍生物，可促進數種組織生長，尤其肌肉與骨骼組織。
貪食症	bulimia	一種飲食疾患，典型表現為不斷恣意過量進食後，再將腸胃淨空（嘔吐）。
透納氏症	Turner syndrome	一種基因疾病，指雌性沒有通常應有的成對 X 染色體。亦稱 45, XO。
連續一夫一妻制	serial monogamy	一連串的一夫一妻制（具排他性）婚姻或關係。
閉經	amenorrhea	與老化無關的月經停止現象。
陪產員	doulas	受過特殊訓練的人員，給予產婦情緒上的支持，並在生產過程中協助其克服疼痛。
陰阜	mons pubis	覆蓋女性恥骨的隆起脂肪組織，即恥丘。亦稱維納斯丘。
陰莖	penis	男性器官，精液與尿液的通道。
陰莖包皮	foreskin	指包覆陰莖體，狀似衣袖的皮膚中，向前延展並覆蓋住龜頭之部分。亦稱陰莖端膜。
陰莖異常勃起	priapism	持續時間久、痛苦的勃起，因血液無法排出陰莖而引起。
陰莖端膜	prepuce	指陰莖的包皮。
陰莖體	shaft	陰莖的本體。
陰部縫合	infibulation	將陰道兩側／陰道開口縫合，為女性割禮／女性生殖器殘割過程的一環。
陰蒂	clitoris (plural, clitorides)	女性的外部性器官，導致性興奮之重點部位。位於陰道之上，接近小陰唇相接處。
陰蒂／陰莖海綿體	corpora cavernosa	位於陰蒂或陰莖體之內的中空腔室，性興奮時會充血膨脹。
陰蒂／陰莖腳	crura (singular, crus)	陰蒂或陰莖體的內部分支。
陰蒂切除	clitoridectomy	切除陰蒂及部分或全部陰唇的手術，亦稱女性生殖器切割、女性割禮或女性生殖器殘割。
陰蒂包皮	clitoral hood	包覆陰蒂頭的一層皮膚。
陰蒂頭	glans clitoris	陰蒂對性刺激敏感的尖端部位。
陰道	vagina	女性體內一種具有彈性的肌肉器官，開口位於雙腿之間，並沿對角線方向延伸至腰背部。此處會於性交期間包住陰莖，且為嬰兒出生的通道（產道）。
陰道口	introitus	陰道的開口。
陰道炎	vaginitis	數種陰道感染的任何一種。

陰道前庭	vestibule	小陰唇包圍的區域。
陰道痙攣	vaginismus	一種性功能困難，典型表現為陰道口周圍的肌肉痙攣，防止陰莖插入。
陰道環	vaginal ring	一種陰道形式的可逆型荷爾蒙避孕法。一般指 NuvaRing 陰道避孕環。
陰蝨	pubic lice	又稱「蟹蝨」，寄生於陰毛上的微小蟲子。
陰囊	scrotum	容納兩顆睪丸的皮膚囊袋。
頂客族	child-free	選擇不生孩子的個人或伴侶。
麥斯特斯與強森性反應四階段模型	Masters and Johnson's four-phase model of sexual response	將性反應分為興奮期、高原期、高潮期、消退期等四階段的模型。
凱格爾運動	Kegel exercises	一組為女性設計的運動，可強化恥骨尾骨肌並練習自主控制之，亦能增加性愉悅與性自覺程度。男性練習此運動，則對改善勃起功能與學習控制射精極有幫助。
創傷後壓力症	posttraumatic stress disorder (PTSD)	指人遭遇正常生活經驗之外的重大痛苦事件後，出現的一組特徵性症狀，如憂鬱症等。
單純皰疹病毒	herpes simplex virus (HSV)	引發生殖器皰疹的病毒。
單戀	unrequited love	指得不到回報的愛情。
壺腹	ampulla	輸卵管或輸精管中較寬的部分。
惡性腫瘤	malignant tumor	一種癌性腫瘤，會侵襲鄰近組織，破壞重要器官的正常功能運作。
惡露	lochia	一種產後伴隨而來的含血陰道分泌物。
無私之愛	agape	在約翰·李的愛情類型理論中，屬於利他的愛情類型。
無性戀	asexuality	對同性或異性皆無法感受性吸引力，或是出於自願，不與他人產生性接觸之情形。
焦慮／矛盾型依附	anxious/ambivalent attachment	一種嬰兒時期的依附心理，典型表現為對主要照顧者產生分離焦慮與不安全感。
猥褻	obscenity	言行有悖「公認」之行為或道德標準。
發病數	incidence	一特定時段內的疾病新增病例數，通常以一年為期計算。
發送性內容訊息	sexting	創作、分享、轉發具有性暗示的文字，以及裸露或近乎裸露的圖像。
硬膜外麻醉法	epidural	一種生產時採用的麻醉方式，在產婦的下背部打入導管，持續投入止痛藥。
結紮	sterilization	一種使生殖器官無法產生或「輸送」具活動力之配子（精子與卵子）的外科手術。

絨毛膜	chorion	胚胎的最外層細胞膜。
絨毛膜取樣	chorionic villus sampling (CVS)	一種檢查程序，在包覆胚胎的外膜上採取數小片檢體，檢查胎兒是否有先天性缺陷之可能。
萊氏細胞	Leydig cell	位於睪丸內的細胞，會分泌雄激素。亦稱間質細胞。
著床	implantation	指囊胚嵌進子宮壁的過程。
費洛蒙	pheromone	一種可引起性慾的化學物質，多種動物皆會分泌，散發至空氣中。
超音波	ultrasound	使用高頻聲波建立視覺圖像，如子宮中的胎兒。
超音波圖	sonogram	超音波產生的視覺圖像。
開放式婚姻	open marriage	一種婚姻形式，指雙方同意對方可與他人維持公開、獨立的關係，包括性關係。
陽具欽羨	penis envy	佛洛伊德學說中之概念，指女性渴望擁有陰莖的心理。
雄性更年期（或稱男性更年期）	male climacteric or andropause	老年男性身上出現的各種變化，包括性慾與性能力下降、精子的質與量降低、身體虛弱、肌肉與骨骼質量降低、體脂肪上升等。
雄性激素	androgen	包含睪固酮在內的任何男性荷爾蒙。
雄性激素不敏感症候群	androgen insensitivity syndrome (AIS)	一種基因上的男性（染色體為 XY）排斥雄性激素（男性荷爾蒙）的病症，患者會出現部分或全部的女性身體特徵。
飲食疾患	eating disorder	危害身心健康的飲食與體重管理行為。
黃體	corpus luteum	由卵巢濾泡形成的組織，會於排卵後分泌重要的荷爾蒙。
黃體成長激素	luteinizing hormone (LH)	一種參與排卵過程的荷爾蒙。
黃體素	progesterone	一種有助於調節月經週期並維持受孕的女性荷爾蒙。
黃體期	luteal phase	卵巢週期中，濾泡轉變為黃體，接著萎縮的階段。
亂倫	incest	血緣關係過近，不得合法結婚的近親間發生性行為。通常指父女、母子、兄弟姊妹間發生的性行為。
催情藥	aphrodisiac	可提高性慾或提升性功能的藥物。
催產素	oxytocin	一種刺激子宮收縮的荷爾蒙，於生產或可能達到性高潮時分泌，俗稱愛情荷爾蒙，為促成配偶結合之主要激素。
嫉妒	jealousy	一種反感情緒反應，會因為伴侶身邊出現真實、想像中或可能的第三者而產生。
愛情三角理論	triangular theory of love	羅伯特・史登伯格發展出的理論，強調愛的動態性質，係透過親密、激情、決定／承諾三大要素的相互關係來表現。
愛撫	pleasuring	帶有情慾、不碰觸生殖器的觸摸。
感覺焦點法	sensate focus	性障礙治療的一部分，著重於觸摸，以及愉悅感的給予與接受。

新生兒	neonate	剛出生的胎兒。
會陰	perineum	生殖器與肛門間的一片軟組織區域，包含骨盆底的肌肉與韌帶。
準備完善的生產（或稱自然分娩）	prepared childbirth or natural childbirth	以制約反射原理為基礎，產婦學習從心理上隔離子宮收縮產生之疼痛制約反應。
溝通	communication	文字、手勢、動作等符號經過處理，用於人際接觸、訊息交流、加強或改變態度與行為的過程。
滑精	involuntary ejaculation	男性無法自行控制射精時間點。
畸胎原	teratogen	導致出生缺陷的有毒物質。
睪丸	testicle or testis (plural, testes)	陰囊中成對的雄性性腺。
睪固酮	testosterone	一種類固醇荷爾蒙，與產生精子、男性第二性徵發育、男性及女性的性驅力有關。
睪固酮替代療法	testosterone replacement therapy	臨床症狀和體徵均表現出雄激素缺乏與睪固酮分泌水平降低時，即需要使用此療法。
禁慾	abstinence	避免從事性行為。
節育	birth control	任何防止生產的方式，包括避孕與墮胎。
綁縛與調教	bondage and discipline (B&D)	一種性活動，其中一方遭到綁縛，另一方則以拍打臀部、鞭打等方式，輕度或適度施予「調教」。
經子宮頸結紮	transcervical sterilization	一種不需要手術的永久性節育方法。
經前症候群	premenstrual syndrome (PMS)	一系列與月經有關之嚴重症狀。
經前情緒低落疾患	premenstrual dysphoric disorder	指多種嚴重的經前症狀，足以擾亂女性身體運作。
經產女性	parous woman	曾經生育過的女性。
經痛	dysmenorrhea	部分女性會於月經期間感受到的骨盆痙攣與疼痛。
腳本	script	社會學中，指與特定角色有關的行為、規則與期望。
腹腔鏡術	laparoscopy	輸卵管結紮術的一種作法，使用視鏡（即腹腔鏡）找出輸卵管位置，由另一組器械進行切除或封閉，進而關閉輸卵管。
葛芬伯格點（G點）	Grafenberg spot (G-spot)	根據研究學者說法，為一小片對性刺激敏感的區域，位於陰道口與子宮頸之間，陰道前壁的上端。
解剖性別	anatomical sex	以生殖腺、子宮、外陰、陰道、陰莖等生理性徵為基礎，區分男女性別。
解除抑制	disinhibition	指解放一般來說會被壓抑住的行為之現象。
跟蹤騷擾	stalking	使具有理智之人感到恐懼的一系列行為。

跨性別者	transgender	此種人的外表與行為，不符合社會為其性別賦予的性別角色。
跨性別裝扮	cross-dressing	穿著另一個性別的服裝。
遊戲之愛	ludus	在約翰‧李的愛情類型理論中，屬於遊戲人間的愛情類型。
過渡期	transition	分娩第一階段的結束，此時嬰兒的頭部進入產道。
實驗研究法	experimental research	系統性操作個人或情境，以了解此操作對其行為的影響。
對照組	control group	實驗中未被操作的組別。
滴蟲病	trichomoniasis	由陰道毛滴蟲引起的感染。
瘋狂之愛	mania	在約翰‧李的愛情類型理論中，屬於偏執的愛情類型。
精子	sperm	男性配子。亦稱精蟲。
精子生成	spermatogenesis	由精子細胞發育成精子的過程。
精子細胞漿內注射	intracytoplasmic sperm injection (ICSI)	一種輔助生殖療程，將單一精子直接注射入一成熟卵子中，再將胚胎轉移至子宮或輸卵管。
精神分析	psychoanalysis	由佛洛伊德發展出的心理學體系，追溯行為以至潛意識的動機層次。
精神官能症	neurosis	一種心理疾病，典型表現為焦慮或緊張。
精索	spermatic cord	一條將睪丸懸吊於陰囊內的管狀結構，內含神經、血管與輸精管。
精索靜脈曲張	varicocele	一種睪丸上方出現的靜脈曲張，可能導致男性生殖力降低。
精液	semen or seminal fluid	被射出的體液，含有精子。
精囊	seminal vesicle	位於膀胱背部，左右各一的腺體，分泌物約占精液的百分之六十。
維納斯丘	mons veneris	即恥丘，亦稱陰阜。
緊急避孕法	emergency contraception (EC)	使用荷爾蒙或銅製子宮避孕器避免懷孕。
膀胱炎	cystitis	一種主要侵襲女性的膀胱感染症，常與性行為有關，但不會在伴侶間傳播。
舔肛	analingus	舔舐肛門區域的行為。
舔陰	cunnilingus	以口部刺激女性生殖器。
認知社會學習理論	cognitive social learning theory	一種兒童發展理論，著重探討由他人引發的行為學習現象，認為行為由其結果所支配。
認知發展理論	cognitive development theory	一種兒童發展理論，認為成長係指在各個獨立階段中，充分掌握特定的感知、思考、行為方式。
輔助 T 細胞	helper T cell	一種能「解讀」抗原，並引導免疫系統做出反應的淋巴細胞。

輔助生殖技術	assisted reproductive technology (ART)	藉由刺激女性卵巢導致排卵，以手術方式將卵子取出後與精子結合，再將受精卵植回女性體內的技術，一般稱為人工授精。
酵素免疫分析	EIA (enzyme immunoassay)	一種檢查，檢測是否有可與抗原產生鍵結的分子。此種分子特別與自體免疫疾病及癌症有關。
酷兒理論	queer theory	認定性慾是無法以性別中立概念或男女異性戀行為理解的體系。此理論指出，一個人的性慾認同與性別認同，部分或全部由社會建構。
雌雄間體	intersex	雌性或雄性的先天性器構造發生非典型變化。亦稱性別分化異常。
雌激素	estrogen	女性的主要荷爾蒙，可調節生殖功能與第二性徵的發育。
價值判斷	value judgment	指基於道德或倫理標準，而非客觀標準所下的「好」、「壞」評斷。
增生期	proliferative phase	子宮內膜在月經週期期間增厚，以因應增加的雌激素。
墮胎藥具	abortifacient	造成墮胎的儀器或藥物。
審查	censorship	政府、民間團體、個人基於政治因素或道德觀，限制文字、理念、圖像之散布。
摩擦症	frotteurism	一種性偏好症類型，指人有一股頻繁、強烈的衝動，想要未經他人同意，即碰觸或磨蹭對方以達到性興奮。
敵意環境	hostile environment	此概念與性有關，指因為發生性騷擾事件，而影響到當事人表現的職場或學校環境。
暴食症	binge eating disorder	一種飲食疾患，典型表現為進食快速、進食至身體不適的程度、持續進食、不飢餓時仍要進食等。亦稱強迫性過度進食症。
暴露症	exhibitionism	一種性偏好症類型，指人有一股頻繁、強烈的衝動，想要未經他人同意，在對方面前露出生殖器。
潮熱	hot flash	一項更年期症狀，結合發熱、臉紅與盜汗，一次通常持續一至二分鐘。
熟人強暴	acquaintance rape	兩個彼此認識的人偶然共處一室，在非你情我願狀況下發生性行為。
調查研究	survey research	一種由小群體處收集資料，以對較大群體進行推論的研究方法。
遭拒後堅持性行為	postrefusal sexual persistence	指遭到拒絕後仍持續要求性接觸。
魯藍性反應模型	Loulan's sexual response model	此模式同時結合生物與情感要素，成為六階段的性反應週期。

16-20 劃

窺視症	voyeurism	一種性偏好症類型，指人出現頻繁、強烈的衝動，想要未經他人同意，於他人進行性活動時在旁觀看。
糖尿病	diabetes mellitus	一種慢性病，典型表現為缺乏胰島素，致使血液與尿液中的糖含量過高。
親密之愛	intimate love	奠基於承諾、關懷、自我表露的愛情。
輸卵管	fallopian tube	左右各一，朝向卵巢延伸的卵管。
輸卵管結紮	tubal ligation	指透過封閉輸卵管之方式，使卵子無法受精。
輸精管	vas deferens (plural, vasa deferentia)	左右各一的管狀結構，可將精子由附睪輸送至攝護腺內的射精管。
輸精管切開術	vasectomy	一種結紮手術的形式，兩條輸精管各自遭到切斷，從而防止精子進入精液中。
選擇性生產	elective delivery	生產的排程早於胎兒預產期。
閹割焦慮	castration anxiety	佛洛伊德學說中之概念，指男童相信父親為奪回妻子／奪走母親，將割去男童之陰莖。
隨機樣本	random sample	一個較大樣本群體的一部分，以無偏方式收集而來。
龜頭	glans penis	陰莖體的頂部。
龜頭冠	corona	位於龜頭與陰莖體之間，呈圈狀的組織。
壓抑	repression	一種心理機制，使人意識不到隱藏的回憶與動機，因為會引起內疚或痛苦。
嬰兒猝死症	sudden infant death syndrome (SIDS)	指健康的嬰兒於睡覺時猝死的現象。
應變計	strain gauge	一種類似橡皮筋的裝置，可置於陰莖之上，以測量其生理反應。
擠壓法	squeeze technique	用於治療早洩或滑精的技術，指射精前由伴侶立即從龜頭下方緊壓勃起的陰莖。
臨床研究	clinical research	由臨床醫師深入檢查單人或一組病患，協助解決心理或醫療問題。
螺旋體	spirochete	一種呈螺旋狀的細菌。
避孕法	contraception	避免懷孕的措施。
避孕海綿	sponge	一種避孕裝置，為聚氨酯材質的圓形護罩，中心凹陷處可覆蓋住子宮頸。
避孕針（或稱狄波—普維拉）	birth control shot (also called Depo-Provera)	一種荷爾蒙注射式避孕方法，避孕效果維持十二週。
避孕貼（或稱以芙避孕貼）	birth control patch (also called Ortho Evra)	一種可逆、經由皮膚避孕的方式。貼片釋放人工合成雌激素與黃體素，避孕效果維持一個月。

避孕貼片	contraceptive patch	一種可逆式避孕法，釋放雌激素與黃體素以防止懷孕，效果持續一個月。
避孕噴霧	contraceptive foam	一種化學殺精劑，裝在噴霧罐內販售。
避孕藥膜	contraceptive film	一種小型透明薄膜，含有殺精劑，置入陰道後會溶解成具黏性的膠狀物。
隱睪症	cryptorchidism	一種見於少數嬰兒的疾病，係指一邊或兩邊睪丸無法降入陰囊。亦稱睪丸未降。
歸納法	induction	一種推論方式，論點係由前提產生，為結論提供支持。
濾泡刺激激素	follicle-stimulating hormone (FSH)	一種調節排卵的荷爾蒙。
濾泡期	follicular phase	卵巢週期的其中一個階段，此時濾泡已然成熟。
繖毛	fimbriae	形似手指的組織，伸入並懸垂於卵巢內，但平時並不會與卵巢接觸。
繖部	infundibulum	輸卵管的管狀尾端。
臍帶	umbilical cord	連接胎盤與胎兒的聯繫結構，可輸送營養素。
謬誤	fallacy	一種推論時犯下的錯誤，會影響人對討論主題的了解。
轉移	metastasis	指癌症透過血液流動或淋巴系統，從身體某部位擴散至無關聯部位之過程。
雙性	androgyny	工具性特質與表達性特質，因個人差異、實際情況、生命週期階段等因素，在同一人身上產生獨特、具有彈性的結合。
雙性戀	bisexuality	情感與性方面會受男性及女性吸引。
雙重控制模式	dual control model	一種探討性反應的理論觀點，以腦部功能及性興奮與性抑制間的互動為立論基礎。
雙靈	two-spirit	指許多文化中，穿著女性服裝、背負女性性別角色及地位的男性。
雞姦	sodomy	法律名詞，用以定義陰莖—陰道性交以外的性行為，如肛交與口交。
鬆弛素	relaxin	一種在懷孕後幾個月由胎盤分泌的荷爾蒙，可增加骨盆區韌帶與關節的柔韌性。男性分泌的鬆弛素包含於精液中，有助於精子活動。
獸姦者	bestialist	與動物發生性接觸的人類。
藥物墮胎	medication abortion	以兩劑藥物終止早期妊娠。舊稱 RU-486。
邊緣系統	limbic system	大腦中的一組構造，與情緒及感覺有關，牽涉到性興奮的產生。
關聯性研究	correlational study	測定兩項自然發生的變項，以判定彼此間的關係。
關懷	caring	指將他人與自己的需求視為同等重要。

21 劃以上

攝護腺	prostate gland	包圍尿道的肌肉腺體，分泌物約佔精液的三分之一。
攝護腺炎	prostatitis	指攝護腺發炎。
攝護腺特異性抗原檢查	prostate-specific antigen (PSA) test	用於幫助診斷攝護腺癌的血液檢驗。
攝護腺增生	prostatic hyperplasia	一種良性病症，指攝護腺擴大並阻擋了尿液流動。
灌腸症	klismaphilia	一種性偏好症類型，指人能由灌腸獲得性愉悅。
囊胚	blastocyst	由受精卵發展而來，約由一百個細胞形成的集合。
戀尿症	urophilia	一種性偏好症類型，指人由接觸尿液獲得性愉悅。
戀身體部位症	partialism	一種性偏好症類型，指人因特定身體部位引起性慾。
戀物症	fetishism	一種性偏好症類型，指人會被特定物品引起性慾。
戀屍症	necrophilia	一種性偏好症類型，指人有一股頻繁、強烈的衝動，想要與屍體發生性行為。
戀猥褻電話症	telephone scatologia	一種性偏好症類型，指出現頻繁、強烈的衝動，想撥打猥褻電話。
戀童症	pedophilia	一種性偏好症類型，典型表現為一股頻繁、強烈的衝動，想要與未成年兒童發生性行為。
戀糞症	coprophilia	一種性偏好症類型，指人接觸糞便時會獲得性歡愉。
戀獸症	zoophilia	一種性偏好症類型，指人出現頻繁、強烈的衝動，想與動物進行性活動。亦稱獸姦。
纖毛	cilia	細小、狀似毛髮的組織，位於輸卵管繖部與壺腹上，排卵時會開始活動，將卵子導入輸卵管。
纖維囊腫	fibrocystic disease	一種常見於乳房，通常無害的症狀，指乳房上發生纖維組織與良性囊腫。
變性慾	transsexuality	指一個人的生理性別與其性別認同不一致之現象。
變項	variable	可於實驗中操作的面向或因素。
變裝	drag	跨性別裝扮，往往意在逗趣。
變裝皇后	drag queens	跨性別裝扮以達娛樂目的之男同性戀。
體外人工受精	in vitro fertilization (IVF)	一種輔助生殖療程，於培養皿上結合精子與卵母細胞，再將囊胚轉移至母親的子宮中。
體積描記儀	plethysmograph	裝設於陰莖上，量測其生理反應的裝置。
觀察研究	observational research	研究者觀察但不干擾其研究對象，並記錄發現的研究方式。
鑲嵌型變異	mosaicism	一種病症，指同一人身上的細胞有不同的基因組成。

圖 片 權 利 來 源

Chapter 1

p. 19: atarzynaBialasiewicz / iStock; p. 20: AF archive / Alamy Stock Photo; p. 25: sandoclr / iStock; p. 30: By Sakky [Public domain], via Wikimedia Commons; p. 31: pederk / iStock; p. 32: medesulda / Shutterstock; p. 46: Courtesy of Bayer AG

Chapter 2

p. 67 (a): TPG Images; p. 67 (b): BIOPHOTO ASSOCIATES / Getty Images; p. 67 (c): Neil Harding / Getty Images; p. 67 (d): DEA / L. RICCIARINI / Getty Images; p. 67 (e): Joo Lee / Getty Images; p. 72 : AleksandarNakic / iStock; p. 80: RapidEye / iStock; p. 82: vgajic / iStock; p. 89: ktsimage / iStock; p. 90: Portra / iStock; p. 93: Trish233 / iStock; p. 98: diego_cervo / iStock; p. 100: szeyuen / iStock

Chapter 3

p. 111: Delmaine Donson / iStock; p. 115: PeopleImages / iStock; p. 118: StudioThreeDots / iStock; p. 120: valentinrussanov / iStock; p. 124: sturti / iStock; p. 127: Halfpoint / iStock; p. 137: VladimirFLoyd / iStock; p. 138: By Gage Skidmore [CC BY-SA 2.0 (https://creativecommons.org/licenses/by-sa/2.0)], via Wikimedia Commons; p. 139: asiseeit / iStock; p. 139: By Linda Bartlett (Photographer) [Public domain or Public domain], via Wikimedia Commons; p. 150: John Henderson / Alamy Stock Photo; p. 151: "Lance Armstrong" by Wayne England / CC BY 2.0, available at: https://bit.ly/2OT2JxL; p. 155: 'Excision operation being performed on a Mbakwa-Manja girl.' . Credit: Wellcome Collection. CC BY 4.0, available at: https://wellcomecollection.org/works/wsxmtjfz?query=female+circumcision

Chapter 4

p. 169: imtmphoto / iStock; p. 191: Szepy / iStock; p. 193: SolStock / iStock; p. 198: PeopleImages / iStock; p. 204: IPGGutenbergUKLtd / iStock; p. 205: funky-data / iStock

Chapter 5

p. 240: LightFieldStudios / iStock; p.250: Courtesy of Centers for Disease Control and Prevention, Atlanta, USA; p. 252（男）: Courtesy of Centers for Disease Control and Prevention, Dr. N. J. Fiumara, Atlanta, USA; p. 252（女）: Courtesy of Centers for Disease Control and Prevention, Robert Sumpter, Atlanta, USA; p. 257（男）: Courtesy of Centers for Disease Control and Prevention, Dr. Gavin Hart, Atlanta, USA; p. 257（女）: Courtesy of Centers for Disease Control and Prevention, Joe Millar, Atlanta, USA; p. 259（男）: Courtesy of Centers for Disease Control and Prevention, Dr. N.J. Flumara., Dr. Gavin Hart, Atlanta, USA; p. 259（女）: Courtesy of Centers for Disease Control and Prevention, Susan Lindsley, Atlanta, USA; p. 267: Courtesy of World Health Organization via Centers for Disease Control and Prevention, Atlanta, USA

Chapter 6

p. 283: National Cancer Institute; p. 287: Courtesy of Seth Pincus, Elizabeth Fischer, and Austin Athman, National Institute of Allergy and Infectious Diseases, National Institutes of Health; p. 321: © Jeff Greenberg / Alamy; p. 322: Brennan Linsley / AP Photo; p. 328: Hisham Ibrahim / PhotoV / Alamy Stock Photo

性 的 解 析

美國大學性教育講義 3

懷孕、生產、性的醫療與健康

作者	威廉·亞伯、芭芭拉·薩雅德
譯者	林哲安
審定	陳鈺萍、黃國洋
書籍設計	美感細胞
內頁編排	謝青秀
責任編輯	官子程
協力編輯	李宓、郭曉燕
行銷企畫	陳詩韻
總編輯	賴淑玲
社長	郭重興
發行人兼出版總監	曾大福
出版者	大家出版
發行	遠足文化事業股份有限公司
	231 新北市新店區民權路 108-2 號 9 樓
	電話：(02)2218-1417
	傳真：(02)8667-1851
劃撥帳號	19504465
戶名	遠足文化事業有限公司
印製	中原造像股份有限公司
法律顧問	華洋法律事務所　蘇文生律師

Human Sexuality: Diversity in Contemporary America, Eighth Edition

Written by William L. Yarber, Barbara W. Sayad

Copyright © 2013 by The McGraw-Hill Companies, Inc.

All rights reserved.

Chinese complex translation copyright © 2018 by Walkers Cultural Enterprises Ltd. (Imprint: Common Master Press)

Published by agreement with The McGraw-Hill Companies.

定價	新台幣 600 元
初版一刷	2018 年 12 月
ISBN	978-986-97069-4-0

有著作權·侵害必究

本書如有缺頁、破損、裝訂錯誤，請寄回更換

國家圖書館出版品預行編目 (CIP) 資料

性的解析：美國大學性教育講義. 第三冊 / 威廉. 亞伯 (William L.
Yarber), 芭芭拉. 薩雅德 (Barbara W. Sayad) 著；林哲安譯. -- 新北市：
大家出版：遠足文化發行, 2018.12
　　面；　　公分 . -- (edu；8)
譯自：Human sexuality : diversity in contemporary America
ISBN 978-986-97069-4-0 (平裝)

1. 性教育 2. 性別研究

544.72　　　　　　　　　　　　　　　　　　　107020944